企業の常識
弁護士の非常識

弁護士法人 横浜パートナー法律事務所
代表弁護士
大山滋郎 著

ブックウェイ

はじめの言葉

「お前は常識がない。」と、子供の頃からよく叱られていました。確かにその通りかもしれないと反省する一方、「常識って何だろう?」と疑問も感じていたのです。

私は、会社勤めから、アメリカのロースクールでの勉強を経て、現在弁護士をしています。その中で、会社には会社の常識が、アメリカにはアメリカの常識が、そして弁護士には弁護士の常識が、それぞれあることを知ったのです。

12年前に独立開業して、多くのお客様の仕事をする中で、普通のお客様の常識は、弁護士の常識とかなり違うのだなと実感しました。また、自分自身、かつての会社員の目から見て、弁護士の常識はかなりおかしなものに見えていたこともありました。さらに、日本の多くの法律家が批判しているアメリカ法の常識が、私から見ると日本法の常識よりも優れているのではないかと感じることもありました。

そんな様々な「常識」を、弁護士の立場から面白く書けないかと思い、始めたのがこのニュースレターです。毎月2回発行で10年間、1度も休むことなく続けてきました。

企業の常識と弁護士の非常識について、楽しんでもらえれば幸いです。

目次

企業法務部と弁護士……001
「リスクリバーサル」と契約……002
「契約書」と「誠実な会社」……005
「松」と「杉」の違い……007
贋金つくり（1）……009
贋金つくり（2）……011
贋金つくり（3）……013
贋金つくり（4）……015
行列のできる法律事務所……017
エスキモーの個人情報（1）……019
エスキモーの個人情報（2）……022
エスキモーの個人情報（3）……024
示談弁護士（1）……026
示談弁護士（2）……028
示談弁護士（3）……031
示談弁護士（4）……033
ピーターと弁護士（1）……035
ピーターと弁護士（2）……038
ピーターと弁護士（3）……040
法窓夜話……042
パーカー・パインの弁護士広告（1）……044
パーカー・パインの弁護士広告（2）……047
パーカー・パインの弁護士広告（3）……049
信者・ブランド・偶像崇拝（1）……051
信者・ブランド・偶像崇拝（2）……053
信者・ブランド・偶像崇拝（3）……055
犯罪の価格設定（1）……058
犯罪の価格設定（2）……060
犯罪の価格設定（3）……062
見かけと真実の交渉術……064
弁護士のレター教室……067
弁護士・辯護士・辨護士……069
宇宙船ビーグル号の弁護士（1）……071
宇宙船ビーグル号の弁護士（2）……073
三人男の天気予報……076

弁護士権力……078
ユダヤ人大富豪の悪徳商法（1）……080
ユダヤ人大富豪の悪徳商法（2）……082
嘘の効用（1）……085
嘘の効用（2）……087
弁護士の衣裳哲学……090
ロボット3原則の弁護士倫理……092
シェイクスピアの自己アピール……094
弁護士の都鄙問答……096
素人受け弁護士・玄人受け弁護士……098
国富論の振込詐欺……100
引き寄せ弁護士……103
人を動かす……105
弁護士嫌い……107
春にして君を離れ……110
笑顔弁護士……112
みんなの意見と裁判員（1）……114
みんなの意見と裁判員（2）……116
女だけの町の株主責任……118
夜叉王の職人弁護士（1）……120
夜叉王の職人弁護士（2）……123
コンプライアンス弁護士……125
水鏡先生の法律相談……127
錦の御旗と人権弁護士（1）……130
錦の御旗と人権弁護士（2）……132
マイ国家・マイ労組……134
メラニーの因果関係……136
ナウシカの問題社員対応……138
弁護士と40人の盗賊……141
弁護士の父より息子への手紙……143
島田八段の投了……145
ガラスの仮面の採用試験……147
カフェ丸玉の契約書……149
弁護士の独楽吟……151
島の弁護士・大陸の弁護士……154
サルの正義と弁護士の正義（1）……156
サルの正義と弁護士の正義（2）……158
弁護士の育児百科……160
弁護士の通信簿……163
マスコミと弁護士……165

文字が書ければ弁護士はできる……167
猫の契約交渉……169
人生がときめく片付け弁護士……171
弁護士には夢がある……173
雨夜の弁護士品定め……175
ピント弁護士のコスト計算（1）……178
ピント弁護士のコスト計算（2）……180
喧嘩太郎の条件・弁護士の条件……182
弁護士は同じ物語……184
張湯の検察実務……186
梅ちゃん先生と弁護士先生……188
弁護士の福翁自伝……190
悪文弁護士……192
幸福の値段・不幸の値段（1）……194
幸福の値段・不幸の値段（2）……196
利己的な弁護士……198
弁護士の君主論……200
弁護士の百人一首……203
カリギュラ弁護士の論理（1）……205
カリギュラ弁護士の論理（2）……207
ガリレオ弁護士の主張……209
今昔物語の減量弁護士……211
傍観者の弁護士……214
弁護士のプラシーボ効果……216
プロ弁護士　アマ弁護士……218
肩の上の弁護士……220
ウォルマートの安売弁護士（1）……222
ウォルマートの安売弁護士（2）……224
ウォルマートの安売弁護士（3）……226
薔薇の名前・弁護士の名前（1）……229
薔薇の名前・弁護士の名前（2）……231
弁護をするサル……233
拝啓　弁護士先生様……235
弁護士は感情で動く（1）……237
弁護士の「俄」……240
弁護士最後の言葉……242
弁護士は感情で動く（2）……244
弁護士の剣客商売……246

八百長の弁護　ヒットラーの弁護……248
米国ラブ リーガル事情……250
弁護士の論語……253
弁護士の川柳教室……255
愛の妙薬の詐欺弁護士……257
寇準の示談交渉（1）……259
寇準の示談交渉（2）……262
添削弁護士の反省……264
職業としての弁護士……266
弁護士の卒業式……268
ういろう弁護士の効能……270
弁護士をお金で買いますか？（1）……272
弁護士をお金で買いますか？（2）……274
弁護士の逸民伝……277
未開弁護士の呪術……279
木を見る弁護士　森を見る弁護士……281
弁護士のビューティ・コンテスト……283
光源氏の復讐……285
弁護士も真面目が大切……288
弁護士の漢字教室……290
影響力の武器……292
話を聞かない弁護士……294
働かない弁護士に意義がある……296
脳の中の弁護士……303
弁護士を変える経営……305
弁護士の人生相談……307
ギデオン弁護士のラッパ……309
弁護士に売れないものはない（1）……312
弁護士に売れないものはない（2）……314
ピエール・リヴィエールの弁護……316
弁護士の現代川柳……321
弁護士の第1感……324
弁護士の青い城……326
弁護士の成分表示……328
ブラックジャックのプロ弁護士……330
弁護士のクラブ活動……333
弁護士の1万時間（1）……335
弁護士の1万時間（2）……337
弁護士の性と性格……339
弁護士の三国志……341

弁護士の出師の表……344
神の雫の遺言状……346
2058年から来た弁護士……348
恋愛の倫理・結婚の倫理……350
ヒポクラテスの弁護士倫理……353
ブラウン神父の弁護……355
タバコの害について……357
昼の弁護士　夜の弁護士……359
都都逸弁護士の年賀……362
弁護士のマネー・ボール……364
その数学が弁護を決める……366
弁護士の「友達」……369
イケメン弁護士の代筆……371
弁護士の千夜一夜……373
弁護士のエイプリルフール……375
弁護士の9マイル……377
親鸞のマーケティング……380
弁護士のキャッチコピー……382
弁護士の99・9……384
弁護士の三楽……386
6人の怒れる裁判員（1）……388
6人の怒れる裁判員（2）……391
6人の怒れる裁判員（3）……393
弁護士の勘違い……395
弁護士において美とはなにか……398
金持ち弁護士　貧乏弁護士……400
弁護士の「約束」……402
タイガーマスクの反則……404
ふたりの弁護士（1）……406
ふたりの弁護士（2）……409
弁護士の真田太平記……411
その問題、法律学で解決できます？……413
弁護士の「悪魔の辞典」……415
弁護士の随想録……420
コーデリア弁護士の正直……422
エディプスの事実調査……424
弁護士の王子さま……426
弁護士のすることに間違いなし……428

パンドラ弁護士の希望……431
高慢弁護士の偏見……433
ただの弁護士じゃねえか，こんなもん……435
シャーロッキアンの憲法解釈……437
消極弁護士の熱情……440
弁護士の新約聖書……442
三酔人人権問答……444
AIの弁護士……446
注文の多い弁護士……448
ホトトギスの労働問題……450
ガラスの家の弁護士……453
趙盾の刑事責任……455
弁護士殺し　金の地獄……458
代言人はなぜ弁護士に進化したのか……460
弁護士のハムレット……462
伯母殺しの弁護……464
良寛弁護士の好まぬもの……466
弁護士のいろはカルタ……469
弁護士のさしすせそ……471
弁護士の実証的精神……473
弁護士も名を正さん……475
弁護士のマネタイズ……478
弁護士の弟子……480
口腹弁護士の意気……482
AIなんか怖くない……484
アーサー王宮廷の弁護士……486
弁護士伝授手習鑑……489
弁護士のマルクス主義……491
弁護士の小言……493
弁護士の貞観政要……495
弁護士のパーキンソンの法則……497
人道弁護士の占い……500
観賞用弁護士……502
合板弁護士の一枚板……504
弁護士もそうしてます……506
弁護士のお気に召すまま……508
弁護士における理屈と人情……511
弁護士の旧約聖書……513
弁護士育成の大誤解……515
弁護士の明朗会計……517

誠実な美人弁護士……519
二種類の弁護士……522
あなたに似た弁護士……524
幸福弁護士の赤血球……526
弁護士の五重塔……528
弁護士の二つ名……530
大往生したけりゃ弁護士とかかわるな……532

企業法務部と弁護士

私は弁護士になる前に、企業（メーカーの法務部門）での生活が長く、その間多くの弁護士と共に仕事をしてきました。そのときの感想を正直に言いますと、弁護士というのはかなり非常識な人たちだな、というものです。朝10時に電話しても、いつも事務所には来ていない。連絡しても、なかなか返答がない。納期を守らなくてもヘイチャラである、などなど不満は色々有りました。

少し前に、ネットに、ある社長さんの次のような意見が出ていました。

> 私は弁護士さんには3度程（合計5人に）お世話になりました。私の運が悪いのか、申し訳ないですが、ろくな弁護士さんに会ったことがありません。もちろん私なんかよりも、ずっと頭はいいんでしょうが、なんかちょっと違う世界の人のような、悪く言えば世間知らずな印象を受けます。常識を共有できてない感じと言うほうが正確かも知れません。「え？ そんなことも説明しなければならないの？ 普通の会社員なら誰でも知ってるよ。」と思うことがしばしばあり、歯がゆい思いを何度かしております。

「そりゃ、あんたのことだよ。」と、顧問先の皆様から言われそうで心配ですが、自分のことを棚にあげて言いますと、弁護士には企業と「常識を共有」できていない人が多いような気がします。

私自身企業の法務担当者だったときには、そういった「非常識」な弁護士に仕事を依頼することに抵抗がありましたね。実際問題として、各企業の実務に密接に係わる法律問題については、企業の担当者の方が弁護士よりはるかに詳しいわけです。弁護士に質問するといいましても、特別法の存在、問題の所在などを教えてあげたうえ、回答案まで作成してから意見を聞くということもよくあります。ところが、会社のトップに上げるときには、「弁護士には確認したのか。」と聞かれるものですから、「聞いたって時間の無駄ですよ。自分の方がよっぽど詳しいですから。」とよほど言いたくなることもありました。

さらに多くの弁護士の場合、企業の実務を知らないままに、どうにもピントはずれの意見を出してくるということもあります。「時間がかかってかなわないから、頼むからおかしなことを言ってこないでくれ。」と祈る気持ちの法務担当者も沢山いるはずです。

こういうことをあんまり書きますと、「そうか、顧問弁護士などいない方がよいのだな。」と思われそうで困ります。そこで、弁護士の立場から企業での法務担当者を見た場合についても書いておきますと、おおよそ次の点が気になりますね。

まず、弁護士なら絶対に知っている、瑕疵担保責任と債務不履行責任のような、基本的な事項を正しく理解していない場合が有ること。

企業の「常識」に埋もれてしまうので、間違ったことが行われていても、問題意識を持ちづらいこと。

弁護士として、その企業の「常識」に染まらない外部の目で、しっかりと問題点をチェックする。これは、一つ間違えれば「非常識」と言われることになりますが、弁護士として非常に重要なことだと思っています。顧問先企業の皆様も、それを期待して、決して安くない顧問料を支払っているのだと理解している次第です。

「リスクリバーサル」と契約

企業法務部にいたときから、弁護士として活動している現在まで、英文契約、和文契約ともに、無数の契約を作成審査していきました。契約を見るときのポイントは、契約書上どれだけのリスクがあるのかを明確にして、可能な限りそのリスクを相手方に押し付けるところにあります。企業法務時代も、勤務弁護士時代もその点については疑問をもたず、少しでも当方に有利なように契約を修正すべきと主張してきたわけです。

企業法務時代でも、このような契約修正に対して、営業部門その他から、苦情が来ることが多々あるんですね。「そんなことではビジネスにならない！」というわけです。

これに対して、法務部門としましても、当然「分かりました。」と言う訳にはいきません。「営業は売ることばかり考えて、会社の被るリスクが理解できていない。」などといって、やりあったものです。

別に、今から考えても、法務部門の考えが間違っていたとは思えません。しかし、私も独立開業し、零細企業主としていろいろと勉強していく中で、また違った考えを持つようになりました。

アメリカのマーケティング業界で非常に有名なジェイ・エイブラハムという人の書いた本を読んでいたら、「リスクリバーサル」ということが書いてありました。これは、契約や取引に伴って生じるリスクを、当方だけが負担し、相手方には一切リスクを負わさないというビジネス手法のことです。確かにリスクを負担するおそれはあるが、相手方が安心して取引できるので、リスクを補って余りあるほどビジネスが拡大するというわけです。

たとえば、本の中ではこんな例があがっています。

娘がどうしても子馬がほしいというので、買いに行った人がいます。

1つの店では、1000ドルで売っていました。勿論、買った後のキャンセルなどは認められません。もう1つの店では、1500ドルで売っていましたが、売った後、乗馬や飼育の指導をすると共に、もし10日たって気に入らなければ、無条件でキャンセルに応じるという条件でした。この場合、子馬を娘が気に入らないというリスクを引き受けた2つ目の店の方が、はるかに営業成績を伸ばしたということです。

仮に私が法務部門や弁護士として、この2つ目の店の「子馬販売契約書」を審査した場合、リスクリバーサルの考えを正しく理解できるのか、かなり疑問です。「無条件キャンセル条項はリスクが大きいので見直すべきです。」なんて、審査報告書を出していたかもしれません。

大体において、弁護士や法務担当者は、契約書上いろいろなリスクを見つけるのはうまいのですが、それと連動する契約の対価や、その後の長期にわたるビジネスの価値等を正しく理解するのが苦手ですから、なおさらおかしな契約審査になりそうです。ビジネス全体を理解した上で、ビジネスをサポートできるような法的サービスを提供することの難しさを、改めて感じています。

弁護士より一言

横浜で独立開業して、まる2年がたちました。会社法務部での15年の勤務経験を生かして、企業に法的サポートを提供しようと意気込んで開業したわけですが、おかげさまで顧問先も十数社にまでなりました。

このあたりで、顧問先の皆様に法的情報を提供するとともに、当事務所のことをよりよく知ってもらうために、毎月ニュースを発信することに致しました。

タイトルの「企業の常識・弁護士の非常識」というのは、企業での勤務が長かった私の実感からつけたものです。

企業法務部と弁護士双方の経験をもとに、法律や判例の動き、企業法務として押さえておくべきことに加え、弁護士業界の動向なども合わせてご紹介できたらと思います。

顧問先の皆様のお役に立つように、少しずつ内容を充実させ、月に2回発行したいと思っています。まずは、私の誕生日である3月16日に記念すべき第1号を出すことにしました。(なお、誕生日プレゼントは、今しばらく受け付けております。)

ご感想やご意見などいただけると、大変励みになります。今後長く続けていくつもりですので、どうか宜しくお願い致します。

（2009年3月16日　第1号）

「契約書」と「誠実な会社」

個人所得番付1位の斎藤一人先生のご本に、こんなことが書いてありました。少し長いのですが、引用してみます。

この前、私が行ったお好み焼屋には、

「ガス栓にはさわらないでください」

というはり紙がありました。

でも、どうせ書くなら、

「ヤケドすると大変です。ご用のときはいつでも、何度でもお声をかけてください」

のほうが、読んだ人の気分は良くないでしょうか。

「ああ、この店の人は親切なんだな」

と思われないでしょうか。（中略）問題は、書いてあることの内容ではありません。どう表現すると、人はいい気分になれるのか、どんなはり紙をすると、思いやりの心を伝えることができるのかということです。（『ツイてる話』より）

お客様相手の商売をしている企業にとっては、こういうことは常識なんだろうと思います。「文章を作るときは、それを読んだ人にどういう感情をもって欲しいのかを考えて作れ。」と、私もかつて習いました。

私は、刑事弁護もかなり経験があります。たとえば、ケンカで相手を怪我させたとか、痴漢をしたということで、逮捕された人の弁護ですね。こういうときは、出来るだけ早く被害者の人と示談をして、許してもらう必要があります。示談さえ出来れば、釈放してもらえる場合が多いのです。そこで被害者の方と会って、お詫びして、最終的に示談書に署名押印してもらうのですが、このときの示談書の文言には、非常に気を使います。

被害者の方が示談書を読んだときに、「犯人は本当に反省しているんだな。まあ許してやるか。」という気持ちになるように作るのがポイントなんですね。「責任逃れをして、罪が軽くなることしか考えていないな。」なんて感情を、被害者の方にもたれたら、それだけで失敗です。

ところが、翻って企業関連の契約書を作成するときに、それを読んだ顧客や取引先が、その企業に対してどういう感情を持つだろうかなど、ほとんど考えていません。「顧客の利益を考えている誠実な会社だなあ。」と思ってもらえるのか、「自分達の利益のことしか頭にない会社だ。」と思われるのか、違いは非常に大きいはずです。

これは、ロースクールでも研修所でも教えていないことですが、ビジネスをサポートする弁護士としては、そこまで考える必要があるのではないかと思っています。

弁護士より一言

前回のニュースレターで、発行日が私の誕生日だと書いたところ、多くの顧問先の皆様から、事務所に入りきらないほどの、「おめでとう」のお言葉を贈っていただきました。誠に有難うございました。

プレゼントの方は、お花を送ってくださったN様、今度来たときには飴を1つプレゼントすると約束して下さったK様、どうも有り難うございます。

この4月で、お蔭様をもちまして、当事務所も開業して丸2年となります。2年前に、顧問先はもとより、顧客もゼロでスタートし、何とかここまでやってこられたことに、感無量の思いが致します。

これというのもひとえに、独立開業したばかりで、海のものとも山のものとも分からない、私のような弁護士を信頼し、法律業務を依頼して下さった、顧問先の皆様方1社1社の、信頼を勝ち得た私の人柄と考えております。（おいおい！）

これからも、少しでもお役にたてるように頑張りますので、今後ともよろしくお願いいたします。
励みになりますので、引き続きコメントや質問等頂けましたら幸いです。

「松」と「杉」の違い

（2009年4月1日　第2号）

ニュースレターもようやく第3号となりました。これまでに頂いたコメントの中に、「ニュースレターというからには、大手の法律事務所みたいに、最新法令紹介や重要判例の解説などすべきでないか。」などというのもありました。誠にもっともな意見だと思う一方、そのような「新しい」情報の提供は難しいところもあるなと感じています。

堺屋太一先生の本に、未来の庭園について書かれていたのを思い出しました。（記憶で書きますので、間違っているかもしれません。）

「未来の庭園」を有名な造園家が作ったということで、堺屋先生が見に行ったわけです。ところが、先生が見る限り、全くのありきたりな日本庭園にしか見えないんですね。そこで、その造園家に、「これが未来の庭園ですか？」と聞いてみたそうです。

するとその造園家は、「いやあ、同業者からは、いくら未来の庭園でも、これほど何もかも違ってしまうなんてありえないだろうって言われて、困ってるんですよ。」と答えたそうです。その人によりますと、たとえば、「庭園の入口に植えるのは松に決まっている、それを松ではなく杉に変えたということは、ありえないほど斬新なもの。」なんだそうです。

もちろん、堺屋先生はここで、既成概念にとらわれていながらそれに気が付きもしない専門家の視野の狭さを批判されたのだと思います。

しかし考えてみますと、弁護士が「これは画期的な新判例だ。」などという場合も、これまでの「松」が「杉」に変わっただけの場合が多いような気がするのです。

言うまでもなく、専門家にとっては、「松」と「杉」の違いは非常に大切です。「松」が「杉」に変わったことを、重大事件と捉えられない人は、専門家の資格がないとさえ思います。

しかし一方、専門家以外の人は、「庭園自体について知らないことが一杯あるのだから、基本的な事をまず教えて欲しい。松が杉に変わって大事件だと言われても、正直何の事だか分からない。」と思っているのではないかなと、考えております。

というわけでして、私が最新法令など取り上げないのは、決して勉強不足が原因ではないぞ（ホンマかいな）ということをお伝えして、今回のニュースレターにさせて頂きます。（なんか言い訳だけで終わってしまいました。）

弁護士より一言

何度目かの減量を始めて3カ月ほどになります。13キロほど痩せました。しかし、ここにきてぶり返しが起こっています。これまでも、何度も何度も減量に失敗してきました。

何故いつもうまくいかないのかと気が沈みます。気が沈むときは、前号でもご紹介した、斎藤一人先生のご本を読んで元気になることにしています。

しなくてはいけないことが出来ない時には、出来ないだけの理由があるんだそうです。心配はいらない、出来ないままで完璧なんだと、斎藤先生は励ましてくださいます。

そうだ、太ったままでも私は完璧なんだと、少し元気が出てきます。

斎藤先生は更に教えて下さいます。今世では出来なくても、来世で生まれ変われば出来る、来世で出来なくても、百世後ならきっと出来るそうです。

私も、せめて十世後には減量に成功したいと思ったのでした。（十世前の私も同じこと思っていたりして。うぅう。

励みになりますので、引き続きコメントや質問等頂けましたら幸いです。

（２００９年４月16日　第３号）

贋金つくり（1）

「贋金つくり」といっても、アンドレ・ジイドではないのです。（「誰もそんなこと思わないぞ！」と言われそうですが、私の場合、隠そう隠そうとしても、教養があふれ出てきてしまうのです。）

日本の刑法でいうところの、通貨偽造罪というやつですね。少し余談ですが、この通貨偽造という犯罪は、非常に重い罪なんです。もともと、贋金を作るなんていうのは、それなりの組織と技術と覚悟を持ったプロの犯罪者でしたし、結果も非常に重大でしたから、それに対する刑罰が重くて当然だったわけです。

ところが現在では、コピー機が発達してますから、普通の人が軽い気持ちでコピーするだけで、簡単に偽造紙幣が出来てしまいます。ところが、法律の方は変わっていませんから、刑罰は非常に重くなります。

盗みや詐欺の場合、数十万円盗んだり騙したりしても、前科が無い場合まず執行猶予が付きます。これに対して通貨偽装の場合、1万円札を5枚ほどコピーして、使おうとしたけど疑われたので使用できなかったなんていう事件でも、即実刑になります。（後記　数年前、私が実際に弁護したときはそうでしたが、最近は執行猶予判決も出るようです。）

この辺の量刑は、国民の一般常識と照らしてどうかな、という気はしますが、それが現在の日本の法律なのです。

余談が続いて恐縮ですが、贋金を作る話しは、かの有名な「金持ち父さん　貧乏父さん」にもでてきます。子供のときに、お金持ちになるためには、お金を自分で作れば良いのだと考えたロバート・キヨサキが、金属を溶かしてお金の鋳型に入れ込んで、贋金を作ろうとしたエピソードがありました。この「贋金つくり」の試みは失敗しますが、その後成長したロバート・キヨサキは、合法的に贋金を作る方法があることに気が付くわけです。

お札というのは、要はただの紙に一定の模様を印刷したものです。それを皆が、価値があると思うので価値がついてきます。お札と同じように、印刷するだけで、皆がお金と同じように価値があると認めてくれるものを作ることができれば、まさに「贋金」を合法的に作ったことになるというのが、ロバート・キヨサキの考えですね。こんな風に考えれば、タイガー・ウッズのブロマイドは偽札です。ポケモンカードも偽札です。さらに、企業の発行する株券も回数券も、さらには電子マネーも贋金になりますね。

この辺でやっと本題にたどり着けました。こういう意味での「贋金」は企業活動、企業戦略にとって重要です。しかし、一歩間違えると非常に大きな問題も生じます。

というわけでして、次回は企業が合法的に作る贋金と、それに対する法律的な問題点について考えてみたいと思います。(それほどたいそうな話しでもないんですが、一応ご期待を。)

弁護士より一言

うちには、この4月から小学校3年生と2年生になる娘がいます。姉の方は大変臆病で、テレビなどでお化けの話しなど出てくると、「怖い、怖い。」と大騒ぎします。

先日も、姉の方が、「テレビでとても怖い話を見たので、夜一人でトイレに行くのが怖い。」なんて言います。どんな話しなのかと聞いてみますと、夜、鏡の中から人が出てくる話だそうです。

「そんなの怖くないよ。」と安心させたのですが、今度は妹の方が、テレビでとても怖い話しを見たと言い出しました。

「何だ、お前まで。どんな話しか言ってごらん。」と聞いたところ、「テレビで女の子が、『お父さんがガンになった。』って言ってたの。」

ひぇー、こ、これは怖い。

励みになりますので、引き続きコメントや質問等頂けましたら幸いです。

（2009年5月1日　第4号）

贋金つくり（2）

今回は、企業が合法的に作る「贋金」と、その問題点についてということですね。

まずは、贋金といいますと、最近流行の電子マネーなんかが思い浮かびます。電子マネー自体が、法的に問題があるとはいえませんが、使い方によっては非常に大きな問題が生じます。

たとえば、少し前に世間を騒がせたL&Gの「円天」なんていうのは、そのものずばりの「贋金」でしょう。会員のお金を吸い上げて、「円天」という贋金と交換する。ところが、円天は使い物にならないわけですから、まさに詐欺といってよい事案だと思います。これなど、もし会社から顧問弁護士として相談を受けたら、「これは駄目です。」といった自信があります。

しかし、企業の作る「贋金」の中には、私が相談を受けていても、「これは大丈夫でしょう。」なんていってしまいそうなものがあるので、怖いのです。

企業の作る「贋金」の王様といえば、なんと言っても株式です。特に、株式上場は、現代の錬金術とまで言われているようです。株式が「贋金」といいますと、やはり思い浮かべるのはライブドアの件ですね。特に私が感心したのは、株式分割を用いた「贋金つくり」です。

それまで1株だったものを50株位に分割します。普通に考えれば、1つ50の株を50に分けただけですから、1つあたりの価値は50分の1に下がるはずです。ところが、なぜかそうはならないんですね。例えば株価が10分の1までしか下がらないと、分割しただけで株の価値が5倍になります。まさに、「贋金つくり」の王道じゃないでしょうか。

話は変わりますが、「ポケットの中には　ビスケットが1つ　ポケットをたたくとビスケットは2つ」「たたいてみるたびビスケットは増える」「そんな不思議なポケットが欲しい」なんて歌がありますよね。私は幼稚園児の頃、そのポケットではなく、この歌の方が不思議でならなかったんです。

私の考えでは、ビスケットの入ったポケットを叩けば、ビスケットは割れて2つになります。叩くたびに割れて数は増えるでしょうが、ビスケット自体は増えません。だから、そんなポケットを不思議がる人の方がおかしい、と考えていたわけですね。

えーと、つまり何が言いたいかといいますと、私は幼稚園児のころから、株式分割による贋金作りの欺瞞性に気が付いていた、ということなんでありますす。(しら〜)

下らないことを書いているうちに、今回も終わってしまいました。贋金つくりについては、更に次回に続けたいと思います。

弁護士より一言

ニュースレターも回を重ねてきましたので、皆様から多くのコメントを頂くようになりました。せっかくですから、いくつかご紹介したいと思います。

まずは、「毎回、深い学識と豊かな経験に裏打ちされ、しかもユーモアとウイットあふれるお話しで、とてもとても楽しみです。ニュースレター発行の前の晩は、あんまり楽しみで、夜中に一睡も出来ませんでした。」なんてコメントは有りませんでした。(無いんだったら、ながながと書くなよ!)

私の減量については、共感のコメントを何人もの方から頂きました。苦しんでいるのは、私だけではなかったようです。

斎藤一人先生については、私のほかにもファンの方が大勢いらっしゃることが分かりました。

なんと言っても嬉しいのは、「読んでいて思わず笑ってしまいました。」なんてコメントですね。笑ってもらって喜ぶなんて、駆け出しのお笑い芸人みたいですが、楽しんでもらえていると思うと、やる気が湧いてきます。

何人かの方から、このニュースレターを、他の人に転送してもよいのかとの質問がありました。もちろん、一向に構いません。ニュースレターを月に2回書くのは、結構大変なだけに、読者が増えると思うと嬉しくなりますね。

励みになりますので、引き続きコメントや質問等頂けましたら幸いです。

（2009年5月16日　第5号）

贋金つくり（3）

前回のニュースレターで、株式分割による贋金つくりについて書いたところ、「株式を分割するだけで、なぜ株価が上がるのか理解できない。」というご質問を頂きました。

確かに、株式を50分割すれば、それまでの1株は50分の1になるのが当たり前です。なぜ、そうならないで、株価が上がってしまったのか、本当のところは私にもよく分かりません。

しかし、ホリエモン以前でも、例えば株式分割で、1株を1・2株くらいに増やしても、株価は事実上さがらないので、結果的に株の価値が1・2倍になるといった現象はよくあったようです。それを受けて、50分割だなんて、普通の人には考え付かないことをしたのが、ホリエモンの天才なところなんでしょうね。

株式投資の世界では、こういうのを「より馬鹿理論」で説明するようです。株式が50に分割された場合、「自分より馬鹿な奴が、分割にもかかわらず以前の高い値段で買うだろうから、自分もそれを見越して今のうちに買っておこう。」と多くの投資家が考えるそうです。それによって株価が上がるというわけですね。

何にしましても、このへんのやり口は、まさに「贋金つくり」というに相応しい気がします。

しかしなにも、株式分割なんてしなくても、株式上場自体、贋金つくりの宝庫なんですね。

株式の上場に当たって、上場する企業に資金を投入しているファンドなどの利害関係人がいます。その人たちが、自分達の息のかかっている会社に、上場する会社と取引をさせるわけです。これによって、上場する会社の売り上げは膨らみ、業績はアップしますよね。このように、下駄を履かせておいて、上場させるわけです。

一般投資家は、水増しされた業績をその企業の実力と考えて、高い価格で、新しく上場された企業の株式を購入します。そうして株価を吊り上げておいて、ファンドなどはさっと売り抜けて、あとは知らないなんてことがかなりあったようです。

これなんか、かなり詐欺の匂いがします。この辺の手口は、かなり有名ですし、多くの人が知っているはずです。ところが、何故か特に大きな問題になっていないようです。こういうのは野放しで、ライブドアや村上ファンドだけ処罰されるというのも、確かに不思議な気がします。

以上、株式を使った贋金つくりを見てきましたが、これらはやはり特殊な世界の話のような気がします。普通の会社では、やろうと思っても出来ません。

それに対して、普通の会社でも簡単に作ることの出来る「贋金」があります。前売り券や回数券といった金券です。この「贋金」は基本的に合法的に作れます。しかし場合によっては、これも法的に問題になる場合が出てきます。

「ああ、あの事件ね。」と思った方も多いでしょう。もう一度だけ、次回に続けさせてもらいます。

弁護士より一言

1年程前のことですが、当時小学1年生の娘が、算数の文章問題をまったく理解できていないと妻から聞きました。

「校庭に1年生が3人いました。そこに、2年生が5人来ました。合わせて何人になるでしょう。」なんて問題が出ますと、

1＋3＋2＋5＝

と、数字を全部足してしまうそうです。口は非常に達者になっているのに、なんでこんなのが分から

んのだ、と思っていました。

もう寝る時間なのに、何か書いていて、ちっとも支度をしません。怒ると、書いていた手紙をくれました。


ぱぱまいにちかいしゃいてくれてありがとう。

また、いつしよにあそんでね。

だいすき。


足し算なんか出来なくてよいから、これからもパパを大好きでいて欲しいなと、そのときは思ったものでした。

しかし、まだまだ親の欲目で、娘について正しい判断ができていなかったと思い知らされる出来事が、最近起きたのです。（次回に続く。って、こんなくだらないものまで、続けんなよ！）

（2009年6月1日　第6号）

贋金つくり（4）

企業にとって、キャッシュの流れは非常に重要です。先に商品を渡しておきながら、入金はずっと先だなんてビジネス・モデルですと、最悪、黒字倒産のおそれさえ出てきます。企業の健全な運営のためには、出来る限り早く入金してもらう必要があります。更に一歩進みますと、先払いにしてもらい、商品より先にお金を受け取ることが一番望ましいわけですね。

そのための手段として、企業の発行する回数券なんていうものがあります。「先払いしてもらえれば2割引にします。」とか、「10回分の金額で11回分の回数券が手に入ります。」といったものです。これなども、たとえば紙に印刷した回数券が、お金に化けるのですから、贋金といえますよね。

こういった「贋金」につきましては、法律的に問題になることはまずないだろうと考えていました。ところがあの有名な、NOVAの事件が起こったわけです。

　英会話学校で、長期の授業料を前金にすると、非常に高い割引を認めるというシステムですね。ところが、解約のときにお金を返さないとか、約束どおりの授業を提供できないといったことで、大問題に発展したわけです。前払いシステムも、やり方によっては法的問題になります。企業としても、「贋金つくり」をしている自覚をもって、気を引き締めていくべきなんでしょう。

　企業の収益にとって、前払いシステムや回数券の一番良いところは、最後まで使う前に、お客さんの方で回数券を無くしたり、忘れてしまうことなんです。これを一歩進めますと、継続的支払いシステムを使用した「贋金つくり」が可能となります。

　ロバート・バーという人が、１９０６年（日露戦争のころです）に書いた推理小説に、「健忘症連盟」というのがあります。頭の良い詐欺師の話です。夏目漱石の「吾輩は猫である」でも取り上げられていますから、当時有名な話だったのでしょう。

　この詐欺師は、お客さんに品物を分割払いで販売するんです。例えば、１００万円のものを毎月１万円ずつ、１００回払いで払ってもらう。そうしますと、お客さんは何となく毎月お金を支払うのが習慣になってしまい、完済しても１０１回目以降もそのまま払い続けることになるわけです。

　当時と比べて現在は、継続的支払いシステムを使った「贋金つくり」は遥かに容易になっていますね。銀行引き落としやクレジットカード課金などありますから。私も、特に何のサービスも受けないまま、何となく会費を払い続けているカードや、会員資格など、かなりあることに気が付きました。

　えっ、なんですって。「これといったサービスもないのに、何となく払い続けるなんて、弁護士の顧問料じゃないか。」ですって。

ドキッ。

　す、済みませんが、急用を思い出しました。そ、それではまた半月後に。

弁護士より一言

小学生の娘が学校から帰る前には、妻が家に戻るようにしています。ところが先日、子供の下校時刻を間違えて、1時間近く娘を家の外で待たせてしまったんですね。慌てて戻ってきた妻に、「こんなに長い間待たせてどうするの。」と、娘はプンプン怒ったそうです。

「一度だけトイレに入ったけどさあ。ママ、鍵をかけ忘れていたよ。」

一体何を言っているのか分からず、よく聞いてみたところ、裏庭のガラス戸の、鍵がかけ忘れられていたので、そこから中に入って、トイレに行ったとのことでした。ところが、トイレの後また外に出て、妻の帰りを待っていたようです。

うちの娘は、**馬鹿**じゃなかろうか！　こんなことは考えてはいけない。

と思ったのですが、心の中に疑念の黒雲が湧いてくるのを、抑えきれなかったのでした。

ただ、娘の場合、親が鍵を開けて家に入るのが習慣になっていましたから、まさに100回支払いを続けるうちに、101回目も同じようにしなくてはいけないと思ったのかもしれません。習慣というのは怖いなと感じたのでした。(でも、やっぱりお馬鹿です。)

(2009年6月16日　第7号)

行列のできる法律事務所

うちの事務所のことではありません。残念です。

弁護士業のような、信用が大切な業種では、お客様としても、流行っているところにお願いしようということになるようです。流行っているから行列ができるのですが、逆に行列が出来ているので更に流行るということがあるんですね。

「行列は信用のあかし。人は、行列のできているところで買いたがる。」ということは、弁護士業だけではなくて、あらゆる商売でも真実のようです。

そこで、どうやって、行列を作るのかなんてことが問題になります。一番簡単なのは、サクラを使って行列を作る方法です。このやり方は、

法的に問題があるかと聞かれると、中々微妙な気がしますが、どちらにしても、インチキな感じがしますよね。

少し前に、マクドナルドで問題となったのを覚えている方も多いと思います。新商品の売り出しにあたって、モニターの人にお金を払って、行列に並んでもらったわけです。サクラを使って新商品が大人気であると演出したんですが、あとからそのことがばれて、大変な騒ぎになりました。

やはり、行列は合法的に作らないといけません。本を読んだり、実際、行列が出来ているお店を見てみると、色々と勉強になります。

私が私淑している斎藤一人先生によりますと、せっかくできた行列をなくすと、ツキの波動が逃げていくんだそうです。例えば、行列の出来るラーメン屋さんで、一気に店舗を拡張したりすると、かえってお客が入らなくなる。こういうときは、椅子席を一つか二つだけ増やすようにすれば、ツキが逃げずに済むんだそうです。

更に一歩進めて、行列が出来る仕組みを考えているところもあります。ベヤード・パパというシュークリーム屋さんは、少し前までは、よく行列が出来ていました。ここでは、パイだけ作っておいて、注文を受けてから、中にクリームを入れたり、外側に粉砂糖をふったりするんですね。「初めっから作っとけよ。」と言いたくなりますが、こうすることで販売速度が遅くなりますので、自然に行列になるようです。

川崎の駅前にあるクリスピー・クリームドーナツも、いつも行列が出来ています。ここは、並んでいる人に、出来立てのドーナツを配ってくれます。それだけ貰うといなくなる人もいるようですが、マクドナルドみたいに、お金を払って行列を作るよりも、よっぽどスマートなやり方ですね。

それでは、法律事務所でどうやって行列を作るの

か？　以上の勉強の成果から、私にも方法が見えてきました。

まずは、依頼された事件の処理スピードを遅くします。次に、事務所に並んでくれた方には、ニュースレターを無料でお配りします。（いらんわ！）

これで行列が出来ること間違いなしと思うのですが、どんなものでしょうか？

弁護士より一言

行列こそできませんが、少しずつ仕事も増えてきましたので、新しい弁護士に来てもらうことにしました。

藤井総（ふじい　そう）弁護士で、まだ25歳の若さですが、既に弁護士として2年近く活動しております。これまでは大手の事務所で、企業関連の案件を多数手がけておりますので、顧問先の皆様にも、より充実したサービスを提供できるものと考えています。

このような優秀な若手弁護士は、大手の事務所に行くことがほとんどで、私のような一人でやっている事務所に来るようなことはありません。彼が私の事務所に加わった理由は、ひとえに私の人柄に感銘を受けたからだと思っております。

まだまだ未熟な所があると思いますが、顧問先の皆様には、おいおい挨拶させますので、宜しくお願い致します。

これからは、行列の出来る事務所を目指して参りますので、新しい仕事や顧客を、積極的にご紹介頂けると大変ありがたく思います。

また、励みになりますので、引き続きコメント等頂けると幸いです。


（2009年7月1日　第8号）

エスキモーの個人情報（1）

「また訳の分からないことを。」と思われそうです。「エスキモー」というのは、ジョン・スポールストラの「エスキモーに氷を売る」という本のエスキモーです。読まれた方も多いでしょうが、一応簡単に説明しておきます。

　ニュージャージー・ネッツという、アメリカで長い間最下位だったバスケットボール・チームの話しです。弱いチームでスター選手もいません。だから当然興行成績も最悪です。そのチームを、経営コンサルタントの著者が再建し、チケット販売などの興行成績をトップクラスにもっていく活躍を書いた本です。

　通常、「エスキモーに氷を売る」なんていいますと、必要のないものを騙して売りつける、悪徳セールスマンを思わせます。しかし、この人のやり方は、お客さんに喜んでもらいながら販売していくわけでして、読んでいて目から鱗が落ちます。エスキモー、つまりお客様は、本当に満足して、氷、つまり弱小チームのチケットを買ってくれるわけです。

　常識的には、チームの興行成績を上げるには、スター選手を入れるなどチームを強化して、人気を出すことを考えますよね。ところが、著者は、このチームを、弱いチームのままで、売り込んでいくわけです。

　たとえば、自分のチームにはスター選手がいなくても、対戦相手のチームには、マジック・ジョンソンやマイケル・ジョーダンがいるわけですね。自分のチームで売り込むのではなく、対戦相手のスター選手を利用して、チケットを売り込むわけです。

　それでは、対戦相手も人気のないチームだったらどうするか。まさに、全く人気のない商品をどう販売するかということです。こういう場合には、まずは価格を下げることを考えますが、人気のないゲームでは、ただでも要らないという人が多数派です。

　そこで、他の商品と組み合わせることで、価値をあげて販売することを考えます。例えば、人気のあるハンバーガーショップの食事券と組み合わせて、そのうえおまけをつけて、パックにして売るわけです。

　家族分のチケット４枚、食事券４人分、バスケットボール1個、ネッツの帽子1個を39ドル95セント（この価格も微妙ですね）で、完売したそうです。チケット以外のおまけの価格は13ドルくらいなので、結局、どうにも売れなかったチケットを、４枚27ドルで販売できたわけです。

著者のスポールストラは、この販売方法に対して、見当はずれの批判をする人が沢山いたことを書いていました。「条件が良すぎる。これはマーケティングではない。ただ、買わずにいられないほどよい商品を提供しているだけだ。」なんて批判する人がいたそうです。

大きい声じゃ言えないので、小声で言いますが、日本でもこんなピントの外れたことを言うのは、だいたい弁護士だの税理士だのという、先生商売の人ですね。

このように、多くの手段を用いて、三流チームのチケットを販売した方法を、著者はジャンプ・スタート・マーケティングと名づけました。その一番キモになるのが、以前そのチームのチケットを買ってくれた人達の顧客名簿を準備して、そこにダイレクトメールを出して、チケットを販売する方法です。

顧客名簿には、当然個人情報の問題が絡んできます。というわけでして、なんとか「エスキモー」と「個人情報」が繋がったところで、次回に続きます。

弁護士より一言

私は落語が好きで、以前はよく聞きに行きました。

一番好きだったのは、桂枝雀ですね。この人のは、本当に可笑しかった。ビデオも持っていますが、やはり生で聞くのが最高でした。私がアメリカ留学しているころにあんなことになって、それを帰ってきてから知って、本当に残念な思いをしました。

最近は、妻の叔母が横浜でやっている「三吉演芸場」という、知る人ぞ知る、知らない人は知らないという芝居小屋があるんですが、そこでやる桂歌丸一門会に行くくらいです。歌丸師匠の、円朝や宇野信夫など、初めて聞きましたが、中々面白いですね。
励みになりますので、引き続きコメントやご質問などお待ちしております。

エスキモーの個人情報（2）

（2009年7月16日　第9号）

前回は、「エスキモー」に「氷」を売るには、顧客名簿を整備して、そこに向けて販売することが大切だということで終わりました。このように、顧客名簿が商売において非常に重要だということは、日本でも昔から言われていたようです。例えば江戸時代の商人は、顧客情報が書かれた大福帳を何より大切にして、店が火事になっても、まずは大福帳を安全な所に避難させたそうです。店はなくなっても、顧客情報さえあれば、また商売はできるということですね。

そんな価値ある顧客名簿ですが、これをどうやって手に入れるかについて、昔も今も様々な工夫があるようです。勿論、多くの商人達は、合法的な手段で入手します。

あるデパートが、新しい地域に進出したときの話しを読んだことがあります。1000万円くらいの価値のあるものの入った福袋を、200万円（ただし現金に限る）で、販売したそうです。多数の人が応募した場合は抽選ですね。勿論、沢山の人が応募しました。これによってデパートは、200万円の現金をポンと出せる、お金持ちの顧客達の名簿を、合法的に手に入れたわけです。

新聞の全面広告を使って、美術品なんかを安く販売している業者もいます。新聞広告の費用は高いですから、あれだけではおそらく赤字のはずです。それにもかかわらず、なぜあんな広告を出してるかといいますと、美術に興味をもって、お金を使うことができる顧客の名簿を集めるのが目的なわけです。

まあ、このように自分達で工夫をして、顧客名簿を入手するのならよいのですが、中には違法な手段で手に入れるものもいます。

嘘か本当か分かりませんが、詐欺師は、一度騙された人の名簿を、お金を出して買うそうです。一度騙されるような人は、何度でも騙される、よいお得意様ということですね。

こちらは嘘と思いたいですが、ある種の弁護士が、サラ金の従業員から、長期間にわたって借金をサラ金に返済していた顧客の名簿を入手していたなんて話しを聞いたこともあります。サラ金に長いこと返済していた人ですと、過払いが生じている可能性が大です。そういう人たちに、過払い返還請求を勧誘するダイレクトメールを出せば、たしかによいビジネスになりそうです。

こんなことがあるものですから、日本でも少し前に、個人情報保護法等の法律も出来て、個人情報の管理は厳しくなりました。これは確かに良いことでしょうが、一方あんまり個人情報管理が厳しくなると、商売に影響が出ることもあるんですね。

やっと話が戻りますが、「エスキモーに氷を売る」の場合、チケット販売会社などから、自分のチームのチケットを買った人の情報を貰っていました。これは、現在の日本では許されるのでしょうか、ということで、もう一度だけ続けます。

弁護士より一言

私が減量していることに関して、ある人から、体を温めれば良いとのアドバイスを頂きました。体を温めると、基礎代謝が上がるので、その他、特に何もしなくても体重が減るそうです。実は私も、石原結実先生のご本を読んで、そのことは勉強していました。体温が上がると、体の免疫力も高まりますし、基礎代謝も上がり、太りにくい体質になるということです。

体を温めるには、冷たいビールは止めて温かいお燗にしたり、一枚多く着て体を温かくしたりということが大切とのことでした。これはもう、その通りだと思います。しかし、石原先生は、非常に大切な点を見落とされています。ここを見落としているために、せっかくのお考えが机上の空論に終わってしまうおそれがある。それは何か!

それは、**デブは暑がり**ということなのです。(あ、アホか。)

クーラーをがんがんに効かせて、氷をぼりぼり食べずにはいられないのです。ううう……

これから暑い日が続きますが、少しでも冷たいものは控えようと思うのでした。

引き続き、応援のコメントをお待ちしております。

(2009年8月1日　第10号)

エスキモーの個人情報(3)

チケット販売会社から、自分のチームのチケットを買ったお客様の情報を貰うことは、今の日本では許されるだろうかということで、前回は終わりました。わざわざもったいぶって質問するほどのことはなくて、これは許されないということですね。

現在日本では、個人情報保護法だなんて法律が出来ていて、お客様から個人情報を貰う場合には、予め使用方法や開示先などについても同意をとっておく必要があります。同意が無い以上、勝手に情報を渡したら、違法になります。

確かに、個人情報の悪用ということがありますから、何らかの規制が必要なのは理解できます。しかし、個人情報の利用について、このような強い規制をすることは、果たしてどうなのだろうかという疑問は、持っています。

私など、客の立場としては、たとえ商売でも、「これを買うのを忘れていませんか。」と聞いてもらえると、とても親切だなという気がするんですね。現在の不況下の日本で、適切な顧客名簿に対して、適切な商品をダイレクトメールなどで売り込むことによって、大きく消費を刺激できると思われます。今の法律はそのための手段を奪ってしまったのではないかという気がするのです。

顧客名簿が漏れた場合、大きなニュースになりますが、それによって実際に生じた損害というのは、本当にしょぼいなあというのが実感です。漏洩事件のニュースで、アナウンサーが深刻な顔をして、「漏洩した個人情報のせいで、夜中に商品勧誘の電話がかかってきて眠れなかったという深刻な被害が生じています。」なんて話すのを聞くと、その程度のことを大層に言わなくても、と思ってしまうのですね。

星新一のショートショートにこんな話しがありました。（記憶で書いているので、少し違うかもしれませんが。）未来の世界で、スクラップとして捨てられた、ロボット達の話しです。

これらのロボットは、人間の召し使いとして働いて、ご主人である人間の「個人情報」を知っているため、他の人間に情報が漏れることを恐れて処分されたわけです。ロボット同士で、かつての主人について話しをします。すると、どの人間も、ある程度ずるくて、ある程度優しくて、みんな同じような人たちだと分かります。

「どの人も似たような人たちなのに、何だって人間は、自分のことを人に知られたくないんだろう。」とロボット達が語り合う内容だったと記憶しています。

星新一大先生の尻馬に乗るようですが、どうも私は、「個人情報」なるものは、本当にそんなに大変なものなんだろうか、という疑問を抑えがたいわけです。

と、こんなことを書いていますと、私がアドバイスをした企業の方から、いつもと言うことが違うじゃないかとお叱りがきそうです。私は個人情報について、厳しく管理した方が良いと、いつもアドバイスしているんですね。個人情報の規制がやりすぎだと思っても、法律がある以上、リスク管理という面からは、当然のことだと考えています。

個人的見解は個人的見解として、これからも個人情報保護に関して、厳しく指摘したいと思っています。（私みたいな人間が、戦争中陰では「戦争反対」とか言いながら、大政翼賛活動など熱心に行っていたんでしょうか……)

弁護士より一言

夏になると、海で迷子になった子供の頃を思い出します。もう、40年以上も前の話ですが、一人ぼっちで海辺をさまよった心細さを、よく覚えています。

うちの娘達には、「5歳の頃海に行ったら、お祖父ちゃんとお祖母ちゃんが迷子になったので、探してあげたんだ。」なんて適当な話しをしてきました。

少し前までは、「パパって凄い。」と感心してくれていたのですが、先日娘達が私の実家に遊びに行って、帰ってくると、「迷子になったのは、パパの方じゃない。嘘ばっかりついて。」と、ウソツキ呼ばわりされてしまいました。

少し前までは、迷子になったときの自分の不安にしか思いが至りませんでした。人の親になった今にして、私よりも、両親の方がどれほど心配し、不安な思いをしていたのかよく分かるようになりました。

引き続き励ましのコメントを、お待ちしております。

(2009年8月16日　第11号)

示談弁護士(1)

「離婚弁護士」なんてテレビがありましたが、それで言えば私は「示談弁護士」です。別名、「ごめんなさい弁護士」とも言います。(言わねえよ!)

2年半前に独立開業するにあたり、顧問先は勿論、お客様もゼロからスタートしました。私はもともと、企業で法務を長いこととしていましたので、企業関係や民事関係中心の法律事務所にしたかった。しかし、最初からそのようなお客様を見つけるのは困難と言うことで、国選弁護で経験のあった刑事事件も経営の柱にしたのです。

どうでもよいことですが、弁護士で刑事事件を専門にしている人は、ほとんどいません。刑事を中心にしていると言えば、国選弁護を沢山やっているという意味だったりします。国選弁護は、お金がない人などに、国がつける弁護士です。あまり弁護士料をもらえないので、人気がないのですが、自分でお客様を見つける必要がないので、独立したての弁護士などにはありがたい制度です。

一方、お客様が自分で弁護士に依頼する、私選の刑事弁護を専門にするのは、難しいとされてきました。基本的に、弁護士の顧客獲得は、ほとんどが紹介です。民事や企業法務では、良い仕事をして、次のお客様を紹介してもらうことが日常的に起こります。ところが、刑事の場合にはそうはいかないからです。

「うちの息子が覚せい剤で捕まったのだけど、良い弁護士を知らないかしら。」

「それなら、うちの主人が痴漢で捕まったときにお世話になった弁護士を紹介するわ。」

なんてことは、一般市民の間では、絶対に起こらないのです。

刑事事件で、唯一このような形の紹介が生じるのは、ヤクザの世界の人たちです。ここでは、日常的に警察にご厄介になる問題が生じ、「役に立つ」弁護士を探していますから。紹介制度に頼るだけの弁護士ですと、刑事を中心にする以上、必然的にあちらの世界とのつながりが出来てくるわけです。元検察官が弁護士になって、刑事弁護を専門の業務にしたような人が、暴力団と結びついて事件を起こすようなケースが多いのも、このような事情によるんですね。

そんなわけで、まともな弁護士は刑事事件には手を出さないというのが、業界常識みたいなものだったわけです。私が独立開業するとき、大阪で弁護士をしている従兄弟から、「刑事は変なのと係わりになるから止めといたほうがええ。」なんて言われたのも、そういう理由からです。

なんだか、弁護士業界裏話みたいになってきましたが、私の場合、事務所を開くとき、一般市民向けに、分かりやすくホームページなどで情報提供してあげれば、私選刑事弁護の潜在需要は多いのではと考えたわけです。実際、私選刑事弁護ということで、年間50件近く依頼がありました。私が扱う刑事事件は、痴漢事件や、軽い傷害事件といったものがほとんどです。そうしますと、被害者に謝って、示談をするということが非常に大切になります。ところが、実際にやってみますと、示談というのは難しいなと実感したわけです。

そんな中で、示談のポイントは、韓非子の説難編（なんだそりゃ）にあり、と思い至ったのです。分けが分からないまま、次回に続きます。

弁護士より一言

小学校3年と2年の娘達は、少し前までは「大きくなったらパパと結婚する。」と言ってくれていたのです。ところが先日、明日9月2日に4歳の誕生日を迎える息子が、「大きくなったらママと結婚する。」と言ったところ、下の娘が、「ママとなんか、結婚できないよ！」とむきになって言います。

「おやおや。」と思いながら聞いていると、娘は続けて言いました。

「結婚できるころには、ママはおばあさんになっちゃうから、お世話が大変になっちゃうよ！」うう。

「お前は年取ったパパも見捨てる気か！」と突っ込みを入れたかったのですが、答えを聞くのが怖くて、黙っていたのでした。

（2009年9月1日　第12号）

示談弁護士（2）

前回は、示談のポイントは韓非子の説難編にありということで終わりました。説難編というのは、読んで字のごとく、「説」得するのは「難」しいということが書いてあるんですね。またまた記憶で書いているので間違ってたら済みませんが（調べろよ！）、人を説得するためのポイントは2つあります。1つは相手を知ることで、もう1つは自分を知ることです。

相手を知るというのは、説得する相手が何を欲しがっているのかを理解することです。韓非子大先生は、君主に対して政策を売り込む場合について説明しています。

たとえば、口では正義を唱えているが、本心では利益のことしか考えていない君主がいます。そういう君主に対して、正義に基づく政策はこうですよと説得した場合、表面は聞く振りをするけれど、実際は相手にされないことになる。だからといって、そういう君主に、こうすれば利益になりますよと説得した場合、後からこっそりその政策を使われることはあっても、表面上は「とんでもないことを言う奴だ。」と追い払われてしまう。とまあ、こんなことを説明していたはずです。

示談交渉の場合、当方が用意しているのは、「反省・お詫び・誠意」と、「賠償金」の2つなんですね。この2つを、どのように組み合わせて被害者側と話すのか、非常に悩ましいところです。

会っていきなり、「100万円支払います。」と言った場合、「そんなにくれるの、悪いねえ。」と、素直に喜んでくれる人もいますが、「お金の問題じゃないんだ!」と怒る人の方が多数派ですね。だからといって、「誠意」だけ語っても、話しはなかなか前に進みません。

被害者の気持ちや人となりを考えて、どの様に話を進めるかというのは、本当に難しいのです。

もう1つのポイント、説得には自分自身を知る必要があるという点ですが、韓非子は次の例をあげています。

金持ちの家の塀が壊れていたんですね。それを見たその家の息子が、「このままでは盗賊が来るから、修理すべきだ。」と注意した。その夜、修理前に盗賊が来たんですが、皆はその息子が賢いと感心したわけです。ところが、同じ状況で、旅の男が同じことを言った場合、皆はその男が盗賊ではないかと疑ったという、大変ありがたいお話しです。同じことでも、言う人が違うと、違うように受け取られるわけです。

何が言いたいかというと、被害者の多くは、弁護士の言うことなど信じないということなのです。「示談して終わらせれば、これ以上検察に呼ばれて、話しを聞かれることもありませんよ。」「この金額なら、相場よりも相当高いですよ。」と私が言っても、「うまいことを言って、言いくるめようとしているな。」と警戒されるのがおちなのですね。ううう……

それなら、誰の言うことなら信じるのかと言いますと、これはもう（悔しいのですが）警察官や検察官の言うことなんです。そうしますと、説得のポイントは、警察や検察にどう口添えしてもらえるかにも係ってきます。

その辺のところは、また次回で説明いたしましょう。

弁護士より一言

私は大学生の頃、将棋部にいました。はっきりいって弱かったんですが、その当時はコンピューターに負けるなんて考えてもみませんでした。「2001年宇宙の旅」に、HAL9000というコンピューターが出てきて、主人公とチェスをする場面がありますよね。このコンピューター、メチャクチャ強いんですが、圧勝したくせに、「いい対局だったね。」なんて言うんです。これはムカッときます。

最近はコンピューターの将棋も強くなりました。私なんかめったに勝てません。

たまに勝てるときは、「このままじわじわといたぶってやろう。」なんて思うのですが、相手はあっさり投了してしまいます。せめて負けるときは、悔しそうにジタバタしてくれないと、こっちも張り合いが無いじゃないですか。

これからの将棋ソフトは、ただ強いだけじゃなくて、対局者を良い気分にさせることも考えて欲しいと思ったのでした。

励みになりますので、引き続きコメントやご質問をお願い致します。

（2009年9月16日　第13号）

示談弁護士（3）

前回は、そもそも示談をするには、検察官の口添えが大変重要だというところで終わりました。私など、何回も検察官にお願いして、被害者に話してもらいました。

示談の金額が妥当なのか悩んでいる被害者の方に検察官から、「大体の相場はこのくらいだよ。」と話してもらったこともあります。相場よりかなり高い金額を提示していると私が言っても信じてもらえませんが、検察官に言ってもらえると、納得が得られるのですね。

さらに、現状の示談交渉は、検察官の協力なしでは、全く進まないことが多々あります。何故かといいますと、検察官から教えてもらわない限り、被害者が誰なのか分からないのです。少し前までは、簡単に教えて貰えていたのですが、個人情報の扱いが厳しくなってからというもの、検察官がまず相手方に確認して、了解を貰ってからでないと、教えてもらうことも出来ないわけです。そうなりますと、最初に被害者にコンタクトする検察官が、被害者に何と言うかで、全く結果が変わってくるわけです。

「弁護士が会いたいって言ってるんだけど、別に会う義務はありませんよ。弁護士は、あくまでも被疑者のために活動しているだけですし。」と言うのと、「多くの被害者の方が弁護士と会うだけでも会っていますよ。取り敢えず会ってみて、話しだけでも聞いてあげたらどうですか。」と言ってくれるのとでは、結論が全く変わってくることは言うまでもありません。

それまでは、「被害者は怒っていて会いたくないといっている。」と言われていた事件が、新しい検察官に連絡してもらったところ、すぐに許してもらえたこともありました。それほど、検察官の影響は大きいのです。そうしますと、示談弁護士としては、どうしたら検察官に好意的に話してもらえるのかを考えざるを得ないのです。

しかしまあ、被害者も色々な人がいますね。中には、事件を利用して、むしれるだけむしってやろうという被害者もいます。どうでもよいことなのですが、「示談弁護士」になって、私は、悪質な被害者がよく使うアイテムとして、松葉杖、コルセット、PTSDの3つが上げられるような気がしてきました。

示談の席に行きますと、松葉杖をついて、首にコルセットなんか着けた人が来るわけです。当方は、警察などから聞いて、怪我の程度も分かっていますので、これ見よがしな、ことさらに痛々しそうな格好をみると、かえって滑稽に思えてきます。こういう人は、だいたい常識はずれな要求をしてきますので、示談をまとめるのが非常に困難となります。

更に悪質なのは、何かというとPTSDだと言ってくる人ですね。大した怪我でもないのに、精神的に大きな傷を負ったといって、大金を要求してくるわけです。

とまあ、人生色々、被害者も色々なんですが、私はよほどのことがない限り、不当な要求でも、気持ちよくお金を払って示談をしたほうが良いと考えています。

それに関連して、「示談弁護士」として示談を成功させるために学ぶべき、絶対に大切な教えがあります。それは、韓非子より更に遡ること300年、中国の伝説的大富豪である陶朱公（誰やねん？）の故事なのです！

ということで、もう一回だけ続けます。

弁護士より一言

今年中に弁護士をもう一名加える予定です。事務所が手狭になるので、少し広い場所を探しました。

今の事務所を借りるときにも、不動産屋さんにお世話になっています。ところがその後、その不動産屋さんから何の連絡もないのです。独立開業して何年か経てば、広い事務所に移る人などかなりいるはずです。月に1回、メールで賃貸物件情報でも流してくれていたら、今回の事務所選びでも、そこに真っ先に相談したと思います。せっかくご縁ができたのに、本当にもったいないと思いますね。

というわけでして、私は頑張って、このニュースレターを続けようと思ったのでした。（なんだ、商売かよ、なんて言わないでくださいね。お客様を思う気持ちの表れなのです！）

励みになりますので、引き続きコメントをお願いします。

（2009年10月1日　第14号）

示談弁護士（4）

前回は、示談弁護士にとって一番大切な教えは、古代中国の大富豪である陶朱公から学ばなくてはいけないというところで終わりました。いつものことながら記憶で書きますので少し違っているかもしれませんが、大体こんな話です。

陶朱公には、3人の息子がいました。長男は、陶朱公が貧しい中、富を築くのを手伝った苦労人です。それだけにお金の大切さを良く知っています。

一方、三男は、陶朱公が大金持ちになってから生まれた、苦労知らずのお坊ちゃまです。

あるとき、次男が他国で、その国の法を犯したということで、死刑の判決をうけました。それを聞いた陶朱公は、苦労知らずの三男に大金を持たせて、次男の助命活動に行かせようとします。

ところが、家の者達は大反対するんですね。あんなボンボンの三男ではなくて、長男を行かせるべきだと言うのです。そこで、陶朱公もやむを得ず長男を行かせますが、そのときに何度も長男に念を押しました。「その国に着いたら、何々という人のところに行き、このお金を全て渡して、ただその人に全てを任せなさい。」と。

長男はその人に大金を全て渡して、お願いします。お金の大切さを知っている人ですから、そんな大金を渡すのは不安だったのですが、陶朱公に言われていたのでやむを得ず渡したわけです。

その人は、その国の実力者でして、国王のところに出かけていきます。国王に、「国に不吉なことがあるので、王として徳を積むために、罪人に恩赦を与える必要があります。」と言って、次男たち死刑囚を助けたわけです。

ところが長男は、そんなことは知りません。いきなり恩赦になって次男が助かったと思いますから、その人に渡したお金が無駄に思えてきたのですね。そこで、その人のところに行き、「お渡ししたお金は、まだ残っているでしょうか。」などと聞いたわけです。

聞かれた人は大変怒りまして、「まだそこにあるからもって帰りなさい。」と長男にいうや、また王のところに出かけていき、「不吉なことがなくなりましたので、恩赦の必要はありません。」と進言します。その結果、次男は処刑されてしまいました。

事の顛末を聞いた陶朱公は言います。「こんなことになるのではと心配して、自分は三男を使いに出そうとしたのだ。およそ、助命活動などと言うものは、お金を惜しむ気持ちがあったらうまくいかない。お金の苦労をしてきた長男と違い、苦労知らずの三男ならば、少しもお金を惜しまなかったはずだ。」

どうです？ なかなか深い話しでしょう。ここで私が言いたいのは、まあ私など、昔から苦労知らずの甘ちゃんだと言われ続けてきた人間ですが、そんな人間の方が役に立つこともある、ということではないのです。（分かりにくいなぁ） 更に、「弁護士費用をケチるなよ！」ということでもありません。

（ほ、ホントです!!）

示談というのは、まさに、現代の助命活動です。被害者にお金を受け取っていただけるだけでも大変ありがたいことなのに、示談金額で駆け引きするのでは、まとまる話もまとまらなくなります。

そこで、「示談弁護士」心得の第1条はこうなります。

「示談弁護士の役割は、被害者を説得して賠償金を安くすることではない。気持ちよく賠償金を支払うように、依頼者を説得することだ。」

陶朱公もきっと、「その通りだ!」と言ってくれると思うのです。

弁護士より一言

今回の話しを読んだ妻から、「陶朱公っていう人は、まるでパパみたい。」と言われました。若き日には范蠡の名前で越王勾践に仕え、越を復興した大軍師に似ていると言われて、正直嬉しかった。そこで、理由を聞いてみたんですね。

「長男には最初から、『助命活動にはお金を惜しんではいけない。たとえ頼んだ人と無関係に次男が助かったように見えても、お金についてあれこれいってはいけない』と、理由と一緒によく教えてあげればよかったでしょう。ちゃんと理由も言わないでおいて、後でうまくいかないと、『俺はちゃんと分かっていたんだ。』って言うところがパパとそっくり。」だそうです。ううう。

励みになりますので、引き続きコメントをお願いします。


（2009年10月16日第15号）

ピーターと弁護士（1）

「今回はプロコフィエフか!」と思った方、はずれです。（誰がそんなこと思うんじゃ!）

ピーターというのは、「ピーターの法則」のピーターですね。この「法則」を発見した人が、自分の名前を付けたという法則ですから、かなりふざけた内容ではあります。ご存知の方も多いと思いますが、一応説明しておきます。

この法則の問題意識は、何だって組織には能力のないエライさんが多いのかというものです。（私も、サラリーマンが長かったものですから、自分のことは棚に上げて、この問題意識自体には、全くその通りと言いたくなるのです。）

ピーター先生によりますと、これは組織としての宿命であって、避けられない事態なんだそうです。会社にしろ何にしろ、組織として発展していくには、優秀な人が必要になります。できる人を出世させて、ますます活躍してもらわないと、組織は衰退していきますね。

そこで、たとえば、セールスの仕事をうまく出来る人を出世させて、今度はマネージャーとして部下を持たせるような地位に就けるわけです。ところが、自分で売るのが上手な人が、必ずしも部下の扱いがうまいわけではありません。そうしますと、部下のコントロールがうまく出来ない人の出世はそこで終わることになります。つまり、能力を発揮できない地位で、その人の出世は終わるわけです。

組織のヒエラルキーの中で、こういったことは繰り返されます。セールスマネージャーがうまくできた人は、もう一つ上の地位に上がります。ところが、新しい地位では、これまでとは違う能力が必要とされるわけです。これがうまくできない人は、そこで出世はストップします。つまり、あらゆる人は、自分が能力を発揮できなくなった役職に留まることになるわけですね。そうだとしますと、組織の中で、ある地位では能力を発揮できない人が、その地位に居続けることが当然に起こるというのが、ピーターの指摘なわけです。

ピーターによりますと、こういった問題を起こさない解決策の一つは、能力以外の理由で、人を差別的に扱うことだそうです。たとえば、イギリスのような階級社会ですと、下の階級の人は、たとえどんなに優秀でも、一定以上は出世できません。しかし、このことによって、優秀なまま、一定の地位にとどまる人が生じます。

そうだとしますと、私も弁護士の端くれですから、全ての人を平等に扱うべきと言いたいのですが、差別があることで、組織全体で見たときの健全性が保たれるなんてことがあるのかもしれませんね。

日本の官僚制度でも、ノンキャリアの人に、非常に優秀な人がいるなどということはよく聞きます。万年係長の男性よりも、同じ立場の女性の方がはるかに優秀だと経験上感じているのは、私だけではないと思います。女性の場合、たとえ優秀でもそれ以上出世できないといった事情があるためでしょう。

とまあ、ここまでは「ピーターの法則」の紹介のようになってしまいましたが、私が検討したいのは、弁護士業にもこの法則は適用されるのかということなんです。

一般的には、弁護士は個人営業の世界です。そうしますと、ピーターの法則とは無関係に見えるのですが、どうもそうではないのではと思ったわけです。

というわけで、次回に続きます。

弁護士より一言

子供がまだ小さいですから、毎日なるべく早く家に帰るようにしています。しかし、やはり帰るのが遅くなる日もあるんですね。

朝仕事に行くときに、「今日は仕事で遅くなるから、ふみくんが寝たら帰ってくるよ。」と4歳になる息子に言いました。

いつもは遅くまで起きていたがる息子ですが、その日は、「パパに早く帰ってきて欲しいから、もう寝る。」といって、6時過ぎには自分から寝床に入ったそうです。

いずれは「父と子」の葛藤は避けられないにせよ、少しでも長く、パパを好きなままでいて欲しいと思ったのでした。

（2009年11月1日　第16号）

ピーターと弁護士(2)

前回は、弁護士にも「ピーターの法則」は適用されるかというところで終わりました。

世の中には非常に大きな法律事務所があります。こういう大型事務所ですと、組織の中で出世していきますので、ピーターの法則もそのまま当てはまりそうです。職人としては良い仕事をしていた弁護士が、人を使う立場になったときに、全く能力を発揮できないようなことはよく聞きますね。

しかし、日本の弁護士の大多数は、個人事務所なんです。組織での出世ということを除けば、このような弁護士の場合でも、立場が違ったことによって、それまでの能力を発揮できなくなるようなことは起こりそうです。

多くの弁護士は、まず居候弁護士(イソ弁と呼びます)としてスタートします。ボスの事務所で仕事を覚えながら、独立の機会をうかがうわけです。

イソ弁の場合、ボスが取ってきた案件をこなしていくわけですね。もちろん、ここでも優秀な人とそうでない人は出てきます。ただ、これはあくまでも、法律案件の処理をすることについて、優秀かどうかの話しです。

ところが、ある程度仕事を覚えたので、いよいよ独立しようとなりますと、話が違ってきます。今度は零細企業主として、どうやって顧客を見つけて、維持していくのかという能力が求められますね。この能力は、それまでのイソ弁としての能力とは全く別のものです。

まあ、私みたいに人柄が良いのに加えて、「エスキモーに氷を売る」を読んでマーケティングの勉強をしたうえで、皆さんにニュースレターを出すなんて、商売上手?な弁護士ばかりじゃないわけです。

そんなわけでして、弁護士としての能力は優れていても、経営はうまくいかないので、独立したものの事務所を閉めて、よその事務所に入りなおすなどということもよく起こります。これが、弁護士についてのピーターの法則の適用となるでしょうか。

次に、独立がうまくいきますと、弁護士の仕事というのは、その後の発展性があまりないんですね。「大学、役所、会社にいれば、だんだんと役職も上がり、色々な仕事が出来るようになるが、弁護士は何時までたっても弁護士で、仕事の内容も独立した頃と同じようなものが続く。」なんて聞いたことがあります。

それが原因かはわかりませんが、弁護士の場合、選挙が大好きな人が多いんですね。弁護士会の選挙で副会長から会長を目指し、次は日弁連の選挙と、目の色を変えてやっている人がかなりいます。選挙に出るような人は、弁護士としてはそれなりの実績のある人なんですが、役員としての能力はまた別のようで、「日弁連の役員はろくなもんじゃない。」というのは、一般の弁護士の間では常識です。この辺にも、ピーターの法則が働くのかもしれません。

しかし、考えてみますと弁護士の場合、難しい試験に受かって弁護士になることと、弁護士としてお客様の期待に応える実務がこなせるのかという点に、そもそも相関関係があるのだろうか、と気になってきます。試験に受かる能力があったので、弁護士という地位に出世したわけですが、この点で、まさにピーターの法則が当てはまるのではというわけですね。

というわけで、この点について、もう1回だけ続けます。

弁護士より一言

私は昔から子供マンガが大好きなんですね。それでもかつては、「エスキモーに氷を売る」や「ピーターの法則」も読んでいたんですが、最近はもっぱらマンガばかり読んでいます。電車の中でも読むので、妻には恥ずかしいから止めるように言われています。私自身、万が一依頼者にでも見つかったらかっこ悪いかな、と少しは気にしているのですが止められません。

先日たまたま年配の裁判官と話していたら、「いい年した若者が、電車の隣の席でマンガを読んでいた。これじゃ日本は駄目になる。本当にあきれた。」と、ご立腹されていました。まさか、「私も読んでます。」なんていう勇気がなかったものですから、「本当にあきれますねぇ。」と話しを合わせておいたのでした。

　引き続きコメントや質問を楽しみにしております。

（2009年11月16日第17号）

ピーターと弁護士（3）

　前回は、難しい司法試験に合格して弁護士になる場面で、ピーターの法則が適用されるのではないかというところで終わりました。試験に受かる能力と、実務を行う能力が違う以上、こういうことはどうしても起こりそうです。勉強はよくできるけど、仕事では使い物にならないなんて、一般の会社でもよく聞くことですね。しかし、この辺は弁護士の場合、さらに根が深そうです。

　司法試験は、中国のかつての官僚登用試験である科挙に喩えられてきました。昔読んだ、宮崎市定先生の「科挙」によりますと、これはまた大変な試験だったようです。またまた記憶で書きますから、少し違っているかもしれませんが、試験に10日以上かかるのですが、その間試験場で寝泊まりして、ひたすら答案を作成するんですね。この答案というのが、問題自体難しいのですが、形式にも厳格な決まりがあるそうです。

　答案用紙の枠から常に1字分下げて書きます。何故下げるかといいますと、皇帝の名前を出すときには他の文字より1字分飛び出す必要があるからです。

　鳩山由紀夫と書く要領です。かつての偉い皇帝は、さらに答案用紙の枠から飛び出して書く必要がある。鳩山一郎といった具合です。その他、歴代皇帝の名前の漢字は答案に使用してはいけないとか、色々決まりがありますが、なんと言っても凄いのは、答案用紙の全てを文字で埋め尽くさないといけないという決まりです。訂正の効かない筆と墨で書いて、答案用紙を文字で埋め尽くし、それでいて皇帝の名前は一番上に持ってくるのですから、まさに神業ですね。

とまあ、こんな試験ですから、現代の目から見れば、凄いのは分かるが、そんなのに合格したって、政治家や官僚の能力とは関係ないだろうと思えますね。しかし、当時の中国の人たちはそうは思わなかったようです。

司法試験の場合は、ここまで凄くはないのですが、試験で求められるものと、実務で求められるものとが必ずしも一致していないという点では同様です。自分のことを棚に上げて言えば、企業の常識はもとより、社会の常識を持たない弁護士は、幾らでもいます。

ピーターの法則については、皆様から多くのコメントを頂きましたが、その中に、「管理者としての素養がありながら、現場での実績が乏しいため管理者になれないなどというケース」についての指摘もありました。こういうのは、間違いなくありそうですね。弁護士の場合ですと、実務能力は十分にありながら、試験に合格しないために弁護士にはなれないケースです。

私は企業の法務部門に長くいましたから、試験を通っていない人でも、実務が非常によくできる人はいくらでもいることを知っています。世の中には、何でも売ることが出来るスーパーセールスマンがいるそうですが、そういう人が「示談弁護士」になれば、非常に目覚しい成果を上げられそうですね。

こういう優れた実務能力を持つ人たちが弁護士になれるようだと、世の中もっとよくなるなと思う一方、やっぱり自分達の既得権益はピーターさんに守ってもらいたいなと思うのでした。（な、情けない

……）

弁護士より一言

「子をもって　近所の犬の　名を覚え」なんて川柳がありますが、子供たちと一緒にテレビを見ていると、新しい発見が沢山あります。

うちの子供達は、「ぜんまい侍」が大のお気に入りです。大福の神から貰った「必笑だんご剣」（剣にお団子が付いていて、悪人にそれを食べさせると、悪人の気持ちが穏やかになって改心するんです）を使って、ぜんまい侍が大活躍するアニメです。先日見た話しでは、人々に「なぞなぞ」を出す子供の妖怪が出てきました。こんな「なぞなぞ」です。

・頭の良い楽器は何でしょう？
・おじいさんとする球技は何でしょう？

恥ずかしながら、私は答えが全く分かりませんでした。分かった方は、メールでお知らせ願います。回答は、次回発表いたしましょう。（て、もったいぶるほどのものではないんですが）

引き続きご質問やコメントを楽しみにしております。

（2009年12月1日　第18号）

法窓夜話

このニュースレターも、今年最後になりました。我ながら、くだらないことを書いてきたなと思います。

法律関係者のエッセイで、一番有名なものは、なんと言いましても穂積陳重先生の「法窓夜話」なんですね。今回少し読み直してみたんですが、内容的にはほとんど現代でも通用しそうな気がします。

たとえば、結婚についての文章はこんな感じです。本当は品格のある文章ですが、適当にはしょりながら、品格を下げて紹介してみます。

古代では、結婚に国家が関与したケースが多々あったということです。例えば、インカ帝国の共同結婚なんていうのがあります。これは、若い人たちを、同じ日に、共同で結婚させる制度だそうです。私なんか、まるで統一教会だ！なんて思ってしまいますが、こうすることで、土地の開拓に必要な人口増加や、治安の維持などが達成されるんだそうです。

日本の場合も、神無月には、各地の神々が出雲に集まって、結婚を取り仕切るということになっていましたが、これも、古代国家の社会的要望からでているのかもしれないと、穂積先生は考察します。

翻って穂積先生は、これが書かれた頃の日本の現状を考えます。そこでは、婚期の遅れ、独身の増加といった問題が生じている！

だからといって、古代国家のように、国家が強制的に結婚させるわけにはいかないと、穂積先生はさすがに良識派です。結論と致しましては、結婚を奨励し、結婚への障害を除くことが、政治家の役割である、ということで終わるわけです。

なるほど、こういう考えで民主党は子供手当てを作ったのかなんて、思ってしまいそうですが、この「法窓夜話」は今から100年ほど前に書かれた本なんですね。当時も、「若い者が結婚しない！」などと言われていたようです。知りませんでした。

「法窓夜話」を書かれた穂積先生は、法律を学んだことのある人なら皆知っている大先生なんです。明治に出来てから、ほとんどそのままの形で現代まで続いている日本の民法を作ったのはこの人です。帝国学士院院長、枢密院議長と、なんのこったかよく分からないんですが、大変エライ人でした。奥様も、明治の大実業家、渋沢栄一の娘さんということで、私など自分と比較しようという気持ちもなくなります。（うちの妻もとても良い妻ですけどって、取って付けたように書いときます！）

この人の書いた本は、今の私なんかから見ても、とても面白いんですね。「刑罰というのは復讐だ。」とか、「人権思想などというのは、たわごとだ。」といった、現代の常識からは大きく外れたことを書かれています。とても面白いので、このニュースレターでも、引き続き紹介していけたらと考えているわけです。

私のニュースレターも、今から１００年後の誰かが、「昔もこんなことを書いている人がいました。」と、他人に紹介してくれれば嬉しいな、などと夢のようなことを考えて、本年最後の発行とさせていただきます。

来年も宜しくお願いいたします。

弁護士より一言

前回のなぞなぞについて、沢山の暇な、じゃなくて、意欲のある方から回答を頂きました。有難うございます。頭の良い楽器はリコーダー（利口だ）、おじいさんとする球技はソフトボール（祖父とボール）ですね。くっ、くだらない！

弁護士をしていますと、痴漢冤罪事件の話を聞く機会がよくあります。こういうのは、怖いですね。

痴漢事件の当事者数名から、「電車の中で、自分の前に立っていた女性が、いきなり振り向いた。睨まれたので、目をそらしたら、次の駅でその女性に、痴漢だと大声を上げられた。」などという話しを聞きました。怖いなあとは思っていましたが、どこか他人事のような気がしていたのも事実です。

ところが先日、久しぶりに混んだ電車に乗ると、ちょうど私の前が女性です。万が一にでも痴漢と言われないように、左手で鞄を持って、右手はつり革に掴まっていました。ところが、前の女性が怖い顔で、いきなりこちらを振り向いたのです。**ドキッ**（次回に続きます）

（２００９年12月16日第19号）

パーカー・パインの弁護士広告（１）

明けましておめでとうございます。本年も頑張って発行していきますので、宜しくお願い致します。

さて、パーカー・パインというのは、アガサ・クリスティーの作った名探偵の一人ですね。エルキュール・ポアロやミスマープルほどではありませんけれど、それなりに有名な人です。パイン氏はイギリスの統計局に長く勤めていたそうです。そこで、人の不幸には5つのパターンしかなく、それらすべてが論理的に解決できるという統計理論を発見しました。（ホンマかいな！）

その理論を実地に試すべく、人生相談所を開設し、不幸なお客さんを幸福にしてあげるわけです。

例えば、妻に相手にしてもらえない夫が、相談に来るんですね。これに対してパイン氏は、「奥様から見たあなたの価値は最低になっています。そもそも、他の女性が欲しがらないような男性には、奥様も価値を見出せないのです。」なんてアドバイスします。そして、凄い美女が、その夫に夢中になっているということにして、奥さんから見た夫の価値を高めようとするんですね。私なんか、自分もパーカー・パイン氏に頼もうかしらと思うような、親身な対応です！　その結果がどうなったかは、（まあ、大体想像はつきますよね）本を読んでいただくとして、こういった感じの小説なんです。

昔この小説を読んだときには、単にパイン氏の事件解決の手際に感心しただけでした。しかし、自分自身が零細企業主となって、弁護士事務所を開設すると、パーカー・パイン氏の話しも違った角度から考えるようになりました。つまり、統計局のサラリーマンから独立開業したパイン氏が、どうやってお客様を開拓したのかというところが、とても気になってきたんです。

ポアロほどの有名人ですと、黙っていても依頼者の方でどんどんやって来ます。しかし、パーカー・パイン氏の場合は、そうはいきません。積極的に広告を出して、お客様を集める必要があるのです。

そこで、「あなたは幸福ですか。もし違うなら、パーカー・パインにご相談を。」とだけ書いてあって、あとは連絡先があるだけの3行広告を新聞にだします。「アー　ユー　ハッピー？」だなんて、矢沢永吉かと思ってしまいますが、現在の生活に満足していない多くの人たちが、これを読んでパイン氏に相談に来るわけです。

先ほど紹介した、妻に相手にされない夫の他、夫の浮気に悩む奥さん、平凡な日常にうんざりしているサラリーマン、生きがいをなくした大金持ちの未亡人といった人達が来るんですね。

「おいおい、本当にこんなにうまくいくのかよ。」という気がする一方、こんな広告があれば、自分も興味を持ちそうだなという気もします。

弁護士の場合、長い間広告自体禁止されていました。それだけに、どうやって依頼者を集めるのかというノウハウ自体、ほとんど無いんですね。

そんなわけでして、新年早々くだらない話で恐縮ですが、次号では、パーカー・パインに学ぶ弁護士広告ということで、少し検討してみたいと思うのです。

弁護士より一言

年は改まりましたが、前回からの続きです。なぜか何人かの方から、「痴漢で逮捕されて、大変だったですねえ。」なんて言われましたが、別に逮捕されたわけではないのです。

満員電車で、前の女性に振り向かれて、心臓が止まるかと思ったという話しですね。私は気が小さいのです。

「次の駅で、『痴漢だ!』などと言われたらどうしよう、いくら冤罪だと言っても信じてもらえないのではないか、走ってそのまま逃げたいが、私の足では直ぐに追いつかれるな、どうしてもっと真剣に減量しなかったんだろう。」などと思いが巡ります。

ところが、次の駅で、何事もなかったように、前の女性は降りていきました。


ああ、怖かった。

本年も、皆様のコメントを、楽しみにしております。

パーカー・パインの弁護士広告（2）

（2010年1月1日　第20号）

前回は、パーカー・パインに学ぶ弁護士広告という、わけのわからないことで終わりました。前回も書きましたが、つい最近まで弁護士は広告自体禁止されていたんですね。電話帳広告や、ホームページの広告もダメだったわけです。

そういう中で顧客獲得をするとなりますと、なんといいましても紹介しかないわけです。紹介を受けるためには顔を売るのが一番なんですね。新人の弁護士が弁護士会の委員会などに積極的に参加するのも、他の弁護士から仕事を紹介してもらうためです。

弁護士は、年賀状を5000枚出して一人前だなんて聞いたことがあります。それだけ人脈が増えると、どこかしらから紹介が来て、仕事が回ってくるという考えです。

ちなみに、弁護士からの年賀状には、自分や家族の近況を書いてあるものが多いようです。これなんか、普通は敷居が高いと思われている弁護士に親しみをもってもらい、紹介しやすくしてもらうためだと思います。弁護士の中にも昔そういう知恵者がいて、親しみを出すための工夫をはじめたんでしょう。（そんなわけで、私もニュースレターに家族のことを書いているのです！）

ところが、弁護士からは、訳のわからない年賀状もよく来ます。特に記憶に残っているのは、ある弁護士からきた、「娘は昨年ハーバードを卒業して弁護士に、長男はソルボンヌ大学への入学がきまりました。」なんて印刷された年賀状です。読んで親しみを感じるよりも、敵意を覚えましたね。これなんか、年賀状に家族のことを書く目的が見失われた中で、形式面だけが受け継がれた結果だと思われます。（まあ、わたしだって娘がソルボンヌに入ったら、このニュースレターに書いちゃいますけど……）

つまるところ、少し前まで弁護士は圧倒的に人数が少なかったので、真剣に広告なんか考えなくても、仕事は幾らでも来たというのが本当のところなのです。ところがここにきて、司法試験の合格者が増えたことにより、弁護士数も急激に増えてきました。その一方、弁護士の広告も解禁されました。

その結果、多くの弁護士が広告をだすようになりました。皆さんご存じのように、債務整理の広告など、電車内に沢山貼られています。テレビやラジオでも、法律事務所の広告が流されていますね。

こういう債務整理の広告なんか、基本的にはパーカー・パイン流の広告ともいえます。「あなたは幸福ですか。もし違うなら、パーカー・パインにご相談を。」というのと、「あなたは借金で困っていますか。もしそうなら、○○○○法律事務所にご相談を。」というのは、基本的に同じ構造だと思うのです。そうだとすると、債務整理を中心にしている弁護士たちは、私なんかに言われるまでもなく、パーカー・パインの広告に学んでいたのかなという気はします。その一方、パイン氏の広告は魅力的なのに、債務整理の広告は、あんまり魅力を感じないのです。

そんなのお前の主観的な感想だろうと言われそうですが、どこからそのような違いが生じてくるのか、次回もう少しだけ考えてみたいと思います。

弁護士より一言

子供が生まれてから、うちにはサンタクロースが来るようになりました。子供たちも、毎年クリスマスを楽しみにしていたのです。

ところが昨年末、小学校3年生の長女が、真剣な顔で質問してきました。

「サンタさんって、実はパパなんだって聞いたんだけど、ホントなの?」

「さあ、なんて答えようかな。」と考えていると、2年生の次女が言いました。「そんなことないよ。だって、パパはケチだけど、サンタさんは気前よく、沢山プレゼントをくれるもん!」

その後、姉妹で協議した結果、ケチなパパがサンタさんだということは、ありえないということに決まったようです。

少しほっとしたような、でもやっぱり不満なような気がしたのでした。ううう……

（2010年1月16日　第21号）

パーカー・パインの弁護士広告（3）

前回、パーカー・パインの広告は魅力的だが、債務整理の広告は魅力がないなんて書きした。人様の広告をとやかく言うのもなんですが、確かに債務整理の広告は品がないような気がします。

電車内の広告など、「あなたも過払い金が取り返せます。」「明日では遅いかもしれません。今すぐご連絡を。」と、大声で叫んでいる感じがしますよね。それに比べてパーカー・パイン氏の広告は、上品に囁いているだけなのに、無視することの出来ない魅力を感じます。

しかし、実際の効果という面では、パイン氏の広告は、かなり疑問がありそうです。私は、法律事務所開業まえは、ずっと勤めていましたから、自分で商売した経験などありません。そこで独立にあたり、随分と広告について勉強をしたのです。そこで得た知識から考えると、パイン氏の広告には問題がありそうなんですね。

勉強の成果を披露しますと、商売には、いきなり販売した方が良い場合と、ワンステップ置いて販売すべき場合とがあるそうです。顧客にとって分かりやすい商品は、いきなり販売できます。「過払い金が戻ってきます」なんて広告ですね。

それに対して、顧客にとって内容を理解するのが難しい商品の場合は、いきなり販売しようとしてもうまくいかないそうです。その場合はどうするかといいますと、とりあえずその商品に興味をもっている人を広く集めてから、その人たちが購入の決断をできるように教育していくことが大切なんだそうです。

パーカー・パイン氏の商品は、不幸な人を幸福にするサービスですから、はっきり言ってメチャクチャ怪しいですし、訳が分かりませんね。そういうものをいきなり販売するのは通常無理です。そこでどうするのかといいますと、こんな広告を出すんです。

「自分が不幸だと思う40代の女性の方へ緊急告知。最新統計理論を用いた、パーカー・パイン博士の研究成果『5つのタイプ別、幸福になるための秘訣』を、限定100名様にプレゼント。今すぐ、下記までご請求を！」

一応解説しておきますと、マーケティングの本に書いてあることを、みんな入れ込んであるんですね。お客様が「自分のことだ」と思うように、ターゲットを絞り込みます。緊急性、限定性を出します。まずは冊子を請求することだけを目的とし、そのためにはどういうアクションを起こせばよいのか、明確に示します。「今すぐ」請求するように書いておくと、実際に「今すぐ」行動する人が増えるそうです！

こうして集めた人たちに、パーカー・パイン氏のお陰で幸福になれたお客様の声を送るなどしてフォローを続けて、最終的に契約してもらうわけです。なんか、一歩間違えると、悪徳セールスみたいですね。しかし、たしかにこの方が、パーカー・パイン氏の広告より、現実にはうまくいきそうです。

逆に言いますと、パイン氏の広告は、現実にはおそらくうまくいかないような、おとぎ話的なところが魅力的なんだという気もしてくるのです。

何だかパイン氏の悪口みたいになってしまいましたが、私もパーカー・パイン氏のようになりたいのです。多くの人の信頼を勝ち得て、いずれはこんな広告を出したいと考えています。

「あなたは幸福ですか？　もし違うなら、大山滋郎にご相談を！」

弁護士より一言

今年の3月で、開業から満3年になりますので、思い切って広い事務所に引っ越しました。今度は、窓から海が見える事務所です。

開業4年目の来年度は、法律セミナーを積極的に開く予定です。自分で言うのは恥ずかしいのですが、他に誰も言ってくれないのであえて言いますと、私はセミナーみたいな、人前で話すのが得意なんです。

さらに、事務所の3周年記念で、このニュースレターを纏めて小冊子を作成する予定です。皆様にお配りしますので、ご期待願います。

引き続きコメントやご質問を、よろしくお願い致します。

（2010年2月1日　第22号）

信者・ブランド・偶像崇拝（1）

今回は、格調高く、ブランド＝商標の話しを取り上げたいと思います。私は一応、商標法が専門ということになっているのです。

と言っておきながら、いきなり話がそれて恐縮ですが、筆談ホステスさんっていますよね。話すことに障害があるので、筆談でお客さんの相手をする、銀座の売れっ子ホステスさんです。

新聞の広告で読んだだけですが、本まで出しているようです。憂鬱だというお客さんには、「憂」えるという字は、側に「人」がいると、「優」しいになります、なんて書いてあげるそうです。私なんかが同じことをやると、「お前はとんち小坊主一休さんか！」と言われそうですが、美人のホステスさんがやると、お客様も癒されるのでしょう。

実は、こういうのは、わたしも得意です。「良い人だって女の子に言われるだけで、少しももてません。」なんて悩みごとには、「『良い人』と書いて『良人（おっと）』と読みます。結婚すればうまくいくでしょう。」なんてアドバイスしたいと思います。（く、くだらない）

アホなことばかり書いていると、顧問先が減るといけないのでこの辺で本題に移りますと、こういう漢字遊びは、ビジネス書にもあります。今回取り上げるのは、「儲」けるという字です。「儲」けるという字は、分解すると「信者」になりますよね。

これには、2つの説があるようです。1つは、素直に人の言うことを「信」じて、実行に移す「者」が成功して、儲けられるようになるというものです。確かにこれも真実でしょう。

もう1つの説は、「信者」といえるようなお客様を作ることが、儲けのコツだというものです。これまた、その通りだと思います。

「大山弁護士を心から信頼しています。」という、熱烈な信者のような顧問先が沢山できれば、事務所経営も安定することは間違いありません。

商人の場合も、安売りで客を集めようとすると、値段で店を選ぶ客しか来なくなるなんていいます。これでは、もっと安く売る店が出来ると、客もそちらに行ってしまいます。やはり、「このお店が、この店主が大好きだからここで買うんだ!」という、「信者」を増やすことが大切ですね。このように多くの「信者」ができたときに、そのお店や店主は、「ブランド」化したと言われるわけです。

ところが、法律で問題となるブランドは、そういった、「信者」が沢山できるということとは関係ありません。法律でブランドというのは「商標」のことです。これは、商品やサービスにつける名前やマークです。電気製品についたソニーという名前や、宅配便のサービスにつけた黒猫のマークがブランド=商標です。しかし考えてみますと、こういった名前やマークは、いうなれば偶像みたいなものだと思うのです。

ところが、商標の法律は、偶像を大切に保護することを規定するあまり、本当に大切にすべき「信者」を、かえって迫害しているのではと感じることさえあるのです。

久しぶりに格調高い内容になりそうな予感を抱かせながら(ホンマかいな)次回に続きます。

弁護士より一言

数日前、小学校2年生の娘が、おいしそうなプリンを食べていました。「パパにも少しちょうだい。」とお願いしたのに、くれません。そこで、お皿ごと取って、スプーンも使わずに、そのままパクリと一口食べてしまったんです。

娘は非常に怒りました。「パパは**品格がない**よ！もうバレンタインのチョコレートもあげない。」とまで言われてしまったのです。上の娘と妻にも叱られて、大変な騒ぎだったのです。ううう。

それでも、一昨日のバレンタインデーには、娘達から、ハートのチョコをもらえました。（ほっ）

いずれ、ニュースレターを読むであろう娘に、この場を借りて、謝りたいと思います。

「本当に反省してるよ。これからは品格のあるパパになるからね。」

引き続きコメントやご質問を楽しみにしております。

（2010年2月16日　第23号）

信者・ブランド・偶像崇拝（2）

経営の目的は、信者を増やしていくことだと、かのピーター・ドラッカー大先生もおっしゃっていました。お金儲けが目標ではないんですね。儲けは、信者の増加と共に自然に増えていくものなのでしょう。

宗教の目的は信者を増やすことだと、これは特に異論がないでしょう。宗教と商売は、本質的に似ているのかもしれません。何かの本で、キリストが一流の商人だといった話を読んだことがあります。キリスト教という（怪しげな？）新商品を、広く販売していったわけですから、まさにスーパーセールスマンですよね。

キリスト教という「商品」が販売されていく過程で、十字架やマリア像といった「商標」も役に立ったことだと思います。しかし、このようなものは、信者の信仰とは直接関係のない、いわば偶像のようなものです。宗教の場合、偶像を真似されたことによって、信者を他の宗教に取られてしまったなんて、聞いたことがありません。宗教が力をなくすのは、信者の気持ちから離れ、信者の支持を失ったときです。

商売についてもこれは同じです。商標を真似されたからといって、それによって会社が大きなダメージを受けるようなことは、まず考えられません。あくまでも、信者への裏切り行為があるときにだけ、会社と、会社の持つブランドにダメージが生じるわけです。

商標関係の裁判では、「スナック　シャネル事件」だなんて、有名な判例があります。あのシャネルが、場末の「シャネル」という名前のスナックを訴えたんですね。

これなんか、シャネルのイメージを悪くしてけしからんということで、何百万円かの損害賠償が認められたはずです。しかし、シャネルの信者達は、こういった裁判のことを聞いてどう思ったのか、私なんか疑問に思いますね。「さすがはシャネル。よくやった。」と思うのでしょうか。なんか、「大人気ないことやるなあ。」と思われそうな気がしてなりません。

もう何年か前ですが、あるブランド服の熱心なファン達が、自分達で似たような服を作ったところ、メーカーから文句が出て止めさせられたなんて記事がありました。メーカー側にも言い分はあるのは分かりますが、どうしても私など、信者よりも、商標といった偶像を大切にしている行為に思えてしまうわけです。

さらに有名なところでは、ミッキーマウス事件があります。ミッキーは、キャラクターとして著作権の対象であるとともに、商標でもあるんですね。まさに、ディズニーを代表する「偶像」です。

小学生が卒業制作で、ミッキーの巨大な絵をプールの底に描いたところ、ディズニーがクレームを付けて、塗りつぶさせたというものです。これなんかまさに、ディズニーの信者であった小学生・教師・親たちよりも、ミッキーという偶像を大切にした行為としか思えません。

私としてもなにも、「商標は偶像に過ぎないから、侵害されたって気にするな。」といっているわけではないのです。そうではなくて、商標は信者を作る道具にすぎないのだから、商標のことを考えるときには、それが信者のためになるかどうかをまず考えるべきだと言いたいのです。

本件、もう一回だけ続けます。

弁護士より一言

先日タクシーに乗って、運転手さんと少し話しました。朝7時から翌朝の4時まで、車に乗り続けるそうです。信じられないほど大変だなと思いました。その一方、もう少しだけ工夫をすれば、それほど苦労しなくとも何とかなるような気もしたのです。

自宅まで送ってもらったのですが、せっかくですから住所付の顧客リストを作れば、その後の営業も行えそうです。そこまでやらないにしても、その場で、連絡先など記載した1割引のチケットでも渡しておけば、利用する人も相当いそうですね。実際私も、その日もう一度、長距離の利用があったのです。

他人のことは見ていてよく分かります。私自身、事務所経営をしていく上で、ちょっとした工夫をする余地はまだまだ沢山あるのではないかと思えてきましたね。

引き続きコメントやご質問を、お待ちしています。

（2010年3月1日　第24号）

信者・ブランド・偶像崇拝（3）

前号は、商標のことを考えるときには、それが信者のためになるかどうかをまず考えるべきだということで終わりました。しかし、現実には、これはかなり難しいようですね。

そもそも、真似されることは必ずしも、信者にとって嫌なことではないようです。スーパーなんかでは、万引きもされないような商品は、人気が無いから駄目だなんて言われるそうです。自分の持っている商品が、誰にも真似されないようなものだということは、信者にとって、必ずしも嬉しいことではないのでしょう。

その一方、高いお金を出して購入したブランド品の偽物が溢れていると、自分のものまで偽物に思われそうで不愉快だという気持ちもあるそうです。「しっかり取り締まって欲しい!」と、うちの妻も怒ってました!

このように、何が信者のためになるか自体、難しいのですね。だからといって、商標の問題を考えるときに、信者の視点を持たないでよいということにはなりません。

しかし、商標法の教科書を読んで勉強しますと、なんか「ちょっと違うなあ。」という気持ちを抑えがたいのです。普通の人は、商標法の勉強なんかしないでしょうが、まず言葉からして違うんですね。たとえば、商標の読み方は「称呼」(しょうこ)というんです。最初に見たときは、呼称の誤植かと思いましたね。商品を買う一般人のことは、「需要者」だなんて言います。そりゃ需要があるから買うんでしょうが、「そんなのありなの。」と思いましたね。商標の3つの機能ということで、「出所表示機能」「品質保証機能」「広告宣伝機能」なんていうのも暗記しました。

まあ、読んだだけではなんのこったか分かりませんが、勉強すれば、「なるほどな。」と思うところもあります。しかし商標は、お客様、なかんずく信者のためにあるのだというところが、本当に分かっているのだろうかという疑問も抑えがたいのです。

たしか、ハインラインのSFだと思うのですが、大事故にあって全ての記録が消失し、漂流している巨大宇宙船の話しがありました。何千年にも渡って、宇宙船の内部では、船の操作マニュアルを聖典とあがめて、それに形而上学的な解釈を加える学問が発達していたのです。マニュアルですから、本来は、その宇宙船で宇宙を飛ぶにはどうすればよいかが書かれているわけです。しかし、自分達自身が宇宙を飛ぶのだということを考えもしない人たちが、ピントのはずれた解釈をほどこすわけです。そんな中、これは、宇宙船を飛ばすための事が書いてあるのではと考える主人公が現れて、他の人達に自分の考えを伝えていくといった話しだったはずです。

自分自身で商売をして、信者を増やしていくのだということを考えもしない人たちが、商標について発言している気がしてなりません。商標の法律というのは、「商標」を守ることが書かれているのではない、「信者」を増やし、「信者」を守ることが書かれているのだということを、私も伝えていけたらと思っているのです。

1年前の本日、第1号を出したニュースレターも、これで25号となりました。1年間のご愛読有難うございます。今後とも宜しくお願い致します。

弁護士より一言

最近、探し物が見つからないで、大騒ぎをすることが増えてきたように思います。先日は、お風呂上りにパンツが見つからず、「何でどこにも無いんだあああ。パンツ10枚くらい買っといてよ。」と叫んでたんですね。

すると、小学校2年生の娘が来て言いました。「パパ、大丈夫だよ。パパのお誕生日に、パンツをプレゼントしてあげるからね。」

つまらないことで大騒ぎをしている父親を、暗に諌めようとしているのかな？　と、思わず娘の顔を見てしまいましたね。しかし、どうも本気で、パンツが不足しているパパに、プレゼントしようと考えてくれたみたいです。さすがにこれは、こたえました。

また、私の誕生日である3月16日が巡ってきました。

誕生日に当たり、せめて今年は、「パンツが見つからなくても大騒ぎをしない、尊敬される父親になろう。」と、心に誓ったのでした。

引き続きコメントやご質問を楽しみにしております。

（2010年3月16日　第25号）

犯罪の価格設定（1）

商売にとって、値段設定は非常に重要です。自分の商品やサービスをいくらで販売するのかということですね。

この点について、かつてトヨタの副社長の講演を聴いたことがあります。商品の値段についての、間違った方程式と正しい方程式を教えてくださいました。

間違っている方はこうですね。

コスト（原価）＋利益＝販売価格

この式は、売る側の都合だけを言っているのであって、お客様の観点を無視しているというわけです。価格を決めるのは、お客様であって、会社ではないということですね。

正しい式はこうなるんだそうです。

販売価格－利益＝コスト（原価）

販売価格は、お客様（市場）が決めるわけです。会社としては、そこから利益をとった、残りの金額で商品を作らないといけない。なるほど、こういう考えから、乾いた雑巾を絞るような、徹底したコスト管理になるんだなと、感心したのを覚えています。

とまあ、商品の価格について書いてきたのですが、今回取り上げたいのは、犯罪の価格についてなんですね。刑法だなんて法律を見ますと、ものを盗んだ場合は10年以下の懲役だとか、人に怪我をさせた場合は15年以下の懲役だとか規定されているわけです。考えてみますと、こういうのはそれぞれの犯罪につけられた、値段表ともいえると思うのです。

それはまあ、「恐喝罪なら懲役10年以下で、価格がちょっと高すぎるから、懲役5年以下ともう少し手ごろな価格の横領にしておくか。」なんて、刑法を見てから罪を犯す人はいないでしょう。「ベンツは高すぎるから、トヨタにするか。」と、値段表を見て決めるのとはわけが違います。しかし、やはり刑法というのは、それぞれの罪を犯した場合の対価がいくらであるかを定めたものであるわけですから、価格表といえるはずです。

ところが、犯罪の価格は、国家が勝手に決めるのが当然とされてきたわけです。国家としては、大体こんな方程式で犯罪の価格を決めたわけですね。

犯罪から守るべき価値　＋　抑止力
＝　罰則（犯罪の価格）

これは一見正しそうですが、トヨタ方式で言うと必ずしもそうとはいえない気がします。犯罪の価格も、国家のお客様ともいうべき国民が決める問題だと思えてくるからです。

そもそも日本の刑法は、基本的に明治時代に出来ているわけです。犯罪の価格表たる罰則の重さも、少しは改定されてきていますが、それほど大きく変わっていません。第一、最初に作られたときの価格自体、別に国民の意見を聞いて決められたわけではないのです。お上のほうで何となく決めたんですね。

私など、「何でこの犯罪の罰はこんなに重いんだろう。」と思ったり、「こんなに軽い刑で本当にいいんだろうか。」と思ったりします。

ただ、そもそも商品の価格を市場に決めさせることと自体、具体的にどうすれば良いのか難しいものがありますね。ましてや、犯罪の価格を市場に決めさせるのは、もっと難しい気がします。どうも、今回は理屈っぽくなってしまいましたが、次回に続きます。

弁護士より一言

毎日テレビで、星座占いみたいなのをやっていますよね。私はああいうのが、大好きなんです。「今日のラッキーカラーは青です。」なんていわれると、青いネクタイを選ぶ程度には、信じているのです。

先日テレビの占いを見ていたら、「本日最悪の運勢は魚座の人です。ご注意下さい。」だなんて言ってます。私は魚座なんですね。

一体全体、どんな不運が訪れるのかと緊張して聞いていますと、「夕食には、嫌いなものが沢山でるかもしれません。残さず食べましょう。」ですって。

最悪の運勢でも、その程度だということで、少し安心したのでした。ちなみに、夕食には特に嫌いなものは出なかったのです。ホッ。

このニュースレターもいよいよ2年目です。引き続きコメントやご質問を楽しみにしております。

（2010年4月1日　第26号）

犯罪の価格設定（2）

犯罪の価格設定は非常に難しい問題ですが、そもそも商品やサービスの価格設定自体容易ではありません。「お客様や市場の声を聞いて価格を決める。」と口でいうのは簡単ですが、具体的にどうするのかは必ずしもはっきりしないんですね。

特に何も考えないと、ただ安くすればお客様は満足するだろうと安易に対処してしまいそうです。しかし実際は、安くなったからといって、必ずしも売れるようになるとは限りません。それどころか、場合によっては安いから売れなかったなんてこともあるようです。

消費者の立場からすると、価格が下がれば嬉しいと思う一方、一定以上に下がると、かえってその商品に対して「怪しい」という気持ちも出てくるんですね。ガソリンスタンドの安売り競争で、前の店と値下げ競争をしていたところ、最後にはリッターあたり10円だなんて価格になってしまい、怪しく思ったお客さんが、かえって入らなくなったなんて実例もありました。

価格を上げるといけないのかといいますと、そんなことも勿論無い。高いからいいものに違いないと思うお客様も、相当数いるようです。価格の持つ品質保証機能というやつですね。

化粧品の販売で、値段を下げても売れなかったものが、間違えて0を一つ多く付けて販売したらヒットしたなんて話しも聞きました。さらに、価格を上げると購入できる人の絶対数は減少しますが、良いお客様と取引できます。

とまあこのように、価格の設定は難しいそうです。実際に市場で、さまざまな価格で商品を販売してみて、どのくらいの価格が一番良いのか試してみるというのも、一つの方法になりそうです。一方、現実に販売する前に、お客さんになりそうな人からアンケートをとって、それによって価格を決めることも考えられます。この点について、わずか40人から、４つの質問についてのアンケートを採るだけで、価格を決定できる方法があることが本に書いてありました。

要は、40人の人から、一定の商品について、「購入するには高すぎると感じる金額は幾らか」「安すぎで品質が心配だと感じる金額は幾らか」といった、簡単な４つの質問についての回答を貰うんですね。

価格が下がるに従って、「まだまだ高すぎるよ」と思う人の数は減っていく一方、「安すぎて品質が心配だ」という人の数は増えていきます。価格がどんどん下がる中で、安すぎて心配という人の数が、まだまだ高いという人の数を上回る金額が出てきます。それが、一番低い価格のポイントになるわけです。

価格の一番高いポイントも、同じ要領で決めるわけです。統計学上、どれほどの精度が認められるのか、必ずしも良く分かりません。しかし、確かにこの程度の簡易なアンケートでも、お客様の価格についての考えは、相当程度確認できそうです。

そこで、こういうアンケート方式は、犯罪の価格設定にも使えるのではと、くだらないことを思いつきました。

そんなわけで、次回に続けます。

弁護士より一言

先日、家族旅行で高速道路を走っていたとき、スピード違反で捕まりました。「せっかくのゴールド免許が……」と悲しくもあり、さらに子供達の前で恥ずかしくもあったのです。

すると、この４月から小学４年生になった上の娘が、早速学校の作文に、そのことを書いたんですね。

「もうちょっとでつくときに、パパがスピードいはんでおまわりさんにつかまってしまいました。でもパパは、ずっと走りつづけで、どこにも止まっていないので、ママは、『体を休ませられるから、まあいいわね。』といいました。本当にのんきなママだなあと思いました。」

「なんだ、なかなかうまいじゃないか。それじゃ、パパもこのことをニュースレターに書こうかな。」と言ったところ、娘が心配そうに忠告してくれました。

「パパ、止めといた方がいいよ。お客さんの信頼なくしちゃうよ！」

引き続きコメントを楽しみにしております。

（２０１０年４月16日　第27号）

犯罪の価格設定（３）

前回は、商品の価格と同じように、犯罪に対する刑の重さ（「犯罪の価格」ですね）もアンケート方式で決められないかというところで終わりました。

実際にアンケートでも取って確認してみれば、現在の刑罰の相場と、かなり違う答えが出てきそうな気がします。例えば、親が子供を虐待して殺してしまった事件で、懲役６年程度の刑罰ですね。私の感覚からいえば、信じられないほど「安い」価格設定だと思ってしまいます。（まあ、私が弁護を担当することになれば、色々理屈をつけて、それでも十分重いとか主張するんですけど。）

こういう犯罪など、他の人たちがどう思っているのか、聞いてみたい気がします。

一般の人の感覚とは必ずしも関係なく裁判で決まるものとして、刑罰のほかに、損害賠償の金額もあります。特に、精神的な損害に対する慰謝料の金額ですね。

これは、そもそも金額に算定するのが難しいものですから、どのくらいの金額にすれば正しいというわけではありません。大怪我をした場合の慰謝料、不倫に対する慰謝料、離婚の場合の慰謝料、名誉を傷つけられた場合の慰謝料と色々あるんですが、どれも裁判官の決めた相場によって決められていいます。しかし、私の感覚でいきますと、どれも安すぎる気がするんですね。

慰謝料の金額なんかについても、「お客様」である一般市民に対する市場調査で聞いてみたら、面白い結果が出るのではないかと考えてしまいます。

商品の価格設定について、市場調査をするというのは、マーケティングの世界では常識です。前回紹介したアンケートのやり方は、簡易なやり方で正しい答えが出るというところがポイントなんですね。

市場調査の考え自体は昔からあります。

ところが、法律の分野では、刑罰の重さや慰謝料の金額を、市場に聞こうなどということは、思いもよらないことのようです。そもそも、個々の犯罪の刑罰や、個々の慰謝料の金額をどのくらいにすべきかなんて、法律の専門家は、ほとんど興味を持っていないんですね。

法律の世界でも、学者先生なんかが色々な研究をされてるんですが、一般人の興味の対象とは違っているようです。一般市民としては、どんな犯罪行為によって、どんな結果が生じたら、それに対する罰則はどのくらいかということが、一番興味のあるところでしょう。

しかし、専門家の世界では、誰もそんなこと気にしてないのです。処罰の根拠は何かとか、論理的な一貫性を持った理論体系を作ることには熱心ですが、個々の刑罰の重さなど、ほとんど興味が無いようです。

学問の世界では、全く違う分野から来た人が、新しい視点で、革新的な成果をあげるなんて事が良くあります。他の分野では当たり前の手法を違う分野にもっていくと、非常に面白い成果を生み出すわけですね。残念ながら法律の世界では、他の分野から影響を受けた革新的なことは起こっていないようです。

近い将来、「マーケティングの市場調査の方法を、刑罰の重さや慰謝料の金額決定に使うようになったのは、大山弁護士の偉大な功績です。」と言われるようになったら嬉しいなと、アホなことを考えながら、「犯罪の価格設定」の話しは終わりに致します。

弁護士より一言

2、3ヶ月前に、その日開業したばかりのレストランでランチをとりました。いやあ、酷かった。

3人で行ったんですが、食事はちっとも出てきません。ようやく出てきたと思ったら、一人分だけです。かなり経ってから、もう一人分来ました。ランチ自体、パサパサしていて美味しくない。

極めつけは最後に、「一人分ご飯が足りなくってしまったので、出来ません。」なんて言ってきたんですね。

お店から出ると、3人でさんざん悪口を言って、このレストランは何時潰れるか賭けをしようなんてことになったんです。「1ヶ月しかもたないだろう。」「いや、さすがに3ヶ月は持つかな。」なんて話していたのですね。

ところが先日、たまたまそのレストランの前を通りかかりました。えっ。（というわけで、次回に続くのです。）

引き続きコメントを楽しみにしております。

（2010年5月1日　第28号）

見かけと真実の交渉術

弁護士は、交渉のプロということになっているんですね。実際、交渉術の本まで出している弁護士も沢山います。まあ、大きな声じゃ言えませんが、弁護士の交渉能力が、一般の人より優れているなんてことは無いと思います。しかし、他の人より交渉の機会が多いことは間違いないでしょう。

交渉を成功させるには、誠意を持って対応しないといけません。そして、自分の利益だけではなく、相手の利益も考えてあげることが大切です。しかし、それだけではなくて、やはりいろいろな小細工も考えちゃうんです。

通常、人は現実にどれくらい貰えたかは、大して気にしないそうです。当然の権利として貰える分と比較して、どれだけ多く貰ったかの方が重要なんですね。

例えば、レストランで待つ場合、お店の外で待っているときに、何かちょっとした飲み物などもらえると、非常に感謝するんですね。勝手に待っているのに、こんなに良くして貰ってありがたいというわけです。

ところが、ひとたびお店の中に入れてもらうと、自分はお客様だから、当然サービスを受ける権利があると思うようになります。待たされるだけで腹が立ち、少しくらい何か貰っても、当然と思うそうです。

こんなわけで、レストランでは、たとえ店内の席が空いていても、サービスが出来ない間はお客さんを中に入れないんですね。

サーマセット・モームに「見かけと真実」という短編小説があります。若い愛人を持っている議員さんの話しです。議員さんは、自分が世話している愛人が、若い男と浮気をしているのを知って激怒します。ところがその愛人は、少しも悪びれない。「男の人はつまらないことを気にするのね。こうすればいいのよ。」と、議員さんにアドバイスします。

小説の最後の場面で、愛人と若い男の結婚式が行われます。そこに議員さんも招待されるんですね。今は人妻となった愛人と、次回の逢い引きの約束をするところで小説は終わります。

議員さんは、「騙されていた男」から、「人の妻を奪う男」になったことに満足するわけです。まあ、私は愛人なんて持ったことがないので、本当にこんなにうまくいくのか分かりませんが、いかにもモームらしい小説です。

しかし、こういうことは、会社間の交渉でもあるように思います。例えば、よその会社に販売権を与えるような場合です。販売店契約の場合、交渉相手に独占的権利を与えながら、他社にも一定の販売権を認めるような形だと、かえってもめたりします。ところが、「そもそも他社に権利があるのですが、特別に御社にも販売権を認めましょう。」という形を取ると、うまくいくこともあるんですね。

まあ、こんな小細工ばかり考えていると、いずれ痛い目に会いそうです。やはり交渉は誠意が一番です。

しかし弁護士として、人の気持ちのこういった機微は、交渉の席上などで、忘れてはいけないと思うのです。

弁護士より一言

酷いサービスのレストランの話ですね。

2、3ヶ月か経ってから、そのレストランの前を通ると、相変わらずお客さんが沢山入っているのです。あの酷いサービスで、一体何故なんだと思ったんですが、かつて読んだ、レストラン経営のポイントを思い出しました。「1に立地、2に立地、3、4がなくて5に立地」だそうです。

そういえば、このあたりはレストランの数が少なくて、お昼時はどのお店も満員で、お客さんが並んでいるのです。それだけ、需要と供給のバランスが崩れていると、いかに酷いレストランでもお客さんは来るんですね。そこに気が付かないとは、まだまだ自分は未熟だなあと感じた次第です。

えっ、何ですって。「需要と供給のバランスが崩れていたから、どんなに酷いサービスでもお客さんが来たなんて、まさに今までの弁護士事務所じゃないか！」ですって。

ドキッ

引き続きコメントや質問を楽しみにしております。

（2010年5月16日　第29号）

弁護士のレター教室

三島由紀夫に、「レター教室」という小説があるんですね。「恋敵を中傷する手紙」「妊娠を知らせる手紙」「年賀状の中へ不吉な手紙」「暇な人の暇な手紙」といった、怪しげな手紙が沢山出てきます。手紙だけで、小説になっている本です。

この本の最後で、三島由紀夫大先生が、手紙の書き方について、読者にアドバイスしています。これが、とても役に立つんですね。それは、「手紙を読む人は、こちらには何の関心も持っていないという前提で、手紙を書かなくてはいけない。」ということだそうです。

人はみんな、自分のことにしか興味がないんですね。三島由紀夫の文章を借りると、こんな風になります。

「世の中を知るということは、他人は決して他人に深い関心を持ちえない、もし持ち得るとすれば自分の利害に絡んだときだけだ、というニガいニガい哲学を、腹の底からよく知ることです。」

三島先生によりますと、人が他人に興味を持つのは、基本的に自分の、「金銭欲」「性欲」「名誉欲」「感情」が満たされるときだけなんだそうです。たとえば、「あなたに1000万円あげましょう。」なんて手紙でしたら、どんな書き方をしても、喜んで読んでもらえるそうです。それはまあ、そうでしょうね。

ところが、「金銭欲」も「性欲」も「名誉欲」も満たせないとなると、手紙で人の「感情」を揺さぶる必要があるんです。しかしこれが難しい。自分勝手に情熱を発散されても迷惑なだけだと、三島先生もおっしゃっています。

三島先生は例として、見ず知らずの女性から貰った手紙をあげています。その手紙には、「小さい頃から人生の不条理に悩んでいて、柿の木の向こうに夕日が沈むのを見て涙した。」なんてことが書かれているんですが、「植木屋じゃあるまいし、私は人の家の柿の木に興味はありません。」と、三島先生は大変冷たい。

そこまで言うのなら、三島由紀夫大先生自身、何だって独りよがりに自衛隊で切腹したうえ、「檄文」を配ったりしたんですかって、ツッコミを入れたくなっちゃいますけど……

私の事務所では、新しい弁護士を募集してるんですね。その応募書類を見ると、多くの人が、自分の思いだけぶつけてくるのです。

「私が弁護士を志したのは、小学校のときに……。中学校のときには……」なんて感じで、延々と続くのです。まさに、他人が自分のことに関心を持つのは当たり前だという前提で書いているようです。

一般に弁護士の文章自体、特殊なものです。自分の側の言いたいことだけ書いて裁判所に出せば、裁判官が読んでくれることになっています。さらに、扱っている内容も、お金の問題を始め、人の利害に直接関係のあることですから、別に人の感情を動かさなくても、読んでもらえるんです。そんな中で弁護士は、「人が自分の文章を読むのは当たり前だ。」と、勘違いしてしまうようです。

弁護士の書いた、世間一般の人達向けの文章を読むと、「何だってこんな文章を他人が読んでくれると思ったんだろう?」と、首をかしげたくなることが多々あります。これは他人事ではありませんね。

このニュースレターもようやく第30号まで来ました。今後とも皆さまに楽しんで読んでもらえるように、気合いを入れていきたいと思っています。

弁護士より一言

小学4年生の娘から、いきなり聞かれました。

「パパ、おっぱいって、いつから大きくなるの?」

聞かれて、なんだか焦ってしまい、「そんなこと、パパは分からないから、ママに聞きなさい!」なんて答えたんですね。そうしたら、娘が言ったんです。「なんで分からないの？　パパのおっぱいだって、大きくなったんでしょう！」

確かに私は、太っています。妻にも、痩せるようにさんざん注意されています。だからって、娘にこんなことを言われるなんて。ううう。

ふざけているのかと思ったのですが、どうも本気で、おっぱいのことを聞きたかったようです。

これは、天の神様が、娘の口を借りて忠告してくださったものと思い、再び減量を決意したのでした。

引き続き、コメントやご質問を楽しみにしております。

（2010年6月1日　第30号）

弁護士・辯護士・辨護士

一般的に弁護士は、肩書きを「弁」護士と書きますが、中には、旧字体で「辯」護士と難しい字を使う方もいます。何となくもったいぶっていて、敷居も高そうなイメージがしますが、まあ好みの問題でしょう。

ところがこれまで2回、弁護士の人から、「辨」護士という肩書きの名刺を貰ったことがあるんですね。「辛」と「辛」の間の漢字が「言」ではなく「リ」になっています。「リ」は刀を意味するんです。従いまして、「辨」は、弁論するというときの弁ではなく、切り分けるという意味になります。弁理士の弁がこの「辨」です。

よせばいいのに2回とも間違いを指摘しておきました。こういうことをするので私は、作らなくても良い敵を作ってしまうのです。

もっとも、私もそうですが、弁護士というのは、「自分が間違ってました。」なんて、中々言わない人たちなんです。

一人の「辨」護士さんの回答は、「『辨』は『辯』の略字だから、これで良いのだ。」でした。もう一人の「辨」護士さんは、「うちの事務所では、数十年前か

ら代々この字を使っている。」とのことでした。（なんのこっちゃ）

えーと、何が言いたいのかといいますと、別に自分の知識をひけらかして、同業者を貶めようというわけではないのです。（ほ、ホントです……）本日は、薬事法の話をしたかったのです！

薬事法では、商品の効果効用を宣伝してはいけないなんて規定があるんですね。「この商品は、減量に効果があります。」とか、「膝や腰を強くします。」なんで、宣伝できないわけです。

そこでどうするかといいますと、いかにも効果がありそうな商品名をつけるんですね。私の私淑している、銀座漢方研究所の斎藤一人先生なんか、名人です。「スリムドカン」だとか、「ひざこしげんき」だなんて、いかにも効きそうです。あんまり怪しそうなんで、思わず笑ってしまいますけど。

ところが薬事法だけではなく、弁護士についても、自分の専門だとか特徴など、基本的に宣伝してはいけないということになっているんですね。そこで、斎藤一人大先生のマネをしようと考えたわけです。

弁護士の場合、商品名を考えることは出来ません。その代わり、弁護士の「辯」の字の、「辛」と「辛」の間の漢字を利用して、自分の思いを込めたり、事実上専門分野を表示できないかということですね。

例えば、（辛特辛）護士は、特許専門弁護士となります。そうしますと、（辛米辛）護士は、アメリカンローヤーになるのです。

（辛会辛）護士は、会社法専門の弁護士ですね。

（辛刑辛）護士なら、刑事弁護の専門弁護士です。

（辛外辛）護士は、外国との渉外弁護士。

（辛忙辛）護士は、大手渉外事務所の若手弁護士！

そんなわけで私は、誠実さを売りにして、（辛誠辛）護士と名乗ろうかと思っているのです。更には、お客様第一を考えて、（辛客辛）護士なんてどうでしょう。

くっ、くだらない。次回はもっと役に立つ話をお届けしたいと思ったのでした。

弁護士より一言

少し前から、大食い選手権みたいなものが流行っていますよね。大食いマンガなんていうのもありまして、私は愛読しています。

そのマンガによりますと、大食いにも、正しい食べ方の「正道食い」と、悪の食べ方の「邪道食い」というのがあるそうです。どんな食べ物でもどんぶりに放り込んで食べる「どんぶり食い」、なんでも押しつぶして食べる「万力食い」といった邪道な？食べ方をする敵役と、正道食いの主人公が戦っていくという、徹底的にくだらないマンガなんですね。自分でも、いい年をして、こんなもん読んでいて良いんだろうか、という反省はあったのです。

ところが先日、このマンガを小学生の娘達が見つけてしまいました。ここから、穏やかだった我が家に、一転暗雲が立ち込める事態が生じたのでした。ううう。

というわけで、次回に続くのです。

宇宙船ビーグル号の弁護士（１）

（２０１０年６月16日　第31号）

弁護士をしていると、必ずといってよいほど、「何が専門ですか。」と聞かれるんですね。私の場合は、長い間企業の法務部門で働いていましたから、会社法関係が専門ですと答えるんです。

しかし、弁護士の中には、「何々が専門です。」ということに反発を感じている人も多いようです。特に、「町弁」といわれる人に多いと思いますね。

前にも書きましたが、特に町弁の場合は、仕事は紹介で来るのが一般です。紹介の場合は、どんな仕事がやってくるのか分かりません。そうしますと、「自分は何々が専門だから、それは出来ません。」とは中々言い難いという事情もあると思うんです。

さらに、それだけではなくて、弁護士たるもの何でも出来なくてはいかんという考え方も、あるような気がします。広く色々なことを学んで、初めて一人前の弁護士になるのだというわけです。現実の事件は、多くの問題がかみ合わさっているのだから、「専門」だけで解決できないだろうというのも、確かにもっともかもしれません。

１９３０年代に書かれたＳＦの古典に、「宇宙船ビーグル号の冒険」という本があります。ビーグル号というのは、ダーウィンが進化論を思いついた旅に出たときに、乗っていた船の名前ですね。未知の世界を求めて、１０００人以上の科学者を乗せて、宇宙の探検に乗り出す宇宙船の話しです。

科学者達には、みんな専門分野があるんですね。ところが、それぞれ専門馬鹿という感じで、自分の専門以外のことは全く分からない。未知の事態に遭遇したときに、自分の専門に囚われてしまい、うまい解決法を見つけることができないんです。

そういう中で、新しい学問である「総合科学」を学んだ主人公が、専門馬鹿の科学者達の知識を纏め上げて、問題を解決していくんですね。何だか理屈っぽい話しに思えるかもしれませんが、スペースオペラとしても、とても面白い小説です。

こういう風に、「専門馬鹿」に対する批判は、昔からあったんです。日本の大学でも、「専門馬鹿」ではいけないということで、「総合何とか学部」とか「教養何とか学部」みたいなものが流行りました。

ただ、これなども、「確かに専門馬鹿は作らなかったが、ただの馬鹿を量産した。」なんて、批判もされていたようです。

「総合」だとか、「何でも出来ます」などというのは、耳触りは良いのですが、結局のところは何一つ満足に出来ないだけということも良くあることです。

大きい声で言うと差しさわりがありますが、「専門が無い」なんて言う弁護士の中には、単なる勉強不足で、弁護士バッチを付けて、内容証明郵便をだすことが「専門」になっている人が沢山いるんです。

その一方、「何々が専門です」なんていう弁護士よりも、全ての分野でよっぽど良く知っている弁護士がいることも事実なんです。

こう考えてきますと、弁護士の「専門」というのも、なかなか奥が深く思えてきます。

弁護士と専門分野ということで、次回もう少し検討してみたいと思います。

弁護士より一言

うちの娘達が、私の大食いマンガを読んでいたという話しですね。実は、娘達とは、マンガの話で盛り上がったのでした。

「パパ、『ミキサー食い』って、何でもミキサーに入れちゃって、汚いよね。」「そうだなあ。チーズピザまでミキサーに入れて食べるのは、ひどすぎるよなあ。」

「それより、悪食三兄弟って、どんだけ変なの！ラーメンにショートケーキ入れて食べたりしたら、駄目だよね。」なんて、娘達と会話が弾んだのです。

ああ、一体いつまで、こうやって娘達と楽しく会話ができるのだろう、なんて考えて、感慨に耽っていたものですから、妻が、私と娘達との会話を聞いていたのに気が付かなかったんです。

「女の子がそんなマンガ読んで、どうするの！もう、そんな悪いマンガは捨てます。」

引き続き、コメントを楽しみにしております。


（２０１０年７月１日　第32号）

宇宙船ビーグル号の弁護士（２）

私は子供の頃から「論語」オタクでして、今でもかなりの言葉を暗記しているんですね。論語の中に、「大なるかな孔子、博く学びて名を成すところなし」という言葉があります。孔子先生は本当に偉大な方だ。何でも学んでいて、全てが非常に良くできるので、特に「これが専門です」というものもない、といった意味ですね。

孔子大先生くらいエライ方ですと、全てにおいてナンバー１みたいな位置づけになるんでしょう。一方、孔子の弟子達となります、それぞれの得意分野で名前を売っているわけです。論語によりますと、徳のある行いでは、顔淵さん、弁舌なら子貢さん、政治なら季路さん、文学なら子夏さん、といったように、それぞれ得意分野で名前を売った人が列記されています。

孔子大先生のような有名人はさておき、有名でないお弟子さんが名前を売り込むときには、やはり、「この一芸に秀でています。」という専門分野があることが役に立ちそうです。

私なんかも、消費者として専門家を選ぶ立場から言いますと、「自分のところはこれが専門です。」と宣言しているところを選びたくなりますね。

町の食堂で、「うなぎ・お寿司・トンカツ」なんて看板が出ているお店だと、「こっ、これは何なんだ！」なんて思ってしまうのは、私だけではないはずです。

お医者様の場合は、専門がかなり分かれていますね。一方、個人医院なのに、「内科、外科、皮膚科、眼科」だなんて、凄い看板を出しているところもあります。こんなところに任せてしまって大丈夫なんだろうかと、どうにも不安になるのです。

他人のことは良く分かるんですが、多くの弁護士事務所では、似たようなことをしているわけですね。取り扱い分野ということで、「民事・刑事・少年・家事・相続・会社・特許」だなんて記載している弁護士は、相当数います。

特定の案件のために弁護士を選ぼうとしているお客さんから見たら、どうにも怪しく思える気がしますね。ただ、多くの弁護士は現実に様々な案件について経験している場合があり、どれが「専門」といえないというのも事実なのです。

その一方で、「これが専門です」なんていう弁護士もかなり怪しいこともあります。アメリカの法律事務所など、「専門」がころころ変わったりするんですね。

独禁法が流行っているときは「独禁法専門」として売り出すわけです。その後、独禁法問題が下火になりますと、今度は「M＆A専門」だなんてことで宣伝します。これなんか、詐欺みたいな気もします。

日本でも、今後こういった、「専門」弁護士が増えていくのかもしれません。

ちなみに、先ほどの孔子の話には続きがあります。特に専門が無いと言われた孔子は喜んで、次のように言っておどけます。

「私の専門は何がいいかな。弓矢にしようか、それとも御者にしようか。そうだなあ、御者にしよう」

さすがの自信ですね！

私も、いずれそのうち、「大山弁護士は何と偉大なんだ！　何でも良く勉強していて、特にこれだけが専門ですなんてところが無いですね。」なんて、言われるようになりたいものです。そうしたら、私もおどけて言っちゃいましょう!!

「私の専門は、大食いにしようか、減量にしようか？　そうだ、減量にしよう！」

弁護士より一言

ここのところ、論語がブームだそうです。本屋さんに行きますと、様々な論語関係の本が並んでいます。うちの子供たちも、「こども論語塾」だなんて本を買って勉強しています。

「子曰く、学びて時にこれを習う、また楽しからずや。」なんてやってるんですね。こうなりますと、私も昔の血が騒ぎまして、いっぱい暗記している、論語の言葉を披露しちゃうのです。

「パパ、すごーい！」なんて言われると、とても良い気持ちです。

子供が相手をしてくれなくなったら、そのうち事務所で、早朝論語素読会でも開催しようかなんて考えております。（誰が参加するのかという問題がありますが！）

引き続きコメントや質問を楽しみにしています。

（2010年7月16日　第33号）

三人男の天気予報

「白波なら五人男だし、三人なら男でなくて吉三だろう?」と思った方(そんな人おるんか!)、歌舞伎ではないのです。「三人男」というのは、英国ユーモア小説の白眉、「ボートの三人男」なんですね。

気の合う友達3人で、テムズ川をボートで川下りする話しです。特に何の事件も起きないボートの旅が、ユーモアたっぷりに語られます。

その中に、天気予報の話があります。「是非とも今日は晴れてもらわなければ困る」なんていう日なのに、いかにも雨が降りそうな雲模様です。そんなときに、地元の老人に、天気について質問します。

その老人が、いかにももっともらしい目つきで地平線のほうを眺めて、「なあに、大丈夫ですよ。晴れますよ。この分なら雲も切れるでしょう。」なんて言ってくれると、嬉しくなるそうです。

「なるほどねえ。ああいう年寄りになると、お天気のこともよく知ってるもんだね。」などと話して、その老人に感謝するわけです。この感謝は、たとえその日一日雨が降り続けようとも、薄れないんですね。「まあいいや。あの爺さんだって、ベストを尽くしたんだから。」

これに対して、お天気のことを聞いたところ、「駄目だねえ。一日中降りますぜ。」なんて答える人に対しては、すごく憤慨するんだそうです。仮に本当に一日中雨だったりしたら、その人のせいでそうなったとまで、感じてしまうということです。

これはまあ、ユーモア小説の話ですが、弁護士としての経験でも、こういうことはあるのです。

「これはどうやっても負けるな。」という事件について、弁護士がお客様にどのように話しているのかといいますと、多くの場合非常にそっけなく、「これは駄目です。負けます。やっても無駄です。」なんて言ってしまうんですね。他人のことは言えません。私自身、そういうことはありました。

そんなとき、依頼者から、「先生はどっちの味方なんですか! 私の味方ですか、相手の味方ですか?」

なんて言われたりします。こういう風に言われますと、私としても正直、反発する気持ちもあったんですね。「見通しがどうかということと、味方かどうかということは、関係ないだろう！」

しかし、自分自身が逆の立場だと考えてみたら、確かに依頼者の不満ももっともな気がしてきました。たとえば、私がもう助からない病気になって、お医者様に診てもらうとします。

そのときに、お医者様から、「これはもう駄目ですね。どうやっても助かりませんよ。」なんて言われたら、やっぱり憤慨しそうです。「先生は病気の味方ですか、私の味方ですか」と言いたくなります！

これに対して、「大丈夫。きっと助かります。一緒に頑張りましょう。」なんて言ってもらえたら、たとえ駄目でも、「先生もベストを尽くしてくれたんだからしょうがない。」と思える気がするんですね。

これまで、多くの弁護士は、「たとえ駄目でも何とかしてほしい。」という依頼者の気持ちに、どこまでより添えていたのか、非常に疑問だと思うのです。

場合にもよりますが、私自身、「大丈夫。きっと晴れます。」と言える弁護士になりたいと思ったのでした。

弁護士より一言

今回、久しぶりに「ボートの三人男」を読み返しました。前回読んだときから、もう20年以上たっているはずです。

丸谷才一先生の名訳で、とても楽しく読めたのですが、その一方、どうにもテンポが遅くて、少しかったるい気がしたのも事実です。

なんでそうなったのか考えてみましたが、やはり私自身が、せわしない生活を送っており、じっくりと時間をかけてユーモア小説を読める状態ではないのだと思い至りましたね。仕事や子育てに追われていると、時間をかけて良い小説を読むよりも、手っ取り早くマンガでも読んで楽しもうということになりそうです。ううう。

もうあと20年近くして、無事に引退した後に、じっくりと時間をかけて、「ボートの三人男」をもう一度読もうと思っています。

引き続き、コメントを楽しみにしております。

（2010年8月1日　第34号）

弁護士権力

「弁護士は、権力と戦い、人権を守っている」などと大きな声で言っている弁護士は沢山います。しかし、弁護士自身が権力者だと認識している弁護士はあんまりいないんですね。そんなわけで、私が小さい声で言っちゃいます。

私が、自分が権力者側の立場にいると実感したのは、弁護士になった後、警察の駐車場で車をとめたときです。弁護士になる前は、何となくパトカーの隣に車をとめるのは避けていたんですね。

ところが、弁護士になった後は、特に気にすることなく、パトカーの隣に駐車するようになりました。後から考えてみますと、どうも自分の後ろにも国家権力がついていると無意識にでも感じたが故の行動に思えるのです！（ほんまかいな？）

一般の人にとって、弁護士からなにか言ってくるなどということは、大変なプレッシャーなはずですね。まさに、権力者として振る舞えるわけです。

相手を脅すような交渉方法は、普通の人がやれば恐喝罪ですけど、弁護士なら問題なく出来るのです。よく、「弁護士は、国家公認のヤクザだ。」なんて言われるのも、理由がありそうです。

人のことは言えません。私だってよく、「10日以内にご連絡なき場合、民事及び刑事での手続きを取らせていただきます。」なんて感じの通知文を相手方に送っています。

中には、本当に当方が正しいのか、必ずしも分からない場合もあるんですね。それでも、一応それなりの説明を受ければ、対応してしまいます。

弁護士側の権力者意識が強いと、被害者がかえって弁護士に叱られたなんていうことも起こります。

刑事事件で、被告人側の弁護士が、被害者と示談交渉をするような場合です。弁護士が、被害者に対して居丈高な態度で交渉するなんて話をよく聞きます。

「この場合の損害賠償の相場はこの位なんだから、それで納得しないのはおかしい!」といった感じで話をする弁護士がかなりいるようです。これなど、被害者側として、権力者の弁護士にいじめられているように感じるでしょうね。

さらに弁護士が権力者として、事務所の従業員に暴君ぶりを発揮するなんて話も良くあるんですね。この辺は、面白いことに、普段は人権人権などといっている弁護士ほど、自分の事務所では事務員さんの権利など無視した対応をしている例がありますす。法律関連の組織が集めている弁護士事務所従業員の声なんていうのがあるんですね。かなり皆さん、恨みつらみがあるようです。

「法律家でありながら労基法などお構いなしの弁護士が多すぎる。労働条件を明確にしてほしいと申し入れたら解雇されてしまった。」

「何年も給与は据え置きのままで、残業代はまったく出ない。弁護士達は労働問題の裁判に取り組み、労働組合の人たちを指導していながら、肝心の自分の足元は全く目に入らない。」

「弁護士の事務員に対する労働条件の酷さに我慢できなくなり、労務協会に相談にいったが、相手が弁護士と知ると、『勝てる相手ではない。相手が悪すぎる』と言って、労基法違反なのに何のアドバイスもしてもらえなかった。」

こんな声が、いくつも出てくるんですね。

私は、サラリーマン生活が長かったため、何となく外部者の目で弁護士を批判的に見てしまうのかもしれません。しかし、弁護士は乱用しやすい権力を持った権力者なのだということは、忘れずにいたいと思うのです。

弁護士より一言

うちの娘達が幼稚園児の頃、妻に対して、「パパの弁護士って、どんなことするの?」なんて聞いたそうです。「困っている人を助けてあげるのが、弁護士の仕事だよ。」なんて、妻は答えたんですね。

最近、小学校中学年の娘と話していたら、娘は長い間、弁護士というのはアンパンマンみたいに、町中をパトロールして、困っている人がいたら食べ物をあげたりする仕事だと思っていたそうです。

アンパンマンにはなれなくとも、せめて「弁護士権力」を振りかざすようなことだけはしないでいたいなと思ったのでした。

引き続きコメントやご質問を楽しみにしております。

(2010年8月16日　第35号)

ユダヤ人大富豪の悪徳商法(1)

本日は、本田健のベストセラー、「ユダヤ人大富豪の教え」ですね。読んだ方も多いと思います。かつて私も読んで感動したのです。

若き日の本田青年が、成功の秘密を掴もうとアメリカを旅していて、ユダヤ人大富豪の老人と知り合います。老人の家で一緒に暮らしながら、大富豪から、「幸せなお金持ち」になる秘訣を教えてもらう話です。

大富豪の老人は、本田青年に色々な試練を与えるわけです。老人の話しを聞くための最初の試練が、「私はこの若者の成功を応援します。」という紙に、3日間で1000人の署名を貰ってくるというものですね。

知り合いなど一人もいないアメリカで、どうやって1000人もの人から応援の署名をもらえるのか、本田青年も悩みます。最後に、日本を発つときに貰った千羽鶴の折り紙を配ることで、署名を集めるわけですね。私なんか、いま日本で同じことをやれといわれても自信がないんですが、本田青年はアメリカで、やってのけたわけです。

その他にも、いろいろと面白い話しがあるのですが、今回取り上げたいのは、1000個の電球を売ってこいという試練です。大富豪の老人によりますと、お金持ちになるには、MBAなど役に立たない、セールスこそ一番大事なんだそうです。何の変哲もない電球を、1000個売り切るまで家に戻ってくるなというわけです。

この試練に対して、本田青年は、最初はただ飛び込み営業で売り込みをするのですが、誰も買ってくれません。当たり前ですね。そこで本田青年は工夫をするわけです。

電球を売るのではなく、電球を取り替えるというサービスを提供したらどうかというわけです。電球交換に困っていそうな老人のアパートに行き、「ボランティアで交換させてください。電球のお値段だけいただければ結構です。」ともちかけます。その後、そのアパートのおばあさんの話し相手になり、よく話を聞いてあげます。おばあさんはとても喜んでくれるんですね。自分から率先して、一緒になって他の老人達に売ってくれます。こうして、めでたく電球1000個は売り切れるわけです。

これは確かに美談ですね。商売というのは、単に物を売るのではなく、お客様に喜んでもらうサービスを提供するのだという、商売の基本を実践しています。

その一方で、こういう商売というのは、一歩間違えれば、老人相手の悪徳商法になる可能性も秘めていると思うのです。実際、老人を狙って、高額リフォームや高額電化製品を売るようなセールスは、同じような方法で家に入り込み、話を聞いてあげるわけです。

最初は電球交換などで喜んでもらい、淋しい老人の話し相手になって、信用してもらう。その後、こんな電気製品があった方が良い、家のここが壊れているということで、色々と売り込んでいくわけですね。

何も私は、本田青年やユダヤ人大富豪が悪徳商法をしているなんて言っているわけではないのです。ただ、上手な商売のやり方の中に悪徳商法のネタも隠されており、悪徳商法の中にも、上手なビジネスのヒントがあると言いたいのです。

私自身、零細事務所の経営者としてやってきましたので、弁護士事務所の顧客獲得についても、こういうことはいえないのか、次回少し検討してみたいと思います。

弁護士より一言

私は昔から、山村暮鳥の詩が好きでした。夏も終わりになると、毎年この詩を思い出します。

また　ひぐらしのなく頃となった
かな　かな
かな　かな
どこかに
いい国があるんだ

いつの間にか、今年の夏も終わりです。暑い暑いと言いながら、ばたばたしているうちに、子供達が、「夏休みの宿題が終わっていないいいい!」と大騒ぎをして、家中うるさい中で、夏が終わってしまった気がします。

子育てに追われている今の時点では大変に思えますが、いずれ振り返ってみたら、あのときが一番「いい国」にいたな、と思えるのかもしれませんね。

引き続きコメントやご質問を楽しみにしております。


（2010年9月1日　第36号）

ユダヤ人大富豪の悪徳商法（2）

悪徳商法と、上手な商売は、紙一重のところにあると言う話ですね。

この辺のところは、弁護士稼業でも当てはまるような気がいたします。

商売の鉄則の1つは、現状に満足している見込み客に、「実は安心していられる状態ではないのだよ。」と教えることだそうです。

例えば、多くの人が、いずれ自分が死んだ後に、相続争いで子供達がもめるのではと心配しています。しかし、今の段階でわざわざ遺言書を作るのは面倒くさいと感じているわけですね。

こういう潜在顧客に対して弁護士のほうから、「元気なうちに遺言ではっきり決めておかないと、後で相続争いが起こりますよ。財産のせいで、子供達が争うことになったら、本当に残念なことですよ。」と教えてあげるわけです。お客様としても、良いことを教えてもらったと感謝し、弁護士に依頼することになります。

しかし、こういうやり方も、一歩間違えると悪徳商法になりえます。基本構造は、「不安を煽って、商品やサービスを購入させる。」という、悪徳商法の定番と共通するものがあるから当然です。

「今すぐリフォームしないと、家がバラバラに壊れますよ。」なんて脅して、高額リフォームを売りつける悪徳業者がいますが、弁護士でも、「今すぐ訴えないと、手遅れになりますよ。」などと言って、依頼者を脅して、必要のない訴訟を起こしたら、立派な悪徳弁護士になれそうです。

その他にも、悪徳商法の定番に、セミナー商法なんてありますよね。無料セミナーということで、多くの人たちを集めて、集団心理を利用して、洗脳するような情報提供を行います。その場から何となく帰りづらい雰囲気にして、高額商品など売りつけるわけです。

しかし、セミナー自体は、自分の知識や能力をお客様にアピールする良い機会ですよね。そんなわけで私も、別に悪徳商法から学んだわけではありませんが、セミナーを毎月開催することにしたわけです！

ユダヤ人大富豪の本の話に戻りますと、本田青年は老人から、税理士や弁護士といった専門家を使うことが大切だとアドバイスを受けます。自分で勉強すれば何十年もかかる知識を教えてもらうのだから、1時間何万円を支払っても惜しくないということですね。(ここのところ、アンダーラインを引いといて下さい。)

その一方でユダヤ人大富豪は、税理士や弁護士にどういう相談をするかは注意しなさいと言います。「そういう専門家は自分ではビジネスの体験をしていないのに、もっともらしいアドバイスをする。」と非常に手厳しい。

「リスクに臆病で、何か新しいビジネスを相談しても、反対ばかりする!」んだそうです。このへんのところは、たしかに弁護士として、耳が痛いところです。

実際これまでの日本の弁護士は、事務所を開けばお客さんが来るのが当然といった環境の中で、自分で苦労して集客するも必要ありませんでした。そんな弁護士の、ビジネスについてのアドバイスが、保守的で、リスクに臆病になるのも当然かもしれません。

今後は、自分で苦労して事務所経営をする中で、悪徳商法と上手な商売の紙一重の違いを体験した弁護士が、有意義なアドバイスを出来るのかもしれませんね。

私も、ユダヤ人大富豪の老人に認めてもらえるような弁護士を目指していきたいと思ったのでした。

弁護士より一言

小学生の娘達の勉強を見てあげるようになりました。私は、子供達に好かれるパパでいたいですから、優しく教えようと決意して臨むわけですね。しかし、いくら教えても分からない。だんだんいらいらしてきます。「おまえはバカかあ! 何でこんな簡単なものが分からないんだあああ!」なんて言ってしまうのです。

娘の方は当然反発しまして、「もうパパには教わらない。パパなんて大嫌い。よくお客さんは我慢できるわね！」なんて言い返します。女の子はお喋りだそうですが、娘は私に言われたことを皆に言いふらすんですね。妻はもちろん、私の両親や妻の両親にまで報告するんです。

「滋郎、そんな言い方をしちゃだめでしょう！」と、いい年をして、母親にまで叱られてしまいました。ううう。

引き続き、コメントを楽しみにしております。

（2010年9月16日　第37号）

嘘の効用（1）

嘘がどれほど役に立つか、という話しですね。

「男にとって、嘘がどれほど大切で、必要とされているか、女と医者だけが知っている」なんて聞いたことがあります。自分自身を省みても、これは真実ですね。

「大山先生、痩せましたね！」なんて女性に言われると、嘘だとわかっていても良い気になります。「こんな病気すぐに治りますよ。90までは丈夫ですよ！」なんてお医者様に言ってもらえると、これまた嬉しいものです。

とまあ、ことほど左様に嘘は役に立つのですが、本日の話は、こういうことではないのです。（だったら、長々と書くなよ！）　法律における嘘の話です。

「嘘の効用」は、末弘厳太郎という大変有名な先生が、大正時代の終わりころ（もう90年ほど前ですね）に書いた、一般人向けの法律エッセーの題名なんです。この中で末弘先生は、法律において「嘘」がどれほど必要なものなのか、さまざまな例を引いて説明しています。

たとえば、例として上がっているのは、大岡越前守の名判決、「大岡裁き」ですね。大岡越前が名判決を出せたのは、「嘘」のつきかたが上手だったからだと、末弘先生は喝破されたわけです。

「江戸時代は、しっかりした法律なんかないから、大岡さんも融通無碍に法律を加減して、適切な裁判をしたのだろう。」なんて考えるのは間違いなんですね。

当時の法律は、現代よりもっと融通の利かないものであり、お上の決めたものですから、絶対に守らないわけにはいかないわけです。そういう中で、妥当な判決を得るにはどうするかといいますと、事実の方を曲げるしかないわけです。つまり「嘘」をつくんですね。

指が6本あるとか、容貌が非常におかしい鬼子だということで、母親が生まれてきた子供を殺してしまうような事件が起きます。法律によれば、人を殺した母親は、当然厳罰となりますね。こういう場合に大岡越前は、「指が6本ある者は人ではない。従って、これを殺しても人殺しではない。」と名判決？を出すわけです。

今の感覚からすると、障害のある子でも、愛情をもって育てるのが当然のことですよね。指の数が多いからといって子供を殺すなど、およそ許されないというのが現代の常識です。

しかし、江戸時代の人たちにとってこの大岡裁きは、花も実もある名判決だったのでしょう。（末弘大先生自身、障害のある子は「人」ではないなどという「嘘」を、必ずしもおかしなものとは考えていなかったように読めますので、なんだかおかしな気もしましたね。）

そもそも法律というのは、すべての人に杓子定規に適用されます。そうしますと、場合によっては、法律をそのまま適用すると、どうにも一般人の常識とかけ離れてしまう場合があるわけです。

「それなら、法律を変えればいいだろう」と言われそうですが、それはそれで非常に大変です。それに、まさに現在問題になっている具体的な問題を解決する役にはたちません。そういう場合に、「法律」を「常識」に近づける手段として、「嘘」が非常に重要だと末弘先生は強調されるわけです。

それでは、末弘先生がこの本を書かれてから90年近くたった現代において、「法律実務において、嘘がどれほど大切で、必要とされているのか！」について、末弘大先生と比べられては役者不足ですが、次回私の方からご報告できればと思います。

弁護士より一言

妻が5歳の息子を連れて、六本木ヒルズの恐竜展に行ったんです。息子がお昼はお寿司が良いと言うが、他にお店がなかった。（ほんとですか?）　そこで、思い切って、かの有名な「すきやばし次郎」のヒルズ店に行ったんですね。

本店ではないし、お昼だし、いくら高いにしても、そんなには高くないだろうと考えたそうです。（ホントかなあー）

お店に入ると、他にお客さんはなく、カウンターに案内されました。特に御品書きもなく、付きっきりで対応してくれる職人さんから、「お嫌いなものはありませんか?」と聞かれました。

すでに、「お幾らですか?」と聞ける雰囲気ではなかったのです。（本人談。ホントかよ?）

緊迫の次号に続きます！

（2010年10月1日　第38号）

嘘の効用（2）

現代の裁判でも嘘は非常に重要だという話しですね。この点につきまして、「時効援用権の放棄」だとか、「即死した人の慰謝料請求権」（なんのこっちゃ?）だとか、少しは真面目な法律の解説をしようかなと思っていたんです。でも、考えを変えました。

前回のニュースレターについて、多くの方からコメントを頂いたんですが、ほとんどすべての方が、「すきやばし次郎どうなりました!?　人ごとながら、ドキドキしちゃいました。」と、そっちの方を心配してくれていました。「現代の裁判における『嘘』のありようが、心配でたまりません。」なんてコメントは、なかったのです！

そんなわけで、法律解説は止めることにしました。しかし、多くの法律家があまり気にしていない「嘘」について、少しだけ説明しておくことにします。

何か罪を犯すと、逮捕されますよね。その後、勾留といって、10日から20日身体拘束されるのが普通です。勾留をするかしないかは、裁判官が決めるのですが、どういう場合に勾留してよいのかは、法律に書いてあります。

簡単に言いますと、逃げる恐れがあるときや、証拠を隠したり、被害者や証人を脅したりする恐れがあるときにしか、勾留はしてはいけないと法律には書いてあるんです。

ところが、どのようにこの法律が適用されているかと言いますと、法律の文言はほとんど無視されているわけです。常識的には、逃げる恐れも、証拠を隠す恐れも全く無いような場合でも、そういう恐れがある、と認定されてしまうんですね。

たとえば、家庭をもっているサラリーマンが、電車の中で、痴漢で捕まったなんて事件がおこります。すでに罪も認めていますし、住所も警察におさえられています。

こういう人が、家族も仕事も捨てて逃げるわけないじゃないかと普通は思いますが、なぜか逃亡の恐れありと裁判官は認定します。それまで会ったこともない痴漢の被害者についても、脅したり証拠を隠す恐れがありと裁判官は認定して、被疑者の勾留を認めるわけです。

なんで裁判官は、こんな「嘘」をつくのかと言いますと、前回紹介した末弘先生が、「嘘の効用」で指摘されたとおりだと思うのです。今の刑事訴訟法は、戦後にできたもので、「人権」意識がたっぷり入った結構なものなんですが、残念ながら多くの国民の常識とはかけ離れているようです。

一般国民の「常識」からしますと、「また悪いことするといけないから、とりあえず勾留しとけ。」と考えたり、「悪いことした以上は、とりあえず反省させるためにも勾留するのは当然だろう。」と考える人が圧倒的多数派のようです。このような、国民の意識と法律の規定の間にある違いを埋めるために、裁判官はこのような「嘘」をつき続けているのだと思います。

しかし考えてみますと、以前、体に障害のある子は「人ではない」とわざわざ嘘をついたことも、今の眼からみると、なんでそんなことしたのか不思議な気がします。

いずれ近いうちに、「何だってわざわざ嘘をついてまで、逃げる恐れのない人を勾留してたんだろう。」と、多くの国民が不思議に思うかもしれませんね。

なんだか理屈っぽくなってしまいました。しかし、現代でも法律実務の後ろに多くの「嘘」があるということは、知っておく価値があると思うのです。

弁護士より一言

妻と息子の、「すきやばし次郎」体験記の続きです。

職人さんが、「お子さんは、蒸した海老やイクラなどお好きですね。」なんて話してきます。

そこまで言われると、「うちの子は、カッパとかんぴょうが、好きなんです。」と言う勇気はなくなったそうです。

普段はあんまり食べない息子も、「もっと食べる。次は赤いの！」と次から次へと食べていきます。最後に請求書を見た妻は、ギャーと悲鳴をあげそうになったんですね。ううう。

その翌日、妻が郵便局に配達証明付きの郵便を出しに行ったとき、局員さんが「配達証明はとっても高いですけど、よろしいですか？」と聞いてくれました。妻は「あなたが次郎さんに居てくれたら！」と思ったそうです！

本日は妻の誕生日です。次郎さんのお寿司は、私から妻への、感謝を込めた誕生日プレゼントにしましょう。

（2010年10月16日　第39号）

弁護士の衣裳哲学

「衣裳哲学」といえば、カーライル大先生ですね。有名だけど、誰も読んだことのない本の1冊です。もちろん私も途中でくじけました。

衣裳というのは、人間の霊魂！が一番外側に着用するもので、それによって人間が規定されるといったことが書いてあるはずです。（多分……）

まあ、そんな難しいことはともかく、人は外見で評価されるということは、疑問の余地がないと思います。弁護士も同様ですね。

弁護士を評価するのに、「事務所の場所や内装、さらには美人の受付がいるかでチェックします」なんて聞いたこともあります！　私も企業の法務部で働いていたとき、海外の大きな事務所に何度も行っていますけれど、入っただけで圧倒されるような事務所はあるんですね。これだけ立派な事務所ならば、さぞかし優秀な弁護士ばかりに違いないと、どうしても思ってしまうのです。詐欺の常套手段として、高級ホテルに人を集めて説明会をひらいたり、一等地に事務所を構えたりするのも、こんな理由からなんでしょうね。

弁護士の乗る車も重要だそうです。バブルのころは、「国産車に乗る弁護士なんかいませんよ。」と豪語している弁護士もいました。私は車なんか大して気にしませんから、こういうのを聞くと「ケッ」と思ってしまいます。

しかし、弁護士を使う立場から見た場合、やはり軽自動車に乗っている弁護士だと、不安に思えてくるだろうというのは、よく分かります。ベンツに乗っている弁護士の方が、何となく頼りになりそうですね！

弁護士の衣服ですが、やはりこれも大切なんでしょう。私なんか、ほとんど身なりに気を使いません。スーツなんか買いに行くのも面倒くさいので、いつも同じのを着ていて、妻にも叱られます。「僕はロロピアーナか、キートンですね！」なんて言っている人を聞くと、「なんだそりゃ」と思ったものです。

しかし、衣裳哲学から考えますと、こういう態度は間違いでしょう。実際に、一流法律事務所の弁護士ほど、高そうな服を着ています。身なりによっても弁護士のランク付けがなされることは、いかにもありそうです。

さらには、身の回りの品、たとえば鞄や手帳、筆記用具などからも、持ち主が評価されるようです。営業の本に、お客様の話しを筆記するのに、裏紙に100円のボールペンで書くようなことをしたら絶対にいけないなんて書いてありました。ドキッ。私は似たようなことをしていたんですね。

身なりに気を使わない営業マンのことを本で読んだことがあります。それが原因か、この人の場合なかなか商談がまとまらないんですね。

そこで見かねたある人が、まず商談用の高級手帳を買ってあげたそうです。すると、高級手帳にふさわしい鞄を自分で買って、さらには鞄にふさわしい高級スーツも自分で買うようになります。外見が変わると自信が付いたのか、その後は面白いように商談がまとまるようになったという話しです。

外見ということですと、やはり太りすぎは問題です。自己管理もできていないダメ弁護士と思われそうです。私も、少しずつでも敏腕弁護士！の霊魂を包むにふさわしい身体になるよう減量していこうと、決意を新たにしているのです。（って、何回目だよ！）

弁護士より一言

私は、若いころから白髪がとても多かったのです。

妻が、「自然な感じで少し染めたら。」と言って、「黒くなりすぎずに自然に染める」なんて宣伝していた白髪染めを買ってきました。使用してみると、確かに白髪は目立たないのですが、少し茶髪になるんです。

子供たちは、「若くなってとても良いよ！」と言ってくれました。しかし妻は、大型犬の毛の色（なんじゃそりゃ！）みたいでおかしい、軽薄に見えるから元に戻そうなんて言います。ううう。

ところが、顔なじみのお客さんたちは、私の髪を見ても、特に何も言わないんですね。そういえば私も、知り合いが髪を染めてきたとき、それを話題にして良いのか、ずいぶん悩んだことを思い出しました！

本ニュースレターもようやく40号を出せました。引き続きコメントやご質問を楽しみにしております。

（2010年11月11日　第40号）

ロボット3原則の弁護士倫理

ロボット3原則というのは、SF作家のアイザック・アシモフが考え出した原則です。SF好きの人なら、必ず知っている有名な3か条ですね。人間以上の能力を有するロボットが作られた未来社会で、ロボットを、人間に危害を加えず、かつ人間に役立つようにするための原則なんです。

まず、第1条は、ロボットは人間に危害を加えてはならないというものです。これが、3原則の中で、優先順位の一番高い原則です。悪い人間が、ロボットに命令して、犯罪を行わせるようなことは、この第1条によって禁止されるわけです。

第2条は、ロボットは人間の命令に服従しなければならないというものです。ロボットは、人間の役に立つために作られたものですから、ある意味当たり前ですね。もちろん、第1条が優先しますから、与えられた命令が、人間を害する場合には、従わないことになります。

第3条では、ロボットは、第1条および第2条に反しない限り、自分を守らないといけないというものです。ロボットは、人間にとって便利な道具なわけですから、自分自身をしっかり守らないといけないというんですね。

　というわけで、いつものことながら、下らないことを思いつきました。弁護士も社会とのかかわりの中で、どのように行動すべきかというのは、大きな問題となっているのです。そこで、ロボット３原則を弁護士にも適用したら、弁護士倫理の問題も解決できるのではということです。「弁護士３原則」ですね！

　第１条は、「弁護士は、人や社会に危害を与えてはならない。」となります。ヤクザの顧問弁護士になるのは論外です。たとえ法律違反にはならなくても、社会に害を及ぼす悪徳会社の代理人になるのも倫理違反ですね。

　弁護士３原則の第２条は、「弁護士は、人や社会に危害を加えない限り、依頼者の指示に従わなくてはならない。」となるわけです。これまでは、多くの弁護士がサービス業者としての自覚を持っていなかったような気がします。客を客だと思っていない、依頼者をないがしろにしているなんて言われてましたから、第２条も非常に重要な原則だと思います。

　第３条は、「第１条、２条に反しない限り、弁護士は自分を守らないといけない。」となります。弁護士一人作るのに、社会としても相当費用をかけているわけですから、弁護士もその自覚を持つべきなんでしょうね。非行行為をして資格を失くすなんて、あってはならないことです。

　アシモフの小説では、この３原則を巡って、さまざまな事件が起こります。たとえば、国家元首にまでなった政治家の話しは、こんな感じですね。

　その政治家は、決して不正は働かず、まず第１に社会全体のことを考え、その次には選挙民との約束を果たしてと、非常に立派な人なんですね。

　ところが、いつの頃からか、「彼は人間にしてはあまりに完璧すぎる、実は人間そっくりに作られたロボットなのではないか？」などという、疑いをもたれる話しです。

　３原則を厳格に守るようだと、あまりに立派過ぎて、人間には見えないんですね！　私も、「そんな風に言われるような弁護士を目指したい！」と思うのでした。

弁護士より一言

以前は、人前で歌を歌うなんて、恥ずかしくてできなかったんですね。よほどのことがないと、カラオケでも、歌いませんでした。

ところが、子供達が生まれると、どうしても歌を歌うようになります。初めは恥ずかしかったんですが、最終的には子供と一緒なら、街中でも歌を歌えるようになったのです。子供が隣にいると、なんとなく度胸も付くんですね。♪侍戦隊シンケンジャーあっ晴れ♪なんて、一緒に歌っていたのです。

ところが最近、小学校中学年になった娘たちに、「パパと歩くと、歌を歌いだすから恥ずかしい。もう離れて歩く!」なんて言われてしまいました。ううう……

引き続き、コメントを楽しみにしております。

（2010年11月16日　第41号）

シェイクスピアの自己アピール

英文学者の中野好夫先生が書いた、シェイクスピアについての本を読みました。中野先生によりますと、劇に出てくる人物が、どのような人なのか読者に分かってもらう方法は、3つあるんだそうです。

まず、一番下手なやり方は、登場人物自身の口で、自分はこれこれこういう人ですと言わせる方法なんですね。

中野先生は、こういうやり方は、劇の作り方としては最低だと手厳しい。しかし、偉大なシェイクスピアでも、初期の作品ではこういうやり方をしてるんだそうです。

2番目のやり方は、他の登場人物の口を通して、当該登場人物がどういう人か語ってもらうという方法ですね。一般的に言いまして、みんな他人のことは厳しく見てますから、他人について語る言葉は信頼性が高いわけです。この方法は、自分自身の口で自分のことを語る方法に比べて、相当洗練されていますね。

しかし、演劇の手法として一番望ましいのは、3番目のやり方だそうです。つまり、その人自身の、ふとした言葉や行動から、その人物が本当はどういう人か明らかにするという、やり方ですね。

一見すると邪険に見える行動の中に、その人の優しさを感じさせる。「心から心配しております。」という台詞によって逆に、その人物が本当は心の冷たい人物であることを分からせるという、高度な技術です。言わずと知れた大シェイクスピアですから、こういうやり方も、もちろん見事なんです。

さて、ここから本題ですが、自分がどういう人物かを示すやり方というのは、何も演劇の世界だけの話ではないなと気が付いたわけです。日常生活でも大事なのはもちろんですが、弁護士として自分を売り込む場合にも参考になるのではということです。

まずは、自分で自分のことを、「信頼できる、とっても良い弁護士です」と、アピールする方法があります。私自身、ホームページで、「信頼できる弁護士にお任せください！」なんて書いてます。ただ、中野先生の指摘を待つまでもなく、これはあんまり説得力がなさそうです。

（もっとも、世の中は広いのです。以前、「そちらは信頼できそうだから来た。」というお客様がいました。何故そう思ったのか聞いたところ、「ホームページに、『信頼できる弁護士』と書いてあったから！」とのこと。ホ、ホントですか!!）

私の場合、多くの依頼者に「お客様の声」を書いていただき、それをホームページなどに載せています。考えてみますとこれはまさに、他人の口を借りて、自分のことを誉めて貰うという、中野先生の指摘する2番目のやり方なのだと気付きました。「他の人が誉めているから、きっと良い弁護士に違いないと思いお願いした」なんて、何度も言われました。推薦文を書いていただいたお客様には、本当に感謝しております。

しかし、中野先生によりますと、これも最善の方法ではないんですね。ちょっとした言葉や行動を通して、私がどれほど良い弁護士か！を示すことが出来て、初めて合格点が頂けるようです。

しかし、そうは言いましても演劇と違い、ことさらに効果を狙って行動するわけにはいきませんね。私の何気ない言動からも信頼感を持っていただけるように、引き続き修行していきたいなと思ったのでした。

弁護士より一言

うちには5歳の息子がいるのですが、丁度からかい甲斐のある年齢なんですね。私も相手にしてもらえるのが嬉しくて、どうしてもからかってしまいます。

「パパは今日、事務所でチョコレートパフェ食べちゃったよー」などと言うと、すぐに「ずるーい」と、喰いついてくれるんです。

あんまりうるさくなると妻が、「パパ、そんなにからかわないでよ。」なんて言うのを聞いていたのでしょう、息子も段々と知恵が付いてきたようです。

先日、息子が嬉しげに話しかけてきました。

「パパ、いっちょう、からかってやろうか！　今日、ママとアイス食べたんだー　いいでしょう。パパは食べてないー!!」

なっ、なんなんだ！

やっぱり教育に悪いので、パパもからかうのはやめることにしようと思ったのでした。


（2010年12月1日　第42号）

弁護士の都鄙問答

本年もいよいよ最後のニュースレターになりました。

そこで今回は、今後の弁護士のあり方について、私の考えを書いておきます。

都鄙問答（とひもんどう）というのは、江戸時代の大思想家、石田梅岩の代表作です。「都」の思想家である梅岩が、「鄙（いなか）」の頑迷固陋な人たちの考えを論破していくという内容ですね。経営者の聖典として、長いこと商人たちに読まれてきました。

田舎の人たちが信奉していた思想というのは、つまるところ、当時の支配階級である武士に都合のよい思想だったわけです。武士は「義」のために存在していると持ち上げる一方で、商人は「利」のことしか考えないと貶めます。

こういった、「武士だけが偉いんだ！」という思想に異議を唱えたのが石田梅岩です。梅岩は、商人の活動が、社会のためにどれほど役立っているのかを根拠づけたんですね。

商人が売買で利益を得るのは、武士が俸給を得るのと同じで、なんら恥ずべきことではないと主張したわけです。商人が、自由な競争の中、物やサービスを提供することで、売手も買手も社会も利益を得るのだと教えました。

武士の支配する時代が終わって、既に百数十年たっていきます。石田梅岩の思想は、多くの人たちには当たり前のこととして受け取られてきました。しかし、未だに商人蔑視の思想を持った人たちがいるのです!!

弁護士や税理士といった、最後に「士」が付く職業は、サムライ業と呼ばれているんですね。特に弁護士について言えば、江戸時代のサムライ達と、非常に似ていると気が付きました。

江戸時代のサムライは、雇い主から俸給を貰って生活していたわけです。弁護士の場合、少し前までは弁護士需要に比べて、国家が供給を制限していました。従いまして、開業すればある程度の仕事が来て、生活できるのがあたりまえでした。お上が、弁護士の数を制限していたからこういうことが出来たわけですから、まさに俸給を貰うのに匹敵しますね。

俸給を貰って生活する中で、競争して利益を得るのは悪いことだという考えが、弁護士の中では息づいています。自分たちは商人のようなあくどい金儲け！をするのではなく、世のため人権のために働いているという、「サムライの論理」です。

最近はご承知のように、弁護士の数がかなり増えてきました。そうした中で、少し前まではあたかも「俸給」のように貰えていた報酬も、貰えなくなってきたわけです。これからは、普通の商人と同じように、自由に競争して、稼がなくてはいけないのです。

こういう事態に直面し、多くの弁護士の、「商人蔑視」思想が噴出しています。「おれたちサムライに、私利私欲しか考えない商人と同じことをさせる気か！」というわけです。

私は、これからの弁護士は、良き「商人」になるべきだと考えています。

そして、「商人というのは、私利私欲のかたまりではない。自由競争のもと、お客様に喜んで頂ける物やサービスを提供する、立派な生業なのだ！」という「企業の常識」を、少しでも多くの弁護士が理解すれば良いなと思っているのです。

（２０１０年12月16日　第43号）

素人受け弁護士・玄人受け弁護士

明けましておめでとうございます。

専門家の世界ではどこでもそうだと思うのですが、素人であるお客さんに受けの良い人と、玄人である仲間内に受けの良い人がいますよね。

例えば料理人でも、味は大したことがないのに、何故か流行る店なんてあります。これなど、玄人受けはともかく、素人であるお客さんには受けているということです。

お医者さんの場合など、仲間内では「あの先生は名医だ！」といわれているのに、患者さんはさっぱり来ないなどということもありそうです。玄人受けはしても、素人受けはしないんですね。

一般的には玄人受けする方が大切だと言われている気がします。たまたま流行っているからといって、ちゃんと腕を磨かないと、すぐにダメになるぞというわけです。芸人の世界でも、何かの拍子で急に人気者になって、テレビにでまくるようになるが、肝心の芸の方がさっぱりなので、すぐに飽きられ、消えていったなどということを、よく耳にします。

桂歌丸師匠が少し前に出した、「座布団一枚！」という本を読んでいたら、お客さんに受ける場合と、仲間の噺家に受ける場合の違いについて書いてありました。

噺家仲間に、「あいつはうまい！」といわれる場合、その人は「うまい」んだそうです。一方お客さんが「あの人はうまい！」というのは、「面白い」ということを意味するんだそうですね。

そうしますと、「うまい」ことはもちろん大切ですが、お客様あっての芸人ですから、お客様に「面白い」と思ってもらうことも同じように重要なはずですね。

弁護士の場合も、素人受けと玄人受けはあります。法律の素人であるお客さんには人気がある一方、仲間内での評価は低い弁護士も当然いるわけです。

これまで弁護士は、玄人受けを重視する一方、素人受けすることを軽く見ていた気がします。もちろん、玄人受けするように、法律を勉強し、研鑽をつむことは非常に重要です。その一方、素人受けすることも、同じように大切だと思うのです。

素人受けするということは、親切であるとか、話しをよく聞いてくれるとかといった、玄人が見逃しているところを、素人であるお客様に評価されているのですから。弁護士も、「芸」を磨くと共に、「面白い！」と喜んでくれる素人のお客様のことも、大切にしないといけないと思うのです！

何にしましても、素人受けするのも、玄人受けするのも、いずれも大事なことは間違いなさそうですす。玄人受け・素人受けどちらにしても、うまくいく人には共通点があると、歌丸師匠が書いていました。

「噺家の勝ち負けを決めるのは簡単ではありませんが、『この人は勝っている』と思わせる人はみんな一緒。結局コツコツやってきた人たちばかりです。」

「芸人ですから、運もあるし、人からの引きもあります。だけど、運も引きも、やっぱりその人自身です。『がんばってるな』と思われなきゃ、誰も引っ張り上げてくれないし、運も味方してくれませんよ。」

私自身これからも、運に恵まれ、多くの方に引き上げて頂けるよう、コツコツと頑張っていきたいと思います。

本年も、どうかよろしくお願いいたします。

弁護士より一言

昨年、「私の髪の毛は真っ白だが、染めるべきか、そのままにしておくべきか悩んでいる」と書きましたよね。それに対して、多くの意見を頂きました。

「白い方が上品で良いです」、「黒い方が若々しくて頼りになりそうです」といった親身な意見の他、「髪の毛があるだけましだろう。贅沢な悩みを言うな!」という、厳しい?ご意見まで頂きました。

どうするのが一番良いのか決めかねて、専門家の意見を聞こうということになったんですね。そこで、私がいつも使っているような床屋さんではなく、妻の行きつけの美容院に行くことになったのです。一人では逃げ出すといけないということで、妻の付き添いつきです。美容院の外観を見て足がすくみ、おしゃれなお姉さん達を見て引き返したくなったのです。ううう……

ということで、次回に続きます。

(2011年1月1日　第44号)

国富論の振込詐欺

国富論といえば、かのアダム・スミス大先生の御本ですね。私もかつて、岩波の白帯を購入しましたが、10ページほどでくじけました。

しかし、本は読んでなくても、国富論の中の、分業の話しは知っています。有名なのは、ピンを作る職人の話しですね。

ピンを作るのには、いくつもの工程が必要です。

それぞれの工程を覚えこむには、かなりの時間がかかるので、訓練されていない労働者に、一人でピンを作ってみろといっても、まず無理なわけです。

ところが、ピンを作る工程を細分化して、1人の人はそのうちの1つだけ担当することにすれば、訓練されていない労働者でも、簡単にピンが作れるということです。

ある者は針金を引き伸ばし、次の者はそれをまっすぐにし、3人目がこれを切り、4人目がそれをとがらせ、5人目は先端を磨くといった具合ですね。分業によって、国に富をもたらすことが出来るのだよと、アダム・スミス先生は、200年以上も前に教えて下さいました。

話しは変わりますが、私は刑事事件もかなりやっているんですね。世間を騒がせている、振り込め詐欺の事件なども経験があります。そこで気が付いたのですが、振り込め詐欺の場合、アダム・スミス先生も感心するくらい、分業体制が取られているのです。

ある者はお年寄りに電話をかけ、次の者がお年寄りからカードや通帳を受け取りに行き、3番目の者が銀行にお金をおろしに行きといった具合ですね。

国富論の事例との共通点は、こういう作業を分担する人が、訓練されていない犯罪者（なんだそりゃ）だということです。仕事にあぶれている人を見つけてきて、犯罪の一部を分担させるわけです。分業することで、犯罪の素人でも簡単に、非常に多くのお金をだまし取れちゃうんですね。

更に凄いのは、この分業において、それぞれの行為を分担する人は、他のことをしている人たちのことを、ほとんど知らされないということです。つまり、警察が下っ端の人を捕まえても、上の人までは辿り着けないのです。

振り込め詐欺の首謀者は、分業体制を作るだけでも凄いのに、その上さらに、警察に捕まらない工夫までしているのですから、本当に大したものです。天国のアダム・スミス先生がどう思っているかなと考えると、なんだか可笑しくなります。もっとも、こんな分業ならいくらやっても、国を富ませることにはなりませんね。

ひるがえって、うちの事務所も含めた、弁護士の仕事を考えますと、分業による効率化からは程遠い気がします。

通常の弁護士業務の場合、一件一件手作業で、基本的に一人の弁護士が全てをやりますから、相応の知識と経験がないと対応が難しいのです。確かに、弁護士業務では、未経験の人をちょっとだけ訓練して、仕事の一部を分担させるというわけにはいきませんが、分業による効率化によって、もう少し何とかなるのではないかという気はしますね。

振り込め詐欺の首謀者の人には、犯罪など止めて、効率的な分業体制の作り方を法律事務所に教えて欲しいものだと思ったのでした。それなら少しは、分業で国を富ませることもできるはずです！

弁護士より一言

白髪を染めるか染めないか決めるために、美容院に行った話しです。

おしゃれなお姉さんの隣の席に座らせられて、髪を切られました。「なんか変に思われないだろうか？」と、自意識過剰な中学生のように、気になったのです。

美容院なのに、男性もかなりいます。みんないけすかない奴ばかりに思えてきます。（おいおい）ことほど左様に辛い時間でしたが、美容師さんの対応には感心しました。私の知的で上品な雰囲気を生かすには、染めない方が良いなんてことを言ってくれたのです。

そんなこと言って恥ずかしくないのかと思うんですが、にこやかに、私の目を見ながら、自信たっぷりに言ってくれるのです。

なんかこっちもその気になっちゃいましたね。そんなわけで、上品で知的な私の髪の毛は白いままなのです！

（２０１１年１月16日　第45号）

引き寄せ弁護士

「大地」で有名な、文豪パール・バックに、「母の肖像」という本があります。自分の母親のことを書いた本です。

パール・バックのお父さんは宣教師でして、神様大好きの宗教バカみたいな人です。中国で宣教すると決まり、急いで結婚して夫婦で行くことになったんですが、気がはやるあまり新婚の奥さんを忘れて船に乗り込んでしまったなんてエピソードのある人です。お母さんは、そんな夫のもと、苦労して子供達を育てたんですね。

ある日、非常に大切なものが、どこかにいってしまいました。母親と子供達は夢中になって探します。ところが、父親は、「必ず見つかると信じて、神様にお祈りする！」などと言って、自分の部屋にこもってしまうんですね。母と娘たちが死ぬ気で探して、やっと見つかるんですが、そうすると父親は嬉しそうに言うわけです。

「私が、信じて、神に祈ったからだよ。」

もう30年くらい前に読んだ本ですが、大体こんな話で間違いないと思います。この本を読んだときには、このお父さんはどうしようもない人だな、なんて思いました。

ところが最近、「ザ・シークレット　引き寄せの法則」という本を読んだのです。少し前にベストセラーになった本ですから、読んだ方も多いと思います。この本によれば、お父さんの言うことが、実は正しかったということになりそうなんですね。

「自分の思いが現実を引き寄せる」ということが書いてある本なのです。今現在の自分というのは、これまでの自分自身が引き寄せたものだというわけです。自分に関して起こることは、全て自分が引き寄せているというのです。

何だかオカルトみたいな話ですが、私自身弁護士業をしていまして、引き寄せの法則は本当ではないかと思うことがあります。これはさすがにダメかもしれないと思える事件でも、依頼者が絶対に何とかなると信じて行動する場合、本当に何とかなってしまう場合が何度もあったのです。

たとえば、刑事事件で、被害者が凄く怒っていて示談はどうしても無理だというような場合ですね。「自分に出来ることは全てやりたい。反省の気持ちを示すために、せめて寄付をします」という人が居ました。

無駄になる可能性が非常に高いですよ、と私は言ったんですが、「自分の気持ちがきっと通じます。」ということで、寄付を実行しました。そうしたら、何故だか本当に分からないんですが、被害者の方が、「反省しているようだから賠償金なしで許してあげる」と言ってくれたのです。まさに、依頼者の信念がこの結果を引き寄せたとしか思えませんね。

この場合は、単に信じるだけでなく、それなりの行動もしています。ただ、絶対に何とかなると強く信じた場合、本当に何とかなったような例は、他にも何件もあったのです。逆に、諦めてしまった依頼者の場合、結果もそれなりのものになることが多いようです。

「母の肖像」の話しに戻りますと、頑張って探し物を見つけた後、母親が子供達に言いました。「お父さんの信仰も大切だけど、私たちが頑張って探したことも、役に立ったわよね！」

依頼者の強い信念が結果を引き寄せるのは間違いないと思います。それに加えて、我々弁護士としても、依頼者の思いを引き寄せるために、精一杯の活動をしたいなと考えたのでした。

弁護士より一言

引き寄せの法則によりますと、痩せたいと思ったときに、「減量」に意識を集中してはダメなんだそうです。その場合、常に減量が必要な状態！を引き寄せてしまうんです。本当に痩せたいと思うなら、痩せて満ち足りている状況を強く思わないといけないんですね。なるほど、私が減量に失敗し続け、いつまでたっても減量ばかり考えているのは、そういう原因があったわけです。（ホントかよ！）

その点、うちの妻は、引き寄せの法則を自由自在に使っているようです。「こんなバッグが欲しいな！」と強く願うと、不思議と思っていた通りのバッグと出会うそうです!!

そういうものは、あんまり引き寄せないで欲しいなと思うのでした。

（2011年2月1日　第46号）

人を動かす

「人を動かす」といえば、デール・カーネギーの古典的名作ですね。80年くらい前の本ですが、今でも本当に役に立ちます。

「人を動かす」などと言いますと、なんだか人を操る方法のようですが、そんなものではないのです。他人に、自発的に動いてもらう方法が書いてあります。

その中の一つに、人を誉めるというのがあります。誉められれば嬉しいですから、誉めてくれた人のために、一肌脱いでやろうという気持ちになることはありそうですね。

その一方、いくら誉められても、それが心にもないお世辞の場合、人は動きません。かえって怒らせてしまうのが関の山です。それでは、どのようにして誉めればよいのかについて、本には多くの説明があります。

一番大事なのは、相手に対して、誠実な関心を寄せることだと、カーネギーは指摘します。相手の考えや主張を真剣に検討し、そのうえで相手の良いところを見つけて誉めるわけですね。確かに、こんな風に誉めてもらえたら、私も良い気分になって、誉めてくれた人のために動きたくなるでしょう。

弁護士として仕事をするうえで、人を動かすことはとても大切です。交渉相手を動かしたり、裁判官を動かすことはもちろん重要です。しかし、まず第一に動かすべき人は誰か聞けば、ほとんどの弁護士が同じように答えるでしょう。それは、自分のお客様なのです！

こちらが１００％正しい事件ばかりなら良いのですが、なかなかそうはいきません。無理な主張を続けるよりも、この段階で和解して終わらせた方がよいのではないかと言った事件は、相当数あるわけです。このまま自分の意見に固執すると、かえって負けてしまうという場合です。そういうときには、自分のお客様を動かして、適当なところで妥協して貰う必要があるのです。

こういうとき、弁護士は、どうしても理詰めで説得しようと考えてしまうんですね。私も人のことは言えません。これまでも、お客様を、説得しようとして失敗し、残念な結果になったことが何件もあるのです。

そういう場合、弁護士の側としては、「依頼者に問題があって、理解してもらえないのだ。」などと考えてしまいます。しかし、カーネギーの本を読んで、これはとんでもない間違いだったと気が付いたのです。

お客様の主張が、法律的に通らない場合、どうしても「正しい」ことを教えてあげようと思ってしまうわけです。そういった中で、お客様の主張の、法的におかしなところばかりが気になって、その主張を誠実に聞こうという気持ちがなくなっていたのだと思い至りました。

お客様の話には、法理論を離れた場合、必ずもっともな点があるはずです。そういう点に、真剣に耳を傾け、本気で学ぶ必要がありました。自分が見落としていたこと、自分とは違う角度から見たことを、しっかりと評価して、心から誉めることが大切だったのですね。

こういう風に、誠実な関心を寄せて誉めることで、お客様を動かし、結果的にお客様の利益を守ることもできれば良いなと考えているのです。

弁護士より一言

小学3年の娘は、口は非常に達者ですが、勉強はあまり出来ないのです。これまで私は勉強を教えながら、「こんな簡単な問題がなんで分からないんだああ。」なんて、心を傷つけることを多々言っていたのですね。誉めて、人を動かすことが重要ならば、まずは家庭から始めるべきだと、深く反省致しました。

そこで、ここ2週間ほどは、ひたすら誉めることにしたんです。

「とっても良くできたね。」「本当に頑張ったね!」と、前向きに誉めてあげたんです。そうしますと、怒っていたときより、娘も頑張るようになりました。誉めるって凄いなぁ、誉めることの大切さを子供にも教えてあげようなんて考えていたら、娘が私の前で、妻に言ったんです。「ママってずるいな。パパと結婚できて!」な、なんなんだ。親よりよっぽど誉め上手じゃないか!!

引き続きコメントを楽しみにしております。

（2011年2月16日　第47号）

弁護士嫌い

「警官嫌い」だなんて、有名な推理小説があります。推理小説好きなら、必ず読む本ですね。

警官に対する無差別殺人事件が起きます。犯人の目的は何か、本当に警官嫌いが理由なのか、といった話しです。

幸いにして、無差別殺人事件までは起きていませんが、世の中には「弁護士嫌い」の人も沢山いるようです。

私も、初めて会った人と話していたとき、さんざん弁護士の悪口を言われたことがありました。「あいつらは本当に酷いよな。金ばっかりとって、何の役にもたちゃしない。」とさんざんお怒りだったんですね。

後日その人に会ったら、「あんた弁護士さんだったんだ。このあいだはゴメンネ。」なんて言われました。しかし、弁護士が酷い奴だという信念は、いささかも揺らいでいないのを感じたのです！ ううう。

「警官嫌い」だなんて小説が出来るほどですから、一般的には警官も嫌われる職業だと思うのです。弁護士の中にも、警官を「権力の手先」扱いして嫌っている人はかなりいるんです。

私は以前、犯人を告訴したことがありまして、担当の刑事さんに随分と助けて貰いました。そのとき、その刑事さんから言われたんです。

「刑事の中には、弁護士は本当に悪い奴だと信じている者が沢山いますが、私はそんなことないので、ご安心ください！」

そうか、弁護士は、警察官にも嫌われていたのだなと、そのときはっきり理解したのでした。

いじめが起こったときなど、「いじめる方が悪いのは勿論だが、いじめられる方にも原因がある」なんて言いますよね。これだけ嫌われるには、弁護士側にも何か問題があるのではないかと考えたわけです。

エラそうな奴らは何となく気に食わないという人は、世の中にはいそうです。しかし、どうもそれだけでは、「弁護士嫌い」の理由を十分に説明できない気がします。

そういえば、市役所に聞けば教えてくれるようなことを、メールで私に聞いてきた人がいます。見ず知らずの人ですよ。そこで、「こちらで調べると弁護士費用がかかるので、自分で調べたらどうでしょう。」と返信したんですね。

しばらくすると、またその人からメールがきました。「自分で役所に聞いたら簡単に分かった。そんなことでお金を取るなんてひどいと思った。以上。」

それなら最初から自分で調べろよ！ 「以上。」ってなんなんだよ！ と、流石に私も憤慨したのです。

しかし、考えてみますと、この人に限らず、弁護士たるもの無償でそのくらいのことはしてくれて当然だろうという意識があるのかもしれません。多くの人は、弁護士に対して過大な期待を寄せ、それが裏切られたと感じて「弁護士嫌い」になるのでしょうか？

「弁護士嫌い」は、古今東西を問わずあるんですね。アメリカの、弁護士ジョークなんか悪意に満ちてます。「神様と悪魔が訴訟をしたが、悪魔が勝った。弁護士は全員地獄にいたからである。」なんて感じです。

シェイクスピアの戯曲では、権力を握ったら真っ先にやりたいことは何かと聞かれて、「弁護士を皆殺しにしてやる！」なんて答える人がいました。

現代日本で「弁護士嫌い」がこれ以上増えないように、少しでも出来ることをしていきたいなと思うのでした。

弁護士より一言

私たち夫婦はもういい年なのですが、一番下の息子はまだ5歳で、幼稚園に通っています。従いまして、息子の友達のお母さん達は、妻より10歳くらい若いんですね。若いお母さん達は、妻と話すとき、かなり気を使ってくれるんだそうです。

「大山さんって、とってもお若く見えますね。」とか、「私達とそんなに違わないと思ってましたぁ」なんて言ってもらい、妻も大変良い気分になったわけです。

ところが、更に気を使ってくれたのか、一人のお母さんが言いました。

「本当にお元気そうで！」

わたしはお婆さんか！

引き続きコメントやご質問を楽しみにしております。

（2011年3月1日　第48号）

春にして君を離れ

言わずと知れた、アガサ・クリスティーの傑作ミステリーですね。流石にミステリーの女王の作品です。殺人を始め、犯罪など一切起こらないのに、第1級のミステリーに仕上がっています。

主人公はジョーンという女性です。優しくて裕福な夫と、優秀な子供達に恵まれて、とても幸せな生活を送っています。少なくともそう自分では信じています。

バグダッドにいる次女が出産するということで、手助けに行ったんですね。その帰り道、中近東のさびれた町で、鉄道が止まってしまい、1週間もの間、無期運休となった電車を待つことになります。読む本もないし、話し相手もいない。いつまで続くか分からない退屈な時間の中で、思うともなしに昔の記憶がよみがえってくるわけです。

記憶がよみがえると言っても、事実自体は既に知っていることばかりです。しかし、それがどういう意味だったのか、それまで気が付かなかったこと、本当は気が付いていたのに認めたくなかったことが、自分自身につきつけられます。

変わり者だとバカにしていた近所の奥さんがいます。その奥さんと、自分の夫がじつは惹かれあっていたのだと分かるのです。問題なく育っていたと考えていた子供達が、実は大きな問題を抱えていたことに気が付きます。

自分が今まで、無意識に真実から目をそらしてきたことを理解し、生まれ変わろうと決意するんですが……

まあ、とても面白い本ですから、読んでない方はトライしてみてください。

クリスティーの小説のようにはドラマチックではないにしても、後になってからふと、「ああ、あれはああいうことだったのか!」と気が付くことってありますよね。個人的にもありますし、弁護士としての仕事の中でもあるのです。取りあえず、大体の事実が分かると、これはこういう筋書きだなと、勝手に決め付けてしまうんですね。それ以上深く考えなくなるのです。

検察官が調書を作文するなんてよく批判されていますよね。大体こういう事件なら、こういうことがあったに決まっているんだから、つべこべ言わずにそういう事実を認めろということですね。

検察官の悪口ばかりは言えません。弁護士として、私も似たようなことをしている可能性はあるのです。事件を処理するには、依頼者からしっかりと事実を聞きとる必要がありますね。その事実のもつ意味について、依頼者自身も気が付いていないことは十分にあり得ます。

さらに時間をかけてじっくり話を聞く中で、大切な事実が出てくるかもしれません。依頼者としても、しつこいくらいにその問題を反芻する中で、これまで大したことがないと思っていた事実に重要な意味があることに気が付くかもしれないのです。

どうしても時間の制約がある仕事ですが、思い込みでこれはこうだと決めつけることだけはしないよう、十分に気を付けていきたいと思うのでした。

弁護士より一言

「とればとるほど増えるものはなんだ。」なんてなぞなぞがありますね。というわけで、また3月16日の誕生日がやってきました。

ちょうど2年前の誕生日に始めたニュースレターですが、1回も休むことなく、月に2回出すことができました。これというのもひとえに、温かいコメントを送ってくれる皆様方の応援のお陰だと、心より有り難く思っております。

この「**弁護士より一言**」には、特に沢山のコメントを頂きました。子供に勉強を教えていて、「お前は馬鹿か」なんて言ったと書いたときは、「見損ないました！」と多くの方からお叱りを受けました。

私が少しずつでも良い父親になれているとしたら、それも皆様のお陰さまだと、感謝しております。

末永く続けていきたいと考えております。引き続きご声援のほど、よろしくお願い申し上げます。

（2011年3月16日　第49号）

笑顔弁護士

「斎藤一人の道は開ける」という、とても面白い本があるんですね。少し前に読みました。斎藤一人は言うまでもなく、生涯納税額第一位の大商人です。この大商人のところに、永松茂久さんという若者が押し掛けて、成功の秘訣を教えて貰う話しです。

永松さん自身、若いころからの夢であるタコ焼き屋さんを開業し、多くの人を使い、大きな店を2軒も開いたやり手です。しかし、どうも最近うまくいかないという中で、斎藤一人の教えを仰ぐことになったわけです。

永松さんから、「どうしたら斎藤さんのような大実業家になれるのか?」と質問されて、「大切なことは3つあるんだよ」と、大商人は教えます。

「いいかい、よく聞きな。3つのうちのひとつは笑顔だよ」

「はい?」

「1つ目は笑顔、2つめがうなずきだな。3つめがハッピーな言葉。『ツイてる、うれしい、楽しい』という天国言葉。この3つさえあれば大丈夫なんだよ」

成功の秘密は、こんなにも平凡なことだと聞いて、著者の永松さんは、「正直言って、がっかりしたんですね。どうにも納得できない。これに対して、斎藤一人は次のように説明してくれます。

「この世の中に商人でない人なんか、ただのひとりもいない。弁護士だって、医者だって、国会議員だってみんな商人なんだ。」

「それってどういうことかというと、お客さんがいるということ。目の前に人がいるから売れるんだ。」

「だから、人様に気を使い、目の前にいる人に喜んでもらうことが成功の秘訣なの。簡単なんだよ。」

永松さんは、この教えを実行します。笑顔なんてと、バカにしていたのに、実際に始めると、とても難しいことが分かるんですね。しかし、笑顔や天国言葉を続けていくうちに、お店が面白いようにうまく回り出します。それだけで、売り上げが何倍にも増えていくわけです。

一方、私の方はといいますと、この本を読んでいて、「あれあれ、どこかで聞いた話だな?」と思ったのです。

私は今から丁度4年前に、既存顧客ゼロの状態から、弁護士として独立開業しました。それ以来、お客様を集めるためのマーケティングのことが、いつも頭の中にありました。

ただ、そんなことをいつも考えていて、人と話すときも、相手の言うことを真剣に聞かなかったり、いつもピリピリしていたようです。独立して2年ほどして、ある程度お客様も来るようになったとき、妻に言われたんです。

「そんな怖い顔をして事務所のことばかり考えていないで、いつも笑顔でいた方が良いよ。人の話を、真剣に聞いて、周りの人にちゃんと挨拶しないと。そっちの方が、マーケティングよりずっと大切だし、それができれば事務所もきっとうまくいくよ!」

しかし、私はそんなアドバイス、全くバカにしていたんです。「これだから、何も知らない人は困るなあー」と考えていたのです。しかし、今になって、妻が教えてくれたことが、事務所の発展にとって一番大事なことだったとよく分かりました。

本日から事務所も5年目に入り、このニュースレターも第50号となりました。顧問先の皆さま始め、多くの方に信頼してもらえるよう、いつも笑顔で、人の話しをうなずきながら真剣に聞き、前向きにやっていきます。

今後とも、どうかよろしくお願いいたします。

弁護士より一言

著者の永松さんは、子供のころからタコ焼き屋を目指していたそうです。確かにタコ焼きには、子供心を揺さぶる美味しさがありますね。

5歳になる息子が、先日外でタコ焼きを食べてきたということで、あまりの美味しさに感動したようです。こんな美味しいものを知らない可哀そうなパパに、なんとか美味しさを伝えようとしてくれました。

「フーフーあつくって、まるくって、……」

「へー、それで、中に何か入っているの?」と質問したら、元気いっぱい答えてくれました。

「なかには、死んだタコがはいってるんだよ!」なんだか、しばらくタコ焼きを食べる気がなくなってしまったのでした。

（2011年4月1日　第50号）

みんなの意見と裁判員（1）

裁判員というのは、2年近く前に、鳴り物入りで始まった制度ですね。皆さんご存じだと思いますが、職業裁判官3名と一緒に、6名の市民が、一定の重大な刑事事件について、裁判を行います。ところが、裁判員制度を評価している人には、あまり会ったことがないんです。かなり批判されているようです。

「法律のことなんか何も知らない、そこいらのおじさんに裁判などできるのか、正しい判断が下せるわけがないだろう!」といった批判が多いようです。そこで、本当に素人の意見は役に立たないのだろうか考えてみたですね。

「みんなの意見は案外正しい」という面白い本があります。アメリカで出版された本ですが、日本でも翻訳が出て、少し前にベストセラーになりました。本の中には、「みんなの意見」が、専門家の意見よりも、かえって正しい場合が多くあげられています。

たとえば、牛の重量当てコンテストの事例があります。牛について、全く経験も知識もない人たち800人が参加して、めいめい勝手に、その牛の重さをあてるわけです。そうしたところ、800名の人たちの予想した重さの平均値は1197ポンドで、実際の重さである1198ポンドと、1ポンドしか違わなかったというんですね。

クイズ・ミリオネアも例にあがっています。日本でも、みのもんたが、「ファイナルアンサー?」なんてやっていたあの番組ですね。4つの選択肢の中から回答を選ぶのですが、分からないときには、会場の人たちの意見を聞くことができます。会場の人たちも当然素人で、何も知らないのですが、会場の多数派が選んだ選択肢の正答率は91%だったということです。まさに、みんなの意見は、案外正しかったりするんですね。この本の中には、こういった例が、沢山説明されているのです。

ところで、以上あげてきたような例では、参加した多数の個々人が、それぞれ勝手に回答を出しています。お互いの意見の交換や、話し合いなど一切しないんですね。

こうやってできた「みんなの意見」が正しいのならば、裁判員も6人だなんてケチなことを言わずに、60人でも600人でも集めれば面白そうです。テレビで裁判を見て、それぞれが勝手に自分の意見を出し、それを集計すれば案外正しい！結論が出るかもしれません。ところが、現実の裁判員は、もちろんそんな風にはなっていません。6人という少数の一般市民が、3人の裁判官と話し合って決めるわけです。

こういった、比較的少人数で、話しあって決める場合についても、「みんなの意見は案外正しい」の本の中で説明がありました。意外なことに、話し合いをすると、かえって意見がおかしな方に行くことが多いんだそうです。声の大きい人や、極端な意見に、他の人も引きずられたりするんですね。アメリカでもそうなんですから、「空気を読む」のが得意な日本人の場合、その場の空気でおかしな意見にどんどん突き進んでしまうこともありそうです。

私自身、現在裁判員裁判を担当していますから、こういうことは切実な問題なのです。「みんなの意見」を正しくするために、弁護士としてどうすればよいのか、もう少し考えてみたいと思います。（次回に続くのです！）

弁護士より一言

妻は、「奥さまは魔女」の、大ファンで全２５４話の完全版ＤＶＤというのを持っているんです。サマンサとダーリンの、あの米国ドラマですね。

妻がＤＶＤを見ていると、小学生の娘達も見初めて、大変なファンになってしまいました。もう一つ見せて、もう一つ見せてと、うるさいのです。

妻と娘たちに、「一体どこが面白いの？」と質問しますと、娘たちは、「サマンサの魔法を使うところ。」とか、「隣のおばさんが、面白いところ。」とか教えてくれます。

一方妻は、「お洋服もアクセサリーも可愛いの！サマンサのしているティファニーのペンダント、今では同じものは売ってないんだって！」

そ、そこですか!! でも、もう買えないんだ。ほっ

（２０１１年４月16日　第51号）

みんなの意見と裁判員（２）

前回は、「みんなの意見」を集計してだす回答は案外正しいのだけれども、少人数が話しあって決める意見は、かえっておかしな方向に行くことが多いということを話しました。

こういうときには、意見を見直させないといけないんですが、その為に大事なのは「天邪鬼」な人の存在なんだそうです。どの組織にも大体一人は居ますよね、こういう人。みんながこっちにしようと言うと、ただもう反対せずにはいられない人です。

世間的には、こういうのは困った人たちです。しかし、話し合いの場では、こういう人がいますと、それだけで有意義だというんですね。意見を決める際に、反対意見があるだけで、多数派も自分達の意見を真剣に検討し出すというのです。

裁判員の中にそういう「天邪鬼」がいればよいのですが、なかなかそうはいかないでしょう。そこで、考えてみたのですが、弁護人こそこういう天邪鬼の

役を買って出るべきだと思ったのです！　裁判員を含む世間の人みんなが、「有罪だ」というときに、「無罪だ」と言い返す弁護人は、ある意味天邪鬼でないと務まらない気もするのです。

しかし、単にみんなの言うことに反対するだけでは、裁判員の心を動かせないでしょうね。有名な光市の母子殺害事件で、弁護側は、「ドラえもんが助けてくれると思った」とか、「子供をあやそうとして、偶然殺してしまった」みたいな、「天邪鬼」な主張をしていましたが、こんなことを裁判員の前でやっても、単に反感を買うだけのような気がします。

やっぱりやる以上は、裁判員の人たちを動かすものでなければダメです。ただ、どんなふうにやれば、聞く人の心を動かせるのかは、難しい問題です。

セールスマンがものを売る場合でも、弁が立って、やり手に見える人がうまくいくわけではないんですね。そういう人は、何かだまそうとしているのではないかと、かえって警戒されてしまうようです。少し頼りなく見える人の方が、かえってお客様の信頼を勝ち得るなんてことはよく聞きます。これは、弁護士についてもいえることのようです。

ウエルマンという人の書いた、「反対尋問」という有名な本があります。法廷で、相手方の証人の嘘をあばく反対尋問の例が沢山載っています。弁護士なら必ず読むことになっている本ですね。

この中に、陪審裁判でいつも勝つ弁護士の話がありました。その弁護士に勝たせた陪審員に、ある人が質問しました。「あの弁護士は、よほど優秀なんですね。」

すると、聞かれた陪審員は答えたそうです。「とんでもない。相手の弁護士の方がよっぽど優秀で、弁も立ちます。勝った方の弁護士は、たまたまいつも、正しい側の弁護をしているだけですよ！」

私は現在、２件の裁判員裁判を担当しています し、これからも沢山の事件をやっていくつもりでいます。いずれそのうち、裁判員の皆さんに、こんな風に言われるようになりたいものです。

「大山って弁護士は、なんだか頼りないな。しかし、たまたまいつも、気の毒な被告人の弁護をしているよ！」

弁護士より一言

私が小学校に入ったころに、仮面ライダーが大ヒットしたんですね。同じくらいの年代の人なら、仮面ライダー・スナックを買って、ライダーカードを集めたことがあるはずです！

あれから早40年。次から次へと新しい仮面ライダーが生まれてきていたようです。今では5歳の息子がライダーに夢中です。先日は2人で、40年間のライダーが大集合する映画を見に行っちゃいました。かつての怪人たちも沢山出てくるんです。

「あっ、あれはカメバズーカだよ！」なんて、昔の怪人（結構、覚えてるもんです）を教えてあげると、「すごい！　パパってあたまいい！」と息子も心から感心してくれて、ちょっと誇らしい気持ちになったのです。

引き続きコメントを楽しみにしております。

（２０１１年5月1日　第52号）

女だけの町の株主責任

少し前に、「会社は誰のものか」なんて議論が流行りました。法律的にいえば、会社は株主のものだということになりそうなんです。法律家として質問されれば、私もそう答えます。しかし、以前から、会社が株主のものだということには、はっきりとした理由は分からないのですが、何となく違和感を覚えていたのです。

「女だけの町」というのは、英国の女流作家ギャスケル夫人の代表作です。産業革命のころの、生き馬の目を抜くような資本主義の時代を背景に、現実には存在しない、田舎町の牧歌的な生活が書かれた小説です。今から、１５０年くらい前の小説ですね。

主人公は、ミス・マティーという老嬢です。少し知能が足りないのではないかと思われるほど、とても気の良い人です。まあ現実には居そうもない人ですね。

ミス・マティーは、わずかな金額の配当で暮らしているのですが、彼女が出資していた銀行が倒産してしまいます。一瞬にして無一文になってしまったわけです。

そんなとき、ミス・マティーは、その銀行が発行しているお札を持っている人に、お店で会います。(当時の英国では、普通の銀行でも、お札を発行できたんですね。) しかしお店では、潰れた銀行が発行したお札は、当然のことですが受け取りを拒否します。

それに対して、ミス・マティーは自分のわずかに残っている金貨で、そのお札を買い取ろうと申し出るのです。周りの人からは、そんなことをすることはないと止められるんですが、彼女は頑として譲りません。岩波文庫の、小池滋先生の訳文ですと、こんな感じですね。

「正直言って、私には事業のことはわかりません。ただ、私にわかっているのは、もし銀行が倒産するとするならば、それでもし私たちのお札を受け取ったために、正直な人たちがお金をなくすのだとしたら……。私には何と言っていいかわかりませんわ」

ミス・マティーは、会社の所有者である株主として、自分の会社が迷惑をかけた人を救おうとしたわけです。

全ての株主に、これだけの覚悟があるのならば、私としても、「会社は株主のものです。」と、自信を持って言えるのです！

ここに至りまして、私の感じた違和感の原因が分かりました。つまり、責任や義務を伴わないでいて、所有者として権利を主張することへの違和感だったのだと思い至ったわけです。

たとえば、今回の福島原発の件で、東京電力の株主の誰か一人でも、「こんな事態になってしまい、会社の所有者として責任を感じました。家を売ってでも被害者弁済にあてます。」なんて言っているとは思えないのです。まあ、仮に私が株主だとしても、そんなことは間違っても言いませんけれど……

株主は有限責任なんだから、そんなのはあたりまえじゃないかと言われそうです。しかし、それならなおさら、会社が株主のものだというのは、変な気がします。

自分のものだといえるのは、それから生じた良いことだけではなく、悪いことも全て引き受ける覚悟がある場合だけのように思えるのです。

株主の権利を十分に守ることの必要性は否定できません。しかし、「会社は株主のものだ」という主張は、「企業の常識」からみても、おかしなものに感じられるのではないかな、と思うのでした。

弁護士より一言

前回、仮面ライダーの映画を見に行ったことを書きましたが、ライダーに限らず、子供番組を一緒にみる機会が多いのです。そこに出てくるセリフに、本当に良いものがいっぱいあるのに感心していま す。

「何事もやってみる！ やってみなければ何も始まらない！」「生きてさえいれば、幾らでも道は切り開けるのです。」なんていうのは、ヒーロー側のセリフですね。

悪役たちだって負けていません。正義のヒーローに倒されたときのセリフが素晴らしい。

「負けたから終わりなのではない。止めるから終わりなのでアール！」

この覚悟で続けていけば、必ず最後は成功しますね。

私も、子供番組で学んだことを実践したら、今よりはるかに立派な人になれるだろうな、と思ったのでした。


（2011年5月16日　第53）

夜叉王の職人弁護士（1）

「弁護士という人たちは、納期意識がないなあー」

と、企業法務で仕事をしているときから思っていました。期限までに書面を提出しなくてもへっちゃらなんですね。

なんでこんなことになるのかといいますと、中には、単にさぼっているため納期を守れないという、困った弁護士もいます。しかし、書面一つ作るにしても、参考判例の選択、論理展開はもとより、句読点の打ち方一つまで、完全に納得できるまでは提出しないといった、頑固な職人気質の弁護士が相当数いるのです。

夜叉王というのは、岡本綺堂の修善寺物語の主人公です。面作りの名人といわれている職人さんです。鎌倉幕府の二代将軍源頼家から、面を献上するように命じられたのですが、どうしても納得のいくものが作れない。こんな不出来な面を出せば、末代までの恥だと言って、納期が来ても面を献上しないのです。

いつまでたっても出来ない面に腹を立てた頼家が、夜叉王を斬ろうとしたので、夜叉王の娘が無理やり面を献上してしまう。面を受け取った頼家は、その見事な出来映えに感嘆するわけです。そもそも夜叉王以外の人たちには、素晴らしい出来の面に見えるのですが、本人だけは納得がいかなかったんですね。

夜叉王までいかなくても、多くの弁護士に、似たような職人気質があります。そして、多くの弁護士が、このような職人気質を、必ずしも悪いことだと思っていないようなのです。

私の感覚では、「そんなこだわりなんて、お客さんは気にしていないんだから、納期を守って早く提出しろよ！」と思ってしまうんですね。私は、このニュースレターを2年以上続けていますので、「あまり面白く書けなかったなあ。」なんて思うときが何度もありました。それでも、納期は1回たりとも遅らせたことはないのです！　まして仕事の納期は絶対に守ってきました。しかし、考えてみますと、「本当に良いものを作るんだ！」という職人魂がある人から見れば、私のように納期の方を優先するというのは、怪しからんことに見えるのかもしれません。

数年前105歳で亡くなった織物作家に、山口伊太郎という方がいます。西陣織の名人というべき、大職人です。70近くになってから、西陣織で源氏物語絵巻を織りあげるという、凄い事業に取り組んだ人です。

事業を始めるにあたり、20代の優秀な職人を自分の手足として使うことにするわけです。山口さんが100歳を超えるころには、かつての若手職人も60歳近くになっているんですね。その、職人さんが、試し織りをしたものを、山口伊太郎に見せるわけです。私はテレビで見たのですが、素晴らしい出来に見えます。

ところが、山口さんは、60歳にもなるその職人を、小僧を叱るように、叱りつけるんです。そのときのセリフが凄い。

「自分達は、1000年後に残るものを、100年かけて作っているんだ。早くできればそれで良いなどと考えるな！」

これを聞いたとき、なんだか理不尽だなあという気がした一方、その職人魂に圧倒されたのもまた事実なのです。弁護士の場合でも、「100年先まで残る判例を作るために頑張っているのに、納期のことなど言うな！」という心意気の人はいそうです。

弁護士の職人魂の問題は奥が深いので、次回に続けたいと思います。

弁護士より一言

「こんな不出来の面を献上できない！」と、荒れ狂う夜叉王を諫める、娘のセリフが良いんですね。

「いかなる名人上手でも、細工の出来、不出来は時の運。一生のうちに一度でも、天晴れ名作ができようならば、それがすなわち名人ではございませぬか。」

「つたない細工を世に出したと、さほど無念とおぼしめさば、これからいよいよ精出して、世をも人をも驚かすほどの、立派な面を作りだし、恥をすすいでくださりませ。」

私が仕事で行き詰まったときなど、娘がこんな風に親身に言ってくれたら、本当に素敵なことだと思えるのです！

引き続きコメントを楽しみにしております。

（2011年6月1日　第54号）

夜叉王の職人弁護士（2）

自分のことを「職人です。」と言う弁護士には、これまで何度も会ったことがあります。しかし、自分は商人ですと、誇りを持って言っている弁護士は、私くらいなんですね！弁護士の世界では、商人より職人の方が、人気が高いようです。

そもそも、職人と商人って何なんだろうということにもなりそうですが、私はこう考えています。

「自分が納得できるものを作るのが職人」

「お客様が納得できるものを売るのが商人」なんですね。

それなら、職人は商売が必ずうまくいかないのかと言いますと、どうもそうではないようです。頑固な職人気質の人が、本当に自分が良いと信じているものを作り続けていたら、客の方がだんだんその良さに気付いていったなんてことも、よく聞きます。ただ、一般的に言って、職人気質の人は、あまり商売がうまくないようです。

その一方、商人の方も、ただただお客の顔色をうかがうばかりで、本当に良いものを提供できなければ、いずれはお客に相手にされなくなりそうです。職人と商人のバランスをどうとるのか、非常に難しいところでしょう。

話は変わりますが、私は昔からピーター・ドラッカーが大好きなのです。（最近流行の、「もしドラ」も読んじゃいました！）

ドラッカー大先生は、「専門家」と「マネージャー」の関係について考察されています。「専門家にはマネージャーが必要である。自らの知識と能力を全体の成果に結びつけることこそ、専門家にとって最大の問題である。」なんて感じですね。専門バカのような人も組織には必要ですが、そういう人を適切にコントロールするマネージャーも、同じく大切なわけです。

そこで、ハッと気が付いたのです！　ドラッカーの指摘する「専門家」と「マネージャー」の関係は、「職人」と「商人」の関係と非常に似ているのですね。

ドラッカー先生は、専門家について、多くの指摘をされています。「専門家は専門用語を使いがちである。専門用語なしでは話せない。ところが、彼らは理解してもらってこそ初めて有効な存在となる。」だなんて、多くの弁護士にとって、耳が痛いところでしょう。

弁護士などの職人（専門家）は、自らの専門知識を、顧客にどのように伝え、役立てていくのかを考えないといけないわけです。専門家にマネージャーの助けが必要なように、職人は、商人の力を借りたときに、初めて顧客の役にたてるのかもしれません。

面作りの「専門家」である夜叉王も、優秀なマネージャーである娘の存在によって、さらに活躍できました。ソニーの技術屋である井深大には盛田昭夫が、バイク職人の本田宗一郎には藤沢武夫という優秀なマネージャーがついていたからこそ、顧客の役に立つ業績をあげられたのだと思います。

ひるがえって弁護士業界を見てみますと、優秀な職人や専門家は沢山います。その一方、そういった職人と顧客の間をつなぐ、商人やマネージャーは、非常に数が少ないのではと感じています。これまでの、殿様商売の弁護士達にはそれで良かったのかもしれません。

しかし今後は、「職人」弁護士が顧客の役に立つために、「商人」の部分をどのようにして補うのかは、非常に大切な問題となるのではと感じているのです。

弁護士より一言

5歳になる息子が、オバケとドロボーを、とても怖がっています。家族みんなに、「ドロボーって、人の家にかってに入ってきて、わるいことをして、ほんとうにわるいんだよ!」などというのです。

それはよいのですが、鍵のしていないドアや窓を見つけると、すぐに締めて、鍵をかけてしまうんですね。ちょっとゴミを捨てに行っただけなのに、2、3分で戻ってくると、もう玄関の鍵が閉まってい て、家に入れなかったと、妻が嘆いていました。

「ドロボーさんは、逮捕されたらパパのお客さんになるかもしれないんだから、そんなに怖がらなくてもいいんだよ!」と、よっぽど教えてあげようと思いましたが、妻に怒られそうなので止めておいたのでした!

引き続きコメントを楽しみにしております。

（2011年6月16日　第55号）

コンプライアンス弁護士

これからは法律を守ることが、企業活動にとっても非常に重要だなんて言われていますね。コンプライアンスというやつです。

このこと自体は、特に反対しようがないのですが、皆が守っていない法律の場合、自分はどこまで守るべきかというのは、やはり気になるところです。

スピードオーバーが違法なのは、誰でも知っています。しかし、自動車の運転で、周りの車がみんな10キロオーバーで走っている場合、自分も一緒に走りますよね。これと同じようなことが、企業の法律問題でも起こることはあるのです。

東南アジアや中国進出企業が、現地で賄賂を使っていたなどということは、公然の秘密のようです。他の企業がみんなやっている以上、自分だけやらないというのは難しいでしょうね。

日本でも、少し前までは、株主総会は総会屋にお願いしていたなんて大手企業が沢山ありました。当時もこれは問題だったのですが、周りもみんなやっていたということで、特に罪悪感もなくやっていたようです。

総会屋の件は、その後法律が変わって、明確に禁止されるとともに、罰則まで制定されました。こうなりますと、当然のことですけれども、ほとんどの企業はやらなくなりますね。こういう風に、法律を変えて、明確に禁止してくれるのならば、特に問題はありません。

しかし、中には、それまで多くの企業がやっていて、行政も黙認していたようなものが、いきなり違法にされることがあるんです。それどころか、いきなり刑罰の対象になったりします。

昨年、世間を大いに騒がせた、郵便料金の不正事件など、まさにそういう事件でした。障害者団体のための特殊郵便料金は、非常に低額なわけです。ダイレクトメールなど送る場合、数分の1の値段で送れます。世の中には頭の回る人がいますから、この特殊郵便を利用して、企業のダイレクトメールを出すことを考えたわけですね。

このやり方は、企業の間では相当有名でして、1999年の日経新聞でも取り上げられていました。有名なコンサルタント会社でも、郵便を安く出す方法として推奨していたんですね。

大体、郵便なんて、配達システムを維持するのにお金がかかるんです。だから、暇なときには大きくディスカウントしても、配達した方が全体としては儲かるに決まっています。そういうこともあるので、郵政省も見て見ぬふりをしていたわけです。事実上野放しで、ライバル企業もみんなやっている、実質的に考えても、別に誰も損をしていないとなりますと、これはやりたくなりますね。

そうしたものが、10年以上たった時点で、いきなり違法とされたうえに、それに関与した人は犯罪者にされてしまったわけです。こういうのは本当に怖いのです。

仮に私が1999年の時点で、顧問企業からこのようなダイレクトメールについて聞かれたら、絶対にやめるべきだと説得出来ていたのか、自信がないのです。

これまで、「顧問弁護士」は、こういったギリギリの問題については、会社からそもそも質問されていなかったような気がします。しかし、企業のパートナーとして、本当に役立つ助言をしようとするならば、このような問題は今後避けて通ることが出来ないと感じています。

弁護士より一言

娘の小学校で、体育のある日は、親が体温を測って報告することになっているんですね。朝の忙しいときに、そんな面倒なこと、いちいちやってられません。そこで、私が測るときには、娘のおでこに手をあてて、「今日は36・4度の平熱。はい、問題なし！」だなんて、適当にやっていたのです。

ところが、少し前に娘から、「うちの体温の測り方って、おかしくない。弁護士がこんなことでいいの？」なんて、言われてしまったのです！

「こんなのは、不正じゃなくて、社会的に認められた方便なんだよ。」と、不正が発覚したときの、違法企業の社長さんのようなことを娘には言っておきました。

引き続きコメントを楽しみにしております。

（2011年7月1日　第56号）

水鏡先生の法律相談

一般の法律相談では、思いもよらない質問が出てきたりします。

「私のアパートは、トイレが共用で、トイレ管理の費用を2000円も取られてるんです。私はほとんどトイレを使わないのに、隣の部屋の奴は、何度も何度もトイレを使っています。なんで、私が隣の奴と同じ管理費を払わなくてはいけないんですか！」なんて質問が来るわけですね。こういう質問には、何と回答すればよいのかと、一瞬思考が停止してしまいます。

水鏡先生というのは、三国志ファンにとっては、有名人です。今から1800年くらい前の、人物鑑定家です。「臥龍と鳳雛を得れば天下を取れる」と聞いていた劉備に対して、臥龍とは諸葛孔明のこと、鳳雛とは龐統のことだなんて、教えてあげた人ですね。

劉備に対しては、役に立つアドバイスをしたんですが、普段の水鏡先生は「好々（よしよし）」が口癖で、何を聞かれても「好々」と答えていたそうです。

先生の奥さんから、「あなたの意見が聞きたくて皆さんいらっしゃるのに、ただ好し好しとしか言わないのでは、皆さんを失望させてしまいます。」と注意されると、「お前のいうことも、また好し好し！」と答えたという、有り難いエピソードが残っている大先生なのです。

水鏡先生のこのような態度について、ものの本によりますと、自分を守るためではないかということでした。当時、下手なことを言いますと、権力者に目を付けられて命も危なかったわけですから、それを防ぐために、「好好」しか言わなかったというのですね。

確かにそういうこともあったのかもしれません。ただ、私も自分で多くの法律相談をしてきて、どうもそれだけではないな、と感じたのです。

私の場合、企業からの法律相談が多いわけでして、そういうときには法的に妥当な解決策をアドバイスすれば足ります。しかし、こと一般の法律相談となりますと、純粋に法的知識を聞きたいという人は少数派なんですね。自分の考えが正しいというお墨付きを、弁護士から貰いたいと期待して来る人が非常に多いようです。

最初のうちは私も、法的なアドバイスということでかなりムキになって話していました。しかし、自分の考えと違うことをいくら言われても、それらは耳を素通りして行ってしまうようです。

「トイレ管理費の規定がある以上、法律上は、トイレを使わなくても払うことになるはずです。」なんていくら説明しても、全く聞きいれてもらえません。「私は、なるべくトイレを使わないように、水も飲まずに我慢しているんですよ！　ジュースやお茶を平気で飲みまくって、トイレを何度も何度も使う人間と同じお金を払えだなんて、どう考えてもおかしいでしょう！」などと反論されてしまうのです。ううう。

水鏡先生も、単に処世のためだけではなく、私と同じような経験をした後に、「好し好し」としか言わなくなったのではないかと、思い至ったわけです。（ホンマかいな!!）

そんなわけでして、今後、一般法律相談をすることになったら、私も「好し好し。本当にそのとおりです！」とだけ言うようにしたいと思います。（おいおい！）

もしも妻が、「そんないい加減な回答ではダメでしょう！」なんて注意してきたら、水鏡先生を見習って、私も妻に言っちゃいましょう。

「好し好し。本当にそのとおりです！」

弁護士より一言

いい加減ということではうちの妻も負けていません。

前号で、子供の体温を測るのに、私は子供のおでこに手をあてて、適当にやっているなんて書きましたよね。

妻はどうしているのか確認したところ、「忙しいのにそんな面倒なことするわけないでしょう。私は前日の夜に、適当に書いているわよ。」と教えてくれました。

私が言える立場ではありませんが、そ、そんなんで本当に良いんですか！

引き続きコメントを楽しみにしております。

（2011年7月16日　第57号）

錦の御旗と人権弁護士（1）

戦争をする場合、何より大切なのは「正当性」なんだそうです。「正義は我にあり！」という自信があるからこそ、徹底的に戦えるんですね。

アメリカがイラクを攻撃したときも、「石油が欲しいから戦争します！」なんて言ってたら、誰の共感も得られません。やはり、「大量破壊兵器を作っている、悪の権化から世界を守ります！」という正義の理由が必要です。

足利尊氏の名参謀であった赤松円心は、その辺のところをよく理解していたようです。尊氏が合戦に負けたのは、敵には「皇室を守る官軍だ」という正当性があるのに、尊氏の方にはそれがないからだと考えたわけです。

そこで、尊氏に対して進言したのが、有名な錦の御旗戦法！です。

「凡そ合戦には旗を以って本とす。官軍は錦の御旗を先だつ」

自分達も錦の御旗を担ぎ出して、官軍になってしまおうということですね。いわゆる南北朝時代の始まりです。

なんだか、日本史教養講座みたいになっちゃいましたけど、弁護士の仕事の多くは訴訟その他の紛争、つまりは合戦関連なんです。そうしますと、合戦に勝つためには、やはり「錦の御旗」が必要です。

そこで、弁護士にとっての「錦の御旗」はなんだろうかと考えたところ、それは「人権」ではないかと思いいたったわけです。

少し前までは、絶対的な国家権力がかなり無茶なことをしてました。それに対抗するための錦の御旗として、「人権」は非常に役に立ったようです。「国に逆らうのは、個人の我が儘だ！」なんて言われて、しゅんとしていた人たちに、自分達が正しいのだという自信を与えた「人権」という錦の御旗の役割は、非常に高く評価できると思っています。

しかしながら、現在では、国民相互の利害をどのように調整するのかが一番の課題になっています。

このように、パイを国民の間でどう分けるのかという問題を解決するためツールとして、「人権」は害の方が大きいように思えるのです。

例えば、戦後の経済発展のもと、多くの人が地方から都会に出てきました。当然、都会の便利の良いところはそんなにありませんから、多くの人を収容するとなると、住居を高層化する必要があります。

一方、側に高層ビルが建つと、それまで近所に住んでいた人たちの日当たりが悪くなります。そこで、両者の利害をどう調整するかの問題が起こるわけです。

ところが、この問題に対して、多くの弁護士が「日照権」だなんて「人権」を持ってきて、それまで都会に不動産を持っていた人たちに肩入れしたわけです。新しく都会に来た人たちが、手ごろな値段の高層マンションに住むことは許さんというわけです。

「それまで住んでいた人たちの既得権益を守らせろ!」なんて言ったのでは合戦に勝てません。錦の御旗たる「日照権」を振りかざして戦ったのは、戦術としてはうまいなあ、と勉強になります。

しかしだからと言って、それで何か正義が実現できたとは、とてもじゃないけど思えませんね。これは、足利尊氏が錦の御旗を掲げたのを見て、「うまいなあ!」と感心することはあっても、尊皇の思いに感服しないのと同じことです。

こんなこと、取り立てて言わなくても、常識だと思っていたのですが、どうも弁護士の中では超少数意見のようです。そんなわけで、次回に続きます。

弁護士より一言

次女は先日、小学校の社会見学で、県警本部に行くことになりました。そこで妻が、「大人しくしないとだめよ。警察で騒いだりしたら、おまわりさんに直ぐに逮捕されちゃうのよ!」などと言ってからかいました。

すると娘は、目を輝かせて、元気いっぱい答えたのです。「知ってる! 友達もみんなそう言ってたよ。去年、男の子が逮捕されたんだって。本当に怖いよね。」

ほ、本当ですか!!

娘はお陰さまで、逮捕されることなく、警察見学から戻って参りました。


（２０１１年８月１日　第58号）

錦の御旗と人権弁護士（2）

夏目漱石に、「それから」というとても面白い小説があります。近代日本を代表する小説ですから、いまさら書くのも気がひけますが、こんな話です。

代助のお父さんは、一代で巨額の富を築いた人です。「誠実と熱心」を持って「国家社会のために尽く」していれば、お金は後からついて来るみたいなことを言うのが大好きでして、息子の代助にも何時もそんなお説教をしているんです。

一方代助は、お父さんの「国家社会のために尽くす」と「お金もうけ」の関係について、どうにも胡散臭いものを感じているわけですね。

「御父さんの国家社会の為に尽すには驚いた。何でも18の年から今日迄のべつに尽してるんだってね」

「国家社会の為に尽して、金が御父さん位儲かるなら、僕も尽しても好い」

漱石大先生が、代助の口を通して書く、こういった偽善批判は、当時の人たちの共感と、さらには現代の人たちの共感も呼んでいる気がします。

何だって長々と夏目漱石の話をしたかといいますと、「国家社会のために尽くす」という「錦の御旗」を掲げていた父親に対する代助の批判は、「人権を守る」という錦の御旗をかかげてきた弁護士達への批判にも共通するものがありそうだと感じたからです。

実際問題、何かというと「人権。人権」と言い出すような弁護士には、ろくなのが居ないなという意見は、かなり多くの弁護士の間でも共有されていると思います。

「人権」という錦の御旗を振りかざして名前を売っ

て、それによって商売も繁盛した弁護士のこともよく聞きます。「人権」は、まさに商売の手段にもなるのです。

さらに、「人権」という錦の御旗は、弁護士に対する特権を要求するためにも使われてきたんですね。おれたちは「人権」を守ってきたのだから、他の仕事とは違うのだという考えです。

ここのところ、弁護士の人数がかなり増加してきています。そうしますと、競争が厳しくなりますし、中には食べていけない弁護士も出てきます。

多くの弁護士は、今までと同じ殿様商売を続けるためにも、なんとか人数を増やさないで欲しいと考えているのですが、正直にそんなこと言ったら、誰も共感してくれません。そこで、「人権」という錦の御旗を振りかざして、反対運動をしているわけです。

「弁護士が増えると、自分が生きるのが大変なので、これまでのように人権活動ができなくなり、国民の皆さんに多大なる迷惑をかけてしまいます！」

というのが、弁護士の用意した説明なんです。どうしてこんな説明で、皆さんの共感を得られると考えているのか、私なんか不思議でしょうがないんですけれども。

ここにきて、「弁護士」と「人権」に対する、かなり厳しい世間の視線を感じています。

「弁護士さんの人権の為に尽すには驚いた。何でも弁護士になってから今日迄のべつに尽してるんだってね」

「人権の為に尽して、金が弁護士さん位儲かるなら、僕も尽しても好い」

こういった世間の声を感じ取った上で、自分達がどのようにしていくかを考えることが、「人権」という「錦の御旗」を振って生活してきた弁護士に、求められている気がするのです。

弁護士より一言

40年くらい前には、カブト虫が大好きでした。朝早くに起き出して、近くの林に行って、木の蜜を吸っているカブト虫を捕まえていました。

現在5歳の息子はカブト虫が大好きで、幼稚園からオスとメスと2匹もらってきたのです。

そんな中、メスのカブトムシがひっくり返ってしまいました。メスは角がないので、自分では起き上がれないんですね。そこで、私が元に戻すことになったんですが、この年になって改めてカブト虫を見ると、巨大なゴキブリにしか見えないんです。

気味が悪くて、なかなか触れずにいたら、見かねた妻がひょいっとひっくり返してくれました。

息子の尊敬を失くしてしまいました。ううう。

（2011年8月16日　第59号）

マイ国家・マイ労組

「マイ国家」というのは、星新一の傑作小説ですね。ある家に預金の勧誘にやってきた銀行員が、国家への不法侵入ということで監禁される話しです。

そもそも国家といえるためには、領土と、国民と、統治機構が必要だと、国際法の本などには書いてあります。その家の主人によると、まさにそこは、一定の領土（その家ですね）と国民（そのご主人です）と統治機構（そのご主人による民主制？　独裁制？）を備えた国家である、というわけです。世界最小の、一人だけの国家なんですね。

国家の主権を侵害したとして、死刑を宣告された銀行員の運命は……、という、とても面白い小説です。何となく分かっていたつもりでいた「国家」というものが、本当は何なのだろうと考えさせられます。

というところで話しが変わりますが、うちの事務所でも最近、労働組合がらみの案件が増えてきました。少し前までは、組合と言えば企業別の組合がほとんどでしたが、最近は地域労組が盛んになっています。地域労組というのは、地域ごとに活動している組合で、基本的にその地域で働いている人ならば一人でも加入できるんです。

最近では、従業員がみんなで企業別組合に加入するというのではなく、一人で地域労組に加入するようになってきたわけです。このような時代の流れを考えますと、この次に来るのは、一人で労組を作る、「マイ労組」だと思い至ったわけです！

法律によりますと労働組合とは、労働者が主体となって、労働条件の改善を目的とする組織です。会社側の人間が加入してはいけないなどという規制はありますが、一人組合である「マイ労組」はいけないなんて、どこにも書いてありません。

そうしますと、時代の流れとして、「マイ労組」が出てくる可能性は高いのです。（ホントかよ！）従業員が「マイ労組」になりますと、会社と従業員の交渉も、組合としての規制を受けることになります。

一般に、ボーナスの査定などについて、従業員は上司と個別面談をしますよね。これなど、かなりいい加減に行われている場合が多いようです。しかし、従業員が「マイ労組」になりますと、こういう面談も、法律上の「団体交渉」になってしまいます。拒否したら、不当労働行為ということで、地労委に救済の申し立てがなされちゃうのです。

従業員が有給休暇を請求する場合、会社は合理的な事情があれば、日にちを変更するように要求出来ます。普通の従業員ならこれに従わないといけませんが、「マイ労組」でしたら、組合の権利として争えますね。

「その様な不当な変更に対しては、さらなる団体交渉を要求します。認められない場合は、その日にストライキを決行します！」

話し合いの中で興奮して、従業員が上司に手を出したりしたら、普通なら警察沙汰になります。しかし、これが「マイ労組」のやったことですと、「憲法上の権利である争議権に付随する行為として、違法性が阻却され無罪です！」なんて言えちゃうのです。

くだらないことばかり書いていると、顧問先が減るといけないので、このくらいにしておきます。

しかし、星新一が、「マイ国家」という切り口で、国家の本質に疑問を提起したように、私も企業の弁護士として、労働組合の本質に対する考察は、続けていく価値があるのではと考えているのです！

弁護士より一言

私が最初に読んだ星新一の本が、「マイ国家」でした。たしか、小学校5年生のころだと思います。世の中にはこんなに面白い本があるのかと、夢中になって読んだことを覚えています。

現在、小学校5年生の長女も、星新一を読み始めています。別に私が教えたわけではないのに、面白い本の情報は、どこからともなく聞こえてくるようですね。

このニュースレターも、ようやく60号まできました。引き続きコメントを楽しみにしております。

（2011年9月1日　第60号）

メラニーの因果関係

弁護士の世界では、「勝ちすぎは良くない」と言われています。裁判で完全に勝てるときでも、相手方にも少し譲ってあげて、和解で終わらせるのが良い弁護士なんだそうです。

こういう考え方に対しては、おかしいのではないかという意見を聞くことがあります。せっかく100％勝てるものを、弁護士が勝手に和解してしまったなどという苦情を、私も聞いたことがあります。狭い弁護士村の中で、お互いに貸し借りを作っているという批判です。弁護士同士で、八百長試合をしているということです。

確かにそういう面もあるかもしれませんが、私の感覚でも、いくら勝てるからといって、相手を徹底的にやっつけるというのはどうだろうという気がするのです。

今回の題名は「メラニーの因果関係」ですが、メラニーというのは、「風と共に去りぬ」の登場人物ですね。主人公であるスカーレットの友達です。大衆娯楽小説の最高峰の説明を、いまさらするのも気がひけますが、スカーレットが思いを寄せているアシュレーと結婚したのが、メラニーですね。スカーレットは、当てつけのようにメラニーの兄と結婚する。そうしているうちに、南北戦争が勃発し、波乱万丈の物語が始まるわけです。

　スカーレットは、恋敵のメラニーのことを、大人しくて、ガチョウを追い払うこともできないなんて言って、馬鹿にしています。確かにメラニーは、普段は気が弱くて、ろくに口もきけないのですが、その一方では非常に強い個性を持っているんですね。

　南部が北部に負けたあと、北部の戦死者を埋めた墓地の草取りをどうするかで、メラニーたちの町で大喧嘩が起こります。北部の奴らのためには、草むしりなど絶対にしないという意見と、北部兵墓地の草をむしらないと、隣の南部兵の墓地にまで雑草が広がるから、やはりむしるべきだという意見が対立したわけです。

　そのとき、メラニーは勇気を振り絞って言うんですね。自分は草むしりだけではなく、北部の兵士のためにお墓にお花も供えたいと。自分の兄（スカーレットの夫ですね）は、北部で戦死して、遺体がどこにあるのかも分からない。でも、北部の親切な人が、墓地に葬ってくれて、花を供えてくれていると考えると、本当に嬉しい。自分が北部兵墓地の草を刈ることが、北部の人達も同じことをしてくれることの証しになるのだという意見でした。

　メラニーの意見は、一般的に言われている因果関係では説明できないものです。南部で草むしりをしようがしまいが、北部でどうするのかということには、何の関係もありません。

　しかし私は、世の中にはこういう「因果関係」もあると思うのです。多くの弁護士も同じように感じているからこそ、完全に勝てるようなときでも、相手が頭を下げてきたら、少し譲ってあげて、和解で終わらせるのが良い解決方法だということになっているのだと思います。

まさに、「情けは人のためならず」であり、こうしたやり方は、常識的な因果律を超えて、回り回ってお客様のためにもなるのだと信じています。

弁護士より一言

結婚式のときの写真を見た5歳の息子が言いました。「ママはむかし、このパパと結婚していたの?」

自分でも、自覚はあります。結婚したころに比べ、随分太りましたし、髪も真っ白になってきました。だからって、息子にこんな風に言われるなんて。

先日、夏休みということで、妻が息子を連れて事務所に来たんですね。それを見たお客様から言われました。「お孫さん可愛いですね!」

後ほどそのお客様から、お詫びのメールを頂きました。

「先生の娘さんが、お孫さんを連れてきたと思ったものですから、どうも済みませんでした。」

って、フォローになってないよ!

もっとも、妻はとても喜んでいました。ううう。

このままではいけない。そこで今月、断食合宿に参加して参ります。成果のほどは、次回、ご報告しましょう。励ましのコメントを、よろしくお願い致します。

(2011年9月16日　第61号)

ナウシカの問題社員対応

ナウシカというのは、「風の谷のナウシカ」のことです。

大戦争後の、土壌も大気も汚染された世界が舞台です。世界のいたるところに、「腐海」と呼ばれる巨大な森が生まれてきます。腐海は、有毒の瘴気を発するため、その近辺に人は住めなくなります。この腐海が、全世界に広がり続けているんですね。

多くの人たちが、ただ腐海を恐れ嫌う中で、ナウシカは、腐海を全く違う視点から見ます。つまり、腐海は汚染された空気や土の浄化装置ではないかと考えたんです。そして、腐海と共存する方法を模索します。そうした中、腐海を破壊してまで行われる近隣諸国の争いに、ナウシカも巻き込まれていくわけです。（アニメも良いのですが、宮崎駿の漫画も素晴らしいので、読んでない方は是非どうぞ。）

話は変わりますが、前回お知らせしたとおり、断食合宿に参加してきました。そこで、主催者である石原結實先生の講演を聴いてきたんです。石原先生は、健康の為には断食をしろ、体を温めろ、筋肉をつけろと、30年くらい一貫して主張している先生なんですね。

講演ではまず、断食によって、身体の免疫力が上がり、若返りまで生じるというお話を聞きました。メンドリは1年半で卵を産まなくなるが、その後断食させ、水だけで15日過ごさせると、毛が抜け落ちて再び生え、また卵を産み始めるそうです。

自分達の世代は、青春時代に食べ物が無かったが、それがかえって良かった。「我が青春に食いなし！」

現代人はみんな過食だ、食べ過ぎて良いのは結婚式だけ、なぜなら「カショクの宴」というからと、ダジャレだらけの、大変面白い講演でした。

講演の中で、ガンについてのお話もありました。かつてガンの年間死亡者が13万人のとき、医師の数は13万人だった。ところが現在、医療は進歩し、医師の数も35万人になったのに、がんの死亡者は逆に29万人に増えた。これは何かおかしいのではということです。

「炎症が出た場合、医者は炎症を止める方法を考える。しかし、悪いのは炎症ではない。身体に毒が入ったから、それを出そうとするのが炎症。根本を経たないで、炎症だけ止めたら、毒はそのまま体にとどまる。ガンについても同じように考えられる。ガンは汚れた血液を浄化するための浄化装置と考えるべき。ガンを起こさないような、日ごろの生活が大切である。」といったお話でした。

ここまで聞いていて、「ガンというのは、ナウシカの腐海と同じだ！」と気が付いたんですね。

そこでさらに気付いたのですが、こういうことは弁護士の仕事に関しても有りそうです。たとえば、「問題社員」についての相談が、最近増えています。企業から見ますと、問題社員は健全な会社の中にできたガンのように見えてしまうわけです。

私なども、企業の医者として、どうやってこの「ガン細胞」を切除するか、放射線？をあてて様子を見るか、などについてアドバイスすることになります。もちろんこれはこれで重要なことです。（石原先生も、ガンの切除を否定していません。）

その一方で、「問題社員というのは、会社の中の問題点を表に出して、浄化するものなのだ」という観点も、頭に入れておく必要が有るなと思い至ったのです。問題社員が発生しないように、会社の中の問題点を見直すという観点ですね。

弁護士として、「切除手術」のみではなく、「健康予防」についても、企業のお役に立てるようになれれば良いなと考えております。

弁護士より一言

石原結實先生の断食合宿から、無事に戻って参りました。3泊4日の短期コースですが、やってみると、余裕で出来ちゃいました。

空腹感というのは、胃の中に食物が無いことよりも、血液中の血糖値の量で決まるそうです。黒砂糖入りの生姜湯を好きに飲んで良いということで、ほとんど苦しまずに断食できたわけです。

家に帰ったら小学4年生の次女に、「パパ、少し痩せたから、授業参観に来て良いよ！」と言われました。

えっ、今まではダメだったの!!

引き続き、励ましのコメントを楽しみにしています。

（2011年10月1日　第62号）

弁護士と40人の盗賊

6歳の息子に、幼児向きの「アリババと40人の盗賊」を読んであげたのです。言わずと知れた、アラビアンナイトの話しですね。

アリババは偶然、盗賊たちが洞窟を開けているところを見かけます。「開けゴマ!」と唱えると、洞窟の入口が開くのです。しめたとばかりにアリババは、盗賊がいなくなると洞窟に入り、沢山の宝物を手に入れます。

そのことを聞いた、アリババの兄さんが、やはり洞窟に忍び込みます。宝物を手に入れ、帰ろうとすると、洞窟の扉は閉まっています。そこで、再び扉を開けようとするときに、呪文を忘れたことに気づくんです。

「開けふりかけ」とか「開けかつぶし」とか言ってみるんですが、扉は開きません。「開けゴマ!」という、ぴったりの言葉出ないとダメなんです。結局兄さんは、戻ってきた盗賊たちに殺されてしまうわけです。

これはまあ、おとぎ話の世界です。しかし、商売の世界でも、まさにその場にぴったりの言葉が大切なんだそうです。

例えば、ガソリンスタンドでは、単にガソリンを入れるだけではなく、バッテリーやエンジンオイルの交換などもしたいと思っています。その為には、お客さんに車のボンネットを開けて貰わなくていけません。

一方、お客の側としては、ガソリン以外のものを売り込まれるのが嫌です。うっかりボンネットを開けたら、何か買わされそうだと思っています。ガソリンだけ入れたら、早く出ていこうと思っているんですね。

そんな中、「ボンネットを開けて、点検いたしましょうか?」と言った聞き方をしても、多くのお客さんは「いいえ、結構です。」と答えるんだそうです。ところが、あるガソリンスタンドで、「エンジンオイルが安全な状況にあるか、確認致しましょうか?」

と、聞き方を変えてみたところ、ほとんどのお客さんが、進んでボンネットを開けてくれたということです。まさに、この聞き方が、「開けゴマ！」に相当したわけです。

養殖モノの魚は、天然モノよりも、下に見られますよね。当然値段も低くなります。ところが、ここにも頭の良い人がいました。「養殖ブリ」と表示する代わりに、「大山さんが丹精を込めて育てたブリです！」と表示したんですね。この一言で、値段を高くしても、非常に売れるようになったということです。まさにこの言葉が、お客様の財布を開く「開けゴマ！」だったわけです。

いままで弁護士は、こういった、「この一言で人を動かす！」などということを、軽視していたと思います。そもそも、そんなこと考えもしなかったかもしれません。

しかし弁護士は、言葉によって、交渉相手や示談相手を動かすのが仕事です。言葉によって、裁判官や裁判員を説得しなければならないのです。

そうであるならば、自分達の仕事において「開けゴマ！」に相当する、人の心の扉を開ける言葉を考えるのは当然のことだと思うのです。

犯罪被害者との示談のときに、この一言をいえば多くの被害者が納得してくれる、契約交渉のときに、この一言をいえば交渉相手の企業が納得してくれる、そんな一言を真剣に探していきたいと思っています。

弁護士より一言

6歳の息子に、幼児用の「アリババと40人の盗賊」を読むように頼まれました。いくら、あのアラビアンナイトとはいえ、幼児向けですから、そんなにおかしな話にはならないだろうなと油断していたのです。

最後の方で、40人の盗賊たちが、甕の中に隠れて、アリババの家に入り込みますよね。アラビアンナイトの原作ですと、アリババ達は、甕に入っている盗賊の上から、煮えたぎった熱い油をかけて、皆殺しにします。幼児向けの本だから、まさかそんなことはしないだろうと思っていたら、この部分は原作の通りだったのです。

しょうがないので、「熱いお湯をかけて火傷をさせて、悪い盗賊をやっつけました。」と、適当に直して読んじゃいました！

（2011年10月16日　第63号）

弁護士の父より息子への手紙

30年近く前のベストセラーに、「ビジネスマンの父より息子への30通の手紙」という本がありますよね。カナダの実業家が息子に書いた手紙を、城山三郎が翻訳したもので、現在でも売れ続けています。

実業家のお父さんが、息子が大学に入るときから、自分の後を継いで会社を経営するまでの間、折に触れて30通もの手紙を書いたわけです。

名門大学に合格したが、気後れしている息子を励ます手紙に始まり、ちょっと過保護ではないかと思うくらい、手紙を使って息子にアドバイスしていくんです。

部下と衝突したときどうするか、事業を拡大する上で注意することは何かなんていうものから、息子の金銭感覚はどうなっているのかというお叱りや、銀行融資を取り付ける方法というノウハウ、更には、結婚を気軽に考えないでなんて言うアドバイスまで、まさに痒い所に手が届くような忠告集です。

「もし君の結婚の投資が非常に適切であれば、君は瞬く間に高みに引き上げられるだろう。」

「そして最終的に身を固める前に、『より良い』投資物件を見落としていないことをよく確認するように。」なんて感じです。こんな舅の居るところに、うちの娘は嫁にやれん、という気になっちゃいます。

更にこのお父さん、変に教養が有るんです。単に、「人間は信用が大切だよ。」と言えば済むところ、「アユブ・カーンも言っている。『信用は細い糸のようなもので、ひとたび切れると継ぐことは不可能に近い』」なんて言うんです。私が息子なら、「わざわざアユブ・カーンなんて出すなよ！」と、突っ込みを入れたくなっちゃいます。

色々と、ひねくれたことを書きましたが、父親が自分の知恵や経験を息子に伝えるということは、本当に素晴らしいことです。とても羨ましいですね。

そんなわけで、私も自分の息子に、これから生きていくうえで大切なことを、手紙にしたいと思ったのでした。将来、仮に息子がリストラにあったとします。そうしたら、こんな手紙を書きたいですね。

「会社も、好き好んで君を辞めさせたわけではない。今の経済状況の下、やむを得なかったのだ。君が本当に会社にとって必要な人間なら、会社は君を手離さなかったはずだ。君が本当に有能なら、どこの会社でも採用してくれるだろう。君が、どの会社にも採用して貰えないような人間なら、今までそんな君に給料を支払っていた会社に、心から感謝しなさい。君が今やるべきことは、不当解雇で会社を訴えることではなく、自分自身の実力をつけることだ。裁判などしていては、一生自分自身の力を付けることはできなくなるぞ。」

これは私の本心です。息子には、是非ともこう言いたいと思います。しかし、仮に法律相談で、リストラされた従業員から相談を受けたとしたら、弁護士として、これとは全く違うことを言うでしょう。

「会社が整理解雇の４要件を満たしているか、大いに疑問が有ります。簡単に解雇は認められませんよ。労働者の権利として、争えます。」

自分が息子に本当に伝えたいことと、弁護士として他人にアドバイスすることがこんなに違うとは、弁護士というのは因果な商売だなと思ったのでした。

弁護士より一言

「ビジネスマンの父より息子への30通の手紙」を私が最初に読んだのは、大学生のころでしょうか。

当時は、「くどいなあ。よくもまあこんなに細かいことまでしつこく書けるなあ。」なんて思いながら読んだものです。ところが、今回読み返してみると、それほどくどいとは思えなくなっていたのです。

以前は、説教される息子の立場で読んだのに対し、今回は説教する父親の立場で読んだのが、大きな違いではないかと思います。

もうあと10年もして、現在6歳の息子に対して、一言説教してやろうかと思いながら読んだなら、「まだまだ生ぬるい。もっともっと言わなくては！」なんて思うのかもしれませんね。

引き続き、コメントを楽しみにしております。

（2011年11月1日　第64号）

島田八段の投了

島田八段というのは、「3月のライオン」という漫画に出てくる、将棋のプロ棋士です。この漫画の主人公は、幼いときに家族をなくした17歳のプロ棋士、桐山零君です。

亡父の親友だったプロ棋士に引き取られた零君は、新しいお父さんに気に入られようと、どんどん将棋が強くなっていきます。その甲斐あって、中学生にしてプロ棋士になったのですが、零君よりはるかに将棋の才能が無かった実子たちとの関係が悪くなります。悩み、一人暮らしを始めた零君が、色々な人との出会いを通して成長していく話ですね。（おまえは漫画しか読まないのか！と言われそうですが、面白いので推薦しておきます。）

零君が将棋の研究会でお世話になっているプロ棋士が島田八段です。この人自身とても強い棋士で、だからこそタイトル戦の7番勝負を戦うことになったんです。ところが、対戦相手である宗谷名人というのが、めちゃくちゃ強い人なんです。島田八段の言葉を借りると、こんな感じです。

「宗谷は鳥に似ている。鷺とか鶴とか、白くてでっかいヤツ。」「宗谷見てると、自分はカメか地を這う虫な気がしてくる。」「だから差は縮まらない。どこまで行っても。」「しかし、縮まらないからと言って、それが、オレが進まない理由にはならん。」「抜けないことが明らかだからって、オレが努力しなくていいってことにはならない。」 宗谷名人も凄いけど、島田八段もカッコ良いでしょう！

やっとのことで、宗谷名人に挑戦したタイトル戦7番勝負ですが、島田八段は3連敗して、後がなくなります。迎えた第4局も、良いところなく、一方的に負かされそうに見えます。別室で検討しているプロ棋士達がさじを投げる中、主人公の零君だけは、何かうまい手が有るはずだと考え続け、ついに逆転の一手を見つけます。ところが、島田八段は、その手に気づかずに、投了してしまうのです。

投了直後、逆転の一手を示しながら、宗谷名人がぽつりと言います。「君は僕を信用し過ぎだ。」

これは漫画の話しですが、実際にプロの対局でも、実は勝っていることに気づかずに投了したなんてあるんですね。それじゃ、逆転の一手というのは、そんなに難しい手なのかというと、必ずしもそうではないのです。

「この場面で、起死回生の一手が有りますから、考えてみて下さい。」という形で問題を出されたら、私でも見つけられるかもしれません。プロ棋士なら、一瞬で答えが分かるはずです。

そう考えますと、将棋で勝つために必要なのは、将棋が強いことに加えて、常に、今現在の場面で、素晴らしい手が有るんだと「知っている」こと、それだけの強い信念を持ち続けることではないか！と思えてきます。

こういう信念が必要なのは、プロ棋士だけではありません。あらゆる仕事においてそうでしょう。スポーツでも、「人間が100メートルを10秒未満で走ることができるんだ」とひとたび知ったならば、次から次へと、10秒未満で走る人が現れてきますね。

弁護士の仕事でも、間違いなくそういうことはあります。訴訟の場面でも交渉の場面でも、今この場面で、お客様の為になる素晴らしい手段が絶対に何かあるのだと「知る」能力、それだけの強い信念を、何とか持ち続けていきたいものです。

弁護士より一言

色々と偉そうなことを書きましたが、私は昔から諦めが早かったのです。将棋を指していても、少し悪くなっただけで、やる気がなくなるんですね。

職団戦という、職場の人たちがチームを作って参加する、アマチュア最大の将棋大会があります。私も弁護士チームの一員で、次の日曜日に参加してきます。どんなに負けそうになっても、絶対に勝てるという信念で、最後まで頑張りたいと思います！

（なんか負けることを前提に書いてるみたいですが。）

（2011年11月16日　第65号）

ガラスの仮面の採用試験

「ガラスの仮面」は、私の愛読する少女漫画です。演劇界のスターを目指す、天才少女の話しですね。

主人公の北島マヤは、母子家庭で育った少女で、容姿もパッとしないんですが、まさに演劇の天才なんですね。演じる人に成りきることができるんです。

「奇跡の人」の舞台で、ヘレン役をオーディションで選ぶことになりました。あの、目が見えず耳も聞こえない、だから話すことも出来ない、三重苦のヘレン・ケラーですね。北島マヤは、ライバルたちと競って、最終予選まで行くんです。

予選が終わり、皆で控室に戻ったときに、試験官から、「ここで、ヘレン・ケラーとして待っていてください。」と言われるわけです。当然のことですがほとんどの人が、ヘレンとして待つということの意味が、全く分からないんです。

ところが、暫くすると、火災報知機のベルが鳴ります。皆びっくりして立ち上がり、逃げ出そうとするわけです。ところが北島マヤは、ベルが鳴ってもピクリともしない。その後、皆がざわつきだした気配を感じて、初めて不安そうにするわけです。耳の聞こえないヘレンならば、ベルが鳴っても反応してはいけないというわけです！

ガラスの仮面にあまりに感動しましたので、うちの事務所の弁護士採用試験でも、マネすることにしたのです。（く、くだらない!!）

応募してきた人達に、実務で問題になるような法律問題を出します。そのときに、「お客様に回答するつもりで答えてください。」と注文を付けるんです。

これに対する大多数の方の対応は、会社宛の報告書の体裁だけを整えてくるというものです。「○○○株式会社　総務部　御中」だなんて、書いてきます。「拝啓　貴社ますますご清栄のことと……」なんて挨拶文も付けたりして、変なところで芸が細かいのです！　しかし、こちらの期待しているのとは、少し違うんですね。

お客様への回答ですから、まずはその日のうちに、「いついつまでに回答します。」と連絡して来ることが必要です。ところが、この程度のことが、出来ない人が多数派です。酷い人になると、一月くらい経ってから、いきなり回答を送って来ます。そのころには、お客さん居なくなってますよ！

それで、肝心の回答なんですが、ほとんどの人が司法試験の論文みたいなものを送ってくるのです。まさに、法律家の観点から物事を見て、法律家の立場で回答を書いてくるわけです。

しかし、一般のお客様にとっては、法律上の論点なんか、どうでも良いことなんです。企業の立場から、人・モノ・金がどのように動くのか、どのようなリスクが有るのかといった点に関心が有ります。

お客様の立場から問題を考えて、お客様が気にする問題点に関して、法律家として適切な助言をして欲しいというのが問題の趣旨なんですね。

「みんな出来が悪いな。北島マヤを見習わないといけないな。」なんて妻に言ったら、「自分の昔のことを考えてみたら、そんなこと言えないでしょう！」と注意されてしまいました。ううう……

弁護士より一言

小学校４年生の次女は食いしん坊です。

いつもはボーッとしてるくせに、食べ物の話しになると、眼光鋭く、人が変わったようになります。頭も口もよく回るようになるのです。

先日、家族旅行の際、何を食べようかと妻と相談していたんですね。

そうしますと次女が、「私はあの店のこれが良い、あれは嫌だ！」と非常にうるさい。

そこで、「パパとママが食べたいものを食べるの！　子供はお・ま・け！　決められたものを、一緒に食べればいいの！」と言ったんです。

すると、娘がすかさず言い返してきました。

「それじゃあ、何のために生んだの？」

そ、そこまで言う問題ですか!?

（２０１１年12月1日　第66号）

カフェ丸玉の契約書

「丸玉」というのは、弁護士なら誰でも知っている、有名なカフェです。昭和８年頃の話しだそうです。

大阪のカフェ「丸玉」の女給さんに熱を上げたお客さんが、当時のお金で４００円をあげるなんて、約束をしたんですね。今のお金なら１００万円くらいでしょうか？　まあ、色々と下心があったんでしょう。

女給さんの方も、しっかりした人みたいで、単なる口約束で終わらせないで、契約書まで書いて貰ったようです。ところが、お客さんの方が何時まで経っても払わないので、女給さんが裁判を起こしたんです。

裁判の方は、1審も2審も、お客さんが負けたんです。お金を支払えということですね。

それでも諦めずに、男の方は、当時の最高裁判所まで争いました。そうしたところ、結論がひっくり返って、男の方が勝ってしまったわけです。お酒の場で、女給さんの気を引くための約束など本気の契約とは認められないから、たとえ契約書を作ってもダメだよ、ということでした。

まあ、結論自体はどっちもありそうです。「そこまで請求して来るなんてしつこいなあ。いい加減諦めろよ！」という気もする一方、「契約まで作ったんだから男の方も諦めて払えよ」という気もします。

ただ、法律を勉強する人間は、こういう裁判例を通じて、どんなときに裁判所が請求を認めてくれるのかといったことを学ぶわけです。契約書にしろ、作ればよいというわけではなくて、最終的に裁判所に認めてもらうようなものでなくてはいけないということですね。こういった、「裁判所に認めてもらってナンボ」という考え方は、弁護士に強く認められます。

かつて、他の弁護士が契約書のチェックをした内容をみたら、「この内容は裁判所では認められないから削除する」なんてコメントがありました。

しかし、こういう考えは、社会の常識、企業の常識とずれているのではと思うのです。営業の本には、お客さんと契約するときには、何時でも解約自由な「仮契約」でよいので、契約しなさいなんて書いてあります。本契約までいかないと、裁判上の請求権は認められません。仮契約としての意味など無いじゃないかと、弁護士的な思考では考えてしまいます。

ところが、営業的には、仮契約は非常に意味があるんですね。仮契約が有るときと無いときとでは、最終的な本契約に至る件数が、倍以上違うんだそうです。

カフェ丸玉の女給さんの場合も、契約書まで作っておきながら役に立たなかったわけですが、だからって契約書がムダってわけではないのです。契約書まで作った以上は、まあしょうがないから約束を守るかという人は、相当数いるはずです。10人と同じ約束をした場合、契約書がなければ2人しかお金をくれなかったところ、契約書があったお陰で、4人はくれることになったかもしれないのです。

それなのに、裁判では認められないというだけで、契約書の効果を正しく理解していないとしたら大問題です。仮に現在、丸玉の女給さんが弁護士に相談したら、「そんな契約は意味がないから止めなさい！」なんてアドバイスを受けそうで、心配ですね。

基本的に、弁護士の契約書に関する見解は、裁判所の方ばかり見ているように思えます。私は、契約書というのが、現実的に社会の中で果たす役割について、「企業の常識」の立場から、アドバイスできる弁護士を目指したいと思うのでした。

弁護士より一言

6歳の息子は、指相撲が大好きです。パパと勝負しようとうるさいのです。

始めは負けてあげていたのですが、途中から私が勝つことにしたんですね。息子は口惜しがりまして、「パパ、それじゃ頭使ってやっていい？」なんて聞いてきました。勿論良いよと答えたところ、頭を指のところにグリグリ押しつけて来たんです。

もう少し違った頭の使い方を覚えて欲しいものだと思ったのでした。

1年間のご愛読、有難うございました。
みなさま良いお年を！

（2011年12月16日　第67号）

弁護士の独楽吟

明けましておめでとうございます。
今年もよろしくお願い致します。
今回は、本年最初のニュースレターですから、あたりさわりなく、おめでたい内容に致します！
「独楽吟」（どくらくぎん）というのは、幕末の歌人、橘曙覧（たちばな　あけみ）の代表作です。「楽しみは」という出だしで始まる歌を、一冊の本にまとめたものです。日常生活の中での小さな楽しみをみつけて、歌にしたんですね。

かつて、クリントン大統領が来日したとき、一首を引用してスピーチしたことでも有名です。そのときの歌はこれです。

楽しみは　朝おきいでて　昨日まで
無かりし花の　咲ける見るとき

昨日より何か一つ進歩したのを感じるのは、本当に楽しいものです。

こういう前向きな歌だけではなく、独楽吟には、もっと人間味あふれたものもあります。

楽しみは　嫌なる人の　来たりしが
長くもおらで　帰りけるとき

こういう気持ちは、よく分かります!!

さらに、橘曙覧の知識人としての真骨頂を示すものとして、こんな歌もあります。

楽しみは　人も訪いこず　事もなく
心をいれて　書を見るとき

ここのところ、仕事の本以外はマンガしか読まない私には、どうも耳が痛い歌です。

しかし、いかに知識人とはいえ、お金がなければ生活できません。そこで、こんな歌もあるのです。

楽しみは　銭なくなりて　侘びおるに
人の来たりて　銭くれしとき

正直なのは良いかもしれませんが、どうにも情けない。まあ、こういった歌も、独楽吟の魅力ですか!

そんなわけで、私も「弁護士の独楽吟」ということで、弁護士生活の楽しみを歌にしてみることにしました。

楽しみは　ニュースレターを　送りしに
とても楽しと　コメントあるとき

下らない内容のニュースレターですが、「面白かった！」とコメントを貰えると、本当に嬉しく、励みになります。本年も宜しくお願い致します!!

楽しみは　仕事なくなり　詫びおるに
お客来たりて　依頼あるとき

なんて、冗談ですよ。もっとも、5年ほど前の独立開業当時には、本当にこんなこともありました。お客様には心から感謝しております。

しかし、弁護士としての一番の楽しみと言ったら、何といってもこれだと思います！

楽しみは　悩み苦しみ　来た人の
笑顔になりて　帰りけるとき

うちの事務所にいらしたときには、本当に憔悴しきった顔をしているお客様は沢山います。そういう方たちが、帰るときに笑顔で、「お陰さまで本当に気が楽になりました。」と言ってくれる。これこそ、弁護士として一番の楽しみです。

そんな活動を、今年も続けていきたいものです！

弁護士より一言

私が子供のときは、トリのモモを焼いたのが、大変なご馳走でした。

クリスマスなど、特別のときに食べるのが、本当に楽しみでした。

楽しみは　まれに魚煮て　子ら皆が
うましうましと　言いて喰うとき

橘曙覧は、滅多に魚も食べられなかったようですがたまに食べるご馳走の美味しさは、よく分かります。うちの3人の子供達はすっかり贅沢になり、なかなか「うましうまし」と言いませんが……

楽しみは　三人のこども　すくすくと
大きくなれる　姿みるとき

私自身3人の子を持つ親として、橘曙覧のこの歌には一番共感したのです！

（２０１２年１月１日　第68号）

島の弁護士・大陸の弁護士

本川達雄という生物学の先生が書いた、「ゾウの時間　ネズミの時間」という本が、中公新書から出ています。もう20年近く前に出版された本ですが、いまだに売れ続けています。刺激に満ちた、とても面白い本なんですね。

身体の大きなゾウは、数十年生きます。一方、ネズミの寿命は、2、3年です。ところが、ゾウもネズミも、一生の間に心臓が打つ回数は20億回で、呼吸の回数は3億回と決まっているんだそうです。これは、どの動物でもみんな同じです。次に動物たちの動きを考えますと、ネズミのように身体の小さい動物は、ちょこまかとせわしなく動いていますよね。一方、ゾウのように大きな動物は、動作もゆっくりしています。

つまり、全ての動物は、主観的には同じだけの長さを生きているのではというわけです。生物学についての、とても刺激的な内容が書かれているのです。

この本の中に、「島の規則」という、とても面白い話が載っています。大陸にいる動物は、大きいものはどんどん大きくなる一方、小さい動物はどんどん小さくなっていくそうです。それに対して、孤立された島にいる動物の場合、ゾウは小型化する一方、ネズミなど小さな動物は、大きくなっていくんだそうです。

大陸では、多くの動物がいて生存競争が厳しいのです。従って、大きい動物は強くなるために、無理をしてでも、更に大きくなっていく。小さい動物は、逃げ回るのに便利なように、無理をしてでも小さくなっていくわけです。一方島の中では、生存競争がそれほど厳しくないので、みんな無理をして身体のサイズを大きくしたり、小さくしたりする必要が無いわけです。そこで、どの動物も中くらいのサイズになります。

　これは生物学の話しですが、著者によりますと、人間についても、「島の規則」は当てはまるのではということです。日本の強みは、均質勤勉な人材にあるなんて、昔から言われていましたよね。これに対して、アメリカなどでは、優秀な人は本当に凄い一方、日本の基準では考えられないような、やる気のない非能率な人も沢山います。私自身アメリカで3年ほど生活していましたから、確かにこういうことはあるのかなと感じています。

　というところで、ハッと気が付いたわけです。「島の規則」は、弁護士についても当てはまるんですね。

　アメリカでは、弁護士になるための試験が日本ほど難しくないですし、実際問題として日本の数十倍の弁護士がいます。私自身の経験でも、本当に凄い弁護士もいる一方、かなりひどい弁護士もいるのです。

　これに対して日本の場合は、弁護士の数が制限されてきました。日本の弁護士業界というのは、小さい孤立した「島」の状態が長く続いたわけです。

　そんな状態のもと日本では、「島の規則」の適用によって、良かれ悪しかれ、中くらいの粒の揃った弁護士が多数生息！していたように感じます。

　現在、弁護士の数が急激に増加する中で、これまでの「島」の状況だった弁護士の世界も、厳しい生存競争にさらされる「大陸」の状況へと変化してきています。こうした中で、能力的にも道徳的にも問題のある弁護士が多数出てくることを懸念する声も聞こえてきます。確かにそういう心配もあるでしょう。

　しかし、私としては、「大陸」化した弁護士業界の中から、これまでの枠を打ち破る、傑出した弁護士が出て来ることに期待したいなと思うのでした。

弁護士より一言

昨年のクリスマスにも、サンタクロースが来てくれました。6歳の息子には、ゴーカイジャーのロボットとレンジャーキー（分かりますか?）、さらには数字の勉強の本までくれたんです。

「いいなあ。サンタさん、パパには何もくれなかったよ。」と、貰ったおもちゃで、夢中になって遊んでいる息子に言ったんですね。息子は真剣な顔をして、パパの話しを聞いてくれました。そして、勉強の本を差し出して言ったのです。

「パパ、かわいそう。パパにはこのホンをあげるよ。」

こらっ！　こらっ!!

（2012年1月16日　第69号）

サルの正義と弁護士の正義（1）

評論家の呉智英に、「サルの正義」という、とても面白い評論集があります。既に20年以上前の本ですが、いまでも全く古びていないんですね。

題名の「サルの正義」というのは、中国の「朝三暮四」の話からきています。サルの好きな人がいて、沢山のサルを飼っていました。ところが、サルの餌代が大変になってきたわけです。そこで、サルたちに向かって、「餌の木の実をこれからは、朝に3個、夕方に4個あげよう。」と提案したんです。そうしますと、サルたちは歯をむき出して怒りだしたそうです。

そこで次に、「よし分かった。それならば、これからは木の実を、朝に4個、夕方に3個あげよう。」と話したところ、サルたちは涙を流して喜んだというお話しです。

朝3個・夕方4個でも、朝4個・夕方3個でも、一日に貰える木の実の数は同じです。実質的には同じことなのに、あるときは怒りに身を震わせ、あるときは泣いて感激する。ものが分からない人のたとえですね。

著者の呉智英によりますと、世の中には、このサルのような人たちが溢れているというんです。

たとえば、「氷が溶けると何になるか?」という問題を出された小学生の話しが有りますよね? 多くの子供が「水になる」と答えるなかで、「春になる」と回答した子供がいたという話しです。

これが試験問題だとしたら、「水になる」が正解で、「春になる」は不正解となります。当たり前のことですね。

ところが、これについて新聞の社説などで、「春になる」を不正解とするのはおかしい等と取り上げられたわけです。これは、左の朝日新聞でも、右の産経新聞でも、全く同じように取り上げられたというんです。「氷が溶けると春になる」と答えるのは、常識的な考えに囚われない、自由な発想だというわけですね。

ところが、入試の時期になると、多くの新聞は、手のひらを返したように、「入学試験にクイズのような難問奇問を出すことはおかしい。基礎学力をしっかり問うような問題をだすように。」などと書くんです。

呉先生はこういう新聞のありように、大変お怒りです。氷が溶けると「水になる」と回答するのが、基礎学力ではないのか。「春になる」というのは、クイズのような難問奇問どころか、クイズそのものではないか!ということです。

実体は同じことなのに、クイズのような回答を、あるときは「自由な発想だ!」といって持ち上げ、また別のときは「難問奇問だ!」と言って攻撃する。これはまさに、典型的なサルの正義だというわけです。

ここまでは良いのですが、呉先生はさらに「サルの正義」の例として、賃貸住宅の礼金の問題を取り上げています。言うまでもなく、礼金というのは、入居にあたり賃借人が家主に「お礼」として支払うお金ですね。なんで借りる方が家主に対して「お礼」をしなくてはいけないのか、そんなのおかしいじゃないかというのが、新聞の論調だったわけです。

呉先生によりますと、こういう論調は、典型的な「サルの正義」なんだそうです。「礼金」がダメなら、「一時金」なら良いのか？　礼金分だけ毎月の家賃に上乗せしたら許されるのか、というわけです。

一方、「礼金」や「更新料」がおかしいというのは、多くの弁護士の主張する「正義」でもあるようです。その辺のところを、次回検討してみたいと思います。

弁護士より一言

小学校5年生の長女は歴史の勉強をしています。これがかなり難しいんですね。私の知らないことが、一杯出ています。質問されても答えられないことが何度かあり、パパに対する娘の信頼が揺らいでいたようです。

先日娘から、「パパは、ハラタカシって、知ってる？」と聞かれました。さすがに「原敬」くらい知っていると答えると、娘は言ったのです。

「パパって、意外と古いんだね！」

あ、アホか！　パパは中大兄皇子や源頼朝だって知ってるんだぞ!!

（2012年2月1日　第70号）

サルの正義と弁護士の正義（2）

前回は、朝三暮四のサルの正義が、実は多くの弁護士の正義でもあるのだということで終わりました。

例えば賃貸借契約の場合の「礼金」や「更新料」の問題です。賃貸借契約を結んで借りる場合、私などは、最終的に全部で幾ら払うのかだけが大切だと思うわけです。全体の金額が同じなら、その内訳が、「全て家賃」であろうとも、「一部が家賃で一部が礼金や更新料」ということになっていようと、結局は同じことではないかと思えるわけです。サルの正義の呉智英先生も同じ意見なわけですね。ところが、多くの弁護士の考えは違うのです。

どういうことかと言いますと、家賃だけで7万円を取るのは許されるが、家賃5万円プラス更新料2万円で合計7万円にするのは許せない、という意見が多数派のように思えます。

同じような問題は、労働者の賃金でも起こります。私など、詰まるところ、自分がどれだけ働けば、結果としてどれだけ貰えるのかさえ明確なら、それで良いのではないかと思ってしまいます。しかし、そういう意見は弁護士界では超少数派です。さらに、法律違反でさえあるんですね。

少し前までは、例えば銀行など、残業代を払わないのが当然でした。もともと給料を沢山もらっているんだから、それ以上残業代など必要ないだろうという共通認識が有ったはずです。これだけの仕事に対して、結局これだけもらえるのだから、それに納得していた以上、ぐずぐず言うのはおかしいという考えでしょう。

しかし、こういうのは法律違反ですね。残業をさせている以上、どんなに元の給料が高かろうと、やはり残業代は必要だというのが法律です。最近では、これまで請求しなかった残業代を請求して、裁判にまでなるケースが増えてきています。

そうしますと、基本給として30万円支払うだけで、残業代は支払わない場合は、法律違反として怒られるわけです。一方、基本給は最低賃金なみの15万円とする一方で、残業代として15万円支払っていることにすれば、法律を守り、残業代を気前よく支払っていると、感激して貰えます。

どちらにしても、同一の労働への対価として、30万円を支払うことには変わりはありません。「一方に対しては歯をむき出して怒るくせに、他方に対しては泣いて感激する理由は何なんだよ！」と、私などはどうしても皮肉に見てしまうのです。まさに、「弁護士の正義」、さらには「法律の正義」というのは、「サルの正義」ではないかと感じてしまうんですね。

しかし、こんな風に法律を批判的に見るのは、法律実務家として正しくないのでしょう。考えてみますと、これは正にリスク管理の問題だと思うのです。

木の実を朝に3つ、暮に4つあげる場合はリスクがある一方、朝に4つ、暮3つにしたらリスクが減少するのならば、そうするようにアドバイスするのが、正しい法律家のあり方ですね。

賃貸借や労働問題に限らず、法律実務にはこのような、「朝三暮四」の問題は沢山あります。法律は「サルの正義」だなんて悪口を言っていないで、リスク軽減に努める弁護士を目指したいと思うのです。

弁護士より一言

年長クラスに通っている息子が、幼稚園でお芝居をすることになりました。「長靴をはいた猫」をやるんだそうです。何の役をするのかと聞いてみたら、3人のお友達と一緒に、魔法使いの鬼の役をするんだと張り切っていました。だまされてネズミに化けたところを、猫に食べられてしまう、あの鬼ですね。がおーがおーと家でも練習していたんですね。ところが、先日幼稚園から帰ってくると、どうも元気が有りません。

「鬼の役なのに、なぜかネズミのお面をかぶせられたの。」

息子よ、がっかりするな。パパだって、馬の脚くらいしかやらせてもらえなかったのだよと、心の中で励ましたのでした。

引き続きコメントを楽しみにしております。

（2012年2月16日　第71号）

弁護士の育児百科

10年と少し前に子供が生まれたとき、妻の姉が、松田道雄先生の書かれた「育児の百科」という本をくれました。この本は、ほぼ私の生まれた頃に書かれた本なのですが、とても役に立ちました。何より、松田先生はアクが強くて、とても面白いのです。

単に病気についての解説をするのではなく、実例をあげながら説明します。それが物語調で、変なところまでリアリティーを持って詳しく描写されています。実例の中に、母親は勿論、姑や近所の人たちまで登場するんですね。そして、そこに登場するお医者さんは、大体のところ藪医者に描かれています。

たとえば、「突発性発疹」を説明するのはこんな調子です。生まれて6カ月くらいで、高熱がでます。そうしますと、親はあわててお医者さんに連れて行きますよね。それに対して医者は、「かぜです」とか「ねびえでしょう」とか言います。大したことないというわけです。

ところが、その晩になるとさらに熱も出て、ミルクも吐いてしまう。そこで、翌日再び医者に行くと、今度は抗生物質をだしてくれる。しかし、抗生物質を与えても効果が無いと、医者はその度胸！によっていろいろに反応するそうです。「とっておきの薬を出します。」と言ったり「何の熱ですかなあ、もうさがるはずだけれど。」と頭をかいたりするんですね。

どうも、既存のお医者様に対して、悪意があるのではと思わせる描写です。ちなみに、「突発性発疹」は、時期が来れば自然になおるので、特別の薬を必要としないんだそうです。

こういった病気のことに加えて、子育て中に生じる心配事についても、いろいろとアドバイスがあります。例えば赤ちゃんも8～9カ月ごろになって、活発に動くようになると、椅子から落ちたりしますよね。

うちでも何回かありました。

松田先生は、このような事態についても、心強いアドバイスを下さいますが、これがまた、何ともおかしい。

赤ちゃんが「ツイラクを経験せずに育つということは、まずない。ツイラクして頭を打ってバカになるのだったら、人類の文明は存在しないだろう。」なんて感じです。ぶ、文明ですか！

松田先生の御本については、かなり批判もあるようです。医学的には不正確なことが書いてあるといった批評も読んだことがあります。既に50年近く前の本だということも合わせて考えますと、恐らくそういうことはあるのでしょうね。さらに、ああいった書き方をすれば、作らなくてもよい敵を作りそうです。

一方、弁護士や学者といった専門家が書いた、素人向けの法律の本を読んだときに、私は違った意味での不満を感じます。こういう本は、ほとんど間違ったことは書いてありません。しかしながら、松田先生の本のように、楽しく読むことができないのです。うがった見方をすると、素人の為に書いているというよりも、専門家から攻撃を受けないことを気にしながら書いているようにも思えるのです。

いずれ私も松田先生のように、アクが強いけれども面白い、素人向けの法律書を書きたいものです。

弁護士より一言

松田先生の尻馬に乗るわけではありませんが、小児科のお医者さんには、かなり問題のある人もいます。

息子が1歳のときに、具合が悪くなったので、近所の小児科医に連れて行ったのですが、「大したことない。」の一点張りです。

容態が日ごとに悪くなる中、数日間その医者に連れて行ったのですが、点滴も打ってくれない。そこで、違うお医者さんのところに行ったら、即日入院となりました。脱水によって尿管に石が詰まり、一時は命も危なくなってしまったのです。

ところが、問題の小児科は、早朝や休日診療など、営業努力は色々やっているのです。本業の能力が無い人が、営業に力を入れると、社会に害悪を振りまきそうですね。

私自身弁護士として、そんなことを言われないように研鑽していきたいものです。

（2012年3月1日　第72号）

弁護士の通信簿

実家に行って、私の小学校6年間の通信簿を貰ってきました。眺めていると、色々思うところがあります。

学級の係りの欄に、「ミルク係として、よく学級の為に責任をもってやりました。」なんて、書いてありました。ミルク係って、一体何をしていたんでしょう？

勉強のところには、「読解力等すばらしく、読書量もかなり増してきている。」「作文も、わかりやすく文章を書くことができます。」なんてコメントがあります。作文の能力を生かして、今こうしてニュースレターを書いているのだなと、感無量です。

性格としては、「気が良いので、誰からも好かれている。」なんてありました。やっぱり、私は昔から人柄が良かったんですね。（おいおい）

もっとも、「朗らかにみんなとやってきたが、冗談が度を過ぎることもあった。言葉には注意して頑張っていこう。」「クラスを楽しい雰囲気にするのは良いが、時と場合をもう少し考えてからにしよう。」なんていうのもあったのです。軽率で一言多いのは、昔から変わらないようです。ううう。

さらに、多くの欠点が指摘されています。「机の周りには、いつもゴミがちらばっていた。」「ノートの使い方が乱雑になり易いので、これを直しましょう。」などという欠点は、いまだに改善されていません。

極めつけはこれですね。「あらゆる面で、することが早いのは良いが、深まりがないような気がする。」私は昔から何でも早くやらないと気が済まないタイプなのですが、その分うっかりミスが多いのです。（なんだか、顧問先が減りそうで心配です！）

小学生のころ、通信簿を貰ったときには、「こんな評価は間違っている！」なんて思ったことを覚えています。でも、今から振り返ってみますと、驚くほど正確に、私のことを評価していたんだなと感じたわけです。（更に、長所も欠点も、今と同じだなと、変に感慨にふけってしまいました。）

といったところで、仮に国民の皆さんが弁護士に、5段階評価で通信簿を付けるとしたら、どんなふうになるのかを考えてみました。私自身が弁護士になる前に感じたことや、弁護士以外の人と話した結果から推測してみたんですね。

一般的に、法律についての専門職としてみたときには、それなりの評価が貰えるのではないかと感じています。例えば、「法的知識　5」「交渉力　4」なんて感じでしょうか。その一方、サービス業としての評価は、相当低いような気がします。「アクセスしやすさ　2」「相談しやすさ　2」「顧客満足　1」といった感じではと思うのですが、どんなものでしょう？

多くの弁護士は、このような評価を心外に感じるかもしれません。自分達が正しく理解されていないというわけです。しかし、他人のする評価は基本的に正しいのだということを知るべきですね。

一方、このような評価を認める場合でも、そもそも「顧客満足」や「アクセスしやすさ」なんて科目！は、どうでもよいと思っている弁護士も多数いそうです。私も小学生のころ、音楽で悪い点数をとっても、全く気にしませんでした。それと同じかも知れません。

しかし、これからの弁護士は、それではやっていけないでしょう。弁護士も、社会からの厳しい評価の通信簿を、真剣に受け止めるときが来ているのではと感じているのです。

弁護士より一言

小学校5年生と4年生の娘たちが、げらげら笑いながらやってきて、「ママとパパの5段階通信簿をつけたよ！」と言うのです。

「おしゃれのセンス　ママ5　パパ1」

まあ、そんなもんですかね。

「ユーモア　ママ2　パパ5」

なんで私が2なのと、妻は不満げです。

「落ち着き　ママ2　パパ　5」　この評価、ママはいつもパタパタお掃除やお料理をしてるけど、パパはパソコンしてるか、寝転がって本を読んでるからだそうです。これって、誉められたのかなぁ？

このニュースレターも、お陰さまで3年間続けることができました。

引き続きよろしくお願い致します。

（2012年3月16日　第73号）

マスコミと弁護士

だいぶ前に読んだアメリカの小説で、こんなのがありました。治安の大変悪い町での話しですね。

その町の浮浪者が、何かの拍子で大金を手に入れたわけです。その話しが面白いからということで、記者がその浮浪者のことを実名入りで記事にしようとします。ところが、周りの人たちはみんな、その記者を止めるんですね。この町で、大金が手に入ったなどという記事を書いたら、その浮浪者は、あっと言う間に強盗にあうだろうというわけです。

しかし、その記者は自信満々でして、ちゃんと分かるように書くから大丈夫だよと言って、記事にしてしまうのです。見出しのところで、「誰々さんが大金を手に入れた！」などと大きく書いて、本文で大金を手に入れた経緯を説明するわけです。そして、一番最後の部分で、「ただし、誰々さんはそのお金を銀行に預けていますから、奪うことは出来ません。ご注意を！」なんて、書いたんですね。記者としては、最後の文章を読めば、その浮浪者を襲ってもお金が手に入らないことは明らかだから、全く安全だと考えたわけです。

ところが、その記事が載った新聞が発行されて数時間たたずに、その浮浪者は強盗に殺されてしまったのです。そもそも、世間一般の人たちは、新聞は見出ししか読まないんです。まして強盗をするような人が、じっくりと記事の内容を読むことなど期待する方がおかしいというわけです。

とまあ、新聞の悪口みたいなことを書いてきたのですが、実は先日、うちの事務所が弁護した事件が新聞で取り上げられたんです。見出しだけ書き移しますと、大体こんな感じですね。「死亡ひき逃げ」「はねた認識ない　無罪」「横浜地裁　糖尿低血糖で意識障害」

この記事に対して、ネット上に何千という意見がでていました。そのうち、99％の意見は、大変厳しいものがあったのです。「意識障害になるような奴が車を運転して、人を殺して無罪かよ（怒）」「この裁判長、判決のときに、意識障害だったのでは?」「弁護人の家族が轢き殺されても、文句言えないな!」（や、やめて下さい!!）

見出しだけ読むと、確かに変な判決に読めるんです。しかし、この事件の場合、轢いてしまったことについては、そもそも起訴されていないわけです。被害者が、自転車で道路を逆走のうえ、駐車トラックを避けるために道の中央に出てきたときの事故でした。車の運転手が普通に運転していても事故は避けられなかったということで、検察が起訴しなかったんですね。

裁判で争われていたのは、「被害者の救助をしないで、そのまま走り去ったことについて、意識障害なので責任を問えないのでは?」という点だけでした。この辺が理解できていれば、あれほど多くの皆さんが、怒りのコメントをすることもなかったと思うんです。

しっかりと記事を読まないでコメントする人達にも、確かに問題はあるのかもしれません。紛らわしい記事を書く新聞にも、何とかして欲しいと思います。しかし、考えてみますと私だって、ほとんどの新聞記事は見出ししか読まないんです。パッと読んで、適当にコメントしちゃってるんです! 新聞や読者を非難するのではなく、弁護士として正しい情報提供をするように、努めていきたいものです。

弁護士より一言

今月から小学校に入る下の息子が、入学前に張り切って勉強しています。その中に、「世界の国を覚えよう」なんていうのがあるんです。息子に付きあって、世界地図を見ていると、自分がいかに他の国のことを知らないかと、思い知らされます。アフリカや中南米の国等、ほとんど分からないんですね。

息子の方は、新しく覚えた国の名前を、パパに披露してくれます。

「ブラジルでしょう。韓国にアメリカ。イギリスとインドにイバラギでしょう……」

えっ、イバラギって外国だっけ!

本日から新年度です。引き続き頑張って続けて参ります。励ましのコメントを楽しみにしております。

（2012年4月1日　第74号）

文字が書ければ弁護士はできる

居酒屋の神様といわれる、宇野隆史という人がいるんです。その人の書いた、「トマトが切れれば、めし屋ができる　栓を抜ければ、飲み屋は出来る」という本があります。

宇野さんによりますと、居酒屋ほど楽な商売は無いそうです。100円のトマトをスーパーで買ってきて、冷蔵庫で冷やしてから切ってだせば、300円の人気商品になるわけですね。ビールを買って来て、冷やして栓を抜いて出すだけでいい。トマトやビールを造る人達の苦労を思えば、本当に楽な商売だということです。

居酒屋をするのに、とくに料理の修業もいらないんです。料理ではなくて、どうすれば自分を売り込めるか、どうすればお客様に楽しんでもらえるのかを、常に考えることが大切になります。一度来てくれたお客さんがまた来てくれる、次は友達を連れて来てくれる、そんな風にするための様々な取り組みが書いてあります。

小さい居酒屋の場合、来てくれた人の名前を覚えることと、店の人の名前を覚えて貰うことは、当然にやらないといけないことです。お客さんとの、強い人間関係を築いていくわけです。その為には、お客さんにアピールする機会は逃さない。

宇野さんによりますと、ビールの半額券を配るようなやり方ではだめなんだそうです。来てくれたお客さんのお酒のコップ空いたら、「オレ、この芋焼酎好きなんだよね。サービスするから飲んでみて！」と言って注いであげる。これでも結果的に半額になるわけですが、お客さんの感激度は違ってきます。

サンマを出すときは、お客さんの目の前で、バーナーで焦げ目をつけるというサービスをするんですが、そのとき片面だけ炙るわけです。「ひっくり返すときに、反対側も炙りますから、声をかけて下さいね。」と伝えておく。一回で両面焼けば手間がかからないと考えるのではなく、お客さんに自分を売り込むチャンスが二回になると考えるわけです。

居酒屋にとって当たり前のサービスを、あえて口に出して言ってみるというのもあります。「ビール、キンキンに冷やしときました！」と、口に出して言うのと言わないのとでは、お客さんが受ける印象が全く違うだろうというわけです。居酒屋で大切なのは料理ではないのです。どうやってお客様に楽しんでもらえるのかという工夫なんですね。冷えていることが明らかなビールでも、「キンキンに冷やしときました！」と口に出して言う居酒屋の姿勢を聞くと、自分はお客様に対して、どんなことでも口に出して十分に説明しているだろうかと、反省させられます。

お客様相手のサービス業として考えたとき、宇野さんの半分の配慮が出来ている弁護士など、ほとんどいないと思うんです。宇野さんが法律事務所を経営したら、法律の知識などまるでなくても、はるかに多くのお客様を引き付け、満足して貰えることに、疑問の余地はないですね。

弁護士の場合でも、「文字が書ければ弁護士はできる！」と豪語できるくらい、お客様に満足して貰えるサービスを考えていきたいものです。

弁護士より一言

この春から小学校1年生になる息子の入学式に、私も行くことにしたのです。

すると、同じ小学校の5年と6年の娘たちが、いろいろとアドバイスしてくれました。「校長先生の話しは超退屈。すっごく長くて詰まらないから、パパは絶対にアクビするよ！」なんて言うんです。

パパに対して、そんなに信頼が無いのか！と憤慨していたら、妻が口を挟んできたんですね。娘たちを注意してくれるのかなと期待していると、「パパ本当に気をつけてね。みんなの前で大アクビなんかしたら、本当に恥ずかしいから。」ううう。

ここまで言われていたんですが、入学式では思わずアクビがでてしまいました。校長先生ごめんなさい。

引き続きコメントを楽しみにしております。

（2012年4月16日　第75号）

猫の契約交渉

「猫」と言いますと、これはもう夏目漱石の「吾輩は猫である」ですね。今さら説明するのも何ですが、猫の飼い主の苦沙弥先生は筋金入りの変人なんです。

奥さんに向かって、「猫を叩いて鳴かせてみろ」なんて言います。猫が「にゃあ」と鳴くと、すかさず奥さんに質問します。「今鳴いたにゃあという声は感投詞か、副詞か何だか知っているか」　呆れた奥さんが黙っていると、大きな声で「おい」と呼びかけます。びっくりした奥さんが「はい」と答えると、「そのはいは、感投詞か、副詞か、どっちだ」

私も他人から、変な人とよく言われますが、苦沙弥先生に比べると、まだまだです！　こういう変な人ですから、先生の友達も奇人変人揃いなんですね。その中で、比較的まともな友達に、八木独仙先生がいます。私は、独仙先生が「猫」の中でしていたお地蔵さんのたとえ話が、昔から好きでした。

辻のところにお地蔵さんがいて、交通の邪魔になっているんですね。そこで、町の人たちは、何とかお地蔵さまを動かそうというわけです。「お酒や食べ物を上げるからこっちに来て下さい」といっても、お地蔵さんは動かないんです。脅して動かそうとしても効き目が無い。周りでうるさくして、我慢できずに動くようにしようとしても、お地蔵さんは平気なんです。

すると、町内の人達から頭が足りないと言われている馬鹿竹という人が、自分が動かしてやろうと言いだしたんですね。どうしたかと言いますと、直接お地蔵さんに向かって、「町内のものが動いて下さいといってるので、動いてやって下さい。」とお願いしたんです。するとお地蔵さんは、「そうか、そんなら早くそう言えばいいのに」と動き出したという話しですね。

独仙先生によりますと、とかく女性は持って回った言い方をするということです。ストレートに言えば済むところを、わざわざ小細工をしておかしくしてしまうから気をつけなさいと、お地蔵様のお話で教えてくれたわけです。これは、女性だけの話しではないですね。

実はこの話、弁護士にとっても、非常に耳が痛いのです。私にとっても、他人事じゃありません。

例えば契約交渉や示談交渉などする場合ですね。「こちらはこの条件がどうしても譲れないので、こうして貰えませんか」とは、中々言えないんです。そんなことを言うと、足元を見られるのではないかと、警戒してしまうんです。

本当は大切な条件に関して、こっちは大して気にしていないよみたいなふりをしながら、交渉を進めたりすることはよくあります。さらに、こちらにとってはどうでもよい条件を取りあえず幾つも出しておいて、それとの交換で、当方の望む条件を手に入れようなどと、まあいろいろと小細工を弄するんです。

契約交渉などある意味騙し合いみたいなところもありますから、ある程度は仕方ないところはあります。その一方、おかしな駆け引きばかりしているために、話が少しも前に進まないということもよくあるのです。変にひねらずに、ストレートに話していれば、あっという間に合意できていたなんてケースも、まれではないのです。

弁護士としても、独仙先生のお地蔵さんのお話を、頭の片隅に留めておきたいと思うのでした。

弁護士より一言

中学生のころ、「吾輩は猫である」が愛読書でした。苦沙弥先生や迷亭の教養に憧れたものです。ローマの7代目古王の話が出ると、迷亭が即座に「タークウィン・ゼ・プラウドのことでしょう。」なんていうのを読んで、教養人になるにはここまで覚えないといけないのかと、闘志を燃やしたものです！

あの頃から40年近く経ち、教養人になる夢はキッパリと諦めました。ローマ古王どころか、ローマ皇帝ですら満足に知らないままです。ただ、教養を付けようなどと馬鹿げたことを考えないだけ、昔より賢くなったのではと思っています。（中学生のころの私からは、「堕落だ！」と言われるかもしれませんが……）

引き続きコメントを楽しみにしております。

（2012年5月1日　第76号）

人生がときめく片付け弁護士

今回は、100万部のベストセラー、「人生がときめく片づけの魔法」です。著者の近藤真理恵さんは、5歳の時から「オレンジページ」などの生活情報誌を愛読していたという、変な、じゃなくて、大変な人です。中学生の時に、当時のベストセラー「捨てる技術」を読んで、片付けに開眼したんだそうです！

片付けの前提として、家の中に溢れている物を捨てる必要があります。しかし、いくら捨てても、次から次へと物が増えて行くのが通常です。私の場合も、いつの間にか本やマンガが溢れてきます。

何故こんなことになるのかと言いますと、「捨てる」一方にフォーカスすることが間違っているからだそうです。いくら捨てても、自分の周りにあるものに満足できない限り、次々に新しいものを手に入れることになります。大切なのは、「何を捨てるか」ではなくて、「何を残すか」ということになるんですね。著者によると、片付けというのは、自分の生活を見直すことだというのです。本当に好きなものに囲まれて生活するためのステップが片付けなんですね。そういう状態になれば、心も満足し、必要ない物を、次から次へと手に入れようなどとは思わなくなるんだそうです。確かにそうかもしれませんね。

そこで、自分にとって本当に大切なものかどうか、判断する必要がでてきます。この点をどうすればよいかと言いますと、物を手にとって、実際に触ってみることが重要なんだそうです。単に見ているだけでは分からないんですね。そして、触ったときに「ときめく」かどうかで、自分に必要なものかどうか判断するんだそうです。

著者によると、こうして片付けに成功すると、人生自体が変わって来ます。著者の指導を受けて、片付けに成功した人達の感動の声が、沢山載っていました。

「部屋を片付けたら、営業の仕事が沢山取れるようにな」ったなんて感想があります。オカルトっぽいと思いましたが、私も事務所の机の上を片付けたんですね。そうしたら本当に、沢山の依頼が来たんです！

「夫婦の仲がなぜか良くなりました」などというコメントも有ったので、私も自宅の本やマンガを、段ボール30箱分も処分しました。「大菩薩峠」も「富士に立つ影」も「剣客商売」も、みんな処分しちゃったんですね。もっとも、それで夫婦仲が良くなったのかは、何とも言えませんけれど……

もっとも恐ろしい声も有ります。「自分にとって何が必要で、何が必要でないかはっきりと分かるようになって、その結果、ダンナと別れ、スッキリしました」

妻が片付けを始めると、ドキッとしちゃいます！

何にしても、自分にとって本当に必要なものを見極め、不必要なものを片付けることは大切です。このことは、弁護士の仕事についても言えます。弁護士の場合、書類や資料などいくらあっても満足できず、次から次へと集めてしまうんですね。

書類の山に埋もれて、一番大切なことを見落とさない為にも、しっかりと片付けをしていきたいと思ったのでした。（しかし、どの書類に触っても、ちっともときめかないんです。ううう。）

弁護士より一言

小学生の子供達に、「部屋を片付けて！」といくら言っても、全くやらないんですね。「散らかしたのは、私じゃなくてお姉ちゃんじゃん。なんで私が片付けるのよ！」なんて、口答えして来るのです。

「たとえ自分が散らかしたんじゃなくても、元気にハイ！といってすぐにやる。これだけ出来れば、社会に出てもきっとうまくいくんだよ。」なんてお説教するんですが、全く聞いちゃいないんです。

しかし、考えてみますと、私も子供のころ、似たようなことを言われていました。その頃の私も、「自分だけ何かするなんて損じゃん！」なんて思って、いくら言われても何もしなかったのです。

「この親にしてこの子あり」だなあと、妙に納得してしまったのでした。

引き続きコメントを楽しみにしております。

（2012年5月16日　第77号）

弁護士には夢がある

かつて、マーティン・ルーサー・キング牧師は、「私には夢がある」と演説しました。私も高校生のころ、原文を暗記したものです。キング牧師の「夢」は、多くの人々の心を打ったんですね。

「私には夢がある。ジョージアの赤い丘の上で、奴隷の子孫と、奴隷所有者の子孫が、友達として同じテーブルにつく日が来るという夢が。」

「私には夢がある。私の４人の小さい子ども達が、肌の色ではなく、内なる人格で評価される国に住める日が、いつか来るという夢が。」

自分のことではなく、社会の為、多くの人達の為になることを願う「夢」には、沢山の人々が共感し、社会を動かす力が生まれるんですね。

話は変わりますが、小学6年生の娘が学校で、将来の夢を書くことになったんだそうです。娘は「まだ決まっていないから白紙で出したんだ。」と言っていました。そこで、他の子供達は、どんな「夢」を書いたのか、娘に聞いてみたんです。多くの子が書いていた「夢」は、次のようなものだったそうです。

「安定した仕事につくこと」（へっ？）

「良い大学に行くこと」（はあー）

「ラクしてお金持ちになること」（おいおい！）

なんだそりゃ、という気になりますね。

もっとも、考えてみますと、皆がそれなりに豊かになった現代では、かえって「夢」を持ちにくくなっているのかもしれません。

松下幸之助は、戦後の廃墟の中で、蛇口をひねれば水が出るように、日本中どこでも電化製品が溢れているような社会を夢見たそうです。本田宗一郎も、皆が自由にオートバイに乗れるような社会を夢見たんですね。戦後の貧しい時代でしたら、こういう「夢」は多くの人の共感を得られたんでしょう。しかし、今の時代そんな「夢」を語っても、誰も感動してくれないでしょう。

というわけで、今回は、弁護士はどのような「夢」を持ち、社会に語っているのかを考えてみます。

かつての、国家や軍部が無茶をして、個人の権利を平気で侵害していた時代でしたら、「人権が守られ、みんなが自由に暮らせる社会を作る！」というのは、多くの人の共感を得ることのできる「夢」だったと思います。しかし、今の世の中では、そのような「夢」に共感する人の方が少数派でしょうね。「人権・人権と言いながら、現実に弁護士がしていることは、悪い奴の味方をして、犯罪被害者の権利を踏みにじっているだけじゃないか！」なんて思っている国民の方が、多数派かもしれないのです。

社会の人達の共感を得られる「夢」を提示できない中、現在多くの弁護士が迷走しているように思えます。弁護士が現状で一番夢中になっている活動は、弁護士になる人数を減少させるよう、国に対して働きかけることなんです。弁護士の数が増えると、競争が厳しくなり、お客の取り合いが起こって大変だから、弁護士になる数を減らせ減らせと主張しているんですね。これでは、「ラクしてお金持ちになること」が「夢」だと言っている小学生を笑えません。

多数の人の共感を得ることができる「夢」を持つのが難しい現代社会で、弁護士としてどのような「夢」を国民のみなさんにアピールできるのかが、全ての弁護士に問われているのだと思います。

弁護士より一言

5年生の娘にも、将来の夢があるのか聞いてみました。すると、夢は3つあるんだと、元気一杯に答えてくれました。

「1つ目は、サヤエンドウ・スナックを食べること」（はぁ？）

「2つ目は、コンビニのおにぎりを100個食べること」（あ、アホか！）

「3つ目は、もっと頭が良くなること！」（……）

親として、3つ目の夢だけは、何とか実現して欲しいものだと、強く思ったのでした。

引き続きコメントを楽しみにしております。

（2012年6月1日　第78号）

雨夜の弁護士品定め

「雨夜の品定め」といえば、かの有名な「源氏物語」ですね。長雨の続く五月雨の夜に、頭中将たち3人の男性が、まだ若い光源氏君に、女性について講義してやろうという場面です。まあ、みんなして好き勝手な事を言っているんです。

「女で、これは素晴らしい、非のうちどころがない、なんて人は滅多にいないと、時が経つにつれて次第に分かってきました。」などと、女性が聞いたら腹が立つようなことを言います。

「字をすらすらと書き、臨機に歌の応答ができるくらいの女性は相当数いるかもしれませんが、真にすぐれた女性は少ない。かえって、自分の得意分野を鼻にかけて、他人の悪口をいい、貶めなどする、見苦しいことも多いのです。」などと頭中将はおっしゃいます。(私が言ったんじゃないですよ！ 念のため!!)

光源氏が「女性で、ほんのわずかな才能もない人なんているのでしょうか?」と質問すると、「そんな何一つとりえのないような女のところには、誰もだまされて近寄ったりしないから、そもそも問題外でしょう。」なんだそうです。

そして、「女で何のとりえもない、つまらないレベルも滅多にいないが、一方これは素晴らしいと思えるほどの優れた女も滅多にいない。」と、頭中将は主張します。うーん、そうなんでしょうかねえ。

もっとも、女性の評価にあたり、注意すべき点があるそうです。それは、「女が高貴な家の娘として生まれると、人々にかしずかれて生活しているわけです。すると、欠点が隠れてしまうことも多く、自然とその様子がこの上なく見えることもあるでしょう。」 まあ、こういうことは確かにありそうですね。

そこで、「中位の階級の女ならば、その心や各自それぞれの趣向も見られるので、優劣の区別が付けやすいのです。」などと、蘊蓄をたれるんです。これを聞いた光君が、中流出身の夕顔に出会い、物語は続いていくわけですね。

と、長々と源氏物語を紹介して来ましたが、この品定め、弁護士に対する評価にも、怖いほど当てはまることに気が付いたのです。

・裁判の書面をすらすら書いて、臨機に議論ができるくらいの弁護士は相当数いますが、真に優れた弁護士といえるのは、滅多にいないんです。

・自分の専門知識を鼻にかけて、他人を貶めるなど、見苦しい振る舞いの弁護士は沢山います。

・何一つ取り柄のない弁護士なら、お客さんも騙されて近寄らないでしょうが、そういう弁護士はそれほど沢山いるわけではないのです。

・大手事務所の弁護士は、多くの秘書や事務員に助けられて仕事をしているので、欠点が隠れることもあり、自然と優秀に見えることがあるのです。

・それに比べて、中規模事務所の弁護士は、その性質や能力も確認でき、優劣の区別が付けやすいといえるわけです。

もっとも頭中将によると、中流より下の階級の女性については、「格別耳にもとまりません。」と大変冷たいのです。ううう……

うちのような小規模事務所でも、皆さんの耳にとまるよう、研鑽を重ねて参ります！

弁護士より一言

光源氏といえば、日本を代表するモテ男ですね。藤壺、六条の御息所、夕顔、紫の上、末摘花、明石の君、女三宮と、私の記憶だけでも次から次へと相手の女性が出てきます。調べれば、もっともっといますよね。こんなに凄いと、我が身と引き比べて、羨ましく思う気持ちもなくなります。

ところが最近、人は誰でも人生に2回はモテ期が来ると知りました！　ほ、本当ですか!!

私の場合、これまでの人生でまだ1度もモテ期が来ていないだけに、これから2回も来るのかと思うと、思わず頬が緩んでしまうのでした!!（あほらしー）

引き続き、コメントを楽しみにしております。

（2012年6月16日　第79号）

ピント弁護士のコスト計算（1）

「ピント」というのは、1970年に販売された、フォードの小型自動車です。人が死ぬ事故を起こした欠陥車ということで、アメリカで裁判になりました。（映画にもなった有名な事件ですから、ご存知の方も多いかもしれません。）

1970年と言いますと、安い日本車がアメリカに出回り始めたころですね。そういう車に対抗するため、フォードは開発期間を一般の車の半分程度で、ピントを開発したわけです。ところが、開発が終わった後に、ピントには大変な欠陥が有ると判明したわけです。ガソリンタンクとバンパーが非常に近い上に、バンパーの強度も不足しているので、追突事故を起こすと、ガソリンに引火して、大惨事になるんですね。

フォードは、欠陥対策に掛かるコストと事故発生時に被害者に支払う賠償金額とを比較し、会社にとって一番合理的な解決策を選択することにしました。フォードの計算によると、改修費用は1億3000万ドル程度かかると計算できたんです。当時の日本円で400億円程でしょうか。これが、欠陥を直した場合のコストです。

これに対して、欠陥をそのままにしておいた場合のコストも計算できますよね。ピント車が大体何台販売できるのかは予測できます。そのうち何台程度が、衝突事故を起こすのかも、これまでの自動車事故の統計を用いれば計算可能です。それぞれの事故によって、大体何人が死亡し、何人がけがをするのかも予測の範囲内ですね。

このような計算を行ったところ、フォードの計算では、欠陥を放置することで、180名程度が死亡し、180名程度が火傷すると出たわけです。そして、被害者数に、それぞれの被害者に支払う賠償金額を掛けあせて計算すると、欠陥を直さない場合のコストは、5000万ドル程度で済むと計算できました。当時の日本円で150億円程度でしょうか。

そこで、コスト計算した結果、欠陥をそのまま放置することにしたわけです。

そんな中で、現実にピントの衝突事故がおきました。車が炎上し、運転していた男性が死亡、同乗者の13歳の少年が大火傷を負ったんですね。この事故の損害賠償の裁判は、陪審制度で行われたのですが、その中でフォードが欠陥を知りながら、コスト計算の結果に基づいて、欠陥を放置したことがばれてしまったわけです。お金の損得を考えて、人命を軽んじたのはけしからんということで、フォードには約1億3000万ドルの賠償が命じられたわけです。少なくとも改修費用と同額は、フォードに支払わせろということです。

本件において、フォードの対応がけしからんことには疑問の余地が無いですよね。人の命を何だと思っているのかと、腹が立ちます。

その一方、フォードの行ったコスト計算という手法自体は、使い方さえ間違えなければ、なかなか役に立つのではないかと思ったのです。日本の多くの弁護士は、何か法的リスクがあると、それだけで「絶対にダメだ！」という傾向が有るように感じています。そうではなくて、リスクから生じるコストと、リスク対応のコストを比較して、対応を判断する必要もあるのではということです。というわけで、次回に続けます。

弁護士より一言

毎回ニュースレターを作ると、まずは妻に読んでもらうことにしています。法律の素人である妻に確認して貰って、「分かりにくい」「面白くない」などと言われたところは直していくわけですね。

今回も本文を妻に見せたところ、なかなか合格を貰えなかったので、何度も何度も書き直したんです。

最後に妻が、しみじみと言いました。

「このニュースレター、『**弁護士より一言**』以外を読む人、いったい何人いるんだろうね？」

今さらそんなこと言うなんて、あんまりです。うう。

引き続きコメントを楽しみにしております。

（2012年7月1日　第80号）

ピント弁護士のコスト計算（2）

弁護士も、「リスクから生じるコスト」と、「リスク対応のコスト」を比較する必要があるのではないかという話しですね。

例えば契約交渉の場合、多くの弁護士は、「契約書をしっかり読んで、十分に検討しないといけない。適当に契約すると、後で大変なことになるので、時間をかけてしっかり交渉すべきだ。」なんてアドバイスするわけです。別にそれ自体は間違ってはいません。契約を適当に結ぶことから生じるリスクは、相当程度あります。その一方、契約のチェックや交渉には、時間と費用が相当かかります。交渉に時間をかけることで、せっかくのチャンスを失う場合も増えるでしょう。

つまり、「リスク対応のコスト」もバカにならないということです。さらに、契約書をしっかり確認しなかったために後から問題となるケースは、確率的にはそれほど高いわけではないですよね。「契約締結をいい加減にすることによるリスク」を問題にするならば、「契約対応に費用と時間をかけることのリスク」も考えないと、片手落ちになるのではないかということです。

このように、コスト計算が必要となる事態は、企業活動の中で無数にあります。しかし、この問題点を解決するために、「リスク対応のコスト」のことまで考えてアドバイスしてきた弁護士が、どれほどいるのか、かなり疑問に思います。

もっとも、この問題はそんなに簡単ではありません。例えば、私が「すき家」の顧問弁護士だとしてみます。あの牛丼チェーンのすき屋ですね。

少し前に、すき家では、夜中に起こる窃盗や強盗の事件数が、吉野家など他の店舗に比べて、数倍多いなんて問題になりました。他のお店は、夜中にも店員が複数いるのに、すき屋では1人きりで対応していた。それで、犯罪者に目をつけられたわけです。

ところで深夜にアルバイトを1人増やすと、1店舗当たり８０００円程度は余分にお金がかかりそうです。すき屋は全国で約１８００店舗以上あるんです。そうしますと、1日当たり１５００万円程度、余計なコストがかかってくるわけです。一方、強盗が仮に毎日、すき屋のどこかしらの店舗に入ったとしても、被害は1日当たりせいぜい10万円程度ですよね。そうしますと、強盗で1日10万円失うリスクに対応するため、人を1人増やすことで1日１５００万円のコストをかけることになるわけです。

こういう場合に、すき屋さんから、「顧問弁護士として意見を聞かせて欲しい」などと言われたら、何と答えるべきなのか考えてしまいます。可能性は低くても、強盗によって従業員やお客さんが怪我をすることまで考えて、「人を増やさないといけない。」と言うべきでしょうか。それとも、安全のためには、もっと低い費用でセキュリティー対策を考えれば十分というべきでしょうか？　非常に悩ましいところです。

これまで弁護士は、こういう問題に対してコスト計算などせずに、リスクを避けて安全な方安全な方へとアドバイスするのが通常だったと思います。

逆に企業の立場としては、どうするのか決める段階では、弁護士には聞きませんでした。企業内部で安全策を取ろうという結論が出た後に、その結論を強化する目的で、弁護士の意見を聞いていたんですね。

これからは、企業が決断を下す前に相談できる弁護士が、求められている気がするのです。

弁護士より一言

小学校1年生の息子に、「大きくなったら、パパみたいな弁護士になる!」なんて言われました。息子は弁護士の仕事など、何も知らないはずです。そこで、「どうして弁護士がいいの?」と聞きました。「パソコンをダダダッて打っているところが、かっこいいから!」 そ、そこですか……

5年生の娘にも言われました。「私も弁護士になる! いっぱい勉強して、お金儲けするよ!!」 こ、こいつは……

引き続きコメントを楽しみにしております。

(2012年7月16日 第81号)

喧嘩太郎の条件・弁護士の条件

「喧嘩太郎」というのは、かつての日本医師会会長、武見太郎のあだ名ですね。私が生まれたころ(50年ほど前です!)に活躍した、有名な先生です。当時、7万人ものお医者様を有した日本医師会を代表して、政府とやり合った傑物です。

自分たちの要求を通すために、全国のお医者さんの一斉休診(事実上のストライキですね)を実施した人です。「ストライキの日に風邪をひいた者は、誰に診てもらうんですか!」なんて聞かれて、「こんなときに風邪をひく方がまちがっている」と名言?を残したことでも有名な人です。

この武見先生ですが、健康保険の医療費値上げを政府に要求したんですね。「認めなければ、8月1日をもって、全ての医者は健康保険制度を辞退する!」と政府を脅したわけです。時の政府・自民党も、この対応に大変苦しんでいたのですが、このとき登場したのが、若き日の田中角栄です。当時、40歳程度だったはずですから、今の私より相当若かったんです。角栄は、見事にこの難局を収めて見せました。

保険医総辞退の期限は8月1日。その1日前である7月31日に、角栄は1枚の紙を喧嘩太郎に渡します。その紙には、「右により総辞退は行わない。」とだけ書かれていました。角栄は、「ここに思うとおりの要求を書き込んでください。」と、条件一切を喧嘩太郎に委ねたわけです。これを受けて、喧嘩太郎も、保険医の総辞退を取りやめたのですね。

私がこの話を知ったのは、随分前のことですが、本当に感動しました。自分もいつかは、こんなカッコイイことをしてみたいと、ひそかに考えていたのです。弁護士の場合、交渉は非常に大切です。例えば、刑事事件で、被害者の人を説得して、告訴を取り下げて貰う必要が有ります。労働事件で、労働者側を説得して、会社を辞めて貰う場合もあります。

こういうときに、相手方に対して、「右により告訴を取り下げる」とか、「右により解雇を承認する」とだけ書かれた紙を渡して、「ここに思うとおりの要求を書き込んでください！」なんて言えたら、凄くカッコイイな、なんてバカなことを考えてしまうのです。しかし、本当にこんなことしたら、やっぱり心配ですよね。条件として「解決金１億円を支払うこと」なんて書かれちゃったら、目もあてられませんから。

ちなみに、下駄を預けられた喧嘩太郎の条件は、「医療保険制度の抜本的改正」、「医師と患者の人間関係に基づく自由の確保」などといった、格調高いものだったということです。

現在、医師会ならぬ弁護士会では、弁護士増員に反対しています。法的需要が増えないなか、弁護士数は増えています。それによって、新人弁護士の就職難や、既存弁護士の収入減少が生じているためです。

いま田中角栄が出てきて、弁護士会に対し、「右により、弁護士増員に反対しない」とだけ書かれた白紙を渡したらどうなるだろう、なんて考えてしまいます。喧嘩太郎を見習って、「人権擁護の徹底」「法曹養成制度の充実」などと、格調高く書けるんでしょうか？

なんだか、「新人弁護士の１００％就職の実現」とか、「既存弁護士の最低収入の保証」なんて、露骨な条件をつけてきそうで心配になったのでした！

弁護士より一言

武見太郎先生は、なかなかの毒舌家で、多くの名言を残しているようです。日本のお医者様のレベルについて、こんな評価をしているんですね。

「3分の1は学問的にも倫理的にも極めて高い集団、3分の1はまったくのノンポリ、そして残りの3分の1は、欲張り村の村長さんだ。」

「欲張り村の村長さん」には、思わず笑ってしまいました。しかし考えてみると弁護士も似たようなものかもしれません。私も、「学問的にも倫理的にも極めて高い弁護士」は無理でも、せめて、「欲張り村の村長さん」と言われないように、気をつけたいと思ったのでした！

引き続き、コメントを楽しみにしております。

（2012年8月1日　第82号）

弁護士は同じ物語

暑いし、お盆休みですし、あたりさわりなく本の紹介でもしたいと思います。山本周五郎は、私の大好きな作家なんですが、軽い読み物も沢山書いています。「女は同じ物語」もその1つです。

主人公の若侍は、城代家老の息子です。親の決めた許嫁がいるのですが、いつまでも結婚しようとしません。父親はそんな息子に意見するんですね。「諦めて、許嫁と結婚するしかない。いろいろと違うように見えるけれど、どんな女でも、結婚してしまえば同じようなものだ」なんて言うわけです。

そんな中、主人公の身の回りの世話をするため、若い侍女がやってきます。主人公は、優しくて器量良しの侍女に、魅かれていきます。ある日主人公は、侍女に向かって、自分の許嫁がどんなに酷い女性かを話し始めるんです。若侍は、6つ年下の許嫁と、子供のころにしか会ったことはありません。しかし、そのころ、さんざんいじめられたというわけです。蛇の大嫌いな主人公に、蛇を出してびっくりさせたり、騙して落とし穴に落としたりと、年下の娘にいいようにやられていたことを、侍女に向かって幾つも幾つも話して聞かせたんです。すると、若侍には、侍女が笑ったように見えます。

そうこうしているうちに、主人公が許嫁と結婚する日が近づいてきます。そこで若侍は、侍女に自分と一緒になってくれと頼むわけですね。それに対して侍女は、「私は必ず戻ってきます。」と言い残して姿を消してしまいます。侍女が戻ってこないまま結婚の日を迎えた主人公は、許嫁と向き合うことになるが……。という話しです。

まあ、推理小説じゃないんですから、普通の人なら結末は簡単に分かりますよね。かつての許嫁が、侍女ということで、若侍の下に来ていたわけです。小説は、主人公の若侍が父親に、新婦について報告するところで終わります。

「仰るとおりでした、女は同じでしたよ」

とまあ、こういった、たわいないお話なんですね。

弁護士と顧客の関係でも、こういうことはありそうです。うちの事務所にも、「これまで依頼していた弁護士は全然ダメだから、違う弁護士にお願いしたい」なんて言ってくる方は、相当数いるのです。

しかし、私としては、本当にそんなに酷い弁護士が沢山いるのかなと、疑問に感じています。そこで私も小説の中のお父さんを見習って、「いろいろと違うように見えても、どんな弁護士でも依頼してしまえば、同じようなものですよ。」なんて言うことにしているのです。実際、お客さんの不満をよく聞いてみると、弁護士として、やるべきことはしていないというより、サービス業としての、お客様に対する心遣いが欠けているケースが多い気がします。

これまでの弁護士は、「しっかり仕事をしているんだから、ぐずぐず言わずに、おとなしく任せておけ！」という考えの人が多かったように思えます。これからは、それではダメでしょうね。

小説の侍女は、主人公に「女は同じ」と思って貰うために努力しました。多くの弁護士にとって、「弁護士は同じでしたよ！」とお客様に言って貰えるよう、まだまだ研鑽が必要に思えるのです。

弁護士より一言

小学校1年生の息子が、妻と帽子を買いに行ったのです。息子は、ポケモンだとか、キャラクターのついたものが大好きですから、そういう帽子を買おうとします。妻がいくら違うのにしようと言っても、聞かないんですね。

すると5年生の娘が、息子に言いました。「そういう帽子は、若いうちはいいけど、年取ったらおかしいでしょう!」　わ、若いうちって何ですか?　ところがなんと、息子も説得されて、普通の帽子を買ったのです。「この帽子なら、一生かぶれるよ!」

（2012年8月16日　第83号）

張湯の検察実務

池上俊一という西洋中世史の先生に、「動物裁判」という面白い本があります。中世ヨーロッパには、動物を被告とする裁判が、日常的に行われていたというのです。たとえば、5才の男の子を殺害して食べたという理由で、母豚が6匹の子豚と一緒に起訴されたなんて記録があります。母豚は死刑判決を受けたが、子豚たちは証拠不十分で無罪になったそうです。（なんのこっちゃ）

ネズミの裁判なんていうのもあります。大麦を食い荒らしたという罪で起訴するとともに、裁判所に出頭するようネズミに召還状を出したそうです。

とまあ、これは中世ヨーロッパの話しですが、今から2000年も昔の中国でも、ネズミの裁判が行われました。史記の酷吏列伝に出てくる張湯（ちょうとう）という人の話しです。張湯が子供のころ、留守番をしていたときにネズミに肉を食べられてしまいます。怒った父親に笞で打たれた張湯は、ネズミを燻し出して捕まえたそうです。中世ヨーロッパのように召喚状を出すより、実務家としてすぐれていますね。

食べ散らかされた肉の残りも見つけだすと、ネズミを容疑者として告発し、取り調べ、起訴して判決文まで作ったうえで、磔にしました。これらの文書は、非常によく書けていたということです。

成長した張湯は、漢の武帝につかえて、検察のトップの地位に就くわけです。当時の中国ですから、検察が起訴するとともに、自分で判決も出しますから、大変に強い権限を持っていることになります。この張湯さんですが、武帝のご機嫌をとるのが、大変うまかったんです。史記によりますと、取り調べの際に、武帝が処罰したい相手であれば厳しい担当者を付け、武帝が許そうと思っている相手であれば寛容な担当者を付けたんだそうです。

この辺は、現在の検察の実務を考えると、とても面白く感じるのです。検察官にも、厳しい人と、寛容な人がいるわけです。同じ程度の罪を犯した場合でも、検察官によって、起訴される場合と不起訴になる場合って、現代日本でも日常的にあるのです。

張湯はさらに、法律では罪になると規定されている場合でも、武帝に対して、「律令では罪に当たりますが、皇帝陛下のお裁き次第です」と奏上し、往々にして許された場合があるんだそうです。法律を超える裁量があるということですね。この辺も現在の検察実務と同じなのです。検察官には、たとえ法律に違反していても、起訴しないことができる、非常に強い裁量権が与えられています。この裁量が、どういう基準で使われているのか、私などには疑問があります。現代日本の検察実務は、2000年前の中国と、それほど変わっていないのではという気さえしてきます。

もっとも張湯は、よく出来た上司だったようです。武帝に間違いを咎められると、「実は自分の部下にも同じことを忠告されていました。それを聞かなかった私の責任です。」と謝罪したそうです。一方、武帝に誉められると、「これは自分ではなく、部下の誰それの考えです！」と、部下に花を持たせました。こういう態度が評価されて、張湯は武帝のお気に入りでした。

この辺は、文書の偽造などを巡って、かつての部下と上司が責任を押し付け合っている現在の検察官僚たちに比べて、はるかに立派に思えてくるのです！

弁護士より一言

娘が小学校5年生のときの宿題に、1日1行日記というのがありました。こういうのって、書くことが無いんですね。

「○月○日　今日はこの夏初めて、セミの死体を見ました。」「○月○日今日もセミの死体があり、気持ち悪かったです。」「○月○日　今日は小さなセミの死体が落ちてました。」な、何なんだこれは！

この日記には、「お家の人からの一言」欄もあるんです。そこには、「この夏はセミの死体を沢山見ることができ、良かったと思います。」あ、あほか！うちの妻は、こういうくだらないことを書くのです。（鉛筆で薄く、ふざけて書いただけですけど……）

（2012年9月1日　第84号）

梅ちゃん先生と弁護士先生

「梅ちゃん先生」は、言うまでもなく朝の連続テレビ小説の主人公です。妻と一緒に、私も見るようになりました。

梅ちゃんの父親は、厳格な医学部教授なんですね。姉が松子、兄が竹夫で、梅ちゃんが梅子です。こんな名前を付けられて、「梅」ちゃんは僻むのではと、私なんか心配になります。名前が暗示するように、子供のころから、何をやらせてもダメな劣等生だったのですが、一念発起してお医者様になるのです。大学病院に残るように言う父親を振り切って、自分を育ててくれた近所の人たちのために、開業医としてやっていこうとします。

お医者様ですから、通常は「先生」を付けて呼ばれます。そこで、今まで近所の人から呼ばれていた「梅ちゃん」に「先生」を付けて、「梅ちゃん先生」と呼ばれるようになったんですね。こういう形の「先生」は、親しみがあってとても良いように思えるのです。ところで、世の中には、教師でもないのに、何故か先生と呼ばれる職業があります。お医者様や政治家と並んで、弁護士もその一つです。

弁護士が「先生」と呼ばれることについては、かなり批判もあるようです。まだ若い、弁護士になりたての人でも、「先生、先生」と持ちあげられると、変に勘違いしてしまうなんていうんですね。そんなところから、客を客とも思わないような弁護士が生まれて来るのだというわけです。「先生と　言われるほどの　バカでなし」なんて川柳がありますが、私も「先生」と呼ばれることには、かなり抵抗があるのも事実なんです。

その一方、「先生」と呼ばれることを評価する考えもあるようです。先生と呼ばれるのは、プロとして責任を引き受けることの証だそうです。「先生」と呼ばれた以上、逃げることは出来ないというわけです。時代劇に出てくる、用心棒の「先生」みたいなイメージでしょうか？　強い、正義の味方がやってきたときでも、「先生、お願します！」なんて悪者に言われると、逃げずに戦わないといけないんです。ううう……

このように賛否両論あるようですが、何にしても、「先生」という呼び方が、弁護士の敷居をかなり高くしている感じはします。少なくとも、親しみを持って名前を呼んでもらうのとは違うようです。

「先生」商売の一つである政治家ですが、佐藤栄作といえば、高度経済成長の時代に、約8年も総理大臣の地位にいた、実力政治家ですよね。佐藤総理は、実力はあったけど、あまり人気はなかったようです。そんな中で、「私は栄ちゃんと呼ばれたい。」という名セリフを残したことでも有名な人です。しかし、一国の首相を「ちゃん」付けで呼ぶのは、なかなか難しいでしょう。

いろいろと検討してきましたが、要は、親しみを持って貰いながら、「先生」としての責任感も保持できるような名称が大切ということです。となりますと、これはもう「梅ちゃん先生」の真似をするしか無いなと気が付いたわけです。

佐藤栄作首相の場合、「栄ちゃん先生」と呼ばれたとしたら、本当に喜んだかは疑問です。しかし私は、お客様に「じろちゃん先生」と親しみを持って呼んで貰える境地を目指したいと思ったのでした。

（2012年9月16日　第85号）

弁護士の福翁自伝

福沢諭吉が晩年に口述筆記した「福翁自伝」には、面白い話が沢山あります。諭吉先生は中津藩（今の大分県です）の出身なんですが、藩に対する帰属意識などあんまり強くなかったようです。あるとき諭吉は、藩主からの紋の入った羽織を頂いたんですね。普通の藩士なら、大変名誉なことと思い、拝領の紋服を家宝にします。ところが、諭吉先生は頂いた羽織を、その日のうちに売り払ってお金に変えてしまうんです。さすがに、1万円札の肖像になる人は違います！

そんな福沢先生ですから、藩や殿様に対する感覚も、普通の人とは違っています。通常の感覚ですと、ご奉公させていただいて、大変有り難いと感じることになっていますよね。少なくとも、口に出してはそういうのが「大人」というものです。ところが、諭吉先生の場合には、こういう理屈を述べるんです。

藩の方から、「何代にもわたりご奉公させてやっているから有り難く思え！」と言われたら、こっちにも言い分があるというわけです。「数代正直に仕えたのだから、恩に着せるな！」と言い返してやるというのが、諭吉先生の論法です。

これに対して、「数代も仕えてくれたおかげで藩も成り立った。」と、藩の方から下手に出てくれれば、自分の方も、「数代の間には、病気の者も、役に立たない者もいただろうに、それにもかかわらず家禄を頂き、大変有難うございました。」と、頭の一つも下げようというわけです。たとえ相手が藩でも、無礼な言い方は許さないという感じです。こういった、子供っぽいと言いましょうか、いつまでも書生然とした考え方など、私には福沢諭吉の魅力に思えてきます。

　諭吉先生自身は、このような人なんですが、それとは正反対の人も世の中にはいます。これについて、「福翁自伝」に面白い話が載っています。明治になって数年後に、諭吉先生が田舎道を歩いていたときのことです。退屈だったこともあり、面白い実験をしたんです。

　道ですれ違うお百姓さんに、道を聞くんです。そのときに、かつての武士の様子で、威張って聞いてみたそうです。そうしますと、お百姓さんは小さくなって、「恐れながら申し上げます。」といった感じで答えます。次に来るお百姓さんに対しては、大阪商人の振りで、下手にでて道を尋ねます。そうすると聞かれた方は、とても横柄で、威張った様子で答えてくるということです。道ですれ違う人たちに、順番にこのようにやっていくと、いずれも同じ結果になったというのです。（こういう下らない「実験」をするところも、諭吉先生の偉大なところです！）

　私も弁護士ということで、人と話しをすることが多いのですが、こういうことって確かにあると感じています。こちらが丁寧に、腰を低くして話していると、かえって横柄に居丈高に接して来る人がいるのです。こういう人に対しては、こちらが毅然とした態度で対応した方がうまく話が進むということはありそうです。

　その一方、世の中には福沢諭吉タイプの人も当然います。こちらが礼を尽くして話せばすんなりと納得してくれますが、当方の言い方に問題があると、へそを曲げてしまうようなタイプの人です。

　諭吉先生の教えを参考に、弁護士として「タイプ別交渉方法」みたいなものを考えた方がよいのかもしれないな、と思ったのでした。

弁護士より一言

　下の娘がまだ低学年のころ、予防注射を非常に怖がっていて、お医者さんを蹴っ飛ばすなど、大変な騒ぎだったのです。そこで、「これは誰でもみんなやらないといけないものなんだよ。」と説得しました。

するとは娘は、「キセンジョウゲのサベツなく、みんなやるの？」と確認した後、納得してくれたのです。これって「学問のすすめ」の「貴賎上下の差別なく」なんですね。

娘は、暗記が大好きなところは私に似ていて、学問のすすめも覚えていたようです。諭吉先生には、我が家の注射問題まで助けて頂きました！


（2012年10月1日　第86号）

悪文弁護士

文章読本みたいな本って、沢山ありますよね。うまい文章を書くにはどうすればよいかのアドバイスが書かれています。そんな中で、うまい文章ではなくて、「悪文」を見ていくことで、悪い文章を書かないようにしようという本もあります。

岩淵悦太郎先生の「悪文」は、今から50年以上前に出た本ですが、いまだに読まれています。本の中には、悪文の実例がたくさん載っています。「わかりにくい文書」や、「誤解を招く文章」の実例など、豊富にあるんですね。素人の書いた文章を取り上げて、いろいろと批評していきます。

たとえば、「子供の導き方」と題するPTAの文集からも、実例を持ってくるんです。

「お母さん方はとかく家庭の中に閉ざされ雑用に追われ何が何でも家庭の仕事を処理する事にのみ神経を傾けているというのは、誠によろしき妻であり母親であります。」なんて文章ですね。岩淵先生によりますと、「皮肉ともなんともつかない言い方なので、読む方はこの人一体何を言うつもりなんだろうと首をひねる」んだそうです。それはまあ、そうかもしれませんが、PTAの文集にそんなにケチをつけなくてもいいじゃないか、という気はしてきますよね。

この「悪文」の中で、悪文のチャンピオンとして紹介されているのが、裁判所の判決文なんです。当時の判決文の、一つのセンテンスが３０００字！

にも及ぶものが取り上げられ、非常にわかりにくい文章だと断罪されている！　ことほど左様に、法律家の文章は昔から悪文と言われてきたわけです。

これは50年前の話ですが、今はどれくらい改善されているのかと気になりますよね。判決文など、かなり改善されていることは間違いないと思います。その一方、法律の条文からして、まだまだ分かりにくいものが沢山あるんです。

たとえば、つい最近、労働契約法について、重要な改正がありました。この法律のもと、労働契約で、労働者にとって不利な内容が定められても、無効になってしまいます。弱い立場の労働者を守るための法律なんですね。

例えば、労働者を保護するこんな規定ができました。臨時雇いのような、短期間だけ雇う労働者の場合、正社員と比較すると、福利厚生などいろいろな面で不利に扱われることがありますよね。そういうことはダメですよ、という規定です。弱い立場の労働者としては、知っておきたい規定です。ところが、それを定めた法律の条文は、こんななんです!!

「有期労働契約を締結している労働者の労働契約の内容である労働条件が、期間の定めがあることにより同一の使用者と期間の定めのない労働契約を締結している労働者の労働契約の内容である労働条件と相違する場合においては、当該労働条件の相違は、労働者の業務の内容及び当該業務に伴う責任の程度、当該職務の内容及び配置の変更の範囲その他の事情を考慮して、不合理と認められるものであってはならない。」　な、何なんだこれは！　一回読んで理解できた人は、病院で診て貰った方が良いのです！

法律の文章というのは、正確性、厳密性が大切ですから、ある程度分かりにくいのはやむを得ないとも言えます。しかし、一般人にとって大切な条文なのに、一般人が読んで、スッと理解できないというのは、大きな問題じゃないかと考えてしまうのです。

弁護士より一言

小学生の娘は、学校で敬語の勉強をしています。練習問題を見せてもらったら、「めし上がる」を用いて例文を作りましょう、なんて問題がありました。

これに対する娘の回答は、「ごちそうになったリンゴ」だったんです。ど、どこをどう考えると、こういう答えになるんだよ！

先生に注意されて書き直した回答は、「犬が食事をめし上がる。」でした。お前は、五代将軍綱吉か!!

悪文でもよいから、せめて文章を書けるレベルまで成長して欲しいと思ったのでした。

（2012年10月16日　第87号）

幸福の値段・不幸の値段（1）

世の中には、思いもよらないものを研究している人がいるんですね。少し前に「幸福の計算式」という本を読みました。研究対象は「幸福」なんです。

例えば、収入が幸福に及ぼす影響について研究結果があります。いろいろと面白い話が載っています。

収入が高くなれば幸福の度合いが増えるかと言いますと、必ずしもそうではないんですね。自分が1000万円の年収があっても、自分の周りの人がみんな2000万円だと、幸福にはなれないそうです。一方、自分の収入が500万円でも、周りの人達が300万円なら、幸福に感じるわけです。

失業した場合は、多くの人が大変不幸を感じますね。しかし、ある地域の失業率が上昇して、4人に1人は失業するようになると、失業してもそれほど不幸を感じなくなるそうです。自分のことを考えても、きっとそうなんだろうなと思えてきます。

とまあ、いろいろと面白いことが書いてある本なのですが、極めつけは、あらゆる幸福や不幸には、値段を付けることができるという主張です。まさに、お金に換算できないものはないということです。

「そんなバカな!」という気もしますが、やり方を聞いてみると、案外正しいのではという気もしてきます。まず、沢山の人達に、自分の現在の幸福度を、例えば10段階評価で、長期間にわたって示してもらうわけです。例えば、今日は幸福度7、昨日は幸福度6といった具合ですね。

一方、毎日の生活の中には、様々な事象が発生します。給料が増えたとか、大怪我をしたといったことです。こういったあらゆる事象の発生によって、各人の幸福度は変化していきますよね。沢山の人からこういう情報を貰えば、どのような事象が生じたら、どの程度幸福度が変化するのか、数値化出来るわけです。たとえば、配偶者を亡くした場合には、幸福度は5下がるといった具合です。

次に、その人たちがお金を貰ったときに、幸福度がどのように変化するのかも見て行きます。たとえば、思いもかけずに1000万円手に入った場合、幸福度は3上昇するといった具合です。

あらゆる事象の発生で、幸福度は上下します。それらの変化について、お金をいくら貰ったときの幸福度の変化と等しいのか比べることは可能ですよね。例えば、子供が生まれたことで幸福度が4上がるとします。一方、2000万円貰った時にも、同じく幸福度が4上がるとします。そうしますと、「子供の誕生」の値段は、2000万円となるわけです。

この本には、その様にして計測した幸福や不幸の価格が載っています。例えば、結婚初年度の幸福の値段は、約2500万円だそうです。配偶者が死亡した場合の不幸の値段は、3800万円に相当するそうです。

私としても、こういう「計算式」に対しては、感情的に反発を覚えるところはあります。そもそも、そんなことに、「値段」をつける意味があるのか、という気もしますよね。

ところが日本でも、怪我や死亡、名誉棄損や離婚など、お金に計算できないはずの多くの不幸な出来事に対して、現実に値段が付けられているのです。誰が付けているのかといえば、裁判所です。裁判が提起されたら、裁判所としては損害額について、何らかの判断をせざるを得ないのですから、当然ではあります。

日本の裁判所による「不幸」の値段設定は適切と言えるのか、次回、もう少し検討してみたいと思います。

弁護士より一言

周りの人と同じだと、特に不幸を感じなくなるのは、失業問題だけではないそうです。肥満についても言えるんですね。配偶者の一方が太ると、もう一方も安心して？太りだすそうです。

我が家では、私は太っていますが、妻は頑張って太らずにいます。妻が安心して太り始める前に、私の方の肥満を何とかしないといけないと感じているのです。

引き続きコメントを楽しみにしております。

（2012年11月1日　第88号）

幸福の値段・不幸の値段（2）

裁判所は様々な不幸に値段を付けているという話ですね。値段を判断するにも、難しいものと簡単なものがあります。例えば、大けがするという「不幸」が生じたとします。その場合、現実に生じた医療費や、怪我による収入の減少分が「損害」だというのは、特に問題ないですよね。問題は、怪我をしたことそれ自体から生じる、精神的な苦痛（つまりは「不幸」そのものです）の賠償額は幾らにするのかという点です。

一般的には、こういう賠償は「慰謝料」といわれます。この値段をどうやってつけているのか気になるところですが、結論的には裁判所がエイヤで決めてきたわけです。特に理論的な根拠があったわけではありません。ただ、ひとたび一つの裁判で何か決まりますと、それが先例となります。それを踏まえて次の裁判でも不幸の値段が決められますので、こうやって、大体の相場が形成されてくるわけです。

例えば、離婚の場合にも慰謝料が発生しますよね。離婚という「不幸」の値段ですが、ざっくりいいますと300万円以上認められると、ある程度の金額が認められたということになりそうです。もちろん、結婚期間の長さ、離婚に至る原因などによって金額も違ってきますけれども、大体の相場はこんなものでしょう。

週刊誌にあることないこと書かれたりする名誉棄損の事件などもよく起こります。こういった場合の「不幸」の値段ですが、少し前まではせいぜい100万円程度でした。最近はかなり値上がりして、500万円近くが認められるようです。この程度で、週刊誌などでおかしな報道をされた人の「不幸」が埋め合わせ出来るのかは、なかなか難しい問題でしょう。

そして、不幸のうちでも最大の不幸、死亡の場合の慰謝料も考えてみたいと思います。国によっては、「命に値段を付けるのはおかしい、死んだことに対する慰謝料は認められない。」などというところもあります。しかし、日本の裁判所は、「命」にも果敢に値段を付けてきたのです！　それではこの値段がどのくらいかと言いますと、例えば配偶者や子供が交通事故などで無くなった場合、大体の金額は3000万円といったところです。兄弟姉妹が亡くなった場合ですと、せいぜい200万−300万円程度でしょうか。

ちなみに、前回紹介した「幸福の計算式」には、近親者の死亡の値段がついていました。配偶者の死亡で、3800万円、子供の死亡だと1500万円だそうです。「子供の命の値段って、本当にそんなに低いんですか？」と少し驚きました。ちなみに両親だと250万円程度、友人で100万円、兄弟姉妹になりますと、何と12万円程度だそうです。ほ、本当ですか?!　兄弟は友達以下なんですね。（まあ、友達は喧嘩すると「友達」でなくなるけど、兄弟は喧嘩しても「兄弟」ですから、やむを得ないんでしょうね。）

ついでというとなんですが、かわいがっていたペットが死んだような場合も、日本の裁判所では慰謝料が認められる場合があります。ただ、この場合も、せいぜい20万円程度、どんなに多くても50万円といったところのようです。ペットを自分の子供のように思っている人には、とても納得できないかもしれません。

ただ、全般的に言いまして、日本の裁判所は、なかなか頑張って「不幸」の値段設定をしてきたなというのが、私の素直な感想です。その一方で、「幸福の計算式」のような法律以外の学問の力も借りて、慰謝料の金額（不幸の値段）についても、もう一度根本的に見直すことも必要ではないかと思ったのでした。

弁護士より一言

小学校1年生の息子に聞かれました。

「パパって、どうやって大人になったの?」

こういう質問は、強烈ですね！ 改まって考えてみますと、私は年をとっただけで、まだ大人になっていないのではと、悩んでしまいます。

取りあえず息子には、「子供たちが生まれてきて、パパは大人になったんだよ。」と答えておきました。

ほんとかなあー

引き続きコメントを楽しみにしております。

（2012年11月16日　第89号）

利己的な弁護士

今回は、リチャード・ドーキンス博士の、「利己的な遺伝子」です。言わずと知れた、遺伝子レベルでの進化論、20世紀進化論の金字塔ですね。

多くの動物で、自分を犠牲にして、仲間のために尽くす利他的な行動が見られます。例えば、ミツバチの世界では、多くのハチたちは、ただ蜜を集めてくるだけの存在です。自分たちには生殖能力がないので、子孫を残すこともできません。外敵が来れば、自分の針を使って戦います。しかし、ミツバチの場合、一度でも針で刺せば、刺したミツバチの方も死んでしまいますよね。つまり、自分の命を犠牲にして、仲間のために尽くしているということになります。

このような利他的な行為を説明するのに、ドーキンス大先生は、あらゆる生物というのは、遺伝子のための「乗り物」にすぎないのではと考えたわけです。働くだけのミツバチの中にある遺伝子は、他のミツバチの遺伝子と大きく重なっているわけです。遺伝子レベルで見たときには、ミツバチ（これも遺伝子の乗り物です）の利他的な行為も、乗り物に乗っている遺伝子にとっては、利己的な行為と考えられるわけです。ドーキンス博士は、遺伝子レベルで生物を考えることにより、「人はなぜ争うのか」とか、「男はなぜ浮気をするのか」といった問題まで解き明かしてくれました。

というわけで、今から40年近く前に書かれた「利己的な遺伝子」は、素晴らしい本なんですが、どうもドーキンス大先生は、弁護士のことがお好きでは無いみたいです。「利己的な遺伝子」の中で、弁護士について、かなり厳しいことを書いています。例えば、夫婦が離婚するとしますね。その場合、お互いが弁護士のところに相談に行きます。そうしますと、一方の弁護士は、自分の依頼者にとって一番有利な解決方法を考えて、相手方にぶつけることになります。この提案を受けた相手方の弁護士は、これを当然拒否します。そして、自分たちにとって一番有利な解決案を、相手方に投げ返します。つまり、双方とも、絶対に受け入れられない解決案を、お互いに応酬し合うことになるというのです。

こんなことになるのなら、一人の弁護士に間に入ってもらって、仲裁してもらった方がよさそうに思えますね。しかしそれは、双方代理になるということで、ドーキンスの英国でも、日本でも禁止されているわけです。弁護士は、制度的にも自分の依頼者のために戦うことになっているわけですね。

こうなると、当事者の夫婦は、いつまでも離婚ができずに疲弊していきます。その一方、双方の弁護士だけは、紛争が長引くことでお金を儲け続けることができるというわけです。

　ドーキンス博士によると、このような弁護士の行動は、生物学的には「チスイコウモリ」の行動に類似するんだそうです！「チスイコウモリ」って、「血吸いコウモリ」のことですよね。ド、ドーキンス先生、それはあんまりです!!

　私としても、弁護士としてドーキンス大先生に言いたいことはあります。その一方、依頼者のために利他的に頑張っているつもりでも、結果的には弁護士にとって利己的な結果を生み出しているのではないかという視点は、忘れてはいけないと思うのでした。

弁護士より一言

　遺伝子と言えば、少し前に遺伝子ダイエットというのを試してみました。遺伝子のタイプごとに、肥りやすい食べ物などがあるそうです。私の場合、肉や油には比較的強いけれども、炭水化物は肥りやすいということです。それは良いんですが、タイプごとに動物の名前が付いているんですね。私はフラミンゴ タイプだそうです。うちの妻はタコ タイプ、娘はタヌキ タイプと言われて、落ち込んでました。ううう。

　何を食べても太りにくい遺伝子タイプの人もいて、それはアダム・イブ タイプというそうです。なんか、名前からしてカッコいいです。「そんな奴いるのかよ？」と思っていたら、事務所の弁護士の藤井がこれでした。

「いい気になるなよ！」と心の中で思ったのです。

（2012年12月1日　第90号）

弁護士の君主論

　フランス文学の鹿島茂教授に、「社長のためのマキアヴェリ入門」という面白い本があります。マキアヴェリは言うまでもなく、有名な「君主論」を書いた人ですね。目的のためには手段を選ばない、いわゆるマキアヴェリズムで悪名高い人です。

「君主論」は、小国が乱立していたイタリアで、他国を攻略したり占領したりする場合に、どのようにすれば良いのかを書いた実践書だったということです。それを、現代日本の我々が、国家間の話として読んでも、あまり実感は湧きませんよね。

そこで鹿島先生は、君主論の「君主」を「社長」に、「国家」を「会社」に読み替えることを提唱しました。これならまさに、群雄割拠している会社間の話として、実践的なビジネス書として読めるだろうというわけです。さすがに目の付け所が違います！

君主論の中には、君主が他国を併合した場合の話が沢山あります。これなどまさに、他の会社を乗っ取る場合の心構えとして読めますね。独裁君主の国を征服した場合、統治は簡単だが、民主的な国を征服した場合は、統治が難しいとマキアヴェリは指摘しています。会社に読み替えますと、ワンマン社長の会社の方が、併合後の経営がやり易いというわけです。乗っ取った人は、ワンマン社長の位置にそのまま入り込みさえすれば良いのですから、きっとそうなんでしょう。

さらに君主論では、これまで「善人」で通っていた人が「悪事」を行うときの心得もあります。こういうときは、ずるずると悪いことを少しずつしていくのは、必ずしも良くないんですね。「加害行為は一気にやってしまわなければいけない。」というわけです。小出しに行う方が、かえって長く相手を苦しめ、恨みを買うことになる場合があるというのです。

鹿島教授はこれについては、リストラなどの改革を行う場合には、一度きりで、徹底した大リストラを行うべきだと読み替えて見せます。たしかに、だらだらとリストラが続き、いつ首を切られるかとびくびくしているより、1回で全て終わる方が良さそうです。

もっとも、マキアヴェリ先生の教えに従って、日本で大リストラをしますと、裁判所が黙っていないんですね。必要最小限のリストラしか、認めないと言われてしまいます。最小限のリストラをして、ダメならまた最小限して、というのが、法律の要求するところなんですね。これでは、改革はできないし、かえって社員の不満も高まりそうです。

さらに鹿島教授は、当時イタリアの各国で使用されていた傭兵についても、上手く読み替えてみせます。傭兵は外部の兵力ですから、現代の会社で考えると、間接金融、つまりは銀行融資と考えることができるそうです。銀行というのは、晴れているときには傘を貸して、雨が降ると取り上げる仕事だなんて悪口を言われていますよね。マキアヴェリによりますと、傭兵というのは「あなたが戦争をやらないうちは、あなたに仕える兵士でありたがる。だが、いざ戦争となると、逃げるか消え去るかいずれかになる。」のだそうです。確かに、現代の銀行と同じです！

もっとも考えてみますと、顧問弁護士も、まさに会社のための傭兵と言えるのかもしれません。「長い間弁護士に顧問料を支払ってきたが、いざ会社が大変なときになったら、何の役にも立たなかった！」と言われないように、心して参ります。

弁護士より一言

今年もあと少しで、サンタクロースがやってくる季節になりました。私が小学校低学年の頃も、サンタさんがプレゼントをくれるのが楽しみで、いろいろとお願いしていました。

ところがある日学校から戻ると、母が深刻な顔をして、「さっきサンタクロースから電話があったよ。」と言うんです。何でも、私のお願いしたプレゼントの金額が高すぎるので、持っていけないというお断りの電話だったそうです！

現在小学校1年の息子も、高いプレゼントをサンタさんにお願いしています。息子のところにも、サンタクロースから電話が来そうな予感がしているのです！

（2012年12月16日　第91号）

弁護士の百人一首

新年おめでとうございます。おめでたいお正月ですから、当たり障りなく百人一首のお話です！

百人一首は言うまでもなく、藤原定家選りすぐりの100首がおさめられた歌集ですね。私も学生の頃暗記したものです。百人一首の中には、万葉集に載っている古い歌もあります。

あしひきの　山鳥の尾の　しだり尾の
　長々し夜を　独りかも寝ん

歌の意味自体は、長い夜を独りで寝たというだけだなんて、落とし噺みたいな歌ですね。これは万葉の歌ですから、そもそもは漢字で書かれていたそうです。

足日木乃　山鳥之尾乃　四垂尾乃　長永夜乎
　一鴨将宿

「独りかも寝ん」が「一鴨将宿」とは、なんだか暴走族のお兄さんの、「夜露死苦！」みたいですね！

この歌の「足引きの」は、足を引きずり歩くことで、「山」にかかる枕詞だなんていわれていますよね。しかし、そもそも枕詞って何なのか、よく分からないところはあります。そんな中で、「枕詞の秘密」という、面白い本があるんです。韓国の人の書いた本です。

それによりますと、実は万葉集に載っている歌というのは、韓国語で書かれたものなんだそうです。（古代日本は、韓国からの渡来人に征服されたというのに関連する説ですね。）万葉集が韓国語だと気が付かないで、日本語だと思い込んで読もうとすると、どうしても意味が通じないところが出てくる。そういう意味の通じないものを、「枕詞」と称してひとまとめにしているに過ぎないという主張ですね。ちなみに「足日木乃」というのは、古代韓国語で解釈すれば、夫婦で使う長枕を意味するんだそうです。ホンマかいな!!

というところで話は変わりまして、お正月の百人一首と言えば、カルタ遊びですよね。家庭でやるカルタはのんびりしたものですが、競技カルタというのがあるんです。こちらは、歌をすべて暗記しているのは当然です。最初の一文字で取れる札、二文字読まれれば取れる札、などあるわけですが、それらを読まれた瞬間に札を取りあうという激しいスポーツです。そんな競技カルタのクィーン（女性チャンピオンです）の講演を聴いたことがあります。

クィーンになるような人は、百人一首漬けの生活を送っているんですね。全ての句を完全に覚えきって、自分の身体の一部にしておくわけです。

クィーンの講演によりますと、実際に札が詠まれる前に、次に詠まれる札が、頭の中に天から降りてくることがあるんだそうです。実際、テレビ中継されたクィーンの競技をビデオで見てみますと、歌を詠みあげる人が最初の声を出す前に、その札を取るための行動を開始しているのが分かります。

とまあ、百人一首に関する話を2つ書きましたが、私としては、どちらについても素直に感心しました。

万葉の歌が韓国語で書かれているというのは、どうにも怪しい気はします。それでも、既存の万葉の歌を勉強しているだけの人には、こんなことは思い付きませんよね。既存の枠を超えた自由な発想です。

また、次の歌が「天から降りてくる」というのも、まさにそのことばかりいつも考えて、全ての神経を研ぎ澄ましているからこそ起こることだと思うのです。

今年は、自由な発想を持つとともに、何か良い考えが天から降りて来るほど、寝ても覚めてもお客様の事件のことを考えたいものです!

弁護士より一言

小学校1年生の息子は怖がりで、少し前までは、「トイレに行くから見てて！」と言ってました。私と妻のどちらかは、扉を大きく開けたトイレの前で、息子が用を足すのを見せられていたんです。

ところが、最近気が付くと、いつの間にか息子も、カギを掛けてトイレに入るようになっていました。

進歩してるんだなあ！（ほっとしたような、少し寂しいような気もします。）

息子と比べて、自分は、1年間でどれだけ進歩しているのだろうかと、考えてしまったのです。

本年も、どうかよろしくお願い致します。

（2013年1月1日　第92号）

カリギュラ弁護士の論理（1）

カリギュラと言いますと、ネロと並ぶローマの暴君ですね。どれほど酷い暴君だったか、スエトニウスの「ローマ皇帝伝」にいろいろと書いてあります。（本がどこかに行っちゃったので、記憶で書きます。）

カリギュラは、最初は名君と期待されていたんですが、重い病気にかかります。そこから回復したときから、急に暴君になったのです。

「カリギュラの病気が治るなら、自分の命を奉げてもよい。」などと言っていた部下を呼び出して、「約束を守ってもらおうじゃないか！」と殺してしまいます。さらに悪逆非道の行為として有名なのは、臣下の妻を取り上げるんですね。その後、夫である臣下の前で、その妻の身体についての品評会をしたそうです。あんた、趣味悪すぎるよ！と言いたくなります。

極めつけは、相続を否定して、死んだ人の財産は全て国庫に帰属させることにしたことです。お前は、橋下大阪市長か！と言いたくなります。橋下市長よりすごいのは、そうしておいてから、国の財政が苦しくなると金持ちを殺して、財産を没収したんです。橋下さんも、そこまではやりませんよね。多分……

こんな暴君だったから、最後は当然暗殺されてしまうわけです。しかし、カリギュラの治世は、対外的には平和な時代で、ローマ全体としては力を付けていたなんて、世界史の時間に習った気がします。

そんなカリギュラを有名人にしたのが、フランスの不条理作家、アルベール・カミュの戯曲です。ここでのカリギュラは、単なる暴君というだけではないのです。「あなたの周りでどれだけの人が死んだか知っているのか?」と聞かれて、カリギュラは言い返します。

「ごくわずかだ。俺がいくつの戦争を断ったか知っているのか」「もしお前が数を数えられるのなら、どんな小さな戦争でも、俺の酔狂な気まぐれよりも高くつくことがわかるはずだ。」なんて言うんですね。

確かに、カリギュラは戦争をしていませんので、人を殺したと言っても、戦争での死者と比べれば微々たるものです。だからと言って、納得はできませんよね。そこで、相手は理性に言い返します。「しかし、戦争は理性による行動です。そして大切なのは自分の死の意味を理解することです」戦争で沢山の人が死ぬにしても、それはローマの栄光のためであり、理性で理解できることだというわけです。そういう「死」なら、どんなに沢山の死でも受け入れる。しかし、暴君に与えられる理不尽な死ならば、拒否するというわけです。数の問題じゃないということです!

しかし、現実の政治の場面などでは、やはり数の論理が幅を利かせています。例えば財政再建の問題で、増税をするのならば、まずは公務員などの無駄をやめろという意見がありますよね。国民大多数の意見だと思います。これに対して、「公務員の無駄というのは、全体に比べたら微々たるものだ。そんなことより何百兆円もある赤字をどうするかは、別の問題で考えるべきだ。」なんて意見が出てきます。

ある意味、これは理屈としては正しいようにも思えます。その一方、何か納得いかない。それは何故かと考えますと、結局こういう考えは、「カリギュラの数の論理」に通じるものがあるのではと思うわけです。

と、いろいろと書いてきましたが、実は弁護士自体、依頼者に対して「カリギュラの論理」で話すことがよくあるのです。その辺のところを、次回に続けます。

弁護士より一言

カミュと言えば、「異邦人」が有名ですね。子供のころ、父親の本棚に3冊あるのを見つけました。読もうと思って買った、そのまま読まずに忘れてしまった。そこでまた買うということを繰り返したんですね。生意気盛りの私は、父親に「うちには子供が3人いるから、遺産相続のときに楽だよね！」なんて嫌味を言ったものです。

ところが今になると、私も父親と同じようなことをしています。買っただけで読まない本が無数にあり、そのまま忘れてしまい、また買ってしまうんです。

そのうち子供に何か言われそうで心配です！

（2013年1月16日　第93号）

カリギュラ弁護士の論理（2）

前回のニュースレターに多くのコメントを頂きました。大多数の方は、カリギュラの論理に対して、否定的な見解なんですね。私だってそうです。

しかし考えてみますと、そのような反応は、自分自身で悪逆非道なことをしているカリギュラに対して、「お前が言うなよ！」という反発から生じるところが多分にある気がします。その一方、「カリギュラの論理」そのものをどう考えるかは、なかなか難しい問題を含んでいます。

要は、「正しいけれども犠牲が多い。」のと、「間違っているけれども犠牲は少ない。」のとで、どちらを選ぶのかという究極の選択だと思えるのです。

カリギュラ帝はその悪逆非道ぶりで相当数の人を殺したことは確かです。しかし、五賢帝の一人、名君とうたわれたハドリアヌス帝の大規模な対外戦争で死んだ人は、カリギュラ帝の場合とは比較にならないほど多いのです。それなのに、単純にカリギュラは暴君で、ハドリアヌスは名君と言っていいのかという問題です。私自身、タイムマシンでローマ帝国に行くことになったら、カリギュラ帝の時代に行った方が、生きながら得る可能性が高いように思えてくるのです。このようなカリギュラの論理の問題は、弁護士業務の中で現実にでてきます。たとえば民事訴訟の場合、土地をめぐる紛争などがあるんですね。私も何度かやったことがあります。

隣の土地との境界がどこかで争われるのですが、その違いというのは数センチほど、金額にしても10万円程度の場合があるわけです。こういうときに弁護士としては、どうしても言ってしまいます。

「不満はあるかもしれませんが、裁判までしたならば、測量の費用や弁護士費用で、直ぐに100万円以上かかりますよ。わずか10万円の争いなんですから、譲った方がずっと損害が小さいですよ。」こんな風に言うと、依頼者に怒られるんです。

「どちらが損か得かの話しじゃないでしょう。どっちが正しいかの話しじゃないですか!!」

こういうときには、何か自分がカリギュラ帝になったような気がしてきます。

民事事件ならまだしも、刑事事件となりますと、さらに深刻です。例えば電車内での痴漢事件などで逮捕勾留されている依頼者の中には、「自分は絶対にやっていない。」という方は一定数いるのです。しかし、ここで無罪を争って戦うと、大変な犠牲が強いられます。

たまに、痴漢事件で冤罪が認められたなんて、ニュースでやっていますよね。しかし、そこに至るまでには、長期間身体拘束が続いたうえ、会社を解雇され、離婚までしてと、大変な犠牲が付いてくるんです。そんなわけで依頼者の奥さんからは、「嘘でもいいから認めるように言ってください。家族がどうなってもいいんですか！」と頼まれるのが通常です。

冤罪で捕まっている人にとって、国家権力というのはまさにカリギュラ帝のように理不尽なものですよね。その理不尽さを受け入れても、自分や家族のための犠牲を小さくすることを選ぶのか、あくまでも理不尽さとは命をかけても戦うのか、非常に大きな問題です。

こういう場合、弁護士倫理の教科書には、あくまでも戦うべきだと書いてあります。しかし、本当にそれが依頼者のために良いことなのか、「カリギュラ弁護士」としては、悩みが尽きないのです。

弁護士より一言

小学1年生の息子が、ダジャレに凝っています。食事の時間いろいろと披露してくれました。

「猫が寝ころんだ」「肉が憎い」「そんな言い訳して良いわけ?」「サラダの皿だ。」そこで私も、父親としての実力を見せるときだと考えたんです！「あしたはアシカを見に水族館に行こう。」「僕は手だよ。あっしは足です。」

息子には、「どこがダジャレなの?」と聞かれました。小学校5年と6年の娘たちは、呆れたような顔でパパを見るんです。ううう……

（2013年2月1日　第94号）

ガリレオ弁護士の主張

前回のニュースレターにも、多くのコメントといいますか、厳しいご指摘を頂きました。そんなわけで、しつこいようですがもう一回だけ続けます。批判の内容というのは、冤罪事件に対する、弁護士の対応についてなんですね。「民事事件で土地を争うのなら、譲るというのもあり得る。しかし、刑事事件で冤罪となるときには、断固戦うべきではないか。唯一の味方であるはずの弁護士がそんなことでは、誰を頼りにしてよいのか！」ということです。

私の態度について、「それでも僕はやってない」という映画に出てきた弁護士みたいだとも言われたんです。ううう……。ヒットした映画ですから、見た方も多いと思います。フリーターの主人公が痴漢の疑いをかけられる話ですね。「自分はやっていない。」といくら説明しても、警察官にも裁判官にも取り合ってもらえません。逮捕後、勾留されてしまうわけです。

勾留されているときにやって来た弁護士が、私と同じようなことを言っていたというわけです。つまり、「たとえやっていなくても、争ったら大変だし勝ち目は薄い。やったことにして、示談でもしたらすぐに終わるんだから意地を張らずに終わらせちゃえばいいんだ。」みたいなことを言うわけです。

私自身、この映画を見たときには、こういう言い方には納得のいかないものを感じました。それだけに、この弁護士と同じといわれますと、やはりショックを受けたわけです！

「それでも僕はやってない」といいますと、ガリレオ・ガリレイの「それでも地球は回っている」を思い出します。天動説と地動説の対立ですね。

ローマ法王庁の見解である天動説に逆らって、地動説を唱えたガリレオは、宗教裁判にかけられるわけです。ところが、ガリレオ大先生は、宗教裁判で自分の主張の正しさを力説するかと思いきや、あっさりと、教会側の主張を認めてしまうんですね。それでもって、陰でこっそり言ったのが、「それでも地球は回っている」という有名な言葉だったわけです。

ガリレオ先生としては、教会と喧嘩するだけバカバカしいという認識があったのではと思います。教会の天動説は、別に神様が主張しているわけではなくて、教会の人間が主張しているだけなんです。そんなものに、本気で争うだけ時間の無駄ということでしょう。

冤罪事件についても、私は同じようなことが言えるのではないかと思うのです。隣人との土地の境界争いなら、相手の主張を認めたとしても、別に大したことではないという認識があります。世の中には、物わかりの悪い人がいますから、争うだけ馬鹿らしいということですね。その一方、刑事事件で有罪と認めてしまうのは、それとは違うと考える方が一般的でしょう。しかし、それはおかしいと思うんです。

裁判で有罪と決めるのは、しょせん裁判官という人間です。世間を何も知らないお兄さんが、司法試験に受かって、少し修習して、5年たてば1人で裁判できるんです。その程度の人でも行う判断ですから、間違えることなんてあって当たり前です。

映画の主人公は、結局最後まで争った後に、有罪となりました。大変な犠牲を払って頑張った人のことは、立派だと思います。

その一方、あっさり罪を認めて、後から陰で「それでも僕はやってない」と言うのも立派な生き方だと思えるのです。そして、そんな人を支えるのも弁護士の役割ではないかと、「ガリレオ弁護士」としては考えています。

弁護士より一言

小学校1年生の息子は、少し前までは母親べったりだったんですね。ところが最近、お出かけするときは、「パパ。男同士で行こうよ！」なんて言います。

私としては、単純に喜んでいたわけです。

ところが「パパの方がガチャガチャ（カプセルのおもちゃが出てくるあれですね。）をやってくれるし、ハッピーセットも買ってくれるもん！」だそうです……

そ、そうだったのか！

（2013年2月16日　第95号）

今昔物語の減量弁護士

「今昔物語」の中に、三条中納言という人の減量の話があります。この人は大変な教養人で、日本と中国についての知識に優れているうえに、笙の名手としても知られていた人です。さらに、飛ぶ鳥を落とす藤原氏の一族で、家柄も財力も申し分ないという凄い人なんですが、病気といえるほど太っていたのです。

そこである日お医者様に、減量について相談します。お医者様が提案した減量方法というのが、今で言いますとさしずめ「お粥ダイエット」というものです。冬は湯漬け、夏は水漬けの御飯を食べるようにすれば、肥満は解消できるだろうということでした。

三条中納言は、それは良いことを聞いたと喜んで、その後はお粥ダイエットを始めたんですが、少しも痩せないどころか、ますます太ってきたわけです。そこで、何か悪いのかと、お医者様は中納言の食事を見に行ったんですね。

中納言は、確かにお粥を食べていたんですが、おかずもたっぷりと食べたうえに、大きなお椀に何杯も何杯もお粥を食べていたのです。「これでは痩せるわけがない!」と、お医者様も呆れたという話です。三条中納言が試したのはお粥ダイエットですが、現代日本には、本当にさまざまな減量方法が溢れています。

少し前に流行ったブート・キャンプみたいな、運動系の減量がありますよね。もっと楽そうなのですと、「寝るだけダイエット」とか、「巻くだけダイエット」みたいなものもあります。ただ寝るだけで、さらには体に布を巻きつけるだけで、骨盤の歪みを正すことができ、それが減量につながるそうです。ほ、本当ですか!

さらに、食事制限のダイエット方法に至っては、百家争鳴の感があるのです。日本古来の粗食が良いという意見（食の西欧化によって、肥満が増えてきたということだそうです。）があれば、肉や魚のタンパク質を積極的に取らないといけない（昔の日本人より、現代人の寿命が延びているのは、タンパク質をしっかり取るようになったからだそうです）なんて意見もあります。肉を食べると早死にするという見解から、肉を食べないと早死にするという意見まであるわけですね。

そんな中で、現在私は、糖質制限ダイエットというのをやっています。肥満の原因は、糖類・炭水化物（ご飯、パン、麺類、甘いものなどです。）にあるということです。体に脂肪として蓄えられるのは糖類だけなので、肉や魚などは、食べても大丈夫なんだそうです！　このやり方で、確かに成果が出ていたのですが、ここに来て体重がほとんど減らなくなりました。これは何故かなと考えたところ、ハッと気が付いたのです。

実は最近、肉や魚を、1日に何百グラムも食べていたんですね。私も、三条中納言と同じ過ちをしていたのだと、気が付いたのです！（あ、アホか!!）

ということで、強引に弁護士業務に話を結びつけます。弁護士として依頼者にアドバイスをしても、結果としてうまくいかないことがあります。その中には、三条中納言のケースもあるように感じたのです。弁護士としては、これは常識として当然分かるだろうと考えていることが、依頼者に伝わっていないということですね。

三条中納言も、「お粥を1食あたり、小さいお椀一杯だけ」と、具体的にアドバイスされていれば、減量に成功できたかもしれません。プロから見れば当たり前のことでも、お客様にしっかりと伝えていく、そんな心がけが弁護士としても大切だと思ったのでした！

弁護士より一言

減量はともかく、うちではかなり前から、健康食にこだわっているんです。お米も、玄米や雑穀米を食べて、白米は基本的に取らないようにしていたんですね。しかし、これはどうも、小学生の子供たちには評判が悪かったようです。

先日外食したとき、白いご飯が出てきたら、子供たちが大声で、「やったー　白いご飯だ！　白いご飯だ!!」と歓声を上げました。や、止めてくれええええ……

なんだか、家でろくにご飯をあげていないみたいじゃないですか！

（２０１３年３月１日　第96号）

傍観者の弁護士

横浜で法律事務所を独立開業して、丸6年になりました。開業にあたっていろいろな本を読んで勉強したんですが、そのうちの一つがピーター・ドラッカーです。偉大な経営学者からは、多くのことを教わりました。

「企業の目的は、利益ではなくて、お客様の創造である」なんて、本当に目から鱗が落ちるような指摘でした。物事の調査にあたっては、「事実」を調べるのではなく、まずは各人の「意見」から調べろなどというのも、本当に実践的なアドバイスとして重宝したものです。「弱点を克服するな、強みの上に築け」というアドバイスを、いつも忘れないように努めているのは私だけではないはずです。

そんなドラッカー先生の自伝ともいうべき本に、「傍観者の時代」というのがあります。20世紀前半に青春時代を送ったドラッカーが、多くの知識人と出会い、自分の思想を作っていく過程は、読んでいてとても面白いものです。

本の中には、興味深いエピソードが沢山あるんですが、例えば教師についての考察があります。ドラッカー先生は、教師を観察するのが、知的楽しみの一つだったそうです。その中で、ドラッカーの知った真実というのは、「生徒には一流の教師を見分ける力がある」ということだそうです。一流の教師は、それぞれ教え方も、生徒に対する接し方もみんな違っています。厳しい教師もいれば、優しい教師もいます。無口な教師もいれば、お喋りな教師もいます。

しかし、一流の教師は、どのようなタイプの中にもいて、生徒はそれを見間違わないというんですね。言われてみますと、私も学生のときに、良い教師と悪い教師は、簡単に見分けがついていたような気がします。弁護士についても。お客様から同じように評価されているのかもしれないと思うと、少し怖くなってくるのです！

さらに、ドラッカー先生が、法哲学の勉強をした話もあります。法学者の叔父さんに、法哲学で最大の難問は何かと聞いたところ、それは「刑罰の根拠」だと言われたんですね。そこで若きドラッカーは、刑罰の根拠について考えてみるわけです。昔の偉人たちの見解を勉強しますと、刑罰の根拠は、「復讐」「更生」「予防」など、様々な見解があることが分かります。

ところが、そういった「根拠」の違いによって、現実の刑罰をどうするのかという結論の部分になりますと、結局は「死刑」「懲役刑」「罰金刑」などという、いずれについても同じものとなります。

ドラッカーは、これはおかしいではないかと考えるわけです。結論がどちらにしても同じだとしたら、「根拠」なるものは、一体なんなのだということです。さすがに未来の大経営学者は、若いころから考えることが違います！　いまだに日本では、刑法の時間に刑罰の根拠などについて勉強しています。

しかし、私自身弁護士として刑事事件の実務を行う上で、「刑罰根拠」の違いで結論に違いがあるような事案に出会ったことがないのです。だとすれば、そんなことを、時間をかけて勉強する意味は何なんでしょうか？

裁判実務をはじめとして、日本の法曹界自体が、ドラッカー先生から学ぶことが多数あるのではないかと感じています。

弁護士より一言

ドラッカー大先生といえば、13歳のころのエピソードが記憶に残っています。少年ドラッカーは、当時の学校の先生に言われたんですね。

「あなたは、何によって記憶されたいですか？」「50歳になってもこの問いに答えられないと、人生を無為に過ごしたことになりますよ。」

この問を忘れずにいたドラッカーは、世界一の経営学者として記憶されることになったのです！ 私も、本日50歳の誕生日を迎えました。しかし恥ずかしながら、自分が、何によって記憶されたいのか、いまだに言うことが出来ないのです。

せめて、ニュースレターを10年間続けた弁護士（なんだそりゃ！）として、皆さんの記憶の残るように、これからも頑張っていきたいと思うのでした。

（2013年3月16日　第97号）

弁護士のプラシーボ効果

プラシーボというのは、偽の薬のことですね。

例えば新薬の効果について試験をするとします。いろいろな新薬について、効果を測定するわけです。このときに、偽の薬を測定試験に加えます。たとえば、単なるビタミン剤などですね。

面白いことに、本来は何ら効力の生じるはずのないビタミン剤でも、効果が出てきます。この薬は効くのだと信じて飲めば、本当に効いてくるわけです。こういうことを、プラシーボ効果と言います。まさに、「病は気から」ということがあるんですね。

お医者様に関しても、プラシーボ効果については、なかなか難しいところがあると思います。たとえば、風邪をひいて来院した患者さんに対して、どういう薬を出すかという問題ですね。

科学的に言えば、風邪のようなウイルスに対しては、抗生物質は何の役にも立たないそうです。しかし、多くの患者さんが、風邪についても抗生物質の処方を望んでいるわけです。

こういうときに、どうすれば良いのか、お医者様としても悩むところだと思います。もちろん、しっかり説明して、風邪には抗生物質は効かないと納得してもらうのがベストです。しかし、私自身もそうですが、そういう正論はなかなか心に響かないんですよね。

「なんだ、理屈ばかり言って、ケチな医者だな！」なんて思われてしまいそうです！

そこでお医者様として、抗生物質を処方するというのも一つの考えです。薬というのは、使う人が、「これは絶対に効くんだ!」と考えれば、本当に効くわけです。まさに「プラシーボ効果」です。私自身、かつて風邪のときに抗生物質を服用したら、本当に良くなったことがあります。科学的には役に立たない薬でも、処方することに意味はあるんですね!

弁護士の仕事についても、こういう問題は起こります。客観的には役に立たないことでも、依頼者が頼んできたときに、どうするかという問題です。

例えば、裁判をしているときに依頼者から、「こんな主張をしてほしい。」なんて言われることがあります。多いのは、感情的な主張ですね。相手が道義的にどんなに不当かといった主張です。そういう主張をしたいという気持ちは理解できるのですが、法的に見れば意味のない主張です。

その他に、他の案件でなら役に立つけれども、本件とは無関係といった主張もあります。これは良い主張だから、是非とも裁判所に出してほしいと、依頼者に頼まれます。まさに、風邪の場合に抗生物質の処方を依頼されるようなものでしょう。

こういう依頼に対して、多くの弁護士は、「やっても無駄ですよ。」と、説得するわけです。うちの事務所もそうでした。しかし、考えてみますと、依頼者は、法律についての「正しい」知識を得たいと思っているわけではないでしょう。弁護士の活動を信頼し、安心したいと思っているわけです。安心してもらう、それがまさに「プラシーボ効果」です。

客観的には役に立たないことでも、それがお客様の安心につながるのならば、十分に意味のあることかもしれません。弁護士として「プラシーボ効果」を、真剣に考えたいと思うのです。

弁護士より一言

4月から小学校2年生になる息子から手紙をもらいました。「いつもぼくのことをみまもってくれて、いままでありがとうございました。」（一瞬、家を出ていくお知らせかと思っちゃいました。）「ぼくはもう二年生です。」「これからは、はやおきがんばります。」

なんか、ジンときちゃいました。

私も真似して、皆様に一言。

「いつも当事務所を温かく見守っていただき、有難うございました。お陰様で、当事務所も開業7周年目を迎えました。これからも頑張って参ります。」

引き続きよろしくお願いいたします!!

（2013年4月1日　第98号）

プロ弁護士　アマ弁護士

数年前に亡くなった囲碁棋士に、藤沢秀行という方がいます。囲碁もメチャクチャ強かったんですが、私生活の方も破天荒な先生でした。

アルコール中毒になるほどお酒を飲んだり、愛人宅に居続けて3年間家には帰らなかったり、私生児を何人もこしらえたりと、ハチャメチャな人だったのです。

こんなメチャクチャな秀行先生ですが、こと囲碁に関しては、真摯に取り組んでいました。当時まだ弱かった中国棋界を援助するとともに、日本棋界には「中国が近い将来日本を追い抜く」と警告していました。

そんな秀行先生の、囲碁の強さの判断基準というのを読んだことがあります。「アマチュアは、その人の碁の序盤を見るが、プロは終盤を見る」そうです。終盤が強い人が、本当に強い人だということです。

碁の序盤というのは、答えのない世界なんですね。まさに創造力が試されるわけです。そんな序盤に関しては、アマチュアの自由奔放な工夫が、プロを上回り、プロに広く受け入れられることがあります。「ナダレ定石」しかり、「新布石」しかり、「中国流」しかりということです。（なんのこっちゃ！）

それに対して、囲碁の終盤というのは、答えのある世界です。当たり前のことを、当たり前にこなさないといけないわけです。つまり、秀行先生は、プロと言えるためには、当たり前のことを、当たり前にこなす必要があると教えてくれたのだと思います。

弁護士の場合にも、こういうことはあるのです。私自身、「素人の方の見解というのは、本当に凄いな！」と感心することが多々あります。依頼者の場合、自分の事件ですから、本当によく勉強してきます。その分野だけですと、弁護士より余程よく勉強すると共に、考えているんです。ところがそういう人は、弁護士なら当然に知っている当たり前のことを理解していないことが多々あります。当たり前のところが当たり前に分かっていないので、全体的にはおかしなことになるんですね。その意味で、やはりプロの弁護士とは差があります。プロとなるには、当たり前のことを当たり前にこなす必要があるのです。

ところが、最近になって、またややこしいことが起こって来ました。例えば囲碁の世界ですと、終盤に関しては、コンピューターの方が人間より強くなってきたのです。プロの、プロたる由縁の分野で、プロよりコンピューターが強くなってきたということです！　そうしますと、アマチュアでも、序盤の研究をすれば、コンピューターとの連合軍で、プロを打ち負かすこと出来るかもしれません。そして、弁護士についてもこういうことは言えると思うのです。

先ほど説明したように、特定の事項について、色々と勉強して来る依頼者がいます。弁護士が思いもしないことを考え、勉強してくるわけです。そうだとしてもこれまでは、プロである弁護士との差は歴然としていました。

しかし今後は、弁護士として当然知っていることについては、コンピューター等が助けてくれる時代が来るような気がします。そうなったときに、プロの法律家たる弁護士が、アマチュアの依頼者に差を付けるため、何ができるのかが問われてくると思うのです。

弁護士より一言

プロになるためには、勉強をしたり、試験に合格したりする必要がありますよね。難しい仕事をするのですから、当然のことでしょう。

ところで、先日読んだ本に、難しい仕事にも3段階のランクがあると書いてあったのです。

難しい仕事の中でも一番簡単なのは、例えば弁護士の仕事だそうです。二番目に簡単なのは、例えば地球物理学みたいな分野です。

それなら、一番難しいのは何かと言いますと、例えば子育てなんですね！ ほ、ホントですか！

ところが、一番難しい子育て業務を行うに当たり、何の勉強も要求されませんし、試験も無いわけです。私なんか、いつの間にか一番難しい仕事を、3件も同時に担当しているわけです。我家で子育てに悩むのは、当然のことだと思ったのでした！

（2013年4月16日　第99号）

肩の上の弁護士

ショートショートの神様 星新一に、「肩の上の秘書」という小説があります。全ての人が、肩の上に機械のインコを乗せている、近未来の話ですね。このインコが、秘書の役目をしてくれるわけです。人間が簡単な指示を出すと、インコはその場の状況、雰囲気を考慮して、丁寧に相手方に話し始めます。逆に、相手方の長い話については、インコの方で要約して、ポイントを教えてくれるのです。

例えばセールスマンが、「商品を買え」とインコに言うと、インコはお客さんに向かって語り始めます。「本日ご紹介したい商品ですが、小型の電子クモです。こちら背中が痒い時に自動でかくことが出来ます。痒いところに手が届く品となっています」そうしますと、客側のインコが「孫の手の営業です」と通訳するといったかんじですね。

考えてみますと、このインコの役割と、弁護士の役割は非常に似ているなと思ったわけです。弁護士は、依頼者から聞いた言葉を、法律の言葉に直して相手方や裁判所に伝えるわけですね。依頼者が、「商品が壊れていたんだ！」と言えば、「瑕疵担保責任に基づく損害賠償と、契約の解除を主張します。」といった形で相手に伝えます。それとともに、相手方弁護士や裁判官からやってくる法律の言葉を、日常用語に直して自分の依頼者に伝えることになります。まさに、肩の上のインコと同じ仕事をしていることになりそうです。

　このような、日常用語と法律用語の間の翻訳だけなら良いのですが、弁護士の場合、法律的というより、感情的な言葉の伝え方について、悩みがあるのです。例えば、依頼者の中には、相手方に対して非常に厳しい言葉を伝えてくれと言って来る方もいるわけです。しかし、いかに依頼者の頼みでも、本当にそんな言葉を伝えると、事件がますます紛糾してしまう場合がありますよね。そういう場合は、肩の上のインコになったつもりで、少し表現を和らげて相手方に伝えたりすることはよくあることです。これは、決して依頼者を裏切る行為ではなく、無駄な紛争を避けて、一番良い結果を得るための方策だと考えています。

　ところが、弁護士の中には、依頼者が厳しいことを言いますと、それをわざわざそのまま伝えてくる人もいるんです。それどころか、依頼者以上に興奮して、さらにもっと厳しいことを伝えて来たりします。

「相手方の主張はアウトオブ論外である。」「門前の小僧習わぬ経を読むという言葉もあるが、耳学問で書面を書くと、恥をかきますぞ。」などということを言ってきて懲戒処分になった弁護士もいましたが、こういうのは確かにまずいですよね。

　さらには、言わない方が良いことを、文書にして提出してくる弁護士もいるんです。「貴方のやり方については、常軌を逸した非人間的なものであり、当方の依頼者も怒り心頭であります。」だなんて、わざわざ書いてくるんですね。口頭で言って来れば、当方としても肩の上のインコになったつもりで、適当に弱めて報告できます。ところが、文章で出されますと、こちらとしても自分の依頼者に見せざるを得ませんので、ますます紛争が拡大してしまうのです。ううう……

少なくとも弁護士は、肩の上のインコとして、余計なことは伝えない訓練を積むべきだと思ったのでした。

弁護士より一言

「わたしもそんなインコほしいな。」今回のニュースレターを読んだ妻から言われました。例えば妻が用意した手土産を、私から母に渡すような場合です。妻はいつも私の両親の好きそうな食べ物を考えて用意します。いろいろと由緒があるそうです!!(なんのこっちゃ!) その辺のところを、妻としては私の両親に伝えて欲しいと期待しているんです。

ところが現実に私が両親に渡すときには、「はいこれ。」としか言わないのです。どうも私は「肩の上の秘書」の役割も出来ていないそうです!

ニュースレターも、ようやく100号を迎えました。

今後ともどうかよろしくお願いいたします。

(2013年5月1日　第100号)

ウォルマートの安売弁護士(1)

「ウォルマートに呑みこまれる世界」という本があります。ウォルマートは言うまでもなく、世界最大の小売業ですね。私もアメリカに住んでいるときには、よく利用していました。メチャクチャ広い店舗です。

そんな店舗が、アメリカだけで4300店あるそうです。さらに同じくらいの数の店舗が全世界にあるんですね。年間売上げが35兆円というのですから、信じられない巨大小売業です。

この本では、それだけ巨大なウォルマートが、店舗の周辺はもちろん、世界全体に与える影響を分析してるのです。もともとウォルマートは、創業者のサム・ウォルトンという人が、アメリカの田舎で始めた小さなお店からスタートしています。この人の信念は、「良いものを安く売る！」という、その一点なんです。まさに、「毎日が低価格」という、ウォルマートの標語の通りです。そのためには、徹底的に安く仕入れます。従業員の給与も低く抑えます。ただただ、お客様のために良いものを安く提供していたら、それが認められてお店がどんどん発展していったわけです。

近隣のお店がウォルマートのためにつぶされて、ウォルマートが独占状態になるような場合がありますよね。そういうときに、「これはしめた！」とばかりに粗悪品を高い値段で販売するようなら、まだ可愛げがあります。ところがウォルマートは、そうなっても一切手を抜かずに、さらに良いものを安く提供し続けるわけです。こうなるともう、全く手に負えません！

それまで穏やかに生活していた地域にウォルマートが進出してくると、それまでの小売店や小型スーパーなどは戦々恐々としてくるのです。

とまあ、ウォルマートの紹介を長々としてきたのですが、もちろん関心は弁護士業の方です。弁護士についても、最近は人数が増えて、競争が厳しくなってきました。大手の事務所が各地に支店を作って、テレビCMをしたり、無料相談会を開いたりして、その地方のお客さんをごっそりとさらっていくなんてことが起こっているのです。規模は小さいんですが、まさにウォルマートが進出してきた町の小売業者のような立場にいる弁護士は沢山います。

サム・ウォルトンは、「私のウォルマート商法」という自伝を書いているんですが、その中で田舎の小売業者について、こんな風に批判しています。

「田舎の商店主をあまり批判したくないのだが、ウォルマートが進出する以前にも、彼らの多くが地元の顧客に良いサービスを行っていなかったことは事実だ。」「もし競争がなければ高い価格を付け、開店時間を遅くし、閉店時間を早くし、水曜と土曜は営業しないことも可能だ。」(少し前までは、こういう弁護士本当に沢山いましたね。)

「ウォルマートに対抗する方法はいくらでもある。お客が望むような何かを見つけ、それを提供することである。」「生き残るためには、誰もが時代の変化についていく必要があるのだ。」　なんだか、零細個人事業主である弁護士のことを言われているようですね。私をはじめ、耳が痛い弁護士は多いのです!

ただ、そもそもウォルマートのような小売業と違い、弁護士業の方は、「毎日が低価格!」みたいな安売りが出来るのだろうかという疑問があります。そんなわけで、次回は弁護士業の安売りの可能性と、それに対抗する方法について検討してみたいと思います!

弁護士より一言

4月から中学生になった長女のセーラー服姿を見た妻が「いいなあ。とっても可愛い制服ね!」と言ったのです。そうしたら、娘が無邪気に言いました。「ママも着てごらんよ。きっとママも似合うよ!!」

コ、コスプレですか!

さすがの妻も辞退していました。ほっ

今回で、ニュースレターも101号です。取りあえず200号まで頑張ります!

引き続きコメントを楽しみにしております。

(2013年5月16日　第101号)

ウォルマートの安売弁護士(2)

弁護士業でも安売りは可能かという話ですね。

ウォルマートのような小売業では、購入価格を徹底的に安くすることで、低価格を実現しています。「ウォルマートに呑みこまれる世界」には、ウォルマートと取引したばかりに、過酷な値引き要請に苦しめられている製造企業が紹介されています。こういうことって、日本の下請け企業でもよく聞きますね。

ただ、弁護士業のようなサービス業では、そもそも仕入れ値を下げることはあり得ません。下げるとしたら、勤務弁護士や、事務員さんの給料です。この点、ウォルマートも、従業員の給料は非常に低く抑えていました。サム・ウォルトン自身、ウォルマートからの給料だけでは家族を養っていけないことを認めていたそうです。しかし、人が財産の法律事務所で、人件費をそれほど劇的に下げるのは無理ですね。確かに、弁護士の数が増えてきたので、昔よりは勤務弁護士の給与は減少しています。それでも、ウォルマートなみに下げるというのは、まずありえないことです。

そうなってきますと、弁護士が安売りするには、地道に業務の効率化をはかっていくことが一番になりますね。当たり前のことです。こういった業務効率化は、当然のことながらウォルマートも力を入れてきました。コンピューター・システムを大々的に取り入れて、徹底的な業務効率を追求してきたことは、ウォルマートに批判的な、「ウォルマートに呑みこまれる世界」でも紹介されていました。この点は、日本の弁護士も真剣に見習わないといけませんね！

ところが、サービス業において、さらに安売りを追及しようとなると、サービスの質を落として安くするという工夫？が出てこざるを得ないんです。私がアメリカでよく行っていたウォルマートも、従業員のサービスは、日本に比べてかなり低いと感じましたね。

この点について、少し前に安売り航空会社のスカイマーク社が、うちは安いんだから、客の側でも当然こういうことは理解しろよという文書を配ってましたよね。例えば、こんなことが書いてありました。

「お客様に対しては、従来の航空会社の客室乗務員のような丁寧な言葉遣いを、当社客室乗務員に義務付けておりません。」「客室乗務員は保安要員として搭乗勤務に就いており、接客は補助的なものと位置付けております。」「機内での苦情は一切受け付けません。ご不満のあるお客様は、消費生活センター等に連絡されますようお願いいたします。」

これ、安売弁護士も真似できますね！

「依頼者に対しては丁寧な言葉遣いを、当事務所の弁護士に義務付けておりません。」「弁護士は法律専門家として業務に就いており、サービスは補助的なものと位置付けております。」「弁護士に対する苦情は一切受け付けません。ご不満のあるお客様は、弁護士会に懲戒申し立てされますようお願いいたします。」

こんな感じのサービスにしたら、「安売り」もしやすくなりそうです。と書いていて、ハッと気が付きました。ここで書いた弁護士事務所のありようって、少し前の、競争がない状態で殿様商売をしていたころの弁護士そのものじゃないですか！ そういう事務所は、それでいて、安売りどころか、今より値段は高かったんです。ということで、もう1回だけ続けます。

弁護士より一言

小学校2年生になった息子は、少し前までは、「ママと結婚する！」と言ってたんです。ところが最近は、妻が「いつ結婚するの？」と息子に聞くと、「その話はまた今度にしよう。」とはぐらかすようになりました。妻ががっかりした顔をすると、一転して、「ママ、チュー券（なんだそりゃ！）あげるね。」などと気を引きます。と、とんでもない奴です！

「騙されているんだよ。」と教えてあげても、妻は眼を覚まさないんです。ううう……

そのうち妻は、息子を名乗る電話がかかってきたら、「母さん助けて詐欺」に引っかかるのではないかと心配になったのでした。

（2013年6月1日　第102号）

ウォルマートの安売弁護士（3）

ウォルマートで感動するのは、「絶対に安くするんだ！」という気合いですね。「ウォルマートに呑みこまれる世界」には、こんな話が載っています。

汗を抑えるデオドラントってありますよね。ウォルマートでも以前は、製品を箱に入れて売っていたのですが、その箱が無駄だということで、止めたんだそうです。それによって、1箱5セント（5円）安くなったわけです。（もっとも、ウォルマート全体では、10億円の節約につながるそうです！）

一方、日本ではといいますと、ある人から教えてもらいました。その人が虎屋の羊羹をもらったら、7重包装になっていたそうです。「ビニール包装でいいから、もっと安くしろよ。」「世界でも、こんなに過剰包装なのは日本だけ。」とお怒りでした。しかしそうは言いましても、虎屋の羊羹が本当にビニール包装だったら、顧客として失望する気がするんです。たとえ同じ商品でも、味も落ちて感じるに違いないです！

安売りのためには、過剰包装や過剰サービスを止める必要があります。その一方、何が「過剰」で、何が必要なものかは、判断が難しいのです。

弁護士の仕事でも、「過剰」な仕事内容を省くことで値段を安くできるのかが問題となってきそうです。これは難しいことは確かなんですが、絶対にできないわけではないのです。

数年前に、破産管財人の報酬について、裁判所の主導の下、「安売り」が実現しました。簡単な破産事件の場合、裁判所への報告など非常に簡略化する代わりに、弁護士報酬を低くしたんですね。ある意味、それまでの業務内容が、不必要に煩雑だったと言えるかもしれないわけです。

弁護士の主要業務である裁判の場合でも、こういう「安売り」は可能かもしれません。裁判を起こすときには、まず訴状を裁判所に出すことになります。

私はアメリカの弁護士資格も持っていますが、アメリカ式の訴状は、とても簡単なんです。本当にざっくりと書くだけですから、直ぐに出来てしまいそうです。これに対して、日本で訴状を書くのはかなり大変です。相手が認めるかどうかわからない点について、法的構成まで工夫し、証拠もしっかりと揃えて主張するんです。結果的には、相手方があっさり認めてしまったので、時間をかけて準備する必要がなかったなんてこともよくあるわけです。ところが、相手が争ってくることを前提にしっかりした訴状を書く以上、それなりの費用は請求せざるを得ないわけです。

そんな訴状をお客様が求めているのかは疑問ですが、だからと言って、日本でアメリカ式にするのはやはり抵抗があります。裁判所に対して恥ずかしいですし、相手の弁護士に甘くみられそうで心配になります。

日本の司法は精密司法といわれていますが、もう少しざっくりとやってよいのならば、随分と弁護士業務も合理化でき、価格も安くなるように思えるのです。私が自分でやるのは躊躇しますが、いずれはこういった割り切った業務で、安売りを実現する弁護士が出てくるのではと感じています。

一方、顧客に対してのサービスを考えると、弁護士はもともと大したことをしていないと感じています。こちらをますます充実させる代わりに、安売りをしないで適正な料金を請求する。私としてはそういう弁護士を目指していきたいと考えています。

弁護士より一言

先日、人気ミュージカル、スウィーニー・トッドを見てきました。18世紀末のロンドンを舞台に、市村正親演じる理髪師が、髭剃りのときに喉を掻き切って客を殺すと、大竹しのぶのパイ屋さんが、被害者の肉でミートパイを作るという、バカバカしくも怖い話です。二人が劇の中で、どんな職業の人の肉なら、どんなミートパイになるのか、掛け合いをする場面がありました。「小説家の肉は筋が多い。」といった感じですね。弁護士の肉は、「値段は高いが、後味が悪い！」そうです。ううう……。安売りは出来なくても、せめて後味の良い仕事をしたいものです。

薔薇の名前・弁護士の名前（1）

（2013年6月16日　第103号）

今回は、いつもにも増してバカバカしい話題です。それだけに、最初だけでも格調高く、シェイクスピアの引用から始めます。

「バラはたとえ別の名で呼ばれても、やはり甘く香るでしょう。」なんて、「ロミオとジュリエット」にありましたよね。名前より中身が大切だということです。しかし、これが本当に正しいのか、文学の世界では長らく論争が行われていたはずです。（まあ、結論が出るような問題ではないでしょうけど……）

一方、文学ではなくて、ビジネスの世界では、答えはすでに出ています。商品の名前を変えることで、売上が10倍になったなんてことは、よくあることなんですね。

「みだぐなす」という果物を聞いたことがあるでしょうか？ ナシの一種ですが、見た目が悪いから、「見たくなし」という、ダジャレのような名前なんです。それほど見栄えの悪い、ナシだったのですね。それが理由か、ちっとも売れなかったそうです。

そこで、このナシの名前を変えたんです。新しい名前は、「ラ・フランス」です。そうしたところ、もともと大変おいしいナシでしたから、一気に人気商品になったというわけです。

こういうことってよくあるようですね。湿らせたティッシュペーパーに、「モイスチャーティッシュ」と名前を付けても少しも売れなかったところ、「鼻セレブ」と名前を変えたら爆発的に売れました。緑茶を缶に入れて売り出すのに、「缶煎茶」と名付けたところ、全く売れなかったそうですが、「お～い お茶」に名前を変更してから、人気商品になったということです。

臭いのしない靴下を開発して、「フレッシュライフ」という名前で販売しても、人気が出ない。これを、「通勤快足」という名前に変えたら、大ヒットした。まあ、しつこいのでこのくらいにしておきますが、ことほど左様に、名前というのは大切なんですね。

商品の名前がそれほど大切なら、法律事務所の名前も同じように大切なはずです。しかし、多くの弁護士が、それほど気合を入れて事務所の名前を付けているとも思えないんです。

弁護士自身の名前を事務所名にするのが一番多いかもしれません。「大山滋郎法律事務所」なんて感じですね。それから、事務所の所在地の名前を付けるのも一般的です。うちの場合でしたら「大桟橋前法律事務所」とか「日本大通法律事務所」になるんでしょうか。しかし、こういうのは平凡ですね。

私は、7年前の独立開業にあたり、事務所を「横浜パートナー法律事務所」と名付けました。横浜で開業するから、「横浜」と付けたんです。お客様のパートナーとなりたいから、「パートナー」と付けました。非常に安直な理由です。しかし、こんなことでは、人気事務所にはなれませんね!

たとえば銀行の名前でも、「山陽相互銀行」が「トマト銀行」に名称変更したという例があります。親しみにくく固いイメージの銀行名を、親しみやすい名前に思い切って変更したんです。この変更だけで、預金残高は半年で30%も増加したそうです。

名前さえ変えれば、弁護士事務所も爆発的に人気が出るかもしれないのです。というわけで、本当にバカバカしい話で恐縮ですが、うちの事務所名変更(ホンマかいな!)について、次回検討します。

弁護士より一言

長女は中学生になって、電車で通学しだしました。おとなしく、ぼーっとしてる娘なので、痴漢にあうのではと心配して、妻が言います。「なるべく女性専用車両に乗るのよ。」「何かされたら、毅然とした口調で警察へ行きましょうって言いなさい。」

そこで私も、アドバイスしちゃいました。「痴漢が捕まったら、パパの名刺を渡して、『弁護はここにお願いできます。』って伝えるんだよ！」

妻には怒られましたが、娘はパパのために頑張ってくれるそうです！

（2013年7月1日　第104号）

薔薇の名前・弁護士の名前（2）

前回、うちの事務所名を変えたいと書いたところ、ある人からアドバイスを貰いました。「ラーメン二郎」という、行列の出来るラーメン店がありますよね。それにあやかって、「ベンゴシ滋郎法律事務所」が良いだろうということです！（うーん）せめて、「すきやばし次郎」を見習って、「よこはま滋郎法律事務所」と言って欲しかった！（そういう問題かなー？）

ただ、うまくいっている他社をまねて名前を付けるというのは、あり得る戦術なんですね。「クロネコヤマトの宅急便」が大成功した後、同業他社が、自社の宅配サービスに動物の名前を使ったというのは有名な話です。カンガルー便やペリカン便ですね。たしか、「動物戦争」だなんて言われたはずでした！

それはそれとして、弁護士事務所の場合、気を付けないといけないのは、必ず「法律事務所」というのを名称に付けないといけないことです。「弁護士事務所」じゃダメですし、何もつけないなんて許されません。そんなわけで、「滋郎弁護士事務所」はダメで、「ベンゴシ滋郎法律事務所」はOKとなるわけです。

話しは変わりますが、大学の名前について、2つの重要な法則があるそうです。1つは、古いほど価値があるというものです。「平成何とか大学」「昭和大学」「大正大学」「明治大学」「慶応大学」と、古くなるに従って、名門校らしくなっていくんですね！

これは法律事務所の名前にも、参考になりそうです。

「平成維新の会法律事務所」よりは「明治維新法律事務所」の方が良さそうです。それよりも、「建武の新政法律事務所」、更に言えば「大化の改新法律事務所」なんていう方が良さそうです。(アホか!!)

2つ目の法則は、地域が狭くなるほど名門校になるというものです。「何とか国際大学」「亜細亜大学」「日本大学」「東京大学」という序列です。この辺から考えると、法律事務所でも狭い地域を付けた方が、名門のように思えてきます。「日比谷パーク法律事務所」なんて、良い感じですね!

さらに法律事務所の名前について言いますと、創立者や、その後の主要メンバーの名前を付けるというものがあります。「森・濱田松本法律事務所」なんて名前です。うちの事務所ですと、「大山・藤井・石崎・川島法律事務所」になります。ちょっと長いですけど、士業は自分自身が商品です。名前を事務所名にするのは、とても良いことでしょう。もっとも、アメリカの法律事務所なんて凄いんです。Ziffren, Brittenham, Branca, Fischer, ilbert-Lurie, Stiffelman, Cook, Johnson, Lande & Wolf なんて事務所があります。まさに寿限無 寿限無ですね!

と、いろいろ検討したうえで、うちの事務所の名前です。狭い地域名と私の名前を入れて、英語での対応が出来ることを暗示し、時代を経たレトロ感覚もあり、更に覚えやすい名前ということで、ズバリこれです!

「港のジロー・ヨコハマ・ヨコスカ法律事務所」

これで、うちの事務所も大ヒット間違いなしでしょう! もっとも、こんな名前の事務所にしちゃうと、物忘れが酷くなりそうです。「一寸前なら憶えちゃいるが 一年前だとチト判らねェなあ」 やりたくない仕事は、直ぐに断ります。「ワルイなあ 他をあたってくれよ」 こんなことでは、クレームが来そうですね。「アンタ 依頼者の何なのさ!」

やっぱり、今の事務所名で行こうと思ったのでした!

弁護士より一言

小学校2年生の息子は、時計の勉強をしています。そこで先日、私が「1日は何時間かな?」と質問したんですね。すると、息子は言いました。

「パパ、計っていい?」(な、ナンやねん!)

ちょっと勘違いしただけかなあと、好意的に解釈しておきました! しかし考えてみますと、私も1日が何時間なのか、現実に計ったことはないのです!

1日が24時間って、定義の問題なのか、現実の問題なのか、私自身知らないんですね。なんだか、とても深いことを、息子に教えて貰った気がしたのでした。(そんな、アホな!)

(2013年7月16日　第105号)

弁護をするサル

フランス・ドゥ・ヴァールの「政治をするサル」は、サル研究の古典です。40年近くも前の本ですが、今でも楽しく読めます。オランダの野外動物園にいる、チンパンジー(人間の遺伝子と98%同じだそうです)達のボス争い(「政治」ですね)を克明に記録したものなんです。野生のチンパンジーは、食べて「生活」するだけで忙しいので、「政治」をする時間がそれほどないそうです。そこで、餌が確保されている野外動物園でこそ、チンパンジーのボス争いを非常に良く観察できるのです。

サルのボス争いなどというと、力の強い方が勝つのかなと考えてしまいますよね。ケンシローとラオーの一騎打ちって感じです。(なんのこっちゃ!)

ところが、チンパンジーのボス争いはそんなに単純なものではないのです。それぞれのチンパンジーがどれだけ肉体的に強いかということは、ボスになる要素のうちのごく一部に過ぎません。

まず大切なのは、被支配者であるメスザルたちの支持を得るということなんです。これが出来ないと、とてもじゃないけどボスにはなれません。逆に言いますと、ボスを追い落とすために、メスザルたちの支持を失わせるという手段がとられます。「今のボスでは、被支配者層を守ることが出来ないぞ!」というアピールをしていくわけです。

次に大切なのは、他のチンパンジーとの協力です。ナンバー2と、ナンバー3のサルが連合を組んで、ナンバー1のサルを追い落とすなんてことが行われるんです。まさに、権謀術数のうごめく世界です。

ところで、似たような話しが、弁護士の世界にもあります。弁護士も、ボス争いが大好きなんです！日弁連や各弁護士会では、会長達を選挙で選ぶんです。この選挙は、公職選挙法みたいな選挙についての規定などないので、やりたい放題です。選挙になると、先輩弁護士や修習同期だった弁護士（顔も覚えてない人達です）から、何本も電話がかって来るんです。自分の推す人に投票してほしいとお願いしてきます。まさに、被支配者である一般弁護士の支持を取り付けようと言いうわけです。さらには、これまでの執行部のやり方では、弁護士の生活は苦しくなるばかりだなどというキャンペーンを張って、今のままでは「被支配者層」の一般弁護士を守れないぞとアピールをしてきたりします。

弁護士会には、いくつも派閥があるんですね。派閥間で選挙を戦うわけですが、他の派閥と争うと共に、連合を組んで、他の候補をたたいたりもします。この辺も、チンパンジーの連合関係と似ています！

さらに言うと、弁護士が今まで「政治」が大好きだったこと自体、チンパンジー社会と共通点がありそうです。これまでの弁護士は殿様商売ができており、何もしなくてもエサ（仕事）が取れていました。だからこそ、「生活」の心配をしないで、あれほど「政治」に夢中になれたのです。今後、弁護士の数が増えて、生活も苦しくなってくると、「政治」どころではなくなるかもしれません！

しかし考えてみますと、政治をするサルはいますが、裁判をするサルや、弁護をするサルは聞いたことがありません。ヴァール先生も今西錦司先生も、サルの裁判について報告していません。「政治」はサルにもできますが、「弁護」はサルにはできないんですね。

弁護士も「政治」はほどほどにして、「弁護」に取り組んだ方が良いのではと思ったのでした！

弁護士より一言

「パパって、ペットを飼ったことあるの？」と、小学2年生の息子に聞かれました。お友達は、みんなペットを飼っているということです。

そこで、「パパは、とっても可愛い小猿を飼っているんだよ」と答えたんです。

すると息子は、「僕も、『びっくりぼし』のゴリラを飼ってるよ！」と言い返してきました。実は私、つい先日ぎっくり腰になって、寝込んでました。負けず嫌いで、口が達者なところは親譲りのようです。

（2013年8月1日　第106号）

拝啓　弁護士先生様

68年前の8月日に戦争に負け、マッカーサー元帥のGHQが、日本を占領したんですね。そのときに、50万人！もの日本人が、マッカーサー元帥に熱烈な手紙を書いたそうです。それを編集したのが、「拝啓マッカーサー元帥様」という本です。

ある手紙は、「拝啓　私の最も尊敬して居ります元帥閣下　私の如き身分低き者が英雄たる閣下に対し斯の如き手紙を直接且つ唐突に差し出す」無礼を許してください、なんてところから始まります。これだけでも長いんですが、さらに「私はこの手紙を出す前に、このような手紙を出してよいものか悪いのか、悩みに悩」んだけれども、止むに止まれず出しますなんてまだ続くんです。「だったら出すなよ！」と思わず突っ込みを入れたくなります。

手紙の内容としては、悪いのは軍部で、国民は被害者だ、なんて書いてあるんですね。「閣下の御指導実に神の如くその眼光は実に日本社会の隅々まで徹し」「あらゆるご指令は見事に一々的中し」日本人はその「善政」に感謝しているなんて、読んでいて恥ずかしくなるくらい元帥を持ち上げます。北朝鮮の人が、「将軍様」を褒めたたえているようですね！ そして、天皇制なんてどうなっても良いから、一日も早く復興が出来、生活を安定させるようお願いしてます。

さらには、「日本の将来及び子孫の為め日本を米国の属国と」して欲しい、なんて手紙もありました。や、止めてください！

「あなた、ついこの間まで、『鬼畜米英』『天皇陛下万歳』と叫んでたんじゃないですか？」と聞きたくなるような、変わり身の早さです。「マッカーサーとかけてお臍と解く、その心はチン（朕）の上にある」なんて下品な冗談もあったそうですが、偉い人にお願いして何とかして貰おうという気持ちはそのままに、対象が、「天皇」から「マッカーサー元帥」に変わったようです。多くの手紙の中で、マッカーサー元帥に対して、皆さん色々なことをお願いしていきます。

「あなたは神様のように立派な固い親切なお方と信じています。」ということで、自分の病気を治してほしいとお願いします。さらには、「伏してお願いいたします。ボスをなんとかしてくださいまし」なんていう「お願い」まで手紙を出してます。うちの事務所の若手弁護士が書いたのかと思っちゃいました！

じつは、弁護士の場合でもこういうことはあります。私の場合、メールでの無料法律相談を受け付けています。法律問題にとどまらず、色々な相談が来ます。

「ネットで大山先生の文書を読んで、先生ならばこの状況を何とかして頂けるものと信じて、藁にもすがる思い（おいおい！）でメールさせていただきました。実は私は3年前に……」なんて感じで、延々と続くんです。

「私はどなたに相談しやうかと毎日考へていましたが」新聞にマッカーサー元帥のことが載っていたのをみて、お手紙を書きましたみたいな書き出しで、生活が苦しいので何とかして欲しいというお願いをマッカーサーに送っていた人が居たのを思い出します。

弁護士の権威も地に落ちたなんて言われていますが、まだこのように頼ってくれる人もいるんですね。

「神の如きマッカーサー元帥」にはなれませんが、少しでも期待に添えるような弁護士でいたいなと、精一杯返事を書いています!

弁護士より一言

3人の子供を連れて、妻と京都まで行ってきました。夏休みの家族旅行です。

「せっかくの京都だから、おいしいものを食べようよ!　何がいいかな?」と子供達に聞いたんですね。

「ほんと!　本当に何でも良いの?」

「やったー。それじゃあ、カップメンね!」

旅の終わりに、京都で一番面白かったのは何だったかと質問しました。すると、「ご飯食べていて、パパの歯が取れたところ!」　実は、大徳寺で精進料理のシイタケを齧ったときに、前歯の差し歯が取れてしまったんです。(寒月君かよ!　ううう……)

ということで、無事に京都から戻ってきました。

(2013年8月16日　第107号)

弁護士は感情で動く(1)

行動経済学という学問がありますね。「経済は感情で動く」なんて本が、ベストセラーになりました。

これまでの経済学というのは、現実には存在しない「合理的な人」を前提に、学問を組み立ててきたわけです。そこで、社会に現実に存在不合理な人を前提に、経済学を考えていくのが、行動経済学です。

たとえば、敵地において軍隊が、少しでも損害を減らすにはどうすれば良いかといった場合です。

「A作戦をとると、100人中30人が助かります。一方、B作戦では、70%の確率で全員死にます。」というと、多くの人が、Aの作戦を選ぶそうです。ところが、「A作戦では100人中人が亡くなります。一方B作戦では、30％の確率で全員助かります」というと、多くの人がBの作戦を選択するというのですね。合理的に考えれば、これはどちらも同じことを言っているのは明らかです。しかし、現実には多くの人は、なんとなく助かる人が沢山いそうな方を選ぶわけです。まさに「不合理」に選択しているわけです。

弁護士実務でも、似たようなことがあるのです。例えば、100万円支払えという裁判が起こされたとします。金額に争いがある中、最終的に80万円を分割払いすることで和解するなんてことはよくあります。この場合の和解の書き方ですね。「債務はもともと100万円あった。ただし、80万円を分割で、いついつまでに支払えば、残額は免除する」という書き方が一つあります。それに対して、「債務は80万円しかない。それを分割でいついつまでに支払う。但し支払えないときには、さらに20万円余分に支払うことになる。」ということも可能です。内容的には同じことですね。しかし、「元々の債務は80万円だというから和解に応じたのに、もとの債務が100万円というのなら話が違う。最終的に80万しか払わないから良いってものではないだろう！」と、依頼者から怒られたことがあるのです。ううう。

「経済は感情で動く」には、この他にもいろいろと面白い実例が載っています。2人組にお金をあげて、2人で分けさせるというゲームがあります。例えば、1万円を2人で分けるんですが、1人の人が、自分と相手方にそれぞれ幾らずつ分けることにするのか決めます。半分ずつ分けてもいいですし、自分が9000円、相手が1000円でもOKです。一方、相手はそれを拒否するか、受け入れるかを決めます。拒否した場合は、どちらも一銭も貰えなくなるわけですね。

この場合、経済的に合理的な行為は、たとえ1000円でも貰うことです。お金を分けた人が幾ら貰えるかなんて自分には関係ないです。ところが多くの人が、自分が一銭も貰えなくとも、不公平な分け方をした人も一銭も貰えなくなる選択肢を選ぶそうです。不合理であろうとも、不正義は許せないということです！

これって、私が刑事事件で、犯罪被害者に示談金を受け取ってもらうときに起こる問題と同じなんです。

示談金・損害賠償の受け取りを拒否して、「絶対に許せないので、少しでも重く罰して下さい。」という被害者の方が大勢います。そういう人に、「あなたは不合理です。犯人が罰せられても、あなたにとって何の得にもなりません。一番合理的な選択は、お金を貰うことです。」とは、なかなか言えません！

そんなわけで、弁護士の「行動法律学」について、次回もう少し検討してみたいと思います。

弁護士より一言

妻と映画を見に行きました。夫婦で見る場合、1人が50歳以上だと、割引になるんですね。その制度を使おうということになったわけです。私は、50歳を証明するものを出せと言われるだろうと考えて、免許証まで準備して、チケットブースに行ったんです。ところが、何も言われず、あっさりと割引になりました。

「なんか不満だな！」と妻に言ったら、「私も、『娘さんとじゃ夫婦割引は使えません！』って言われたらどうしようかと心配してたのに、何も言われなかったのね。」

あ、あほか！　どこからその自信が来るんですか……

（2013年9月1日　第108号）

弁護士の「俄」

「俄」は、「にわか」と読みます。その昔、路上などで行われた即興芝居のことだそうです。司馬遼太郎の小説の題名でもあります。私の一番好きな司馬小説ですね。主人公は、幕末から明治にかけて活躍した、明石屋万吉という、任侠（ヤクザ）の親分です。

この人は、吉田松陰や坂本竜馬のように「志」があるわけではありません。大村益次郎や秋山真之のような「智謀」の人でもありません。土方歳三や千葉周作みたいに「剣」に生きた人でもないんです！（司馬作品のオンパレードで済みません。）

主人公の明石屋万吉は、それこそ即興芝居のように、その場その場で反応して生きてきました。本人の言葉を借りると、「わいの生涯は一場の俄や。」だそうです！ それでいて、と言いましょうか、それだからと言いましょうか、とても魅力的な人なんです。

万吉親分は、「男を売る」という「任侠稼業」のためには、命を懸けます。その場その場で、どういう芝居をすれば、「男」を売ることが出来るか、そのことだけを考えて生きています。そのためには、ときの権力と戦うことも辞さないのです！

万吉は、子供のころ、「どづかれ屋」から始めます。博打の場に行って、お金を抱きかかえて「これはおれのものだ！」とやるわけです。当然ボコボコに殴られますが、みんな最後には根負けして、お金を取ることが出来るわけですね。もっとも、明石屋万吉の真似をした人たちは、みんな殴り殺されてしまったそうです。なんだかんだ言って、殺されずにお金をとれた万吉は、可愛げがあったということです。こういう「可愛げ」は、弁護士にも必要ですね！

その後、明石屋万吉は、幕末に市中の取り締まりのような仕事をします。幕府側の為に働くわけですから、薩長の浪士を取り締まることになりますよね。ところが、万吉親分は反対に、そういう人たちを匿って逃がしてやるわけです。ところが、時代が変わり維新になると、浪士たちを取り締まったということで殺されそうになります。周りの人たちは、逃げるように勧めますが、本人は頑として拒否します。

「稼業（しょうばい）大事や。逃げられへん」「死んで稼業もおまえへんやろ」「あほかい。もともとこの稼業は死ぬことが資本（もとで）で看板や。この土壇場になって逃げたとあれば稼業はめちゃくちゃや」

「男」を売るのが「任侠」の商売なんですね。命が惜しいからと言って、自分の商売を捨てるわけにはいかないということです。

処刑される寸前に、かつて自分が助けた長州の侍に助けられるんですけど、そのときのセリフも芝居じみています。「なんで俺たちを助けたと言わなかったのか？」と聞かれたときのセリフですね。

「忘れましたのでな」

「忘れたわけではあるまい」

「たとえ覚えていても、この場になって昔の恩をかたに、命乞いをしようとは思いまへん」

うーん。カッコいいなあ！

この辺のところは、弁護士としても本当に見習いたいなと思いました。弁護士も、場合によっては、「国家権力」とも、さらにはその時々の国民の「空気」とも戦う稼業です。「男」を売るとは言いませんが、絶対にぶれない「信用」を売る商売です。

仮に将来、のっぴきならない立場に立ったとしても、私も明石屋万吉親分のように、「稼業（しょうばい）大事や。逃げられへん。」と言えるようになりたいものだと思ったのでした！

弁護士より一言

明石屋万吉親分は、死ぬときもカッコいいんです！

司馬遼太郎先生の文章を引用します。

「辞世も遺言もない。『ほなら往てくるでえ』というのが、この男の最後の言葉だった。駅から汽車が出ていくような、そんな陽気さだった。」

ね、カッコいいでしょう！ 私も、そのときが来たら、こんな言葉を残して逝きたいなと思ったのでした。

引き続きコメントを楽しみにしております。

（2013年9月16日　第109号）

弁護士最後の言葉

前回、明石屋万吉親分の「最後の言葉」を紹介したところ、沢山の方からコメントをいただきました。やはりみなさん、最後はカッコよく逝きたいなと考えているんでしょうね。バカバカしい話で済みませんが、今回は、「弁護士最後の言葉」について考えてみます！

参考にするため、昔読んだ本を引っ張り出してきました。「人間最後の言葉」という、様々な人の「最後の言葉」を集めた本なんです。なかなか勉強になります。

ゲーテの有名な「鎧戸を開けなさい。光を。もっと光を！」なんてのがある一方、「窓を閉めてくれ。世界は美しすぎる。」なんて言葉も載っているんです。

皆さん、なかなか頑張っているなと、心底感動しました。「日曜日に死ねるって嬉しいわ。月曜日は憂鬱ですもの。」「私が死んだら、会いに来ないでほしいわ。」なんて言うのは、フランスの女性芸術家達の言葉です。流石のエスプリです!!

ところが、どうも弁護士その他法律家の最後の言葉には、見るべきものがないようです。せめて、弁護士だったロベスピエールやリンカーンには、ビシッと決めて欲しいと思うんですが、何も言わずに死んでいます。この辺何か、原因があるんでしょうかね？

その昔学生のときに、「以前は交通事故にあって死ぬときには、『残念。残念。』と言わないといけなかったんだよ。当時の法律家は、死ぬときにはそう言うように心がけていたんだ。」なんて教わりました。「なんのこっちゃ？」と思うでしょうが、かつての判例では、事故で死ぬときに「残念!」と叫ぶかどうかで、遺族が貰える賠償金の金額が大きく違っていたんです! そんなわけで、法律を学んだ者たるや、事故で死ぬときは「残念!」と言わないといけないと(半分冗談でしょうが)教えられていたそうです。実戦的?なアドバイスかもしれませんが、ちょっとせこいです! そんなことを考えている法律家達が、世間を唸らせるような「最後の言葉」を残せるわけないでしょう。

法曹関係者よりも、政治家の方がまだカッコいい「最後の言葉」を残しています。板垣退助の「板垣死すとも自由は死せず。」なんて、カッコいいですね。マネして、「大山死すとも人権は死せず」と言ってみたいものです。勝海舟の「コレデオシマイ。」も、「あとは沈黙。」とか「芝居は終わった!」に匹敵するカッコ良さです。私も言いたい!!

と書いていて気が付いたんですが、カッコいい言葉というのは、それなりの役者が言うから、「カッコいい」んですね。私では、役者不足でしょう。

私が、「北斗の拳」(またまた漫画で済みません。)のラオウのように、「我が人生に一片の悔いなし!」と叫んで死んだとしたら、みんな陰で、「ぷぷぷ……」と笑いそうな気がします。葛飾北斎のように「天があと五年の命を与えてくれるのなら、真に偉大な画家になれるのだが!」なんて、とてもじゃないけど言えません。私なんか、あと100年生きても、「真に偉大な弁護士」になる自信はありません! ううう……

歳をとれるだけとって、夜寝るときに「明日はトンカツを食べたいな!」なんて言って、そのまま目を覚まさない。私には、それが理想の「最後の言葉」です!

弁護士より一言

「最後の言葉」というと、50代の若さで、ガンで死んだ高見順の詩を思い出します。

病室の窓の　白いカーテンに
午後の陽がさして　教室のようだ
中学生の時分　私の好きだった若い英語教師が
黒板消しでチョークの字を　きれい消して
リーダーを小脇に　午後の陽を肩先に受けて
じゃ諸君と教室を出て行った
ちょうどあのように　私も人生を去りたい
すべてをさっと消して　じゃ諸君と言って

取りあえず私も、事務所を引退するときには、「じゃ諸君」と言って、去っていきたいものです。（まだまだ引退する気はないですけど！）

引き続きコメントを楽しみにしております。

（2013年10月1日　第110号）

弁護士は感情で動く（2）

行動法律学の続きです。現実に居る、不合理な人間を前提に法律も考える方が良いのではということです。

たとえば、こんなくだらないことを考えてしまいます。行動経済学によりますと、人間というのは、何かを得た場合の喜びよりも、失うことによる苦しみの方が、格段に重いんだそうです。つまり、100万円貰ったときの喜びより、100万円損したときのショックの方がはるかに大きい。

たとえば、スーパーのレジ袋の有料化が問題になっていますよね。レジ袋を辞退すれば代金から1枚当たり2円返金するということにした場合、ほとんどのお客さんは、興味を示さないんだそうです。別段2円程度返して貰っても、大して嬉しくないんですね。それに対して、レジ袋が欲しい人は、2円出して購入しないといけないという形にすると、多くの人はレジ袋を欲しがらなくなるそうです。まさに、2円を取られることに対しては、非常に強い痛みを感じるということです。人の事は言えません。私自身、スーパーでレジ袋の為にお金を支払うのかと思うと、かなりの抵抗を感じてしまいます。

この辺をうまく使えば、弁護士実務において、示談とか和解がやり易くなるはずだと思うんです。示談金で100万円貰えるという場合でも、相手方はそれほど感動しないことがあります。そこで、何とか初めにお金を受け取って貰い、いやなら後から返還してもらうみたいな形に出来ないかということですね。犯人を重く処罰して欲しい人は、3か月後に返還できますだなんて制度があればいいですね！一度自分のものになったお金を返還するのはとても辛いので、犯罪の示談交渉なんか、とてもやり易くなるはずです！

行動経済学の考えは、弁護士事務所の経営にも役に立ちそうです。例えば、価格表示の仕方にもコツがあります。50％引きと表示するよりも、「1つ買えば、もう1つ無料！」とすると、売れ行きが良くなるそうです。そうしますと弁護士も、「離婚裁判の費用半額！」なんてやるよりも、「1回離婚裁判をすれば、2回目は無料！」の方が、お客様を引き付けることになりそうです。（あ、アホか!!）

セブン・イレブン創業者の鈴木敏文会長によると、商売は経済学ではなく心理学なんだそうです。かつて3％の消費税が日本で開始されたときは、消費税分のディスカウントというのを打ち出しました。つまるところこれは、約3％の値引きのことですよね。3％程度でしたら、値引きとしての迫力はないはずなんですが、消費税がいらないという形にすると、大反響があったわけです。そんなもんで良いのなら、今度消費税が8％に値上げになったときには、うちの事務所では、5％から増えた3％分の消費税はディスカウント！なんてやりたくなっちゃいます。

衣料品で10％程度の値引きでは、お客さんも反応しないのが普通です。ところが鈴木敏文は、タンスの中の古い服を持って来れば、10％の価格で下取りしますということを始めて、大ヒットしたそうです。

10％値引きされた服を買って、古い服は自分で捨てた方が簡単で、合理的だろう！なんて考えちゃいけないんです。古い服があるのに、新しい服を買う罪悪感を減少させると共に、タンスの中に新しい服の置き場所まで作ってあげたということですね。お見事!!

「不合理な人間を騙して商売をしている」と考えるのではなく、「お客様の気持ちにそって、購入を助けてあげている」のだと考えて、弁護士としてもこういう工夫を考えていきたいなと思うのです。

弁護士より一言

小学校2年生の息子が、お友達からお誕生日のお祝いカードを貰ってきました。クラスみんなでお祝いしてくれるんですね。そこには私の知らない息子がいるんです! 「字がうまいね。」「ハーモニカがうまいね。」 そ、そうなんですか?

「給食、食べるの早くていいね。」「牛乳飲むの早くてすごいね。」これって、誉められているのか微妙ですが、ちょっとした「良いところ」を皆で見つけてくれます。

私も素直に見習いたいなと思ったのでした!

(2013年10月16日　第111号)

弁護士の剣客商売

「ヤバい経済学」という、世界で400万部売れたベストセラーがあります。経済学の立場で、世の中の様々な事象に切り込んでいく本です。その中で、日本の相撲の八百長問題も取り上げられています。

相撲の勝敗を分析すると、7勝7敗の力士が勝つ確率が非常に高いということです。特に相手が8勝6敗の場合など、統計的にはあり得ない確率で、7勝7敗の力士が勝つわけです。明らかな八百長があるとしか考えられなという主張です。まあ、そうなんでしょうね。

というところで、今回の主題の「剣客商売」です。言うまでもなく、池波正太郎の傑作時代小説ですね。

主人公は秋山小兵衛という、小柄ではありますが、剣の達人です。70にもなって、孫のような若いお嫁さんと暮らす、小粋な人です。

　この人の息子が、大柄で無骨、実直な秋山大治郎です。こちらも剣の達人です。この2人が、田沼意次の時代を背景に、悪い奴らをバッサバッサとやっつける、痛快な時代小説です！

　その「剣客商売」の中に、実は八百長の話しがあるんです。秋山大治郎は、まだ若いですが剣客として名前が売れています。そんな大治郎に、立ち会いをしてくれという依頼が来るわけです。相手は、ある藩への仕官を希望している人なんです。その藩では、その人の実力を試すために、剣客として有名な秋山大治郎との立ち会いを条件としたわけです。大治郎に勝つことが出来たならば、仕官を認めるというわけですね。

　これを聞いた、父親の小兵衛は、「それで相手が仕官出来るのなら、負けてやれ。」と大治郎に言います。まさに八百長試合をしろというわけです。実直な大治郎は、このような「八百長」をすることに悩みます。

　大体、いくら息子に対してでも、関係ない親が、どうこう口を出すのは如何なものか？なんて、私なら考えてしまいそうですね。しかし、大治郎は、最終的に勝ちを譲ってやります。それで相手方は、無事に仕官が出来たわけです。

　この話をどうとるかは、人によって違うかもしれません。ある意味、雇用主である藩をだました行為でもあります。もっと仕官に相応しい、他の人の仕事口を間接的に奪ったと考えることも出来そうです。

　それでも私は、小兵衛と大治郎の「勝ちを譲る」という選択に、非常に共感を覚えるのです。これまでも、多くの日本人にとって、この感覚が共有されていたからこそ、7勝7敗の力士に対して、既に8勝6敗で勝ち越している力士が勝ちを譲るという風習が認められていたように感じるんですね。

　弁護士の仕事をしていると、「ここは勝ちを譲った方が良いのではないか?」なんて思うときがあるのです。特にこちらは大して損害がなく、相手がそれで助かるなら、意地を張ることもないのではという場合です。勝ちを譲ることで、無用な恨みを買うこともなくなりますし、長い目で見れば、依頼者のためにもなるはずです。

そうは言いましても、弁護士の立場で依頼者に、勝ちを譲るように勧めることは、やはり遠慮があります。

小兵衛が大治郎を説得できたのは、お互いの間にそれだけの信頼感があったからだなと思い至ったわけです。勝ちを譲るかどうかの問題以前に、私もそれだけの信頼関係をお客様との間に作らないといけないなと、改めて感じたのでした。

弁護士より一言

秋山父子のような関係を羨ましく思うのは、私だけでは無いはずです。まさに親子の理想です。剣の達人が達人を生んだ秋山父子のようなのを、鷹が鷹を生んだ「親子鷹」というんでしょう。

うちの場合、小2の息子に、「僕って何で病気にならないんだろう?」と聞かれました。運動会の徒競争がドキドキして嫌なので、病気になって休みたいんだそうです。それを聞いて、私も子供のころ、やはり運動会が嫌で、雨が降るように祈っていたことを思い出しました。うちみたいのを「親子トンビ」というのかと思うと、可笑しくなったのでした。

(2013年11月1日　第112号)

八百長の弁護　ヒットラーの弁護

前回のニュースレターで、相撲の八百長について書いたところ、皆さんからいろいろなコメントを頂きました。それらを読んでいて、中国史の大学者、宮崎市定先生のエッセーを思い出しました。10年ほど前に94歳で亡くなった、大先生です。

宮崎先生に、「恰好いいということ」というエッセーがあります。「譲る」という行為は、最高に恰好いいそうです。電車で年寄りに席を譲るときは、特に何も言わないでさっと立ち上がるのが、「格好いい」そうです。譲られた方も、素直に礼を言って、気持ちよく譲ってもらうのが「恰好いい」というんですね。これには反論しようがないのですが、この「恰好いい」「譲る」精神は、相撲の勝ち負けにも適用されるというんです！

「大相撲の千秋楽に、それまで七勝をあげた力士に対しては、相手が勝を譲って八勝の線に乗せてやるのが慣例になっている。これは武士の情けともいうべきものであるから、八百長とは言わない。」

「同じように、14勝もの好成績で、既に優勝が決定している力士には、当日の相手が勝を譲って全勝優勝の花をもたせるのが仕来りである。」

ほ、本当ですか!!　そうしますと、相撲の場合、みんな「八百長」と知って楽しんでいたというどころか、八百長すべきだと考えられていたんでしょうか？

もっとも、宮崎市定先生は、大碩学と言われた人ですが、アクが強くて結構むちゃくちゃなことを書いたりするんです。先生によりますと、今の時代は米寿の88歳まで生きるのは当たり前で、その後の残された10年間でどれだけの業績を残せるかが問われているんだそうです！　宮崎先生自身は94歳で亡くなっていますが、なんかもう、一般人とは違う世界で生きているような感じです。

こういう宮崎先生ですから、世間との衝突なんか恐れないんです。文化大革命の時代に、左翼マスコミにリードされた世論が、毛沢東バンザイと持ち上げていましたよね。そんな時代に一貫して中国を批判して、「中国嫌いの中国学者」として名を馳せた、気骨のある大先生です！

宮崎先生は中国嫌いの一方、ヨーロッパには好意的なようです。留学中にミュンヘンの酒場にいると、偶然そこにヒットラーがやって来たなんてすごい話も、エッセーに書かれています。１９３７年のことですね。食事が終わって、ヒットラーが帰るときに、みんなして見送るわけです。宮崎先生たちも、人垣の最前列まで出て行きます。（ミーハーな気もしますが……）

ヒットラーはとても愛想よく、「日本から来たか。」なんて話してくれた上、一人一人と握手もしてくれたそうです。「それは予想に反して、柔らかで温かい掌であった。」と宮崎先生は書かれています。こういうのを読むと、北朝鮮の将軍様などとは違って、ヒットラーは本当に民衆に支持されていたんだろうなと思えてきますね。

宮崎先生は、エッセーの最後で、こんな風に総括していいます。「敗戦後ヒットラーの評判は極度に悪い。しかし弁護人抜きの欠席裁判では、そこに誇張や雷同が生ずるのを免れぬではないか。」「日本の場合も、戦時中に軍隊が東南アジアで、悪いことばかりしたように語られるが、私が歴史を著すならば、けっしてそのようには書かぬ。」「善をも悪をも必ず書く、と言うのが『春秋』の筆法だからである。」

弁護士の仕事にも共通する問題認識です。私も宮崎先生の爪の垢を煎じて飲むようにします！

弁護士より一言

妻が家にいないとき、中学1年の娘と一緒に台所で家事をしていたんです。すると娘が、「パパ食器洗い機セットしといてね。」なんて言ってきます。そんな難しいこと、私にできるわけないでしょう！「出来ない。」というと、娘に言われました。「離婚になったとき、そのくらいできないとダメでしょう！」う、うちって、そ、そんなピンチだったんですか！ 引き続きコメントを楽しみにしております。

（2013年11月16日 第113号）

米国ラブ リーガル事情

最近、妻が見ているアメリカのドラマに、「私はラブ・リーガル」というのがあるんです。このタイトルは邦題でして、ラブリー・ガールをもじった、おじさんのダジャレみたいですが、内容は中々面白いのです。

トップモデルを目指す美人の女の子が、交通事故で死んでしまい、天国に行きます。そこで、勝手にリターンキーを押したところ、ちょうど同じときに死にかけていた30過ぎの女性弁護士の身体に、魂が入ってしまったんです。こちらはかなり太っていて、外見はパッとしないけれども、やり手の弁護士です。

記憶はモデルのときのものですが、法的能力などは弁護士のものが使えます。そんな中で、様々な事件を法廷で解決していくというコメディーなんです。

妻に教えられてドラマを見たのですが、アメリカの裁判は何でもアリだなと強く感じました。

例えば、両親とのＤＮＡ鑑定が合わなかったという依頼人が来ます。病院でのとり違いの問題ですね。この事件など、今の日本でも起こりそうです。

痩せるクスリの販売をしている業者に対して、その薬が役に立たないといって、損害賠償の裁判を起こします。これなんか、減量マニアの私も共感します！

ところが、夫が浮気しているのを見つけた妻が、インターネットのサイトを訴えるなんて言う事件も出てきます。そのサイトを通じて、浮気相手を見つけていたからというわけです。こうなってくると、逆恨みじゃないのかなあ、と思いたくなりますね。

圧巻は、スリムな服しか扱っていないブランドを訴える話です。女性弁護士は、もともとはスリムな女の子でしたから、細身の服だけを扱うブランドを愛用してたんですね。ところが、生まれ変わって肥った身体になると、そういう服は着られない。そもそも、メーカーが、小さなサイズしか扱っていないのです。

そこで、何故私が着られるようなサイズがないのか、それによって私は精神的な苦痛を受けたということで、ブランドを訴えるんです。そ、そんなのありですか！と私の基準では開いた口が塞がらないんですね。

ただ、ドラマを見ていて、アメリカの司法に感心したところも沢山あります。まずは裁判所での証人の態度ですね。「嘘はつかない。しかし、聞かれたこと以外は答えない」というルールが徹底している。ちゃんと聞けば、正しい回答が返ってくるんです。平気でうそをつくことが前提の、日本の裁判よりは随分と優れています。

刑事事件の場合は、逮捕するときに警察が、「弁護士の立ち会いが無ければ、何も話さなくていいぞ」と被疑者に伝えています。私も、外国人の刑事弁護などしていると、外国人の被疑者は、取り調べでの弁護士の立ち会いを当然のこととして要求してきます。「日本では認められていないんです。」なんて説明しますが、正直恥ずかしい気持ちがするのです。日本も世界標準に合わせるべきだと思うんですね。

日米で同じだなあと感じた場面もあります。弁護士のボスのところに、面倒だがお金になりそうもない事件が来ます。そうするとボスは、隣にいた若手弁護士を捕まえて、「そういう件なら、この弁護士が専門です」なんていって、仕事を押し付けます！ 後からその若手から苦情が来ると、「君はその件のHPを一度見たことがあるって言ってただろう。それなら立派な専門家だ！」

この辺の、ボスのやり方は、どの国でも同じだなと、安心したのでした。（おいおい!!）

弁護士より一言

来年中学に入る次女が、色々な中学校を訪問したんです。学校説明会というやつですね。分からないことがあったら、何でも聞いた方がいいよと、予めアドバイスしていたのは事実です。

質問の時間になったときに、娘が聞いたそうです。

「この学校には自動販売機がありますか？」

知りたいところはそこかよ!!

家に帰ってきた娘は、「あの学校には、ジュースの他に、お菓子の自動販売機もあるんだって！」と喜んでいたのでした。あ、アホか。

（2013年12月1日　第114号）

弁護士の論語

今年も、いよいよ最後のニュースレターです。せめて最後だけでも、格調高い内容にします。というわけで、今回は私の好きな論語の言葉を4つ紹介します！

1番好きな言葉はこれですね。

「子路、聞くこと有りて、未だこれを行うこと能わざれば、唯だ聞く有らんことを恐る。」

子路というのは、孔子のお弟子さんですね。中島敦の「弟子」の主人公です。一つ良いことを聞くと、それを実行できないうちは、次の良いことを聞くのを恐れて耳をふさいでいたということです。

何かを勉強しても、本当に優秀な人は一つだけ良いことを学んだら、それ以上学ばないそうです。勉強は止めて、即座にその良いことを実行するんだと聞きました。大体、私もそうですが、弁護士になるような人は、お勉強はよくできて、次から次へと良いことを勉強するんですが、結局のところどれも満足に実行できないんですね。心したいものです。

2番目に好きな言葉は、孔子が政治とは何かと聞かれたときの回答です。

「近き者は喜び、遠き者来る。」

まずは自分の身の回りの人を大切にしていくんです。近くの人たちが喜べば、遠いところの人たちも、自然とやってくるようになるということです。

これって、商売をやるときのコツだと聞いたことがあります。ついつい、自分のそばの人をほっといて、新しい人、新しい仕事を追いかけて行ってはいけないのですね。私なんかも、「新規顧問先の開拓を頑張ろう！」と、ついついそっちに行っちゃいますけど、それじゃダメなんです。今のお客様を大切にして、喜んでもらえれば、自然と他の人もやってくるのだと肝に銘じておきます！

3番目は、「之を如何せん、之を如何せんと言わざる者は、我、如何ともする無きのみなり」です。

「これをどうしよう。どうしよう」と自分で真剣に考える人でなければ、孔子大先生でもどうしようもないということです。こういうことって、依頼者の方たちを見ていても、間違いないと思うんです。自分で、「なんとかしよう！　絶対に何とかするぞ！」と考えている人の場合、本当にどうにかなってしまうんです。その一方、「どうにでもなれ。」みたいな依頼者の場合、やはり結果もそれなりになりそうです。

しかし考えてみますと、これって依頼者のことをとやかく言う話じゃないですよね。まさに弁護士として、この事件を解決するのに、「何かないか。何かないか。」と真剣に考えられるかが問われているのでしょう。それが出来ない弁護士でしたら、孔子大先生ならずとも、如何ともしがたいと言われそうです。

そして4つ目の言葉は、孔子が自分の理想とする生き方を聞かれたときの答えです。「老者は之を安んじ、朋友は之を信じ、少者は之を懐く」

老人には、安心してもらえるようになりたい、友達には信頼してもらえるようになりたい。子供たちには懐かれる様になりたい、というのが理想だというのです。天下国家ではなく、自分の回りから考えるわけです！　私も、お客様に安心してもらえ、信頼してもらえるような弁護士を目指したいと考えております。

皆さま、良いお年をお迎えください。

弁護士より一言

何年か前に妻が、現在小6の次女に、家畜と野生動物の違いを説明しました。人に飼われていないのが、野生動物だということです。その流れで、オオカミ少女の話も出てきたんです。オオカミに育てられた少女が、言葉も話せないで、野生動物と暮らしていたという話ですね。じっと聞いていた娘が、真剣な顔で妻に質問したんです。

「ねえ、ママ。それじゃあ、マッチ売りの少女も、野生なの？ おとうさんに飼われてないよ。」

ま、マッチ売りの少女ですか！ そりゃ、どちらも「少女」だけど、さすがに野生動物とは違うでしょう。

論語の言葉は簡単に忘れちゃうんですが、こういったくだらない話しは、記憶に残り続けるようです。

（2013年12月16日　第115号）

弁護士の川柳教室

新年おめでとうございます。

人間は、歳をとると笑う回数が減っていくそうです。10歳のときは、1日に10回は声を出して笑うのに、50を過ぎると、10日に1回も笑わなくなるということです。他人のことは言えません。私なんか、声を出して笑うのは、嫌いな人が不幸になった話を聞くときくらいです。（おいおい！）

本年最初のニュースレターくらい、当たり障りなく笑って貰える内容にしたい！ということで、今回は「川柳」にしたのです。

笑うと言えば、弁護士として開業したときから、「もっとお客さんに、笑顔で対応した方が良いわよ。」と妻に言われていたんです。しかし、女性の方が、愛想笑いが得意なのは、江戸時代から変わっていないようです。男は、そんなに簡単に笑えないんだ！と言いたくなるのは、私だけではなかったんです。

あいさつに　女は無駄な　笑いあり

とまあ、こんな風に女性の悪口みたいなことを言う男には、ろくなのがいませんね。江戸の昔から、もてない男ほど、女性の悪口を言うようです。

あんなのに　それは女の　惚れるもの

「何であんな奴がもてるんだ。本当に女は見る目がないなあ。俺の良さが分からないのか！」って感じです。

でも、こういうのは、弁護士の世界でもあるんです。

「何であんな弁護士に、依頼が沢山くるんだ。本当に客は見る目がない！」なんて思っている弁護士は相当数いるのです。は、恥ずかしい……

弁護士なんかしていますと、かなりドロドロした事件も来ます。配偶者の不倫相手を、何とかとっちめて欲しいなんて依頼もあるんです。当然のことですが、こういう事件は江戸の昔からあったですね。江戸時代の、不倫相手への損害賠償金額ですが、江戸では7両2分、大阪では5両2分と相場があったそうです。（江戸と大坂で金額が違いますが、こういう違いって、現代の東京と大阪での損害賠償金額でもあるんです。どうでもいいことですけど……）

ご内儀が　小判と寝たと　おぼし召せ

奥さんの不倫に腹を立てている亭主へのアドバイスです。考えてみますと、私を含め現代の弁護士も、似たようなアドバイスをしている気がします。

うちの事務所では、刑事事件もやっています。加害者の親からの依頼も相当数あります。初めての事件ならよいのですが、中には「これ以上尻拭いを止めて、自分で責任をとらせた方が良いですよ。」なんて、思わず言ってしまいたくなる事件もあります。

「うちの息子は、本当は良い子なんです。私たちが助けてやらないと、刑務所に行くだけだって言うんです。そんなことになったら、どうするんですか？」

お袋を　脅す道具は　遠い国

弁護士として、裁判では何とか依頼者を勝たせたいと思っています。しかし結果が付いてこないときもあります。そんなときには、どうしても負け惜しみを言いたくなるのです。「判決の方が間違っている!!」

定跡は　こうだと負けた　方が言い

こんなことばかり言っていると、お客様から、「○○弁護士にお願いしたときには、こんな風にうまく解決したんですよ」なんて言われそうです。

叱らずに　隣の嫁を　誉めておき

お客様に呆れられない様、今後も修行して参ります!

弁護士より一言

誰もが知っている川柳というと、これですね。

屁をひって　おかしくもない　ひとり者

この句の意味ですが、若いころは不思議に思っていたんです。「一人者がおならをしても可笑しくないのは分かる。でも、二人なら可笑しくなるものでもないだろう。」と、こう考えてたんです。

ところが、当時幼稚園に行っていた娘たちの前でおならをしたときに、みんなお腹を抱えて笑い転げてくれたんです。そうか、おならとはこんなに可笑しいものかと感動したのです。ところが、最近娘たちの前でおならなんかしようものなら、凄く冷たい目で見られるようになりました。ううう……

本年も、どうかよろしくお願いいたします。

（2014年1月1日　第116号）

愛の妙薬の詐欺弁護士

「愛の妙薬」というのは、有名なドニゼッティのオペラですね。「惚れ薬」を売る、詐欺師の話です。「森羅万象に通暁した、人類の救済者」と名乗る薬売りが、これさえ飲めばモテルこと間違いなしという「妙薬」を販売するんです。ところが、この薬はただの赤ワインなんですね。騙されて購入した人が、ワインの力で気が大きくなって、実際にモテてしまうわけです。最後に、みんなで愛の妙薬を販売した薬売り(常識的には詐欺師です。)を歌でたたえて終わるという、たわいない話です。

ところが、実は私もこれとそっくりな事件を、担当したことがあります。惚れ薬ということで、ネット販売していたんですが、「薬」の中身はお酒だったという事件ですね。これなんか、詐欺罪ということで、相当厳しく罰せられました。しかし、正直なところ私は、「こんなの軽い洒落じゃないか!」という気持ちが抜けなかったのです。買った方も、軽いノリで、買っただけじゃないかという疑問ですね。

ということで、今回は「詐欺罪」についてです。実際のところ、何が詐欺なのかは、法律の専門家でも、なかなか難しいのです。

たとえば、少し前に、暴力団の人が、自分が暴力団員であることを隠してゴルフしたという事件がありました。これなんか、詐欺罪ということになったわけです。「詐欺」と言えるためには、騙されていなければモノやサービスを提供しなかっただろうという関係が必要なわけです。ゴルフの場合、暴力団だと知っていれば、ゴルフというサービスをさせなかったのに、そこを隠していたために、ゴルフというサービスを騙し取られたということになるんですね。でも、こんな理屈が成り立つなら、暴力団員はお店で何かを買えば、全部詐欺罪になってしまいそうです!

最近流行り?の食品偽装なんて、やはり詐欺になりそうです。本で読んだのですが、「魚沼産コシヒカリ」は、生産量の10倍くらいが出回っているそうです。これなんか、確かに詐欺なんでしょうね。(何故か、警察もあまり取り締まっていないようですが……)

普通の海苔を安く販売しても売れないのに、「傷物だから安くします」ということで販売すると、よく売れるそうです。おせんべいの場合、生産者がわざわざ割って、「久助につき大安売り」として、人気商品になった話を聞きました。（凄い根性です！）これなんか、私の大好きな話ですが、詐欺にもなりそうです。購入者から、「傷物だから安いんだと信じたから買ったのに、本当は傷物じゃないのか。騙された！」と言われたら、どうなるんでしょう。

法律事務所でも、詐欺の問題は生じそうです。私が開業したときに読んだ本に、開業直後どんなに暇でも、お客さんに対して、「いつでも空いてます」なんて言ってはいけないと書いてありました。如何にも売れていない弁護士のように思われるからです。そういうときは、「ほとんど予定が一杯ですが、この時間だけなら空いています。」と言った方が良いそうです。売れっ子弁護士として、箔が付きます。でも、お客様から、「その嘘で騙されたから依頼したんだ。これは詐欺だ！」と言われたらどうしましょう？　心配です。

まあ、くだらない話ではありますが、法律というのは意外と明確ではないのだということです。（ちなみにうちの事務所、最近は本当に忙しいです!!）

弁護士より一言

弁護士としてあるまじきことですが、数年前から完全に年賀状を出すのを止めました。今回も一枚も出してません。（ニュースレターは出してますけど……）年賀状を出さないと、年末本当に伸び伸び過ごせるんですね。去年の暮れに、中学生の娘が、「年賀状作らないと！」と大騒ぎしていたんです。そこで、「パパなんか1枚も出さないぞ。お前もやめちゃえば！」とアドバイスしました。

そうしたら、長女が言いかえしてきました。

「私も、友達がいなくなったらそうするね！」

ドキッ!!　し、失礼な！

（2014年1月16日　第117号）

寇準の示談交渉（1）

「初めて読む中国古典なら、何が良いかな？」なんて聞かれますと、私は「宋名臣言行録」を推薦しているんです。面白くて、役に立つ本だと思います。

例えば、若くして副宰相になった人の話があります。当然周りの人からは、やっかまれるんですね。副宰相が歩いていると、「あんな若造が副宰相とは、世も末だ。」などと、悪口を言う声が聞こえてきます。そこで、御付の人が、その者の名前を聞き出そうとします。副宰相はそれを止めさせて言うんです。「誰が言ったのか分かると、忘れられなくなる。別に知らないでも、こちらには何の問題もないのだから。」

良い話でしょう！　私もこれを読んでからは、いやな訴訟指揮をする裁判官の名前は、憶えないようにしているんです！（おいおい）

宋の天下統一のときに、南京攻略をした将軍の話も、とても良いんですね。南京に攻め入る直前になって、将軍は床に臥せってしまいます。部下たちがお見舞いに来て、「将軍が良くなるためには何でもします。」と言います。それに答えて、将軍は言うんです。「自分の病は薬では治らない。君たちが南京攻略にあたって、罪のない市民を一人も殺すようなことはさせないと誓ってくれれば、直ぐにでも回復するのだ。」

かつての日本軍の「南京大虐殺」は、針小棒大に誇張されているのは確かでしょう。しかし、あれだけの悪評がたつこと自体、宋の将軍に比べて、日本軍の緊張が足りなかったとしか思えないのです。

そんなわけで、本日は「名臣」の代表人物みたいな寇準の話です。宋の時代は、北方民族にいつも侵略されていました。そうした時代に、寇準は、弱気な皇帝を戦争の前線に連れてきて軍隊の士気を高めたり、逃げようとする皇帝を引きとどめたりと大変な苦労をするわけです。そんな中、敵との和睦の話が出てきます。宋の方がお金を渡して、戦争を止めてもらうんです。皇帝は、この闘いが終わらせるのなら、100万払ってもよいから話をまとめて来いと、使者に言うわけです。

ところが後から寇準が使者を呼びつけます。「いかに陛下の言葉でも、和睦の金額は絶対に30万を超えてはならない。もし、上回った金額で帰ってこようものならただちに斬り捨てるからな！」こう言われた使者は、死ぬ気で交渉して、年間30万の支払いで和睦してきたという話です。

実は、こういうことって、弁護士の行う和解交渉や示談交渉でもあるんですね。例えば刑事事件で、示談して告訴を取り下げて貰うような場合に、「いくら払ってもいいから、絶対に話をまとめてください。」と言ってくる、宋の皇帝みたいな依頼者がいます。その一方、「これ以上は一銭も出せません！」という、寇準のような依頼者もいるわけです。

依頼者が「皇帝タイプ」ですと、やはりそれなりの金額を支払うことになる場合が多いように感じます。反対に、「寇準タイプ」の依頼者の事件ですと、比較的低い金額で話しがまとまることが多いのも事実です。それなら、寇準式の交渉が良いのかと言いますと、どうもそうは思えないのです。

ということで次回に続けます。

弁護士より一言

寇準は若いころ、勉強をしないで遊んでばかりいたそうです。教育ママだった寇準のお母さんは、いくら言っても勉強をしない息子に腹を立てます。手元にあった分銅を投げつけたところ、寇準の足に命中し血が流れたそうです。

ここからが寇準の偉いところですね。母親がこんなに取り乱したのは自分のせいだと深く反省し、勉学に励んで、立派な人になったのです。うちの子供たちも、勉強をしないで遊んでばかりいて、妻に叱られます。しかし寇準と違って、叱られると、「今ちょうど勉強しようと思っていたのに、そんなこと言われたからやる気が無くなった！」と言い返すんです。な、情けない……

しかし、このセリフって、私が子供のころ、自分の母親に言ったのと、全く同じものなんですね！

我が一族から「平成名臣言行録」に載るような人物が出るわけがないなと、妙に納得したのでした。

（２０１４年２月１日　第１１８号）

寇準の示談交渉（2）

寇準（こうじゅん）の話の続きです。この人は、メチャクチャ優秀な上に、剛直な「名臣」として有名なんですね。若いころ、皇帝にある案件を奏上したんですが、皇帝は聞き入れません。しかし寇準はあきらめない。皇帝の袖を掴んで、退出させないで、裁可を求めます。皇帝が諦めて認めると、悠々と退出したなんてエピソードが残っています。

そんな凄い人ですから、弱気な皇帝を補佐して、戦争において敵と有利な和睦をまとめあげたわけです。

ところが、寇準のような人ですと、当然敵も多いんです。大した能力は無くても、他人を貶めることにかけては天才的って人が、いつの時代でも、どんな組織にもいますよね。そういう人が、皇帝に対して、寇準の悪口を言います。寇準は、自分が有利な条件で講和をしたという業績を上げるために、皇帝にリスク負わせただけだというんですね。

「バクチで負けが続くと、イチかバチか財産を全てかけて勝負をするものです。寇準殿がしたのは、まさにそのようなことです。」「寇準殿は、皇帝陛下を賭けゴマにして、最後の大勝負をしただけで、陛下のことなど考えていなかったのです。」「寇準殿はあの戦いに敗れても故郷に逃れてひっそり暮らすこともできますが、陛下は違います。寇準殿は失うものが少なく、陛下はすべてを失う状況だったのです。」これを聞いて、皇帝は寇準に対する信頼をなくしていくわけです。

こんな告げ口に惑わされる皇帝も、困った人です。しかし、告げ口に全く根拠がないとも思えないのです。

弁護士の場合、無罪判決というのはめったに取れません。まさに、弁護士の勲章みたいな意味があります。痴漢事件のような、比較的軽い事案で、「自分は絶対にやっていない。」という人は相当数います。

弁護士としては、絶対に争いましょうと言いたくなります。しかし、たとえ一年後に無罪と認められても、依頼者の失うものは非常に大きいのです。嘘でも罪を認めて示談すれば、大したことなく済みます。こういう事件が来ると、私は寇準の話を思い出すんです。「この事件によって、弁護士が失うものはない。それに対して、依頼者は非常に大きなものを失ってしまう。無罪という勲章の為に、依頼者を賭けゴマに使うことにならないだろうか？」

こういうことは、和解や示談のときにも問題となります。有利な条件で和解が出来れば、弁護士としては自分の成果として自慢できます。しかし、うまくいけば良いのですが、失敗したときのリスクは、弁護士ではなく依頼者が被るわけです。そうであれば、弁護士としても慎重にならざるを得ないとも思うのです。

ただ、弁護士がどのような形で対応しようとも、依頼者との間に信頼関係さえあれば、大した問題にはなりません。ところが、これが大変難しい！

同時代の人が、寇準について、確かこんなことを言っていました。「寇準は、人が千言使っても語れない思いを、一言で片づけてしまう。自分は若いころから優秀なので、出来ない人の気持が分からない。」

弁護士の場合、寇準ほどではなくても、若いころから勉強が出来ます。弁護士になると、周りが「先生。先生。」と持ち上げてくれます。依頼者の千言使っても語り尽くせない思いを、「簡単なことを長々と回りくどく話すなあ。要はこういうことでしょう。」なんて、一言の法律用語で片づけてしまったりします。（他人ごとではありません。わ、私のことです。ううう……）

寇準ほど優れた人でも陥る過ちを、弁護士として肝に銘じておきたいと思うのです。

弁護士より一言

14日のバレンタインデーに、小学校2年生の息子が、「チョコレート一つも貰えなかった」と、がっかりしてました。そこで私が、「パパだって、貰えなかったから、大丈夫だよ！」と励ましたんです。

それを聞いていた中学1年の娘が言いました。「パパって、ママ以外からは貰えないの！　それって、やばくない？」し、失礼な。「パパだって本気を出せば……」と言いかけて、負け惜しみなので止めておいたのでした。

（2014年2月16日　第119号）

添削弁護士の反省

刑事裁判で被告人が、証拠として出てくる調書などを批判してますよね。「あれは、警察や検事の作文だ！」というわけです。警察官などの作る調書というのは、被疑者や証人が話す内容をそのまま書くことになっているんですが、現実にはかなり「作文」になっているようです。それはともかく「作文」にも、やはりレベルの違いがあるんですね。

私は刑事事件を多く手がけている関係で、警察や検察作成の調書を良く読むんですが、これがなかなか面白い。警察の調書のなかに、「うまいなあ」と感心するものが、いくつもあるんですね。

娘を殺された母親が、娘の思い出を淡々と述べた調書がありました。「幼いとき、私の手を握ってきた娘の手の感触を忘れられません。小さな、温かい手でした。」といった感じで終わってるんです。声高に犯人を弾劾されるよりもこたえます！

少年事件の調書で、「お腹がすいたので、夕食代わりにコンビニでうまい棒（1本10円の駄菓子ですね）を15本買って食べました。」なんていうのもありました。私もジャンクフードが大好きで、子供が食べている「うまい棒」を一緒に食べたりしますが、15本買って食べようとは思いません。その少年の普段の生活が目に浮かぶと共に、まだまだ子供なんだなあと思わせる内容です。

こういう調書を読みますと、「弁護士としても負けていられないな！」と、闘志が湧くのです。警察に調書文学？あれば、当方には「反省文」「謝罪文」

ありです。被害者や裁判官の心を動かす文章にしてやろうじゃないかと、燃えてくるのです！

少し前までは、私が反省文の例文を書いて、「こんな風にお願いします」と、被告人に渡していました。しかしそうしますと、大多数の人が、ほとんどそっくりそのまま書いてくるのです。これはさすがにまずいなと考えて、まずは自分で書いてもらい、それを当方で添削することにしたのです。

もちろん、心を打つような反省文も沢山あります。その一方、「こんなの読んだら、被害者はますます怒るだろうな。」なんて思わせるものもあるのです。

まず、「学術論文」みたいなものがあります。「何故私はかくの如き罪を犯したのか？」を考察しているのです。「被害者や裁判官はあなたの分析を聞きたいんじゃないの！　あなたの反省を聞きたいの!!」なんて、厳しく指導せざるを得ないのです。

その他よくあるのが、「私のしたことは、いかなる理由があろうともしてはいけないことでした。」なんて書いてる反省文です。見ず知らずの人間に痴漢しといて、「いかなる理由」ってなんだよ！と、さすがに私も呆れ返るのです。

さらに、「今後は社会の役に立つことをします。」なんていうのもよくあります。別に揚げ足取りはしたくないですけど、まずは犯罪について十分に反省・謝罪して、最低限犯罪をしない人間になるところから始めてくださいと、私でも言いたくなっちゃいます。

こういう反省文ですと、当方が添削していくうちに、最初のものとは全然違ってくることがあるんですね。これなんか、「弁護士の作文」と言われても弁解できない気がします。警察や検察の作文ばかりを批判できませんね。心から反省しました！

私の添削は、たとえどんな理由があろうとも、してはいけないことでした。今後は社会の役に立つ弁護士になることをお約束いたします！

弁護士より一言

会社勤めをしていた10数年前には、部下の文章をドシドシ添削できていました。それだけ自分に自信があったとも言えます。しかし、今から考えると、部下が文章で意図していたところがよく理解できなかっただけのような気もするんです。最近は、他人の文章を直すことがほとんどできなくなりました。読む力が増してくると、かえって添削できなくなると思いたい。でも本当は、自信と決断力が無くなって来ただけのような気もしているのです。ううう……

（２０１４年３月１日　第１２０号）

職業としての弁護士

マックス・ウェバー大先生の「職業としての学問」「職業としての政治」ですね。いま読み返しても、とても面白い本です。刺激的な記述が沢山あります。

ウェバーによりますと、専門バカにならない人は、学者として役に立たないそうです。「自分の魂が救われるかどうかは、この本のこの箇所の解釈が正しいかどうかにかかっていると思い込めない人は、学問とは縁遠い人」なんだそうです。ほ、ホントですか！

しかし、私だって自分の事件を依頼するなら、どうでもよい本を沢山読んでいる弁護士（だ、誰のこと……）よりも、この道一筋に命を懸けていますなんて弁護士に依頼したい気になるのです。

そんな専門バカの学者でも、「学問」で食べていくには、大学教授など、一定の研究職につく必要がありますよね。ウェバーによると、そういう職に就けるかは、必ずしも本人の実力よりも、運や偶然などで決まることが多いそうです。さらにその後の学者としての評価も、必ずしも研究の優秀さで決まるわけではないというんですね。きっとそういうことがあるんでしょう。

「職業としての弁護士」の場合も、全く同じことが言えそうです。司法試験を受かって弁護士となれるかどうは、相当部分、運や偶然で決まっているような気がします。その後の弁護士としての評価も、必ずしも実力だけで決まるわけではありませんね。

そういえば、「職業としての政治」には、弁護士についての記述もあります。職業政治家になるには、どういう人が向いているのかという話題です。

ウェバーによると、政治家の大切な資質の一つは、公開の場で民衆を説得する能力だそうです。弁護士は、公開の法廷で、自分に不利な事件でも有利に、自分に有利な事件はより有利にもっていきます。これは、民衆を扇動する政治家にとって、非常に大切な能力だということです。なんか、誉められているのか貶されているのか微妙なところですね。もっとも、日本の弁護士には、残念ながらこんな能力はなさそうです！

「職業としての学問」に、学者に対する生徒の態度についての話しがあります。「八百屋さんが僕の母親にキャベツを売るように、この教師は僕に知識と方法を売っているんだ。」ウェバーは、当然のことながら、こういう態度に批判的です。

しかし、これは現代の弁護士にも生じていることです。「弁護士は、八百屋さんがキャベツを売るように、法的助言を売っているんだ」と思われることには、私も釈然としないものを感じるのです。

「職業としての政治」で一番有名な個所は、心情倫理と責任倫理についての考察ですね。心情倫理というのは、結果がどうなろうと、自分の行為の正しさだけを考える倫理です。「結果」がどうなろうと、知ったことではないわけです。一方、責任倫理というのは、「善き目的」のためには「悪しき手段」でも引き受けることです。ウェバーは、政治家は自分の心の満足ではなく、「悪しき手段」をもってしても、結果に対して責任を負うべきだと言うわけです。これは、弁護士についても、非常に難しい問題です。

自己満足ではなく、依頼者に生じる結果に対して責任を負う弁護士になりたいと思います。その一方、「善き目的」の為に、「悪しき手段」を選ぶことが弁護士として許されるのか？　現代日本の弁護士にも、ウェバーは重大な問題提起をしていると思えるのです。

弁護士より一言

もう30年も昔になりますが、私が大学生のころは、「マックス・ウェバーを読まない者は人に非ず」みたいな風潮がありました。「そんな生意気な意見は、『プロ倫』をあと10回読んでから言えよ！」みたいな感じですね。今から考えると本当にバカバカしいんですが、そんな学生時代がとても懐かしく思えてきます。

本日で、51歳の誕生日を迎えました。「長らえばまたこの頃や　しのばれん！」　あと30年も生きていたら、今頃を懐かしく思い出すのでしょうか？

誕生日祝いのコメントを楽しみにしております！

（２０１４年３月16日　第１２１号）

弁護士の卒業式

今の事務所を独立開業して、まるまる7年間経ちました。子供の頃でしたら、この間に卒業式が1、2回はあったなと思ったのです。

先日、次女の小学校の卒業式に行ってきたのです。たまに学校に行くと、いろいろ勉強になります。今の小学生って、男子の人数の方が、女子の1・5倍くらいいるんですね。なんでこんなことになっているのか、心底不思議に思ったんですが、そんなことはどうでもよいのです。（だったら書くなよ！）

今回の卒業式で一番感心したのは、卒業証書を受け取るときに、生徒一人一人が自分の将来の夢を皆に宣言するところでした。

「私は、他人の役に立つ人間になりたいです。」などと言う子は相当数いました。さらには、「立派なサラリーマンになりたいです。」との決意表明まであったのです。（正社員を目指せ！ということでしょうか？）

「サッカーの選手になります！」と言った男の子は2、3人いましたが、なぜかプロ野球選手になりたいって子はいなかった。何故でしょうね……

もっと具体的な夢を語る子もいます。「私は、日本テレビのアナウンサーになりたいです。」だなんて、テレビ局まで指定している女の子もいました。「僕は、将来脳神経外科医になりたいです。」とこれまた非常に具体的です。ちなみに、お医者さんになりたいといった子が4名、対して弁護士になりたいといった子は1名でした。（本当にどうでも良いよ!!）

話しは変わりますが、自分の将来を語るという意味では、卒業文集も重要です。もっとも、私が小学校のときの卒業文集を今回読み返すと、必ずしも将来のことなんか書いてなかったんですね。たとえば、ある生徒の、こんな詩？が載ってました。

「先生はこわい　しゅくだいをわすれると　ほっぺたをぶったりする」

今なら大問題になるようなことが書かれていいます。ところがその下に先生が平然と、「そんなにこわいかな。でもしょうがないよ。しっかりしてよ！」だなんてコメントを付けてるんです。せ、先生、ぶつのは止めて下さい！

それに比べて、娘の卒業文集では、みんな自分が将来どう生きたいかといった思いを書いているのです。うちの娘も、当番をさぼってしまった思い出を書くと共に、こんな風にまとめてました。

「相手の信用をなくすということはもうだれからも、何にもたのまれなくなるということです。」「私の人生はまだ長いです。これから仕事をたのまれたり、当番などがあると思います。」「そのときは学んだことを生かしてやっていきたいです。そして、人から信用される人間になりたいです。」お、お前、いつからそんなに立派になったんだよ！と唖然としちゃったのです。

と、全くの雑談を長々と書いてきましたが、やっぱり人間、卒業式のような区切りがあるというのは本当に良いことだと思ったのです。それまでの自分を一度総括して、今後どうしたいのかを見つめなおす機会を持つということですね。

そんなわけで、開業8周年目を迎えるに当たり、ここで一度「卒業」の思いを書きたいと思います。

「人の信用をなくすということは、もう誰からも、何にもたのまれなくなるということです。」「私の弁護士人生はまだ長いです。」「皆様から信用される弁護士を目指して、やって参ります。」

弁護士より一言

小学生のときの卒業文集によると、私は6年2組だったようです。それを見ていた娘たちに言われました。

「へー、パパって6年2組だったんだ。」

「えーえ！　私はてっきり3組ぽいなって思っていたのに。」「いや、パパはどう見ても4組でしょう！」

あ、あほか！　6年3組っぽい顔とか、4組っぽい感じなんてあるんかいな!!

相変わらずのバカバカしいニュースレターですが、今後ともよろしくお願いいたします。

皆様のコメントを楽しみにしております。

（2014年4月1日　第122号）

ういろう弁護士の効能

薬関係の販売には、「薬事法」に、とても厳しい規制があるんですね。その薬にどんな効能があるのか、適当に書くことは認められません。この成分は、こういう効能があるということで、本当に限定的に記載しなくてはいけないということです。

ところで、小田原に「ういろう」という、有名な漢方薬があります。江戸時代にも有名で、十返舎一九の「東海道中膝栗毛」で、喜多さんが菓子のういろうと勘違いして食べてしまったというエピソードがある、由緒正しい薬だそうです！　今でもとても人気があります。先日、小田原土産に妻の母が、「ういろう」を買ってきてくれました。私もその効能書きを読んだんですが、大変感動しました。

名前からして、凄いんです！「純性生薬製　家伝霊薬　透頂香　ういらう」というのが、正式名称なんですね。さらには、来歴もメチャクチャ凄い！「元の順宗に仕え」、「礼部員外郎といふ役であった」祖先が、「明が元を滅すと二朝に仕へる事を恥ぢて我が国に帰化して陳外郎と称した。」んだそうです。

この薬は、使い方も感動ものです。「大人は1回に10乃至20粒」、「子供は大人の半分」はまあ良いとして、「牛馬の疾患に用いるときには40-60粒」「犬ねこには、5-20粒」「鶏には1-10粒」と懇切丁寧？に指定してくれてます。

そんな凄い薬ですから、その「効能」だって半端じゃありません。全部で52個の効能が書いてあります。

まずは、胸腹痛、渋腹、食中毒、消化不良と、胸やお腹の病気全てに効いちゃいます！　気管支炎、頭痛、身体違和感、口内炎、悪阻も、「ういろう」一つで大丈夫です。さらには、暑寒中、酒の悪酔い、歯痛、声の嗄れ、気欝、伝染病予防、その他急病にも効果があります。そもそも、人だけではありません。牛馬家畜諸種の疾患にも効くんだそうです。

こんな風に、全てに効能がある薬だなんて書いて、本当に薬事法上問題ないのかと、少し心配になっちゃったのでした。ただ、そもそも薬事法の前提としている、「薬」というのは、西洋医学が考える「薬」の概念を前提にしているんですね。特定の「病気」を退治することが薬の目的だということです。そういう考えからすると、あらゆるものに「効能」がある薬というのは、非常におかしいものに思えてきます。

一方、漢方の「薬」は考え方が違うように思えます。薬自体が病気を治すと考えるんじゃないんですね。病気を治すのは、人の身体本来の力です。その力を手助けするのが薬だという考え方です。そうだとすれば、同じ薬があらゆる効能を持っていても、少しもおかしくはないわけです。

薬事法ほど厳しくはありませんが、弁護士の場合も、自分が何を出来るのか、何を専門としているのかなど、外部に向かって自由に発表することは規制されています。特別の専門能力がないのに、依頼者を誤解させるようなことは言うなという考え方です。それはそれで一つの考え方でしょう。

その一方、こういう規制は、弁護士の仕事が、特定の法律問題の解決にあるということを前提にしているように思えるのです。そうではなく、弁護士の「効能」は、「会社自身の持つ本来の力、個人の持つ本来の能力を手助けするもの」とは言えないのかと、「ういろう」の効能書を読みながら、考えたのでした。

弁護士より一言

昨年末、次女の中学受験で、親子面接に行ってきました。面接が終わると、「パパがちゃんとできるか心配だったけど、立派だったよ。さすが弁護士。見直しちゃった!!」なんて言われたんです。

それまではパパのこと、どう思ってたんだよ。ううう……

次女は無事に、寮のある希望校に入学しました。次女のいなくなった家で、何年か前に次女を叱ったときの、「パパ、そんな言い方すると、私はシマウマになっちゃうんだよ！」なんて発言を思い出しては、一人笑いを噛み殺しているのです。（いうまでもなく、トラウマの間違いです。）

（2014年4月16日　第123号）

弁護士をお金で買いますか？（1）

お金によって、正義が歪められたり、愛情が壊されたりすることはよくありますよね。その一方、お金が社会で非常に重要な役割を果たしていることも間違いのない事実です。日本でも昔から、「金が敵（かたき）の世の中だ」と言われる一方、「早く敵に巡り会いたい」とも言われていたのです！

マイケル・サンデル教授に、「それをお金で買いますか」という、とても面白い本があります。「これからの『正義』の話をしよう」が日本でもベストセラーになった、サンデル教授の本ですね。市場の力が圧倒的　に強い現代資本主義社会では、全てのものが「お金」で評価され、お金を持つ人がほとんど全てのものを買うことが出来るわけです。サンデル教授は、そのような市場主義が、「正義」を破壊しているのではないかと、問題提起します。

この本の中で、本来お金では買えないはずだったものを、お金で売り買いしている例として、色々と面白い話が書かれています。たとえば、フェイスブックの「友達」は、一人当たり100円で「購入」可能だそうです。これは日本でも同じでしょうね。従業員が減量すると、その分報奨金を出す企業の話しもありました！　サンデル先生は否定的ですが、私なんかこういう企業で働きたいです。遊園地の中には、お金を払いさえすれば、人気アトラクションを優先的に使える制度を設けているところもあります。これなんかも、優先権をお金で買っていることになるわけです。

まあ、以上の例は大した問題ではないかもしれません。しかし、年会費250万円支払えば、いつでも最高のお医者さんの診察・治療を優先的に受けることの出来る、コンシェルジュドクターという制度がアメリカにはあるそうです。こうなってくると健康や安全安心もお金で買えるということですね。お金のない人たちは、病院で長い間待たされて、必ずしも優秀とは言えない医者に診て貰わざるを得ないわけです。日本でも、保険制度を離れた自由診療のもとでは、お金のある人がより良い治療を買っているわけです。

この辺の事情は、日本の司法の世界でも同じです。お金のある人は、弁護士を買って、より良い結果を得ることが出来ます。実際問題として、比較的軽い罪で前科が付いている人たちの場合、早い段階で弁護士が付いていれば、不起訴で終わっていただろうなというケースは沢山あるんです。

一方、人間はお金さえもらえれば頑張るのかというと、そうでもないようです。慈善活動を依頼するに当たり、ある人たちには無償で、別の人たちにはほんの少しの報酬で、さらに別の人たちには多額の報酬で、それぞれお願いしたそうです。このとき、成果が低い順に、少しのお金を貰った人たち、沢山のお金を貰った人たちときて、一番成果を上げたのは、無償で依頼された人達だったということです。社会的に意義のある活動の場合、お金とは無関係に良い成果を上げている人たちがいるんですね。日本の刑事弁護の場合でも、手弁当で活躍している熱心な弁護士達が、無罪判決を勝ち取ったりしてますよね。

この問題は弁護士から見ると、「あなたはお金で買われますか」という質問になりそうです。その辺も含めて、次回に続けます。

弁護士より一言

お金といえば、「ロミオとジュリエット」に有名なセリフがありますよね。死んだジュリエットの後を追うために、ロミオは薬屋から、自殺用の毒を買います。毒の対価としてお金を渡すときのセリフです。

「ほら金だ。人の心には、毒より恐ろしい毒。」

このとき、ロミオは16歳ですから、私が薬屋なら、「この若造が偉そうに！」と、ムカッときちゃいますね。（まあ、それでも毒は売るでしょうけど。）

ちなみにこのとき、ジュリエットは14歳でした。

この5月に14歳となる娘を持つ父親として、「まったく昔の若い者は……」とつい言ってみたくなったのでした。

（2014年5月1日　第124号）

弁護士をお金で買いますか？（2）

弁護士は、戦前の芸者さんみたいなものだと、聞いたことがあります。お金をくれる旦那さんの為に誠を尽くすのが、弁護士のあり方なんだそうです。

そこまで言われると身もふたもないんですが、間違っているとは言えないところが情けないところです！

実際問題、弁護士を使うのには非常にお金がかかるんです。弁護士法には、「弁護士は、基本的人権を擁護し、社会正義を実現することを使命とする。」なんて書かれていますが、お金を貰わないのに依頼を受けるようなことはないのです。

さらに、弁護士は金さえもらえれば何でもするだろうなんて、悪口を言う人もいます。そういう弁護士が一定数いることも事実なんですね。実際私自身、暴力団の手先の弁護士とやりあったことがあります。元検事の老齢の弁護士でしたが、脅しの片棒を担いでいました。暴力団以外には、顧客がいないんですね。

前回、毒を不法に入手する為に薬屋にお金を支払う、ロミオの言葉を書きました。

「ほら金だ。人の心には、毒より恐ろしい毒。」

これに対する、薬屋のセリフに考えさせられます。

「お金を頂くのは私の貧しさ。私の心ではありません。」 商売がうまくいっておらず、貧しいなら、怪しげなお金を貰ってもいいのかということですね。

ここのところ、弁護士の人数が増え、多くの特権も取り上げられてきました。そんな中、貧しい弁護士が相当数生まれています。「お金を頂くのは私の貧しさ。私の心ではありません。」といいながら、怪しげな依頼の対価を受ける弁護士の増加が心配です！

さらに弁護士の場合、報酬金が多いか少ないかで、活動内容が違ってくることもよくある話しです。たとえば、刑事事件の、国選弁護と私選弁護の違いですね。国選弁護人は、国のお金で被告人などの弁護を担当するんですが、報酬はかなり低いんです。依頼者がお金を払う私選弁護人とでは、相当の違いがあります。

そんなこともあり、多くの人達が、国選弁護人は、まともな仕事をしないと信じているようです。しかし、私の感覚では、ほとんどの国選弁護人はまじめに仕事に取り組んでいると思います。ただ、それは裁判結果などに影響を与える範囲ではということです。その一方、裁判結果とは無関係の、例えば被告人やその家族に安心してもらえる活動ということになると、国選弁護人に期待することは難しいようです。うちの事務所に来た依頼者が、国選弁護人への不満を話してくれたことがあります。被告人のご家族ですね。

国選弁護人に、「今後どうなるのか心配でしょうがないので、会ってお話を聞きたい。」とお願いしたところ、「あなたと話しても、裁判結果に何の違いもありません。会う必要がありません。」と言われたそうです。その方は、心から憤慨されていました！

一方、私の方でその弁護士の弁護活動の内容について確認したところ、手を抜いたりせずに、しっかりとやっているようでした。その国選弁護人にとっては、「家族の安心感」など、自分がプロとして提供すべき仕事ではないと考えていたのかもしれません。

戦前の芸者さんに、「芸は売るけれども、身体は売りません。」という有名なセリフがありました。「芸」はお金で売買できるが、「身体」はできないという心意気でしょう。

弁護士として、何がお金で売れるもので、何が売れないものなのか、真剣に考えざるを得ない時代になってきていると思うのです。

弁護士より一言

小学校3年生になったばかりの息子は、ここのところお金に大変興味が出てきたようです。うちにどれくらいお金があるのか、聞いてきます。

「パパって、お金1万円持っている?」

「それくらいは持っているよ。」と答えると、息子は興奮して言いました。「ホントー、パパすごい！　それじゃパパ、100億兆円、持っている?」

い、いきなりそこですか！

（2014年5月16日　第125号）

弁護士の逸民伝

中国の歴史書には、面白いものが沢山あります。「後漢書」なんて、とても好きでした。

後漢帝国の創始者である光武帝の話しなど、大変ためになります。群雄割拠する騒乱の時代に、多くのライバルを倒して、帝国を作るんですね。多くの武将たちは、誰が最後に勝つか分かりませんから、光武帝の味方をする一方、ライバルの方にも内通の申し出などしているわけです。

そんな中で、ライバルを倒した光武帝は、そこにある文書をすべて、目を通すことなく焼き捨ててしまいます。自分はみんなを信じているから、過去の裏切りの証拠を探したりしないというわけです。

弁護士の仕事では、過去の証拠を集めることが非常に重要です。しかし、過去を忘れて、将来の信頼を獲得する光武帝のようなやり方は、勉強になります。

でもこういうのは難しいですね。ダメな人がすると、甘く見られただけで終わってしまいそうです。光武帝のような偉い人がすると、みんな心服しますけど。

といった、偉い人の、ためになる話も後漢書に満載なんですが、今回はそういう話をしたいのではないのです。（だったら、長々と書くなよ！）

後漢書の中には、「逸民伝」なんて、世間に背を向けて暮らす変わり者の記録があります。こういうのが私の好みなんですね。

たとえば、王覇という人がいます。役人になって立身出世するという当たり前の生き方を拒否して、当時の乱れた社会での出世を望まず、妻子とともに隠遁生活に入った人ですね。

そんな王覇のもとに、立身出世した友達が、息子を連れて訪ねてきます。友達の息子は身なりも立派で、言葉遣いも自信にあふれています。一方、王覇の息子は、着ているものもぼろですし、立ち居振る舞いも垢抜けていない。そこで、王覇の息子は、怖じ気づいてしまい、友達の息子と会話もできない。

顔を真っ赤にして、隠れてしまう。それを見て、王覇は愕然とするわけです。自分の生き方は、間違っていたのではないかと考えて、寝込んでしまいます。

そういえば、現代日本でも似たような話しを聞いたことがあります。会社中心の生活は嫌だということで、就職しないで、夫婦で趣味を中心に、アルバイトなどで生活していた人の話しです。若いころはそれでよかったのですが、歳をとっても収入が増えず、生活が苦しい中、かつての友達は出世していく。最後には、精神的におかしくなってしまい、夫婦の関係も悪くなり、離婚までしたんだそうです。

一方、王覇の場合は、落ち込んでいる夫を、妻が励ましたと、後漢書に記載されています。「あなたは若いころから、お金や地位は目をくれずに、志を守って生きてきたではありませんか。この程度のことで、今になって昔の志を忘れることなどないでしょう。」 奥さんのこの一言で、王覇は元気になって、そのまま隠遁生活をつづけたということです。

どんなに優れた人でも、かつて自分が決めた方針に対して、後になってからこれで良かったのかと、心が揺れることがあるんですね。当初の決意を忘れてしまい、取り乱した挙げ句に、信じられないような醜態をさらしたりするわけです。そういうときに、側にいる信頼できる人から、「あなたのした決断は正しかったんだ!」と言って貰えると、本当に助かるのです。

弁護士として、心が揺れている依頼者に対して、適切な助言ができれば良いなと思うのです。

弁護士より一言

このコラムでは、うちの家族のことなど、よく書いています。ところが、妻に対する一言の場合、子供たちに対する一言と違って冷たいと、指摘を受けたんです。

別にそんなことではないんです。テレくさいだけです。

サラリーマンをしながら司法試験を受けたとき。顧客が一人もいない中、独立開業したとき。いつも妻には、信じて、励ましてもらいました。この場を借りて、感謝の気持ちを伝えます!!

（2014年6月1日　第126号）

未開弁護士の呪術

ジェイムズ・フレイザー卿の「金枝篇」といえば、誰もが少しは知っている本です。「王殺し」とか「共感呪術」なんて言葉は、漫画などにもよく出てくるほどポピュラーな概念でしょう。その一方、本気で読んでいる人はほとんどいないんですね。私だって人のことは言えませんが、とても面白い本であることは間違いありません。

ここで扱われているのは、未開人の思考です。つまりは呪術思考ですね。これはつまるところ、人と自然が繋がっており、相互に呪術的な影響を及ぼしているのだという思考のようです。

こういう思考の下では、例えば人の呪術により、天候を左右できるんだという考えも生まれますよね。フレイザーも、未開社会での雨乞い師について、「未開の思想だ!」とけなして書いています。

未開の思想では、組織の長である王は、その組織全体と繋がっているのです。王が壮健であることが、組織が栄える必要条件なわけです。フレイザーによりますと、ある部落では王には沢山の女性が各地にいるそうです。王は毎日違う女性の下に通うんですね。これだけだと羨ましい話!なんですが、全ての女性を満足させていることが、王の壮健さのバロメーターになるわけです。それが出来ないようだと、王の弱体化が部落の弱体化につながるわけですから、「王殺し」へと向かっていくことになります。

なんか、私が王だったら、初日で殺されているような気がしてきました。ううう……。私も一応うちの事務所の「王」ですから、健康に留意して、「王殺し」にあわない様にしようと、決意を新たにしたのでした!

もっとも、こういった、王に力がないから悪いことが起こるんだという考えは、現代にも引き継がれていると聞いたことがあります。日本でも、経済が調子悪いと「王」である総理大臣の首が挿げ替えられますよね。この現象は、政治学として分析するよりも、文化人類学として分析すべきだそうです。（ホンマかいな。）

弁護士業についても、依頼者の中には、少し事件がうまくいかないと、弁護士を変える人っているんですね。これなんかも、王殺しの考えが入っているのではなんて考えちゃうのです。（おいおい）

人間の行為が自然に影響を与えるのだという思想は、世界各地にありますよね。憎い相手の身体の一部を入れた人形を傷つけると、それが現実の相手方にも影響を与えるなんて、今でもあるようです。こういう、呪う方の呪術でなくて、人の無事を祈るような呪術もあります。日本でも、家にいない人の為に陰膳（かげぜん）を供えますよね。旅行中の人が、飢えたり、安全を脅かされたりしないようにするための呪術です。

こういう呪術も、全世界的にある様で、フレイザーも報告しています。ただ、ここでもフレイザー先生は、こういった未開の呪術的思考に非常に冷たいのです。呪術的な行為には、何ら自然科学的な影響力は無いから、やるだけ無駄といった態度です。ある部族で、戦争に行った男たちの安全を祈って、残された者たちが呪術的な祈願をしていたが、既に男たちは戦争で皆殺しにあっていたなんて話を、書いていたはずです。世の中厳しいから、そういうこともあるでしょう。

それでも私は、陰膳を供えたり、お百度参りをするような気持ちは大切だと思います。依頼者が苦しんでいるときには、遊びに行ったりしないで、自分も一緒に苦しむ。呪術的ではありますが、それが依頼者にも良い結果をもたらすと思えるのです。

弁護士より一言

呪術による雨乞いですが、フレイザーの批判にもかかわらず、100%成功させている人がいると聞きました。その人が祈ると、絶対に雨が降るんですね。

どういう祈りをしているのか分かりますか？

答えは、「雨が降るまで祈りを止めない！」だそうです。諦めないことが、何より大切なんですね。

私も、雨が降るまで祈りを止めない、諦めの悪い弁護士を目指そうと思います！

（2014年6月16日　第127号）

木を見る弁護士　森を見る弁護士

頸椎の神経が圧迫されているということで、右腕が痺れています。そこで、様々な治療をしてもらったのですが、その過程で面白いことに気が付きました。

西洋医学では、直接的に原因となっている頸椎を治療しようとします。手術で頸椎の問題部分を切り取るとか、ブロック注射で頸椎の神経を痛まないようにするといったやり方ですね。

これに対して、東洋系の治療法である整骨院などでは、これを頸椎独自の問題とはとらえないのです。身体全体の歪みや、痛みを覚える右腕も含めての問題としてとらえます。身体全体を見るわけですね。

「木を見る西洋人　森を見る東洋人」という面白い本があります。西洋人と東洋人とでは、ものの見方が違うというんです。西洋人は分析的、直線的、単純に物をとらえるのに対して、東洋人は包括的、循環的、複雑にものをとらえるということです。つまり、西洋人は「木」を見るが、東洋人は「森」全体をみるということです。本を読んだときは、「どこまで本当かな？」と、少し怪しく感じましたが、今回、頸椎の治療を通して、そういうこともあるのかもと感じました。

考えてみますと、「責任」の考え方も、西洋と日本では違うように思えます。例えば戦争責任のときなども、西洋の思想では、「犯人を捜せ！」になりそうです。問題のある「木」を探せということですね。これに対して、日本では、「一億総懺悔」になります。「森」全体の責任ということです。日本式の責任では、無責任体制になりそうな気がする一方、責任を個人に負わせる西洋のやり方も問題がありそうです。

この、「木」を見るか「森」を見るかの問題に関連して、経営学者のピーター・ドラッカーが面白い話を書いています。家の塀を作っている職人に、何をしているのかと聞いたときの答えです。その職人は、「世界一の塀を作っているんです！」と答えたそうです。

自分の仕事に誇りを持っている態度は、非常に良いことに思えますよね。しかし、ドラッカー先生は、これは問題だというわけです。塀というのは、あくまでも家があってのものです。家という全体の中で、どのような塀を作るべきなのかが決まってきます。それを無視して、「世界一の塀」を作られても困ってしまうということですね。この職人は、塀という「木」に夢中で、家という「森」を見ていないというわけです。

私も、ある経営者から似たような苦情を聞いたことがあります。その人の会社は、損害賠償を請求されたため、裁判で争っていたのですね。裁判は数年にも及んだそうです。経営者としては、利益の出たときに、不利な条件でもよいので訴訟を終わらせて、損害賠償額は損金で落としたいと思っているのに、弁護士の方が訴訟に夢中で、話を聞いてくれないという不満でした。その弁護士は、訴訟という「木」を見て、経営という「森」を見ていなかったのでしょう。

だからといって、「木」を見る弁護士が劣っているとは思えません。他のものを視界から追い出して、一心不乱に「木」を見ることで初めて見えてくるものがあります。西洋近代科学は、まさに「木」を見ることで生まれたはずです。

私だって、自分が訴訟をお願いするのなら、その訴訟だけを一心不乱に見つめて、全力で当たってくれる弁護士に依頼します！

「木」を全力で見ながら「森」も忘れない、そんな弁護士になりたいものです。

弁護士より一言

中学1年生の娘の運動会に行ってきました。娘は私に会うと、「ママお弁当、何を作ってくれてた？」と聞いてきました。そこで、「から揚げと卵焼きと……」なんて、娘と話していたんです。

後日娘は友達や先輩から、「お父さんと仲良いんだね。楽しそうに何話していたの？」と聞かれたそうです。

「から揚げの分配が一人幾つまでかを話してたなんて、恥ずかしくて言えなかったよ。」

いつまでも子供だと思っていた娘に、恥ずかしい気持ちがあるのかと、妙に感心したのでした！

（2014年7月1日　第128号）

弁護士のビューティ・コンテスト

世界レベルで有名なビューティー・コンテストといえば、「パリスの審判」ですね。ギリシャ神話の話しです。（済みません。隠そう隠そうとしても（ホントかよ！）教養があふれ出てきてしまうんです。）

争いの女神が、金の林檎を1つ持ってきます。1番美しい女神に、この林檎を与えると言うんですね。3人の女神がこのコンテストに名乗りを上げます。しかし、男の神様は、こんな争いに巻き込まれるのを嫌って、誰も審判の役目を引き受けません。

そこで、パリスという名前の羊飼いが、このビューティー・コンテストの審判に任命されます。3人の女神は、それぞれパリスに賄賂を約束して、自分に投票するように働きかけるわけです。1人の女神は、自分に投票したら世界を支配する権力を与えると約束します。もう1人の女神は、世界一の知恵を約束します。3番目の女神ビーナスは、世界一美しい女性を妻に出来ることを約束したのです。まあ、知恵を欲しがる男性は、少数派でしょうね。権力も魅力的ですが、パリス君は大多数の男性と同じで、世界一の美女を選んだという話です。（パリスは人妻だった絶世の美女ヘレンを奪い、それが原因でギリシャとトロイの戦争が始まったというギリシャ神話の序章です。）

ところで弁護士の場合、顧客が依頼する弁護士を選ぶのを、ビューティー・コンテストと言うんです。通常は、企業などが大きな案件を依頼する弁護士事務所を選ぶ場合です。私も、企業の法務部門にいたときに、アメリカや中国で、「ビューティー・コンテスト」で選ぶ方を担当しました。特許侵害訴訟など、弁護士費用だけで1億円近くなりますので、それなりの法律事務所を選定する必要があるわけです。

その際、賄賂を貰ったことはありませんが、各法律事務所も、あの手この手で自分を売り込んでくるので、感心したことを覚えています。ある事務所では、訪ねていくと既に詳細な、論点を分析したレポートを準備していました。他の事務所では、同様な事件の実績一覧表を用意しています。魅力的な料金体系をオファーする事務所もありました。ただ、この辺は選ぶ立場からすると、ちょっと違うなという気もしたのです。

自分で法律事務所を立ち上げた後は、選ばれる立場で「ビューティー・コンテスト」を経験しました。めったにない、1000万円もの報酬が貰える事件で、他の事務所と比較検討されたうえで、うちの事務所が選ばれたときは、とても嬉しかったですね。後から、何故うちの事務所を選んでもらえたのか聞いてみたところ、「ボスの大山先生の人柄と、若手の藤井弁護士が優秀なところから選びました！」との回答でした。わ、私だって優秀なのに。ううう……

少し前までは、弁護士の数が少なかったので、一般のお客様が弁護士を選ぶのは事実上困難だったんですね。ところが最近は、弁護士の数が増えてきたこともあり、一般顧客も、数件の事務所を比較検討して、依頼する事務所を決めるようになってきています。お客様にとっては、大変いいことでしょう。

そんな中、これからの弁護士はごく普通の事件でも、ビューティー・コンテストの対象になることを覚悟すべきです。どうすれば選んでもらえるのか、考えないといけないということですね。

かつて会社法務部門で、弁護士を選んだときには、「親身な対応」「素早い回答」「やる気と熱意」で選んでいたことを思い出しました。自分が弁護士になった今こそ、選ぶ側の考えを忘れずにいたいものです。

弁護士より一言

結婚する前に、妻にカルティエの、金の林檎のペンダントをプレゼントしました。ギリシャ神話に思いを致し、自分にとって一番の女性へのプレゼントとしたのです。（ほ、ホントです！）

妻は、大変喜んでくれました。でもそれは、ギリシャ神話や、私の愛の深さにではなかったようです。

「やっぱりカルティエはかわいいね。」

そ、そこですか！　これからもめげることなく、故事来歴？のあるプレゼントをしていきます。

（2014年7月16日　第129号）

光源氏の復讐

日本文学の中で、一番のヒーローと言えば、何と言っても光源氏ですね。この人は、単なるプレイボーイではなく、本当に凄い人だと思うんです。

仕事のうえでも大変なやり手で、政権のトップにまで上り詰めますよね。さらに人情の機微もわかっている。自分の息子を宮中で就職させるに当たって、甘やかすことなく、下積みから始めさせます。息子に甘いだけの馬鹿おやじじゃないんです。

友情にも厚いし、人の面倒見も良い人です。女性関係はメチャクチャではありますけれど、関係を持った女性は、決して見捨てません。花散里や末摘花といった冴えない女性達も、最後まで面倒を見ます。

かつて、政界の大狸と言われた政治家 三木武吉が、「妾を5人も囲っている。」と非難された話を思い出しました。三木先生は少しも騒がず、「5人ではなく7人です。今は年を取って役に立ちませんが、私は1人も見捨てておりません！」と言い返して、拍手喝さいを浴びたそうです。光源氏もこんな感じですね。

光源氏の場合、夫のある女性とも散々関係を持ってきました。父親の後妻と関係を持って、子供まで作った人です！ そんな源氏の、歳をとってから結婚した若妻が、若い男と不倫の関係になります。光源氏の凄いところは、因果応報だと変に納得などしないで、きっちりと2人に復讐していくことです。相手の男が病になって死んでしまうまで、ねちねちと精神的に追い込んでいきます。若妻の方もきっちりと締め上げます。

政治関係でも、かつて自分を失脚させた政敵たちに、きっちりとやり返していきます。政敵の親子が抱き合って泣きながら、「光源氏は必ずやり返す人でそれだけの実力もある。自分たちはもう終わりだ。」なんて言う場面がありました。

光源氏の場合は、自分自身で復讐をしましたが、現代社会では特殊な人でない限り、復讐も法律の範囲内で行われますよね。そうしますと、多くの人が、復讐するときに弁護士を使うことになるわけです。「自分にとっては1銭の得にもならないけれども、相手に目にもの見せてやりたい！」といった依頼を受けたことの無い弁護士は、まずいないと思うんです。

配偶者の不倫相手の家族や会社に、不倫の事実を通知したりする復讐は、一般人がやる場合は名誉棄損や脅迫などの問題が生じる可能性があります。しかし、弁護士を通せば、法的に問題にならずに、出来てしまうんです。相手にダメージを与えるためだけに、認められるはずのない高額の損害賠償請求訴訟を起こすことも出来ます。1億円請求すれば、たとえ判決では100万円しか取れなくても、相手側には心理的な圧迫と、高額な弁護士費用も発生するので、相当のダメージになるわけです。

会社関係でも、子飼いの部下が他社に引き抜かれたような場合に、絶対に許せないと、あらゆる法的手段を使って追い込もうとする例はあるんです。こういう依頼を受けたとき、私も、他の多くの弁護士も、「そんな復讐は止めましょう!」と言いたくなります。しかし、自分が依頼者の立場で、弁護士から「したり顔」でそんなこと言われたら、ムカッときそうです。弁護士には、自分と一緒に怒り、自分と一緒に泣いて欲しいのです。一緒に泣きながら諫めてくれる弁護士の話しなら、聞けるかもしれません。私もそんな弁護士になりたいなと思ったのでした。

弁護士より一言

中学1年生の娘の学校(中高一貫の女子校です)に行ってきました。娘は、向こうからやって来た女の子に、丁寧にあいさつしたんです。

「お友達なの?」と聞くと、答えました。「とんでもない。あの方は、上級生の○○さんです。」

えーー!「あの方」ってなんだよ!

娘によると、先輩達を「先輩」と呼んではいけないそうです。「上級生の方」「高校生の方」の「××さん」と言わないといけない!

「そんなこと言うなら、パパの方がもっと大人なんだから、もっと敬えよ!」と文句をつけたところ、「それじゃパパのことは、『父親の方のじろうさん』と呼ぶよ。」と言われてしまいました。

(2014年8月1日　第130号)

弁護士も真面目が大切

お盆でみんな働いていないし、暑くてやる気も出ないし……。というわけで、私の好きなオスカー・ワイルドの戯曲から、気の利いた言葉を紹介してお茶を濁します。

まずは、ワイルドの代表作、「真面目が大切」の有名な出だしの部分ですね。ピアノを弾いている主人公と、執事の会話です。「僕の演奏を聴いたかい？」「お聴きしては失礼かと思いましたので。」

私は子供のころから、「人の話を聞かない。」って先生に怒られていたんです。次に怒られたら「お聞きしては失礼かと思いました。」なんて言い返そうと思っていたのです！（実際にはできませんでした けど……）そういえばワイルドの戯曲には、「あなたのおっしゃっていることが分からなくて嬉しいわ。何か良くないことを言っているんでしょう。」なんてセリフもありました。

「経験とは、人が自分の過ちに付ける名前。」「過ちは許されません！」「過ちなしでは、人生さぞ退屈でしょう。」

なんていうのも良いセリフです。私も、何か失敗するたびに、このセリフを思い出すんです！

遊び人の男達の、女性についてのセリフ。「美人だったら口説く。」「美人でなかったら？」「他の女を口説く！」

とんでもない奴らです。しかし、弁護士も似たようなことを言っているんですね。「業績の良い会社なら、顧問になるように口説く！」「業績が悪い会社なら？」「他の会社を口説く！」（おいおい!!）

結婚を申し込んだときの、娘の母親との会話もあります。

「結婚しようとする男は、何でも知っているか、まるで何も知らないかの、どちらかでないといけません。あなたはどちらですか？」「何も知らない方です。」「安心しました。無知と言うのは傷みやすい輸入果物と一緒で、少し触っただけで傷みますから。」

弁護士の依頼者にも、よく勉強してくる人がいるんですね。ただ、中途半端な知識で、色々と口を出されると、弁護士としてもなかなか辛いところがあるのです。まさに、「何でも知っているか、まるで何も知らないかのどちらか」にして欲しいと思うこともあります！

なんて、お客様の悪口など言っているようではダメですね。弁護士の業務でも、自分がその案件について「無知」だと自覚しているときは、謙虚に勉強して、かえっていい仕事をするんです。変に仕事に慣れてしまい、「傷みやすい輸入果物」のような「無知」が無くなる頃に、とんでもない間違いをしてしまうようです。

「理想の男というのは、女性に女神の様に話して、子供の様に扱ってくれる人」なんてセリフもありました。女性には怒られそうですけど、現実にこういう男はモテそうな気がします。弁護士の場合も、依頼者を尊敬するのと同時に、法律を知らない依頼者に、神に対する様に話し、子供を相手にするのと同じように丁寧な対応をすることは、非常に大切だと思い至ったのです！

自分のことをどう思うかと、女性に聞かれたときの、男のセリフもあります。「全く完璧です。」「それじゃ困るわ。進歩の余地がありませんもの。」

分かったような、分からないような……。もっとも、弁護士としてまだまだ進歩の余地がある私は、幸せ者だと思いたいです！

女性に対して嘘をついていたところ、偶然その嘘が真実だと判明したときの男のセリフは、こんな感じです。

「生まれてからこれまで、本当のことばかり話していたなんて、恐ろしいことです。許してくれますか？」「もちろんよ。きっとこれからはお変わりになりますわ。」

私は変わることなく、本当のことばかり話す弁護士でいることを誓うのです。（ほ、ホントです!!）

弁護士より一言

ワイルドの戯曲は名言?の宝庫です。「結婚は、3人なら上手くいくが、2人ではダメになる。」（ホントかよ！）　そこで、2人でもうまくいく結婚相手の男としては、「70過ぎのおじいさんなら大歓迎。一人の女に人生を捧げるでしょう。70歳って、男の理想の年齢ですわ。」

妻によると私は「70歳になると丁度かっこよくなりそう！」なんだそうです。なんのこっちゃ!!

70前から、凄くかっこよくなるぞと、心に誓ったのでした！　引き続きコメントを楽しみにしております。

（2014年8月16日　第131号）

弁護士の漢字教室

漢字と言えば、何と言っても白川 静先生ですね。10年近く前に、96歳で亡くなった大先生です。

漢字辞典にしろ、他の辞典にしろ、多くの人が協力して作りますよね。酷いのになると、他からコピーして作ったりします。ところが白川先生は、それぞれ毛色の違う、分厚い漢字辞典を3冊作られたんですが、これを全部自分で書いて作ったというメチャクチャ凄い人です。その中では、漢字の生い立ち、その呪術的な性格などが、説明されています。

白川先生のお話は、内容が深すぎて私にはよく理解できないんですが、「分からなくても面白い」という、本当に凄い人なんです！（なんのこっちゃ。）

白川先生によると、多くの漢字は、「神」や「呪術」と関係があるというわけです。例えば「道」という漢字がありますよね。人が通行する「みち」です。ところが、「道」の中は「首」が入っています。これは一体何故だろうかというのが、白川先生の疑問です。

先生によると、道というのはまさに、「首」を手に持って「進」むことを表す字だというんですね。かつての呪術的世界では、道は外から内部に悪いものを運んでくる経路です。そのような道を進むときには、魔よけとして異民族の首を手にしてしたということです。

ほ、ホントウですか？　なんか、落語に出てくる、知ったかぶりのご隠居の話しみたいにも聞こえちゃうんですが、相手が白川大先生となると、疑うこともはばかられるのです！

その他、例えば「取」という漢字がありますよね。この漢字は、何故か左側に「耳」が付いています。何故、「取る」ことと、「耳」とが関係あるのか、普通に考えればわかりませんよね。これについても、白川先生は、快刀乱麻を断つ解釈をしてくれます。「取」という字は、戦場で殺した相手の左耳をとったことから生じた漢字だというのです。しつこいようですが、ほ、ホントウですか?!

ということで本日は、弁護士（旧字体では辯護士）という漢字の意味を、白川先生に教えて頂くことにしました。（く、くだらない……）

まずは「辯」ですね。外側の「辡」に挟まれて、「言」が入っている字です。「辡」ですが、「二人並んで誓約することを示す字で、原告と被告に別れて相争う意がある。」そうです。なんか、訴訟そのものじゃないですか！　そして、真ん中の「言」という漢字ですが、これまた単に話すことじゃないんです。神に誓いを立てるという意味だそうです。訴訟の場で、勝つために嘘をつくなんて、とんでもないことです。

次は「護」の字ですね。字の右側の「蒦」は、鳥を手に取っている形だそうです。（分かったような、分からないような……）鳥占いで、鳥を注視して、注意深く守護する意味で、もともとは軍事的な目的に使われた字だというんですね。そうだとすれば、弁護士も依頼者を「護」るためには、断固戦うことが必要だと、思いを新たにしたのです！

最後の「士」ですが、白川先生の辞典である「字統」を5回読んだんですけど、その由来については何を言っているかよく分かりませんでした。ただ、結論的には、「士」は身分としては戦士であり、氏族の有力な構成員として、支配者階級だったそうです。ところが、氏族制度の崩壊と共に、「士」は仕官を求める浪人的な意味を持ったと白川先生はおっしゃっています。弁護士特権制度の崩壊後の、弁護「士」の未来まで、漢字に暗示されていたのでしょうか?

弁護士より一言

一番下の息子が小学校に入って、漢字の勉強を始めたときのことです。4、5歳上のお姉ちゃん達が、漢字を教えてあげていました。「弟」という漢字をみせて、「この漢字、読めるかな? ふみ君のことをいう漢字だよ。」なんて言ってたのです。

しばらく考えてから息子は、「泣き虫?」

そんな漢字あるかいな! でも、息子も自分自身のことを分かっているのだなと、感心したのでした。

(2014年9月1日　第132号)

影響力の武器

チャルディーニという心理学者の書いた、「影響力の武器」という本があります。人は、どういう場合に他人から影響を受けるのかについて書かれた本です。

学者先生の書いた本と言いますと、机上の空論じゃないかと思ってしまいますよね。しかし、チャルディーニ先生は、やり手のセールスマンのような人(人に影響力を与えて、モノを買わせるプロの人達)から多く学んでいきます。その結果、チャルディーニ先生は多くの人が、他人から強い影響を受けながら、その事に気づいてもいないということを、多くの実例と共に示して行くわけです。

「影響力の武器」の中で、一番有名なのが「返報性」という考えです。人は他人から何かを無償でしてもらったら、受けた恩義は、必ず返さないといけないと思うようにできているというのです。人間のこういう性質は、文化人類学の立場からも、広く世界的に認められているということなんですね。

悪徳商法の場合、この返報性は多用されます。アムウェイ商法なんて有名です。まずはバックに入れた商品を無料でお客さんに渡します。自由に使ってくださいと言うわけです。そうしますと、その後お客さんは、面白いように商品を購入するそうです。デパ地下などで、無料で試食させるのも「返報性」の原則ですね。試食した以上は、買わないと気が済まなくなる！

この辺のテクニックは、弁護士も普通に使いますね。たとえば、刑事事件の被害者との示談交渉など、私は高級ホテルで設定します。高いコーヒーや、ケーキ代など、当方で持つわけです。「返報性」の法則で、少しでもこちらの要望をかなえてくれないかと期待しちゃうのです。

返報性の応用問題で、「まず過大な要求をして、その後譲歩する」なんていうのもあります。

例えば、大学生に対して、ボランティアで、問題児童を1日遊園地につれて行って欲しいとお願いすると、ほとんどの人は断るそうです。ところが、最初に、問題児童を2年間継続的に面倒見てもらえないかとお願いします。それを断られた後に、1日だけ遊園地をお願いすると、多くの人が快く応じてくれます。最初の頼みを断ったことが、心に負担として残っているので、それより小さい頼みなら聞いてあげようと思うわけです。

この辺のテクニックも、多くの弁護士が使っています。交渉のときに、まずは非常に厳しい条件をだします。相手は当然断りますが、そこをスタート地点にして、自分の方が譲歩しているんだという立場で臨むわけです。当方の「譲歩」に対する「返報性」を期待するのです。

こういう「返報性」の法則など、多くの人は気付きもしないうちに、事実上他人から「影響」を受けているのです。返報性だなんて高度の話しでなくても、人は本当に簡単に影響を受けます。チャルディーニ先生は、自動車販売の例をあげていました。自動車だけの写真を見た場合と、自動車の隣に美女がいる写真を見た場合とでは、後者の方が圧倒的に自動車自体の価値を高く評価するんだそうです。しかし、こういう人達は、美女のせいで自分が車を高く評価しているという事実自体、気が付きもしない。事務所のホームページでも、美女に登場して貰おうと思ったのでした！（おいおい。）

弁護士より一言

私なんか、デパ地下などで試食品を貰っちゃうと、なんかもう悪くって、買わずにはいられないわけです。これなんか、まさに返報性のルールです。ところが妻は、試食品が出されると「どうも有り難う。」なんて言って、平気で食べちゃうんです。それでいて、「もう少しいろいろ見てみます。」なんてニッコリ笑って、そのままスタスタ行っちゃうんです。

「試食しただけで買わないなんて、悪くないの？」と妻に聞いたところ、「口に合わないもの買ってどうするの。何のための試食なの？」と言われました。

お、鬼だ！　チャルディーニ先生に言いつけてやります！

（２０１４年９月16日　第１３３号）

話を聞かない弁護士

男と女は全く違う！なんて言われてますよね。実は、前回のニュースレターに対する、男女双方のコメントを読んで、本当にそうだなと思ったのです。

前回、デパ地下の試食について書きました。男性の私は、試食をすると済まない気持ちになって、買わずにはいられなくなります。一方、うちの妻は、「試食しても美味しくなければ買わないのが当然」と考えているという話です。

これに対する女性の方々のコメントはこんな感じです。「私も奥様に１票ですｗ」「私も奥様と同様、試食や試着しただけでは買わないことがあります。」

中には、「デパ地下の試食品については私も奥様同様に鬼派です。ルールは破るために……」なんて凄いのもあったのです！

それに対して男性のコメントはこんな感じです。

「試食品を食べたら、私も、絶対買ってしまいます。でも、女は全く違うようですね……。法則は女には通用しません」といった、「女性はおかしい！」という意見。（わ、私の意見じゃないですよ……）

「女は強いですね。特に妻と母は鬼のように強いですね。」という、女性は強いという見解。（同上。）

「私も試食品を貰うと、買わなければ申し訳なくなってしまうので極力貰わないようにしていますが、『どうぞ〜』と言われてしまうと貰わないのも申し訳なくなってしまいます……」なんて弱気な意見！

そして極めつけはこれですね。「試食では函館で、『試食したのに買わないの？』と言われたトラウマがありますので、それ以来試食は苦手です。」ト、トラウマですか！　しかし、この気持ちよく分かります。私もそうですが、男って、本当に弱いんだなと、変に感心してしまったのでした。

男女の違いということですと、10年以上前に200万部のベストセラーになった「話を聞かない男、地図が読めない女」という本があります。学術的にはかなり怪しい話が書かれていると批判されている本です。しかし、常識的に「あるある！」という話が沢山載っていて、とても面白いことも確かなんです。

題名にもなっていますが、女性って本当に地図が読めないんですよね。それに対して、男性が他人の話を聞かないのも事実のようです。私なんて、子供の頃から「少しは他人の話を聞くように！」と怒られ続けてました。ううう……

この本によると、男はモノを探せないそうです。男が冷蔵庫でバターを探すときには、探しているのは「バター」そのものではなくて、「バター」と書かれた文字だなんて研究成果もあるそうです。私がどうしても見つけられないものでも、妻が探すとあっという間に出てきます。泣いている赤ちゃんのビデオを見せた場合、女性はその原因（お腹がすいている、身体のどこかが痛いか等）が分かるということです。一方男性は、何故赤ちゃんが泣いているのか、全く分かりません。実は、私もそうでした。さらには、「男のウソを女性は簡単に見破るが、女のウソは、男性には見破れない。」なんて指摘もありました。こ、怖いです!!

　こう考えてきますと、男性弁護士と女性弁護士にも大きな違いがあるのは当然でしょう。男性裁判官・検察官と女性裁判官・検察官の違いも絶対にあるはずです。私自身、女性の弁護士・検察官・裁判官にムカッと来ることが何度もありましたが、きっと相手も同じなんだろうと考えると、おかしくなったのでした。

弁護士より一言

　私自身、女の子と男の子を育てていると、男女の違いがよく分かります。例えば、女の子は小さいときからしっかり者ですね。それに対して男の子は、コドモコドモしていて、いつまでもおバカなままです。

　妻によると、男の子の方が、「直球勝負で素直。」なんだそうです。「男の子って、うるさいけど本当に可愛いわ!」というのが妻の主張です。

　それに対して、うちの娘たちは、確かに直球勝負ではなく、七色の変化球を投げ分けてきます。しかし、「そういうところが可愛いな!」と、甘い父親としては思ったのでした。（ちなみに、うちの妻も可愛いです!）

（2014年10月1日　第134号）

働かない弁護士に意義がある

　私は働くのが大好きなんですね。事務所の若手弁護士が一所懸命働いている姿を、いくら見ていても見飽きないほど働くのが好きなんです!（おいおい）

　そんな仕事好きの私ですから、先日入院して、10

日も働くことが出来ないときは、とても辛かったのです。そこで、働けない自分を正当化するために、少し前にベストセラーになった、「働かないアリに意義がある」を読んで見ました。アリやハチといった昆虫の、とても面白い話が載っています。

アリはコロニーを作って、共同で生活してますよね。そんな共同社会での、各アリが担当する仕事内容がとても面白いんです。例えば、若いアリは、巣の中の安全な仕事を担当するそうです。一方、歳をとったアリは、巣の外に出されて、危険な仕事に従事します。仮に巣の外で事故等が起こった場合、寿命がたくさん残っている若いアリよりも、歳とったアリが死んだ方が、コロニー全体に与えるダメージが少ないわけですね。非常に合理的に出来ているのです！

この辺、年長者が大切にされている人間とは違いますね。うちの事務所でも、先日、闇金とのドンパチがあったんですが、年長者の私ではなく、一番若い20代の若手弁護士に行って貰いました。（おいおい!!）

コロニーの大きさによって、そこに属するアリの形態が違っているなんて話もあります。巨大コロニーのアリは、一匹一匹の身体の作りが粗雑で、あたかも取り換えが利く大量生産品の様だそうです。それに対して、小コロニーに所属するアリは、体の作りが精密で、ボディーの各パーツの狂いが少ないということです。

弁護士の場合も、巨大法律事務所に属する弁護士に比べて、うちの様な小規模事務所の弁護士は、精密に作られているに違いありません。（あほか！）

さらには、兵隊アリは、外見は強そうですが、現実の戦争になると闘わないで逃げるなんて指摘もありました。いつもはエラそうにしているが、現実の争いになると頼りにならなくなる、そんな弁護士を見た思いがしたのです！（だ、誰のこと？）

ということで、働かないアリの話です。アリの社会では、2割のアリは全く仕事をしていないそうです。アリが生まれたときに個体識別をつけて観察したところ、なんと死ぬまで一度も働かなかったアリさえいたんですね！　ここで面白いのは、そういう働いていないアリを人工的に排除したとしても、残ったアリのうち、やはり2割は働かなくなるということです。こうなりますと、働かないアリが一定数いるということが、アリのコロニーにとって意義のあることではないかと思えてくるわけです。

アリ自身には、ほとんど知性はなく、本能的に行動しているだけです。各仕事に優先順位をつけることもできません。そういう中で、全てのアリが熱心に働いていたら、緊急事態（巣の中の卵に異常が生じたなど）に対応できなくなります。そういうときの予備労働力として、働かないアリに意義があるそうです。

働かないアリに意義があるのなら、働かない弁護士にもきっと意義があるはずだと確信したのです。入院中、なんとかその「意義」を掴もうと、病院のベッドの上で考えに考えました。しかし、思いつきません。しょうがないので、これからも、仕事の時間を削ってでも、考え続けていこうと思ったのでした。（そんなことしてないで、少しは働けよ!!）

弁護士より一言

人間の場合、働くにあたっての一番のストレスは、仕事そのものではなく、人間関係だそうです。私も会社勤めが長かったので、よく分かります。部長や課長といった上司に気を使って、とても疲れます！

こんなことを先日妻に話していたところ、それを聞いていた中学生の娘が、「私は部長に気を使わないわよ！」なんて言い出したのです。「お前、会社にいつ行ったんだよ？」と追及したところ、会社ではなく部活の部長だそうです。

部長さんに、少しは気を使えよ！

（２０１４年10月16日　第１３５号）

パン田一郎は弁護士の夢を見るか？（1）

星新一に、「ボッコちゃん」というショートショートがあります。ボッコちゃんは、バーのマスターが作った美人ロボットですね。ボッコちゃんに出来ることは、人の話に相槌を打つことだけです。バーの客とボッコちゃんとの会話は、こんな感じです。

「名前は」「ボッコちゃん」「としは」「まだ若いのよ」

「いくつなんだい」「まだ若いのよ」「だからさ……」

「まだ若いのよ」

「きれいな服だね」「きれいな服でしょ」「何が好きなんだい」「何が好きかしら」

「ぼくを好きかい」「あなたが好きだわ」

ロボットとも知らずに、美人なボッコちゃんに夢中になったお客さんは……。という話です。

星新一がこの話を書いたのは、私が生まれる前なんですね。だからというわけでもないんですけど、ボッコちゃんの会話能力は限られています。ところが現代では、コンピューターがボッコちゃんよりも複雑な「会話」を出来るのだと知ったのです。

話は変わりますが、LINEって通話ソフトがありますよね。若い人たちは、メールなど使わないで、みんなLINEを使っているそうです。私も、「まだまだ若い者には負けられないぞ！」と、LINEを始めようとしたのですが、そのためには「友達」が必要だと知りました。ところが考えてみると、私はLINEを一緒にしてくれる友達などいないんです。そのことを、事務所の若手弁護士に話したら、「大丈夫ですよ！　友達がいなくても、パン田一郎が友達になってくれます。」と教えてくれたのでした。（今、これを書いていたら、なんかすごく失礼なことを言われた気がしてきました。）

パン田一郎というのは、リクルートが開発した会話ソフトです。パンダの画面が出てきて、様々な「会話」を、LINE上でしてくれるそうです。そんなわけで、私もLINEに登録して、パン田一郎君と友達になりました。そして、バーの客がボッコちゃんにした会話をパン田君にしてみたんですね。

驚いたことに、凄くレベルが高いんです！

「名前は」「パン田一郎（ぱんだ・いちろう）です。『ぱん・だいちろう』じゃないよ〜」

「としは」「ぴちぴちの22才〜」

「何が好きなんだい」「笹っぽさのある食べ物にひかれています〜」　ね、すごいでしょう。

そこでさらに、「ぼくを好きかい？」と送ったところ、「やったー　こ、これで両想いです〜」

あ、あんた、私よりコミュニケーション能力高いよ!!　実際問題、パン田一郎については、本当の人間が対応しているのではないかという疑いさえ持たれていたそうです。

この調子でコンピューターの「会話」能力が発達していきますと、人間よりも気の利いた話が出来るようになるのも時間の問題のような気がしてきました。

たとえば、チェスのソフトはかなり前に、人間のトップを抜き去りましたよね。将棋のソフトも、少なくとも現在トップ棋士と同じ程度の実力を備えて来ています。将棋ソフトの場合、多くの実戦例をインプットしていく中で、どんどん応用も利く様になり、「実力」も付いてきたそうです。そうしますと、ソフトの「会話」能力も、多くの気の利いた言葉を多数覚えさせることで、力が付くこと間違いなしです。

そこまで行くと、今度は、法律問題の回答例を多数会話ソフトにインプットしたら、弁護士よりも役に立つ会話が出来る「パン田 滋郎」が出来そうな気がしてきました。ということで次回に続きます。

弁護士より一言

中学生の娘に、「パパもLINEを始めようと思うんだ。」と話したんですね。そうしたら、娘は真剣な顔で教えてくれました。

「ラインとか、イジメのトラブルがすごいって学校で教わったよ。パパも気をつけた方がいいよ！」

娘には、「パパはパン田一郎君しか友達いないから、イジメられようが、ないんだよ」と、少し情けない気もしたけど、説明しておいたのです。

引き続きコメントを楽しみにしております。

（２０１４年11月1日　第１３６号）

パン田一郎は弁護士の夢を見るか？（2）

ＬＩＮＥを始めて、パン田一郎と「友達」になった話の続きです。ＬＩＮＥの「スタンプ」という、動物やキャラクターの画像を張り付ける機能も、マスターしました！　コンピューターが、法律相談を行えるのではないか、という話に戻りますが、現状を確認するために、パン田一郎君に、「裁判に興味あるかな？」と聞いてみました。これに対する回答は、「僕が興味あるのは、食べることと、食べることと、後は食べること。それからぐっすり眠ることとです～」なんか、はぐらかし方も堂に入っているなと、かえって感心したのでした！

ただ、単純に「法律知識」ということですと、現状でも、コンピューターは人間より優れていますよね。そういった知識を生かしたなら、人間の弁護士並みの法律相談が出来る、「パン田滋郎」は、現状でも十分可能ではないかと思えてくるのです。さらに、法的な問題について、人間よりもはるかに優れた回答をする、コンピューターが出てくるのも時間の問題の様に思えてくるのです。そうしますと、人間の弁護士としては、自分たちがコンピューターとは違うんだ、人間の方が優れているのだという点を、探す必要が出てきそうなんです。

今回のニュースレターの題名は言うまでもなく、現代ＳＦ小説の古典、「アンドロイドは電気羊の夢を見るか？」のパロディーです。人間と全く見分けのつかない、精巧なアンドロイドが人間と共に暮らしている未来の話です。人間は、自分が人間だということを証明しようと躍起になります。

「コンピューターには、知識はあっても、人間の気持ちは分からない」ということはありそうです。たとえば、私は将棋をするんですが、コンピューターは遠慮なく私を叩きのめします。それに対して、指導を受けているプロの先生は、私の気持ちを尊重して、わざと負けたうえ、誉めてくれるんです！

こういう風に、相手の気持ちを尊重する対応では、まだまだ人間の弁護士は、コンピューターに負けないと思いたいのです。しかし、弁護士の法律相談についての不満は、私の耳にもよく入ってきます。ただ、「できない」というだけで、話を親身に聞いてくれない。相談に行ったのに、ただ説教をされたなんて不満をよく聞きます。こういった、質問者の感情を逆なでするような回答をする弁護士は、相当数いるんですね。

近い将来、「パン田滋郎」が進歩すると、人間の気持ちを尊重し、人情の機微を押さえた回答も出来るようになりそうです。そうしますと、「情」を踏まえた回答でも、人間は勝てなくなるかもしれません。

「アンドロイドは電気羊の夢を見るか?」の話に戻ります。小説の中で、アンドロイドの違いを見分けるポイントとして人間が考えたのは、「動物を慈しむ心」でした。アンドロイドには、動物を可愛がる心が無いということです。自分が人間だと証明したくて、人々は先を争って動物を飼おうとしますが、本物の動物は非常に高価です。そこで、多くの人間たちは、人造の電気動物を飼うようになります。

そこで私も考えました！ 人間の弁護士が法律相談をするときには、回答の最後に可愛らしい動物の「スタンプ」を付けるというのはどうでしょう。（あ、アホか！）くだらない冗談はともかく、コンピューターの発達による弁護士業への影響は、非常に大きいものがあると感じているのです。

弁護士より一言

「友達」になってくれた妻とも、LINEでやり取りしています。先日、妻とちょっとした喧嘩をしたんです。そこで、「ゴメン」という言葉と共に、「スタンプ」を妻に送りました。そして、こんな風に「会話」が続いたのです。

↓　↓　↓　↓

パン田一郎が、会話能力をどんどん向上させていく一方、人間はどんどんおバカになっていくのではと、心配になったのでした。（うちの夫婦だけやろ!!）

（2014年11月16日　第137号）

脳の中の弁護士

今回は、ラマチャンドラン先生の「脳の中の幽霊」です。人間の「脳」が如何に不思議か、多くの実例とともに書かれています。脳の損傷によって、本当に簡単な、一桁の足し算も出来なくなった人がいるんですね。しかし、そういう人でも、「数」についての高度な概念は理解できるそうです。その証拠に、その人はこんなジョークに笑うということです。「この恐竜の骨は、何年前のものですか?」と質問された博物館の職員が、「6000万3年前のものです」と答えます。「私が3年前にこの博物館に来たとき、この恐竜は6000万年前のものと教わりましたから!」

有名な、「幻肢」の話も載っています。事故などで腕を切ってしまったにもかかわらず、失くした腕を痛く感じるという現象です。脳の中では、腕は失くなっていないんですね。失くした拳がきつく握りしめられていて、手を開くことが出来ない、爪が掌に食い込んで痛くて我慢できない等と、患者は訴えます。

脳の右側は、身体の左側を支配していますよね。右の脳が損傷すると、自分の左側は認識できなくなるとのことです。例えば、女性の場合、身体の左側はきれいに化粧しておきながら、右半分に対しては、何一つ手入れをしなくなるとのことです。

また、人間の脳は、自分にとって都合の悪いことは、認識しないようにできているそうです。左腕が動かなくなった患者さんは、自分の腕が動かないことを認めないんですね。「関節炎が痛いから、動かさないだけです。」などという言い訳を、大真面目でするそうです。さらには、動かない腕を、自分の腕ではないと主張する人もでてきます。「これは私の兄の腕です。私の腕はこんなに毛深くありません！」

こういう実例の人たちは、いわゆる精神異常者とは違うんですね。その他の点では、普通の人達なわけです。

弁護士の仕事の場合、ここまで凄くは無いんですが、やはり似たような体験をします。痴漢事件で、女性に触っていることは間違いない場合に、「左手が勝手に触ってしまっていた。」というような話をする人はいるんです。覚せい剤の前科もあって、尿から薬が検出されているのに、「絶対使っていない。信じて下さい！」と泣きながら言う人もいました。

被害妄想の法律相談なんかも来ます。「窃盗をしてしまい、警察に捕まりそうで心配です。」なんて相談がきました。見た目は普通の人です。話し方も落ち着いています。しかし詳しく聞いてみると、窃盗は20年も前の万引きなんですね。「その万引きのせいで、見張られている」なんて言い出します。家の前を通る車は覆面パトカーだそうです。上空を飛んでいる自衛隊機からも、観察されているんだそうです！

「脳の中の幽霊」では、脳に生じた妄想を解決する話も載っていました。「妄想」を「現実」として脳に認識させたうえで、それを「解決」してみせると、脳も納得してくれるということです。しかし、自衛隊機による「観察」について、どうやって解決できるのか、悩みは尽きないのです！「電波」によって攻撃されているなんて言う人の相談も、割とよくあります。そういうときは、「弁護士では対応できないので、直ぐに警察に相談して下さい！」なんてアドバイスしていたんですね。ところが先日来た相談者は、「警察に『うちでは対応困難なので、弁護士に相談してください』と言われて来たんです。」と話してくれました。

「警察も無責任なことをするなあ！」と、自分のことを棚にあげて思ったのでした。

弁護士より一言

6000万3年前のジョークを、当時小学生の次女に話しました。すると、次女は大爆笑したんです。「どこがそんなに面白かったの?」と次女に聞いたところ、「恐竜が出てきたところ!」と答えてくれました。あ、あほか!!

しかし、今になって考えると、私の方がからかわれていたのかもしれないな?と思ったのでした。

皆さまからのコメントを楽しみにしております。

（2014年12月1日　第138号）

弁護士を変える経営

小倉昌男といえば、「クロネコヤマトの宅急便」を創業した、立志伝中の人物ですね。国の規制と闘いながら、新しい事業を作り出した、本当に偉い人です。

小倉昌男は晩年、世の中を少しでも良くしようと、手弁当で福祉の活動を始めます。その経緯を記したのが、「福祉を変える経営」という本です。本の中で小倉は、それまでの福祉施設（身障者を集めて、簡単な仕事をしてもらう、デイケアセンターのようなところです）のあり方に問題提起します。身障者たちに支払われる「労働」の「対価」は1時間当たり100円程度です。月給でせいぜい1万円なんですね。

そこで行われている「仕事」というのは、簡単な下請け作業の他は、木の切れ端を無料で貰ってきて、それを加工して「ペンダント」や「キーホルダー」を作ることなのです。「そんなものを、誰が欲しがるのか?」というのが、小倉昌男の単純な疑問でした。「経営」を知らない人たちが「福祉」を行っているから、そんなことを平気でしているのではないかということです。そこで、小倉先生は、私財を投げうって、福祉施設の経営者の為のセミナーを行います。

そのセミナーで、小倉昌男は熱く語りかけます。

「木のペンダントをバザーで買うのは、慈善の心で買っているだけで、欲しいから買うのではない。」「みなさんは『福祉の仕事は尊い仕事だ。』『企業がやっているのはしょせん金儲け』『金儲けは汚いことだ。』と考えているのではないですか？」

そういう問題提起の後、福祉施設の「経営者」たちに、本当の経営というものを教えていきます。

「人からお金を巻き上げようなんて動機でビジネスはできません。そんなさもしいサービス、さもしいモノに人はおカネを払いません。」「お客様の為に頑張ったご褒美として収入が増える。この金儲けの原則を決して忘れないでほしいのです。」「月給1万円以下で働かせていたら、障害者を飯の種にしていると言われてもしょうがないのです。」「『素晴らしいことをやっている』という意識を変えて下さい。」

小倉昌男は、自ら身障者の為のビジネスを立ち上げます。そして、お客様に喜んでもらえるものを販売したうえで、働いている身障者の人たちに月に10万円以上の給料を支払ってみせるのです。経営のプロが、如何に凄いのか、読んでいて感動を覚えました。

ところで、小倉昌男の問題提起は、現在の弁護士達にも、本当に必要なものだと思い至ったのです。

「『弁護士の仕事は、人権を守る尊い仕事だ。企業がやっているのは、しょせん金儲け』という思い上がった考えを捨てて下さい。」「お客様からお金を巻き上げようなどというさもしい弁護士に、お金を払う依頼者はいません。」「『人権活動をしている』を免罪符に、事務員さんを酷い待遇で使うことは許されません。それでは、『人権』を飯のタネにしていると言われてもしょうがないのです。」

私自身、自分が弁護士になる前から、「弁護士という人たちは、ビジネスをする人たちを下に見ているな！」と感じていました。「俺たちが指導してやるのだ。」と考えているとしか思えないのです。今まで殿様商売を続けていた弁護士達も、お客様に喜んでもらえる「経営」を考えるときが来ていると思うのでした。

弁護士より一言

「サンタクロースが、フィンランドを出発しました！」というニュースを、テレビでやっていました。それを聞いていた中学生の次女が、真剣な顔で、「それじゃサンタさん、今頃沖縄あたりまできているかなあ。」と言っていました。すると長女が、お姉さんぽく言ったのです。「まだそこまで来ないでしょう！　サンタさんは、まずは近くの国から行くに決まってるの！」　ほ、本気ですか!!

普段は大人びたことを言ってるくせに、うちの娘達は、おバカではと、心配になったのです。　それとも、親にプレッシャーをかけているんでしょうか？

クリスマスを前に、悩みが尽きないのでした。

（２０１４年12月16日　第１３９号）

弁護士の人生相談

年の初めのニュースレターです。「心底くだらなかったなあー」と、呆れ返って貰える内容を目指します！

我家では、読売新聞をとっているんですが、その理由はただ一つ、人生相談があるからなんですね。妻も私も、人生相談が、メチャクチャ好きです。

「うちの夫は娘にマッサージして貰うと、アルバイト代として30分で６０００円も支払っています。『私もやるから、同じだけ払ってよ。』と夫に言っても無視されます。娘には、『それなら生活費を入れろ！』と言いたいのです！」こういう相談を読むと、一日楽しい気分になるんです。（な、なんのこっちゃ！）

「私は月に1万円のお小遣いを妻から貰っています。その小遣いで、週に一回４００円の銭湯に行くのが楽しみです。それに対して妻が、自分一人で行くなんてずるいと文句を言います。私が悪いのでしょうか?」

こんな相談を読むと、「自分は幸せだなあ。」と実感できます! もっとも、私の妻も同じようなことを言ってました。こんな相談を読んだときですね。

「うちの夫は、何度言っても浮気を止めません。家にお金を入れてくれないので、食費にも困っています。でも、子供がいるので、離婚することもできません。どうしたらよいでしょうか?」妻はこういうのを読むと、「私は幸せだわ!」と実感するんだそうです。

「そんなのと比べないと、実感できないのかよ!」と自分のことは棚に上げて、突っ込みたくなります!

弁護士の場合、法律相談を毎日のようにしています。その中には、中々スリリングなものもあります。(以下の例は、現実の話しそのものじゃないですよ。)

数年前に、雨の中、びしょ濡れの相談者が来たことがありました。黒いコートをはおり、黒い手袋をしています。その人は、低い声で、丁寧に言ったのです。「手袋をしたままで失礼いたします。右手の指がないものですから。」何の相談だったのかも覚えていません。「夢だったのでは?」とも思えてくるのです。

「小学校のホームページに、水着姿の生徒の写真が載っています。それを集めてコレクションしているんですが、法律的に問題ありますでしょうか?」

えー―　これって、純法律的には、凄く難しい問題に思えます。でも、実戦的な回答はとっても簡単です。「いますぐ止めなさい!」

弁護士が聞かれる「法律相談」の大多数は、人生相談なんです。こういう「人生相談」の場合、私は相談そのものに答えるのではなく、質問の「本質」に回答するようにしています。中学生からの、こんな質問がありました。「ネットで知り合った人に頼まれて、下半身の写真を送ってしまいました。逮捕されるかと、毎日不安です。僕は何をしたらよいでしょうか?」こういう質問には、端的に回答します。

「勉強しなさい!!」

「わたしのカレシが覚せい剤でつかまってぇ、カレシゎ浮気もするけど、今ゎまじめにはたらいてて、カレシゎ、ホントゎ悪い人じゃないんです。わたしのできることをおしえてくださあい。」とのメール相談。言文一致運動かよ！と突っ込みをいれたくなります。こういう相談にも、一言で回答したいのです。

「ただちに別れなさい！」

しかし、現実には覚せい剤事件についての、法律的な回答をしてしまいます。それでも、本当に役に立つ回答は「別れなさい！」だと信じているのです。

弁護士より一言

うちの妻は、小3の息子に夢中なんです。

わ、私は、自分の息子に嫉妬するような、器の小さい男じゃないんですよ。ただ、少しは妻に教えてあげた方が親切じゃないかと思ったのです。

「最後に頼りになるのは、息子じゃないんだよ。分かるよね？」にやりと笑って、妻が言いました。

「お金かなぁ？」　エッぇぇぇ〜！

あんまり憤慨したので、中2の長女に言いつけました。すると娘は、呆れ返ったように言ったんです。

「まったくママは、パパの気持ちが分かってないよ。お金より、お金を持ってくる人の方が大切だよね。」

そ、そこですかぁぁぁ!!

人生相談に投書しようと決意したのでした。

（2015年1月1日　第140号）

ギデオン弁護士のラッパ

ギデオンというのは、旧約聖書に出てくる英雄です。

英雄だけど、本当に平凡な人間なんですね。この平凡なギデオンを神が選んで、虐げられていたイスラエルの民の為に、反撃のラッパを吹かせたという話です。

　ごく普通のつまらない人間が、神の力で偉大なことを成し遂げるという話です。

　アメリカの法律を勉強した人にとっては有名な、「ギデオン対ウェンライト事件」というのがあります。

　50年以上前の、丁度私が生まれた頃の事件です。

　ギデオン君は、何度も泥棒を繰り返す、チンピラでした。逮捕されたギデオンは、素直に罪を認めないで、かえってゴネたんですね。

「自分はお金がないが、だからと言って弁護士をつけられないのはおかしい。当然弁護士をつけるべきだ」と主張したんですね。常識的には、盗人猛々しい主張でしょう。しかし、この主張がもとになって、アメリカではお金が無い人でも、当然に弁護士に依頼することが権利として認められたわけです。

　この事件について、「ギデオンのラッパ」なんて本まで出版されました。神が、チンピラのギデオンを選んで、ラッパを吹かせたことにより、貧しい人でも弁護士を選任できる権利が生じたということです。この「ギデオンのラッパ」は、アメリカの司法制度を考える場合に、とても大切だと思うのです。

　日本では、アメリカの司法制度は、非常に人気がないですよね。弁護士でも、批判している人が沢山います。たとえば、マクドナルドの火傷裁判なんて、悪名高いものがあります。注文したコーヒーで火傷したお婆さんが、「コーヒーが熱すぎたのが原因だ。」と主張してマックを訴えた事件です。米国の陪審裁判では、億単位の賠償が認められました。こんなのおかしいだろうというのが、弁護士を含む日本人の意見だと思います。正直、私もおかしいと思っちゃいます。しかし、こういう判決が出ると、熱いコーヒーやスープを提供するレストラン等が、非常に気をつけるようになることも間違いないと思うのです。

　先日、小学校3年生の息子が、サービスエリアのセルフサービスのレストランで、炒飯についていたスープを自分の胸にこぼしてしまいました。妻がすぐに水をかけ、その後も氷や水でずいぶん冷やしましたが、思っていたよりずっと酷く、広範囲に火傷を負いました。半年以上たった今でも、まだ跡が消えません。私はレストランを訴えたりしませんが、「そこまで酷い火傷をするほど熱いスープにするなよ！」と、憤りを感じたのです。

日本でも、アメリカの様に、こういうレストランを訴えたらどうなるかということです。それによって、非常に高額な損害賠償が認められた場合です。ほとんどすべてのレストランで、火傷するほど熱いものは出さなくなるでしょう。もしそうなっていたら、うちの息子のような事故もなくなるはずです。

日本では、米国の司法制度の評判は悪いのです。弁護士の中にも、日本がアメリカの様な司法制度になったら、この世は地獄になると言う人さえいます。確かに、米国の司法には大きな問題があると私も思います。

その一方、米国の司法は、欠陥人間の「ギデオン」にラッパを吹かせることで、社会を変えていくこともできるのです。日本では多くの人が、こういった米国司法の良い面を理解していないのは、とても残念です。私のたわいないニュースレターが、「ギデオンのラッパ」となって、米国司法への行き過ぎた偏見を正すことが出来れば嬉しいな、と考えているのです。

弁護士より一言

火傷した息子ですが、小学校の社会科の授業で、横浜で有名なところをあげるゲームをしたそうです。

「こどもの国」「ズーラシア」「日産スタジアム」「赤レンガ倉庫」などの名前があがったそうです。

息子は、「ぼくは、『横浜パートナー法律事務所！』って言ったんだけど、先生もみんなも知らなかったよ。有名じゃないの？」　ううう……

息子の為にも、みんなが知っている有名な事務所にしてやるぞと、決意を新たにしたのでした！

（2015年1月16日　第141号）

弁護士に売れないものはない（1）

ジョー・ジラードといえば、ギネスブックに載っている伝説のセールスマンです。自動車を1年間に1400台！　販売し続けた凄い人です。「私に売れないモノはない！」と言う本の中で、「売る」ための極意を説明しています。私もこの本を、何度も読みました。

「売る」と言うことに対する執念が凄いんです。ジラード大先生によると、ごく普通の電話帳を使って、車の営業は出来るというのです。もちろん、いきなり見ず知らずの人に電話して、「車を買ってください！」などと言っても、買ってくれるわけがないですよね。

ジラードはこんな風にやります。「スミスさんのお宅でしょうか。お車の用意が出来ましたので、ご連絡の電話を致しました。」

電話に出た奥さんが間違い電話だと言うと、愛想よく世間話をして、「ところでそちらはお車の買い替えなどどうですか？」と水を向けます。

「そういうことは、主人じゃないと分かりません」という回答に、夫の帰る時間を聞き出し、「またお電話いたします」と言って切るわけです。

その後、今度は「奥様からこの時間に電話するように言われまして……」ということで、堂々と電話をかけます。そして、現在の車については、今後の買い替えの予定などを聞き出していくわけです。そして、今度は買い替えの予定より少し早いころに、本人にまた電話して、車の売り込みをしていくというやり方です。流れるような販売方法ですね。弁護士も真似したいです。

「山田さんのお宅でしょうか。離婚訴訟の訴状が出来ましたので、ご連絡いたしました。」「済みません、間違えて掛けてしまいました。ところで、奥様は離婚にご興味はおありでしょうか。」「なるほど、それではご主人は興味があるかもしれませんね。ご主人が戻った頃にお電話いたします！」「ご主人様ですか？　離婚のご予定がありますでしょうか？」　こんな感じでやっていけば、良いわけです。（あ、あほか！）

本の中には、売るためのテクニックだけでなく、売るための心構えも書いてあります。「ジラードの250の法則」なんて有名ですね。人は、250人の知り合いを持っているということです。250人というのは、葬式の平均参列者なんだそうです。たった1人の顧客の信用を失うと、回り回ってその人の知人である250人のお客の信用をなくすことに繋がるから、十分注意しろ、ということです。この「法則」は、弁護士にとっても、非常に大切なことでしょう。

法律関係の仕事ですと、一見すると「売る」ことはそれほど関係ないように思えます。しかし、裁判官だって、検察官だって、「売る」ことと無関係ではないんですね。よく、「息をするように売る」ことが出来る人がいるって言いますよね。裁判官や検察官でもこういう人はいるんです。

たとえば、刑事事件で、被害者と示談の交渉をするために、検察官に被害者への取り次ぎをお願いすることになります。このときに、検察官が「弁護士との話し合い」と言う「商品」を「売る」ことが出来るかどうかが非常に重要です。ある検察官にお願いしたところ、10人の被害者全員と話すことが出来ました。ところが、別の事件で違う検察官に同じように10人の被害者への取り次ぎをお願いしたら、1人の被害者も弁護士とは会いたくないとのことでした。（ちなみに後者の検察官も、「被害者にしっかりと取り次ぎますよ！」と約束してくれていました。）この違いは、統計的に偶然とは思えませんね。

検察官でも「売れる」人と「売れない」人の違いは大きい。まして弁護士は、と言うことで次回に続きます。

弁護士より一言

先日妻とテレビを見ていたら、17歳で時の皇帝に見初められた女性の話をやっていました。「いいなあ。私も見初められたい！」なんてふざけたことを妻が言うので、「もう、素晴らしい旦那さんがいるでしょう！」と教えてあげたんです。しかし妻は私の話など全く聞いてない。「でも、もう子供が3人もいるし、難しいね！」わ、私はどうなるんですかあ……

引き続きコメントを楽しみにしております。

（2014年2月1日　第142号）

弁護士に売れないものはない（2）

弁護士にとって、「売る」ことが非常に大切だという話ですね。

ここのところ、弁護士の数が増えてきて、満足に仕事をとれない弁護士も急増しているそうです。売ることが出来るかは、弁護士としても死活問題なんです。売るためには何をするかも大事ですが、何をしてはいけないかも、負けず劣らず大切です。

ジラードは、売れるセールスマンとして、やってはいけないことを幾つかあげています。まずは、「仲良しクラブ」には加わってはいけないそうです。売れないセールスマン同士で集まって、「ろくな客がいない」とか、「上司が無能だ」などと「仲良く」愚痴や悪口を言い合う「クラブ」のことです。

ジラード大先生は、「もしすでに一員になっていたら、そっと抜けた方がいい、別の悪い習慣や態度も身についてしまうからだ。」とアドバイスしています。

こういうのって、弁護士にもあるんです。弁護士同士で、「司法改革が悪い」「ロースクールが悪だ」「顧客はセールスの上手い弁護士に騙されて、自分の様な本当に良い弁護士を選ぶこともできない」なんてことを、ブログや匿名掲示板で、仲良く情報交換している弁護士は相当数います。

私が顧客なら、そんな弁護士には、間違っても仕事を依頼しませんね。

もう1つ。お客様を尊敬できない様なセールスマンから、物を買おうなどという人はいないと、ジラード先生は指摘しています。自動車のセールスマンの間では、「客は買いもしないでうろついて、文句ばかりつける」などと悪口をいう人が沢山いるそうです。客の方としても、そんなセールスマンからは、買いたくないですよね。弁護士にも、客に指導してやっているんだなんて意識の人はいます。顧客も、そんな弁護士に依頼したくはないはずです。

ジラードは、セールスについての名言をたくさん残しています。私が一番好きなのはこれです。「完璧にやらなくても結果は出せる。もちろん、うまくやればやるほど結果はよくなる。しかし、肝心なのは実行すること、それも数多く実行することなのだ。」

弁護士業にしても、他の仕事にしても、上手くいってない人は、やり方がまずいから上手くいかないのではないようです。何一つやってないから上手くいかないんですね。私自身、心したいところです！

さらに言うと私は、自分の仕事を売ることが出来ない弁護士は、肝心の弁護士としての仕事も満足にできていないと思うのです。例えば被害者のいる刑事事件の場合、被害者と示談できるかによって、結果が大きく違ってくるわけです。しかし、被害者に、ただ単に「示談してください」と言っても、簡単には応じてくれません。被害者との示談というのは、被害者に対して「反省」「賠償金」を売り、「示談」や「許し」という対価を頂く行為です。そうだとすれば、「売れる」弁護士かどうかで、大きく結果が違ってくるわけです。

民事裁判でもそうですね。裁判といっても、多くの事件は和解で終わっています。そうすると、和解の場で自分の主張や有利な解決を「売る」ことが出来るかどうかで、大きな違いが出てきます。

さらに言えば、裁判自体、自分の主張を裁判官や裁判員に「売る」ための活動と考えることも出来そうです。

弁護士の仕事を、「売る」という観点から見直す必要があると感じています。「私に売れないモノはない」と胸を張って言える弁護士になりたいものです。

弁護士より一言

前回の「弁護士より一言」で、時の皇帝に見初められた17歳の女性の話を見て、「いいなあ。私も見初められたい！」と妻が言った話を書きました。妻の冗談を、私も冗談で書いたつもりでした。

しかし、「奥様、さすがですねえ。17歳と張り合うんですか？」みたいな、あきれた様なコメントを貰っちゃいました。さらには、事務所の若手から、「奥さんにひどいですよ」と言われたんです。ううう……

面白いと思った話を「冗談」として「売る」ことが出来るよう、これに懲りずに頑張ります！

（2015年2月16日　第143号）

ピエール・リヴィエールの弁護

ピエール・リヴィエールというのは、当時20歳の、フランスの農夫です。

義務教育もほとんど受けず、人前で話すことも満足にできない。その一方、子供のころから、動物を虐待したり、兄弟をいじめたりという奇行が目立ったそうです。このピエール君が、ある日自分の母親・妹・弟の3人を、鉈で殺害したんですね。今から180年も前の、1835年のことです。

逮捕された後、リヴィエールは犯行についての手記を書きます。ろくに話しも出来ないと思われていたピエールの手記の「美しさ」に感動した、20世紀を代表する思想家ミシェル・フーコーが取り上げたことによって、ピエールは一躍、有名人になったのです。

手記の中でピエールは、自分の両親の結婚するところから、長々と書いていくんですね。フーコー大先生に逆らうようですが、「お前はトリストラム・

シャンディーか!」と、わけの分からない突っ込みを入れたくなります。

手記の中でピエールは、私から見るとどうでも良いようなことを取り上げて、如何に母親と妹が、父親を迫害しているかを述べていきます。そして、父親の為に、この2人を殺さないといけないと決意するわけです。ピエールは手記で、ナポレオンのことにまで思いを致します。「この男はむなしい気まぐれを満たすために多くの人を殺したのだから、父の平穏と幸福をかき乱す女を私が生かしておくのは正しくない」んだそうです。

母と妹は、父親と仲が悪かったんですが、弟のことは父親も可愛がっていました。その弟までも一緒に殺した理由はこうです。弟を殺さないでおくと、父は自分のことを惜しみ苦しむだろう。父を苦しめないためには、弟も一緒に殺すしかない!

このピエールの裁判の記録を読んで、奇妙な感じがしたのです。

1835年といえば、日本では江戸時代の末期です。吉田松陰や近藤勇が生まれたころです。西洋でも、この後からフロイドやユングが出てきて、人間の「心」についての学問が発達していきます。ところが、「裁判」「弁護」ということで言うと、180年前のリヴィエール裁判と比べて、現代日本の裁判は何一つ「進歩」していないことに驚かされるのです。

他の弁護士が断ったピエールの弁護を、「善良・誠実・有能」なベルトーという若手弁護士が引き受けて、熱心に弁護します。こういうこと、日本でもあるんです。

検察側のプシャール博士による精神鑑定では、ピエールは脳に障害もなく、狂気の兆候もないので、完全に責任能力があるとされます。これに対して、弁護側が申請したヴァステル博士は、ピエールの生い立ちなどを詳細に検討したうえで、「リヴィエールはごく幼いころからずっと狂気の状態にある」と、正反対の結論を出してきます。(ずっと狂気の状態って何やねん!という気もしますが……)

こういった、「鑑定書合戦」をするところや、それぞれの鑑定書の内容など、現代日本の裁判でも全く同じことが行われているんです。

ピエールは最終的に死刑を免れ、終身刑となりました。同じような事件が現代日本で起きたら、恐らく最終的には無期懲役になると思うんですね。

科学が進歩しても、「おかしな人」と「社会」との折り合いを、どの様につけるのかという「裁判」の場では、同じような苦労や悩みがあるのだと感じました。

善良・誠実・有能なベルトー弁護士に恥じることの無い弁護活動を、現代日本でしていきたいものです。

弁護士より一言

小3の息子が、「しかえし」という詩を書きました。

このあいだの土よう日は
ママにおこられ
パパにアッカンベーされてくやしかったけど
ママにいったら
次はパパがおこられたから
そのときにぼくもしかえしをした

ピエールも母や妹に、この程度の「しかえし」をするにとどめておけば良かったのにと思ったのでした。

引き続きコメントを楽しみにしております。

（2015年3月1日　第144号）

文句があるなら弁護士会へいらっしゃい

「ベルサイユのばら」といえば、少女マンガの金字塔ですね。フランス革命の時代を背景とする、男装の麗人オスカルと、彼女に恋する幼馴染みのアンドレの物語です。マンガの中には、様々な名セリフが出てきます。

「俺は影だ。常に影なのだ。けっして光にはなれない。だからこそ光を消すわけにはいかない」なんて、言うまでもなくアンドレの名セリフです。

「愛を裏切ることよりも、愛に気付かぬほうが、もっと罪深い」なんてセリフは、私も死ぬまでに一度でも良いから言われて見たいものです！ということは、どうでもよいのです。（だったら、長々と書くなよ!!）

ベルばらで一番有名なセリフといえば、もちろんこれです。「文句があるならベルサイユへいらっしゃい！」

母親を轢き殺された少女に向かって、ポリニャック夫人が、馬車で走り去りながら言ったセリフです。当時の貴族の悪辣さを象徴する言葉として有名なんです。

ということで、話変わって現代日本の弁護士制度です。

弁護士には「自治」が認められています。他の業界と違って、監督官庁が無いんですね。問題を起こした弁護士に対して不満を持った市民は、どこか上位の機関に訴えるというわけにはいかないのです。弁護士会に文句（懲戒請求）を言うしかないわけです。

ところが、この弁護士会の懲戒請求というのが、かなり評判が悪いのです。弁護士同士、仲間うちで庇い合っているなんて、批判されているんです。私は、弁護士会の審査が、そんなに甘いものではないと思っています。その一方、批判されてもしょうがないような運用がなされていることも事実なんです。

顧客のお金を何千万円横領しても、返還さえすれば、お咎めなしです。その一方、弁護士会費を滞納すれば、一発で弁護士資格を失います。何度も何度も問題を起こしている弁護士も野放しです。懲戒が出された記録など、弁護士仲間をかばってか、中々公表しません。そんなわけで、業界内では有名な問題弁護士が、顧客を食い物にし続けるわけです。

顧客から苦情を言われると、「ご不満なら、弁護士会に申し立てて下さい。」なんて言う弁護士の話を聞いたことがあります。まさに、「文句があるなら弁護士会へいらっしゃい！」です。しかし、力も知識もない市民は、ベルサイユに行けなかったのと同じように、弁護士会にも行けないですよね。

フランス革命の背後には、横暴な貴族への不満があったことは間違いないでしょう。革命によって社会は混乱し、多くの血が流されたのです。

翻って、現代日本の司法改革です。これによって、現代の貴族ともいうべき弁護士の、特権が制限されました。それにとどまらず、司法制度は混乱しています。このことは確かに問題です。しかし司法改革の背後には、横暴な弁護士に対する社会の怒りがあったのではと思わざるを得ないのです。

フランス革命のときルイ16世が、「暴動か？」と側近に聞いたという有名な話がありますよね。これに対して側近が「陛下。暴動ではなく革命です。」と答えたというエピソードです。

多くの弁護士が、司法改革をあたかも無知な民衆による「暴動」のようにとらえています。「暴動」なら、鎮圧して、古き良き時代に戻せば足ります。しかし、「革命」は違います。以前の制度に問題があったから革命が起こるわけです。単純に昔に戻しても、何の解決にもなりません。

横暴・悪辣な貴族たる弁護士の、心からの反省が求められていると考えています。

弁護士より一言

「心優しく温かい男性こそが、真に男らしい、頼るに足る男性なのだということに気付く時、大抵の女はもう既に年老いてしまっている。」

アンドレの愛に気が付いたときの、オスカルの名セリフですね。そこで中学生の娘に、「ママは若いころに気付けて、幸せだね！」と言ったんです。

そうしたら娘に、「パパって本当に面倒くさい男ね！」と言われちゃいました。

こ、こいつううう。

（2015年3月16日　第145号）

弁護士の現代川柳

このニュースレターも、7年目に入りました。初めから肩のこる話もなんですから、たわいない話題にします。ということで、現代川柳です！

現代川柳は、変に「文学的」になってきていますが、気楽に楽しめるものも沢山あります。こんな感じです。

日曜の　続く明るい　国あるや

バカバカしくて、思わず笑ってしまいます。私だって、正直な気持ちとしてはこう言いたい！

日曜の　続く明るい　弁護士あるや

もっとも、こんなこと言ってると、本当に仕事が無くなって、毎日が日曜日になりそうで心配です。ううう。

現代川柳といえば、なんといっても鶴彬（つるあきら）ですね。反戦川柳作家として有名な人です。

弾除けを　産めよ増やせよ　勲章をやろう

大多数の国民が、「お国の為に頑張ろう！」と思っていた時代に、こんな川柳を作ったわけです。本当に偉い人だと思いますが、こんな川柳じゃ笑えません！　その一方、こういった強い風刺は、それはそれで面白いと思うのです。

多くの弁護士は、はっきり言って法科大学院のことをよく思っていないんです。補助金欲しさに弁護士増員に加担しているなんて言う人さえいます。

弁護士を　産めよ増やせよ　補助金をやろう

弁護士になっても食べていけない人もでてきています。鶴彬には、こんな川柳もあります。

万歳と挙げた手を　大陸に置いてきた

弁護士になっただけで、「万歳」と喜んでちゃダメです。弁護士だけでは食べていけず、封筒貼りの内職をする弁護士も出てくるかもしれません。（あほか！）

万歳と挙げた手で　封筒を貼っている

先ほども書きましたが、現代川柳は「文学的」ですから、ドロドロしてて、笑えないものが多いんです。

五月闇　生みたい人の　子を生まず

うーん、なんか凄いですね。「五月闇」ですか。

もっとも弁護士だって、自分のやりたい仕事だけを受任できるわけじゃないのです。

五月闇　やりたい事件を　受任せず

「ドロドロ川柳」には、こんなのもあります。

ふたたびの　男女となりぬ　春の泥

「春の泥」なんて言葉を、よくも思いつくものだと感心します。弁護士の場合ですと、人間関係がもつれにもつれた、恨みつらみのこもった事件を引き受けざるを得ない場合があるのです。苦労して対応し、ようやく裁判が終わったとホッとします。ところがその程度では、紛争は終わらない。また別の理由をつけて、同じ当事者間で訴訟が再燃しちゃうんです!!

ふたたびの　訴訟となりぬ　春の泥

全共闘世代でしょうか、こんなのもあります。

ちと金が　できてマルクス　止めにする

これって、現在の弁護士にも当てはまるんですね。

ちと顧問　増えて人権　止めにする

わ、私のことじゃないですよ！

これしきの金に　主義一つ売り　二つ売り

ほ、ホントに私のことじゃないんです!!

女性についてですが、こんな川柳もあります。

うつむいて　女作戦　練り直す

こんな女性を「可愛い！」と思うか、「ずる賢い。」と思うかで、男性の器量が問われるんだそうです！

自分を顧みると、どうにも器量が足りないようです。もっとも私も、裁判の場などで、相手方からで思わぬ証拠など出てくると、思わず下を向いて、「どうしようか？」と考えてしまうのです。

うつむいて　弁護士作戦　練り直す

弁護士より一言

横浜で独立開業して、9年目になりました。顧客ゼロからの開業でしたから、どうなる事かと、おっかなびっくりのスタートでした。私一人なら、独立に踏み切れなかったかもしれません。そんな中、妻が背中を押してくれました。「じろうさんならきっとうまくやれるよ。上手くいかないなら、そういう時期なんだから、のんびりすれば。」

妻だけが　時代のせいに　してくれる

妻には頭があがりませんが、「時代」を言い訳にしないように、これからも頑張って参ります！

（2015年4月1日　第146号）

弁護士の第1感

「第1感」という面白い本があります。「最初の2秒の何となくが正しい」という副題がついています。じっくり考えて出した結論よりも、最初の2秒で感じた印象の方が、正しい場合が多いという話しです。

本の最初で、何億円もするギリシャ彫刻を購入するときの話があります。美術館は、様々な情報を集め、科学判定をして、本物と判断して購入します。しかし、多くの専門家が、問題の彫刻をパッと見て、これはおかしいと感じたということです。何故かは分からないけれども、「おかしい」と直感的に思ったんですね。

結論的には、その彫刻は偽物だったわけです。

本の中では、2秒見ただけで、回答が分かる事例が、沢山あげられています。例えば、医療過誤を理由に訴えられるお医者さんの例です。どの人が訴えられるかを予め判断するには、そのお医者さんの手術の腕だの、医学知識などを検討する必要は全くないそうです。どこを見るかというと、そのお医者さんが患者と話しているところなんですね。短時間見れば十分とのことです。患者の話を聞かなかったり、横柄な態度をとるような医者だと、訴えられる可能性が非常に高くなると、本の中で指摘されていました。

これは、私自身の経験に照らしても、恐らく真実だと思うのです。かつて私自身、医療過誤の相談を受けたことがあります。2人のお医者さんが関与した事件でしたが、話を聞く限り、1人のお医者さんが大きなミスをしたように思えるんです。ところが、依頼者は、ミスをしていない方のお医者さんを訴えたいと言うんですね。ミスをした先生は、とても親身にしてくれていたので、訴えようとは思わないとのことでした！

同じようなことは、弁護士にもあります。依頼者から懲戒請求される弁護士かどうかの判断には、法律知識や訴訟の上手下手など関係ないのでしょう。顧客の話をどれだけ真剣に聞き、顧客にどれだけ親身に接したかがポイントになるのだと思います。

「第1感」で強調されているのは、正しい判断の為には、情報を集めすぎるとかえってよくないということです。沢山の情報に振り回されて、かえっておかしな判断に行きついてしまうんですね。最初の2秒で判断できるというのは、本当に大切なポイントだけを、無意識にせよチェックしているからです。時間をかけて、多くの情報を分析するから間違えるんですね。

ある人がどんな人かを判断するに当たり、その人と長く付き合うとかえって分からなくなります。その人に会いもせずに、その人の部屋を見せてもらうだけの方が、かえって正しく判断できるということですね。

医者の診断をマニュアル化した話がありました。診断における重要なチェックポイントをリストにして、それによって機械的に判断する方法を採った病院の話です。多くの医者が、そんなやり方ではだめだということで、リスト化されていない情報を集めて、判断しようとしたそうです。ところが蓋を開けてみると、リストに載っている情報のみで判断した事案の方が、はるかに正しい結論が出ていたということです。

これは、弁護士にとっても他人事ではありません。法律問題でも、本当に大事なポイントはそれほど多くは無いのです。しかし、プロの弁護士としては、「本件の特殊性」を考え、多くの情報を集めて、更に「正しく」「適切な」判断を目指したくなります。

しかし、それがかえって間違った判断につながっているかもしれないことは、頭の片隅に覚えておく必要があると感じたのでした。

弁護士より一言

「第1感」の本には、更に面白い話が沢山載っています。わずか15分ほどの夫婦の会話を専門家が聞けば、その夫婦が15年後にどうなっているのかが、90％以上の確率で判明するんだそうです。会話の中の、ちょっとした相手に対する敵意、軽蔑のようなポイントを拾っていくだけで、驚くほど正確に予見できてしまうということです。

うちの夫婦の会話を聞いてもらったらどうなるかと考えると、怖くなるのでした！

（2015年4月17日　第147号）

弁護士の青い城

ゴールデン・ウイークですので、当たり障りのない話にします。本日は、「青い城」です。「赤毛のアン」で有名なモンゴメリーの隠れた名作と言われている本です。通俗恋愛小説ですね。

主人公のヴァランシーは29歳。結婚できないことに悩み、将来の生活の心配に押しつぶされながら暮らしていたんです。そんなある日、体調不良で診て貰った医師の間違いで、余命1年と診察されてしまうのです。あと1年しか生きられないとわかり、ヴァランシーは吹っ切れます。「絶望は解放。希望は束縛。」というわけです。（これって、名セリフですよね！）

主人公は親の家を出て、住み込みで病人の看護の仕事をします。そういう中で、不思議な男性と親しくなります。浮世離れしているが、非常に魅力的な男性ですね。自分が余命わずかだということを告げて、ヴァランシーはその男性の妻にしてもらうわけです。

結婚してから、男性の方もヴァランシーに惹かれていきます。実はその男性の正体は、といった、清々しいほどにご都合主義満載の、とても面白い恋愛小説です。（この連休のお供に、お勧めします！）

この本の中で、とても印象に残る場面があるんですね。ヴァランシーが子供のころに、他の子供と共に、泥まんじゅうを作っていたときのことです。彼女は一人で、頑張って、自分の気に入る泥まんじゅうを作っていたのです。ところが、他のみんなは、ヴァランシーの美人の従妹が作る泥まんじゅうに、他の人のものも合体させて、凄く大きいのにしようなんて言い出すわけです。こういう余計なことを考える人って、どこの国にもいるんですね。すごく大きくて立派なものを、みんなで作った方が良いということです。

主人公だけは、これに反対します。「何で大きくするのを手伝わないの？」と非難されると、「あたし、小さくても自分のが欲しいんだもの。」と、おずおずと答えるんです。

話しは変わりますが、ビル街の中に、1軒だけ小さな木造の家が残っているようなことありますよね。都市の再開発などで、みんなが小さい土地を出し合って、大きなビルを建てて、そのビルの一部を代わりに貰うようなことがよく行われます。多くの人たちは、それに納得して、自分の家を放棄して、ビルの中の新しい住居や店舗に移っていくわけです。

ところが世の中には、そういうのが絶対に嫌だといって、抵抗する人がいます。そういう人が出てくると、都市再開発などは、上手くできなくなるわけです。

正直言いまして、私はこういう場面で、自分だけ反対する人のことは、困った人だなあと思っていたのです。より大きな建物に移れるのだから、それでいいじゃないかと思ってしまうんですね。

しかし、こういう人は、「あたし、小さくても自分のが欲しいんだもの。」という、ヴァランシーと同じ気持ちの人なのでしょう。そう考えますと、むげにその望みを非難することはできないように思えます。弁護士としてそのような場面に遭遇したときには、少なくとも「小さくても自分のもの」を大切にする気持ちに共感できるようになりたいものです。

何だか、強引に恋愛小説と弁護士業務を結び付けちゃいました。たわいない「青い城」のお話でした。

弁護士より一言

ハイキングシューズを買いに、専門店に行きました。

運動のため、日帰りのハイキングに行こうと考えたのです。シューズを選んだら、お店の人に厚手の靴下も必要と言われ、購入しました。ズボンも、汗をかいても重くならない専用のものを買い、さらに専用のリュックも買ったのです。

そうしたら、「暗くなった場合を考えると、ヘッドライトも是非必要です！」なんて言われました。へ、ヘッドライトですか。さすがにそこまでは……

事務所の若手に話したら「完全に食い物っすね」なんて失礼なことを言われました。この連休中に、重装備でハイキングに行こうと決意したのです！

（２０１５年５月１日　第１４８号）

弁護士の成分表示

私も子供たちも、ジャンクフードが大好きなんです。

しかし、めったに食べさせてもらえません。そこで、外出する妻から昼ご飯を任せられた機会を逃さず、コンビニで「はみでるバーガー（メンチカツ）」というのを買いました。中学生の娘が食べたんですけど、これって、税込で１３４円です。何で作れば、こんなに安くできるんだろうと、ふと疑問に思いました。メンチのお肉に、何が使われているのだろうかなんて、とても気になったのです。くず肉を使用していたなんて、かつて問題になったこと有りましたよね。

そこで、パンの袋に記載されていた、成分表示を見たのですが、なんかよく分からない。まず、品名は、「調理ドーナツ」なんです。何で「ハンバーガー」が「ドーナツ」なんだよと、最初から首をひねります。「材料等」のトップに来るのが「メンチカツ」です。私としては、メンチカツの中身に、どんな肉が使われているのか知りたいんですが、それについては何の記載もないのです。

さらには、何か分けの分からないものがいろいろと、成分表示に記載されています。「ショートニング」「パン酵母」なんていうのはまあ分かります。しかし、「発酵風調味料」「増粘剤（加工でんぷん、タマリンド）」「酢酸Na」「乳化剤」「グリシン」「膨張剤」「Ph調整剤」「イーストフード酸化防止剤（V．E）」（って、しつこいよ！）となりますと、「それって一体なんやねん！」と突っ込みを入れたくなります。そんなもん食べてよいんでしょうか？　わけが分からない表示の他に、「内容量　1個」だなんて、読まなくても分かる情報も書いてあります。何のこっちゃ！

とまあ、悪口ばかり書きましたが、消費者の為に食品の成分を、少しでも情報開示しようという意図自体はとても良いですね。ということで、またくだらないことを考えました。弁護士の場合も、「成分表示」を義務付けたらということです。

多くの弁護士が、自分の学歴や職歴などは公開しています。これはこれでいいのですが、まだ不十分です。

しかし、弁護士が自分で、「自分の専門は何々です。」などと言うことは許されていません。顧客を誤認させる恐れがあるからということです。

そこで考えました！　全ての弁護士について、収入の割合を「成分表示」するというのはどうでしょう？

「生活するためのお金を、どこから貰っているのか？」をみれば、その人がどういう人なのか、白日の下にさらされるはずです！　例えば弁護士の場合、債務整理80％、一般民事13％、国選5％、その他2％みたいな感じですね。こうしますと、その弁護士の「専門」が、本人がなんと言おうとも、客観的に見て債務整理だと、誰が見ても分かるでしょう。

さらには、弁護士の1日の時間配分を「成分表示」させるというのはどうでしょう。「弁護士は、国民の人権を手弁当で守っているんだ！」などと威張っている「人権派」弁護士は沢山います。そういう人たちに、時間で「成分表示」させるのです！「顧客との会食・ゴルフ37％」「所内会議28％」「弁護士会の活動20％」「弁護士業務14％」「無償の活動1％」なんて、出てくるかもしれませんね。

人は自分自身を知ることが出来ない生き物だそうです。それなら、客観的な「成分表示」を義務付けることは、とても良いことに思えるのです！

弁護士より一言

内野聖陽主演の演劇を、妻と見に行きました。「禁断の裸体」という、凄い題の劇です。内野聖陽（妻が大好きなんだそうです。ううう……）を始めとするイケメン俳優が、舞台上で（後ろ向きですけど）全裸になるという、凄い劇だったのです！

ちなみに、観客の8割は女性でした。

最近視力が落ちているという妻は、売店にオペラグラスを買いに行ったのです。「何をそんなに見たいんだよ！」と、突っ込みを入れたかったけど入れなかった。

でも、妻は結局、何も買わずに戻ってきました。自分でも、ちょっと恥ずかしくなったんでしょうか……

（2015年5月16日発行　第149号）

ブラックジャックのプロ弁護士

手塚治虫に、ブラックジャック（BJ）というマンガがあります。主人公のBJは、モグリの天才医師です。

目玉が飛び出る様な報酬を要求する代わりに、医者としての結果は絶対に出すという、「プロ」意識の塊のような人です。もちろんこれは医師法に違反する犯罪行為ですが、子供のころに読んで、とても感動したことを覚えています！

ところが最近読んだ本に、高額の成功報酬（受給されたお金の半分！）で失業者に生活保護を受けさせることを請け負っている「プロ」の人達の話がありました。

もちろん違法行為ですね。なんだかんだ言って貧しい人からはお金を貰わないＢＪとは違いますが、高額の報酬の対価として、それなりの「結果」を出すという点では、共通するところがあります。この人達は、市町村から生活保護を出させるために、あらゆる手段を使います。

まずは、生活保護の申請を、どこの市町村で行うか、というところから勝負！が始まります。生活保護の窓口は、各市町村ですよね。そうしますと、それぞれの市町村により、生活保護の認定基準が事実上違うわけです。比較的裕福な人がたくさん住んでいて、財政的に豊かな市町村の方が、緩い基準で生活保護を認めてくれるということです。次に、住居のあっせんをします。生活保護の申請には、何故か住居が必要です。住むところもないほど貧しい人は、生活保護の申請も出来ないわけです。さらに、簡易宿泊所みたいなところでは、住居と認めて貰えません。そこで、安いけれどもそれなりの部屋を、用意してあげるわけですね。そして、役所に生活保護の申請をしますと、担当者が本人に会いにやってきますので、そのときの対応まで指導します。まず、担当者を立って出迎えてはいけない。

弱弱しく、万年床に寝ている必要があります。部屋は汚く散らかすだけではなく、生ごみをばら撒いて、酷い悪臭を漂わせておきます。担当者が臭いに負けて、ろくに質問もしないで逃げ出すようにするんですね。勿論、各担当者の特徴も掴んで、受けの良い回答を教えておきます。「プロというのは、結果を出すためにここまでやるのか！」と、感動しました。

生活保護の申請は、多くの弁護士が手弁当のボランティア活動としてかかわっています。生活保護が出たからといって、「報酬」をとったりはしません。まさに、「アマ」として活動しているわけです。これはこれで、とても立派な行為です。私も見習います！　その一方、「アマ」の弁護士達による活動は、せいぜい、申請者に付き添って役所に行って、申請のサポートをしてあげる程度です。結果が出なくても、「行政に抗議したが、不当にも認められませんでした。人権の為に、これからも頑張ります！」なんて感じで終わってしまいます。「結果」に拘わっていないんですね。

ＢＪが、生活保護の申請を依頼されたら、結果をきっちりと出したはずです。そして私が依頼者なら、たとえ高額の報酬を支払うとしても、責任を持って、しっかりと結果を出してくれる、本物の「プロ」に仕事を依頼したいのです。多くの国民が、同じ考えだと思います。違法な仕事がダメなのは当たり前です。高額すぎる報酬も問題でしょう。だからといって、「人権」「ボランティア」を免罪符に、結果を出さない人には、仕事を頼みたくありません。

私はこれまで、多くの弁護士達に対して、プロ意識の欠如を感じてきました。ＢＪのような、結果に貪欲な「プロ弁護士」になりたいものです。

弁護士より一言

ＧＷに家族旅行で、長野の善光寺に行って来ました。

ホテルはどこも満室で、なんとかビジネスホテルが取れました。しかし小学４年生の息子は、「下にコンビニがついているなんてスゴイ！　高級ホテルだね。」と喜んでくれたのです。コンビニに何度も遊びに行っては、楽しんでいました。

家に戻ってきても、感動は続いているようで、「学校の先生に教えてあげたいんだけど、なんて言うホテルだっけ？」と聞いてきました。「何ホテルだったけね～」なんて、とぼけたんです。親は見栄っ張りです。ううう……

でも、本当に良いホテルでしたよ。コンビニも付いてたし！

（２０１５年６月１日発行　第１５０号）

弁護士のクラブ活動

「クラブ」といいますと、これはもう英国紳士のたしなみですね。特に何かをするわけでもない、「何もしない親睦クラブ」です。私も昔から、憧れていました！

「ディオゲネス クラブ」なんて有名です。シャーロック・ホームズのお兄さんであるマイクロフト・ホームズが加入していたクラブです。人間嫌いの人たちの集まるクラブで、会員間の会話禁止だなんてルールがあります。「それなら、わざわざクラブに入らないで、家に一人で居れば良いじゃないか！」と、思わず突っ込みを入れたくなるような、凄いクラブなんです。

「肥満クラブ」なんていうのも有名です。太った紳士が集まって、特に何かをするでもなく、ただ飲み食いするだけのクラブです。ただ、肥満クラブに入会するハードルは、相当高いのです。少し太っているくらいではダメなのです。クラブには、入口のドアがあるのですが、そこから入ってきた入会希望者達は、全員不合格となります。どんな人なら入会できるかといえば、あまりに太っているために、そのドアから入ることができない人だけです。裏手にある大きな入口から、迎え入れてくれるんだそうです。く、くだらない。

詰まるところ、私の憧れた英国のクラブというのは、「お金」と「暇」と「教養」と「こだわり」のある人たちの「仲良しクラブ」なんですね。間違っても、世のため人の為に役に立つことをしようなんて考えません。

それに対して、「人の為に奉仕をしよう」という、前向きな考えのもと作られたのが、アメリカ式のクラブでしょう。私も入会しているロータリークラブなんて、まさにそういうクラブです。創始者が、「単なる親睦のクラブならやりたくない。人の役に立つ、奉仕のためのクラブにしたい。」ということで作られた「クラブ」です。良くも悪くも、おせっかいなアメリカン スピリッツを感じますが、これはこれで、本当に素晴らしい「クラブ活動」だと思います。とまあ色々と書いてきましたが、そんなことはどうでも良いのです。（だったら、長々と書くなよ！）要は弁護士のクラブ活動です！

弁護士は個人事業者です。顧客の依頼を受けて仕事をし、報酬を貰うのが業務です。その一方、弁護士は必ず「弁護士会」に加入しないといけません。その上、高額の「弁護士会費」を払う必要があります。「弁護士会って、一体なんなんだよ！」と以前から思っていたのですが、このたびハッと気が付きました。弁護士のクラブ活動だと考えれば、腹も立ちません。

弁護士会は、身銭を切ってでも、世の中の役に立とうという「クラブ活動」を行っています。クラブとして、他人に奉仕しようという、ロータリーみたいなアメリカ流クラブですね。犯人とされた人達の人権を守るために、当番弁護士の制度を作ってきたりしたわけです。会員間でも意見の相違があるような事案について、「弁護士会の意見」として勝手に出してしまうのは行き過ぎだと思いますけど、会として世のため人の為になる活動をしようというのは、とても立派なことだと思います。

その一方、どうせ入会しないといけないのなら、私の好みから言いますと、英国流の、「何もしない親睦クラブ」に入りたいと思うのです。ディオゲネスクラブみたいに、会員間の会話禁止だなんてルールがあると、みんなゆったりと過ごせそうです。（弁護士は、3度の飯より議論が好きな人が多いので、何しろうるさいのです！）

「肥満弁護士会」なんてできたら、真っ先に加入したいのです！　そのくらいの余裕を持った弁護士の方が、結果的に世の中の役に立てるように思うのですが、どんなものでしょうか？

弁護士より一言

日本でクラブ活動といえば、なんといっても中高生ですね。

娘が中学生になったときに、いろいろなクラブの勧誘を受けていたようです。

そんな中、「ボランティア クラブなんてどうだろう?」と、娘に聞かれました。

「なんだよ、それ! そんなの入るなら、家のお手伝いをしろよ!」と言いたくなったけど、言えなかったのです。

私自身、ロータリークラブに入るより、家のことをもっとやるように、妻から言われそうな気がしています。


（2015年6月16日発行　第151号）

弁護士の1万時間（1）

「天才! 成功する人々の法則」という、とても面白い本があります。様々な分野で「天才」といわれる人たちは、どのようにして生まれてくるのかについての本です。この本の中に、「1万時間の法則」というのがあります。

どの分野においても、卓越した能力を示すようになる人には、共通点があるそうです。それが、「1万時間」そのことに真剣取り組んだということだそうです。個人の生まれながらの能力は、大して関係ない。ごく一般の才能（通常それほど高くないとのこと）さえあれば、あとはどれだけ真剣に、時間をかけて努力をしたかが大事なわけです。

例えば、音楽学校の生徒の、バイオリンの成績の話があります。トップクラスの生徒、ある程度うまい生徒、平凡な生徒について、それぞれの練習時間を比較すると、明確な相関関係が見つかるというのです。沢山練習しているのに平凡なバイオリニストはいない。十分な練習をしていないのに、トップクラスになる「天才」もいないということです。沢山の時間をかけて練習した人が、それに見合う成績を手に入れるのですね。

そして、こういう長時間の練習が可能となることは、「運」によるところが大きいということです。まず親が大変熱心で、子供が小さいころから英才教育をした場合に、「天才」は生まれやすくなります。音楽のモーツアルト、野球の星飛雄馬やイチロー、テニスのウイリアムズ姉妹、ゴルフのタイガーウッズその他、親がメチャクチャ熱心で、子供のころから英才教育を受けた「天才」が多数います。子供のころからの練習時間ですから、10代で1万時間の法則を満たし、其の後さらに研鑽を積んで「天才」となるわけです。

そういう親の元に生まれるのも「運」ですが、それ以外に、カナダのアイスホッケー選手の話がありました。有名な選手は、ほとんど1-3月生まれだというんですね。カナダの場合、1月から学校が始まりますので、1月生まれの人は12月生まれの子供より、約1年間も成長しているので、身体も大きく、成熟しています。従って、ホッケーもよくできます。すると、その子は「才能」があるということで選抜され、沢山の練習ができる環境に置かれます。そこから、「1万時間の法則」により、本当に実力がついていきます。

まさに、早生まれという「運」によって、名選手になれるかどうかが決まるわけです。こういう面白い話が沢山載っている本です。

考えてみますと、この法則によって多くのことが説明できるような気がしてきます。「家元制度」なんてありますよね。歌舞伎なんかもそうでしょう。世襲で一定の技能を継いでいきます。批判も多いですが、それなりにうまくいっているように思えます。これも、家元に生まれたということで、それなりの環境が与えられ、そこで1万時間の法則を適用して努力すれば、みんな一定の実力に達するからだと思います。

職人さんや板前さんの世界では、ヤル気さえあれば学歴・経歴など気にしないで採用しますよね。そういう世界では、入ってから死ぬ気で1万時間頑張った人は、どこに出しても恥ずかしくない実力を身につけることができるわけです。その一方、板前の修業などしないでも、お客様の支持を得て大繁盛の居酒屋を作りあげる人もいますよね。1万時間使わなくても生まれながらの「才能」で成功する人もいそうです。

ということで、弁護士の場合、果たして「1万時間の法則」は適用されるのか、それとも「才能」さえあれば何とかなるのか、次回検討してみます。

弁護士より一言

親が子供を小さいころから鍛えれば、「天才」を作ることが出来るんですね。これってすごいことだと感じ入りました。親の責任は重大です！

そこで、少し遅いかもしれませんが、中学生の娘に将来何になりたいのか聞いてみたのです。

「うーん。1日テレビを見てのん気に過ごす人！」

あ、あほか！　しかし、そういうことなら、親子で一緒に、1万時間テレビを見ますか……

どんな「天才」が生まれるのでしょうか？

（2015年7月1日発行　第152号）

弁護士の1万時間（2）

前回からの続きです。「1万時間の法則」は、いったいどこまで適用されるのかという問題ですね。

野球やテニスやゴルフのようなスポーツの分野では、素人が世界一の人に勝つなんて有り得ないことです。

抜群の運動能力を有し、他のスポーツではトップの実績を持っている人でも、ゴルフを始めて1年でタイガー・ウッズに勝つなんて、間違っても起きません。

その一方、例えばビジネスの分野では、「素人」が世界の王者を負かすこともあります。世界一の携帯電話会社ノキアを破ったのは、電話業界に初めて参加した、天才スティーブ・ジョブズでした。

もちろんジョブズは、ＩＴの分野では、世界一と言ってもよい人でしたが、アップルが携帯事業に乗りだすと聞いて、「携帯のような成熟した市場に、いまさら素人が乗り込んでもどうにもならない」などと論評していた「専門家」は沢山いました。しかし、ジョブズは勝ったのです。

考えてみますと、きっちりした「規則」「ルール」があるスポーツの世界などでは、そのルールの範囲内で「勝つ」ためには、どうしても「1万時間」の研鑽が必要になりそうです。ルールに沿って技術を磨きに磨いていけばよい一方、そのためには一定以上の時間が必要となるわけです。

それに対して、世の中にはルール自体が明確でない分野もあるわけです。ビジネスの世界なんてまさにそうで、結果的にお客様の支持を集めることが大切です。

バスケット・ボールで世界一のマイケル・ジョーダンが野球の世界に行っても活躍できませんでした。ところが、IT業界でトップのジョブズは、畑違いである携帯電話の分野を制覇することができたのです。

ということで、弁護士の仕事についてです。弁護士は、ルールのある仕事なのか、ルールなどない仕事なのかということですね。この点、少なくとも「法律」自体はルールのかたまりです。法律の基本的な考えを習得しなければ、そもそも司法試験に合格できません。「法律」の専門家という意味では、弁護士に「1万時間の法則」が適用されることは明らかです。

その一方、弁護士の仕事というのは法律の知識があるだけじゃダメなのです。依頼者のために、紛争を解決して、「勝つ」ことも大切です。そしてなにより、顧客のために十分なサービスを提供し、安心し、信頼して貰えることが大切でしょう。ルールが明確な「法律」だけを、1万時間かけて取得しても、それだけでは不十分だということです。アメリカの例ですが、弁護士になる前の成績と、弁護士となった後の活躍との相関関係を調べた調査で、両者には関連性が認められなかったそうです。法律的にはそれほど傑出してなくても、お客様に信頼されて、「弁護士」として成功することができるということですね。

「法律」のようなルール自体がはっきりしている分

野では、1万時間の法則が適用されます。1万時間、2万時間と、ひたすら研鑽を積んでいくことは、とても重要ですし、素晴らしいことです。現実問題として、いつまでも勉強を続けている弁護士は沢山いますし、私も見習いたいものです。しかし、それだけでは一流の弁護士になるには不十分に思えます。

他の分野で活躍していたスティーブ・ジョブズが、携帯電話の分野で顧客の支持を集めたように、私も企業に勤めていた経験を活かして、お客様に信頼され、安心してもらえる弁護士になりたいものです。

弁護士より一言

小学4年生の息子が、学校の1泊旅行が楽しみで、まさに指折り数えて待っていました。そこで、何がそんなに楽しみなのか、聞いてみました。

1位ホテルのハンバーグ　2位ホテルのから揚げ（骨付き！）3位おやつで持って行くベビースターラーメン　4位牧場でのバター作り　5位ママのお弁当、とのことでした。

「えぇ〜！　ママのお弁当5位なのぉ？」と、ベビースターに負けた妻は、ショックを受けていたのです。

実は、おやつには「うまい棒」も買ったけど、旅行の前に食べてしまったそうです。ダメすぎだろう！

（2015年7月16日発行　第153号）

弁護士の性と性格

「性と性格」は、オットー・ヴァイニンガーという人が、1903年に発行した本です。男性と女性の相違を学問的に考察するみたいなうたい文句の本ですが、実際に書いてあるのは、徹底した女性叩きです。

「男女の間には一切の比較を許さない懸絶があり、宇宙的相反、本質的相違はいかんともし難い。」「たとえ最下位にある男性といえども、最上位にある女性よりは無限に上」だなんてことが書いてある本なのです。

著者のヴァイニンガーは、本を出版した年に、23歳の若さで自殺した、筋金入りの「変な人」です。本の方も、20世紀の奇書と言われてます。読んでみると、あまりに一方的な馬鹿げた内容で、あきれ返ること間違いなしです。いかにも、もてない男が女性に逆恨みして書きました、といった本です。それだけに私なんか思わず共感してしまったり（な、情けない……）、笑いながら面白く読んでしまったりするのです。

ヴァイニンガーによると、女性は男女の仲を取り持つのが好きなんだそうです。確かにこの傾向はあるように思えます。中高生のころから、「A君とB子をくっつけよう。」なんて言うのは大体女性ですね。ところが著者によると、これには理由があるということです。女性は「他人の性交を想像することによって自ら性的な興奮におぼれたいがために違いない」のだそうです。あ、あほか。妄想爆発だろう！

女性の「母性」と「娼婦性」についても、ヴァイニンガーは考察しております。女性の持つ二つの側面という意味では、他にも多くの人が指摘していることですが、この点についても著者は独特の考察をします。

「両者とも本来的に相手の男性に個性を要求しない。」「母は子供を得るのに役立つならば、どんな男性をも受け入れ、ひとたび子供をつくればその男性には用はない。」（う、うちの妻は違います……）「娼婦は自分に性的な快楽を与える相手であるならば、どんな男性にも身を許す。」なんだそうです。要は、目的のために男を利用するだけだと言いたいようですね。

さらに、ヴァイニンガーによると、「女性は一種類の記憶しか持たない。」そうです。「恋人、求婚者、新枕、子供と人形、舞踏会で贈られた花、その花の数と大きさと値段、好意を寄せる男性の言葉、そして自分に向けられたお世辞」の記憶のみだそうです。思わず笑ってしまいました。もっとも、男の生涯で重要なのは「おもちゃ」と「勲章」だけだと聞いたことがあります。

男女釣り合っているのでしょうね。

というわけで、男女の弁護士はどこが違うか、ヴァイニンガー先生とは違って、当たり障りなく考察しちゃいます！　私の感想としては、女性弁護士の方が緻密と言いましょうか、きっちりとしている人が多いように思います。男性の方が、良くも悪くもいい加減と言いますか、「まあ、この辺が落としどころかな？」なんていう緩さがあるんですね。一方女性弁護士の方は、「正義は我にあり」なんて勢いで、徹底的にやりそうな気がしちゃいます。

女性弁護士が少なかった昔は、優秀だけど、癖のある女性弁護士が多かったように思います。30年以上前に大学で、民法の星野英一大先生の講義を受けたことを思い出しました。星野先生は女性弁護士について、「男女平等だなんて声高に主張している女性弁護士が、自分が離婚するときは、自分の稼いだお金は夫には一銭も渡さないと主張するんだ。面白いよね。」なんて話していました。こんなことばかり書いていると、ヴァイニンガー君みたいになっちゃいますので、もう止めておきます！

弁護士より一言

その昔、「お巡りさんのことが若く見えたら、自分が年を取ったと思え。」ということを聞きました。これって本当だなと、最近つくづく思います。以前、妻が子供の小学校で「こんにちは！」と元気よく挨拶してくれた男の子に「こんにちは！　えらいね！」と言ったら、その男の子は大学を出たばかりの新任の先生だったそうです！「ぽっちゃりしてて、かわいい顔だから、若く見えちゃった。」などと、妻は言い訳してましたけど、さすがにそれはないだろう！

（2015年8月1日発行　第154号）

弁護士の三国志

男って、どうでもいいことで張り合いますよね。

「水許伝の108人を漢字で書けるのかよ?」「そんなの常識だろう。それじゃ君は、金陵十二釵を言えるのかい?」みたいな競争です。(あ、アホか!)

というわけで、「男のロマン」、「三国志」です。私も「三国志人名事典」や「三国志名言集」みたいな本を暗記して、研鑽に研鑽を積んできたのです……

三国志の中で一番有名な名言は、なんと言ってもこれです。「自分が他人を裏切ろうとも、他人が自分を裏切ることは許さない!」治世のエリート・乱世の英雄、曹操のセリフです。メチャクチャな言葉ですが、曹操が言うと、とてもカッコいいです。私も真似して言いたいですね。「自分が依頼者を裏切ろうと、依頼者が自分を裏切ることは許さない!」アホか! そんな弁護士に依頼する人はいないだろう。考えてみますとこのへんが、曹操の天下をとれなかった理由に思えてきました。(でも魅力的です)

呉の孫権にも名言はありますね。父親の孫堅、兄の孫策の陰に隠れて、地味な人ですが、本当に良いことを言っています。「人の長所を評価して、短所は忘れる。」これって、上に立つものには絶対に必要なことです。私も頭では分かっているのですけど、ちっとも実践できないのです。ついつい人の欠点ばかり目に入る一方、長所は忘れてしまいます。

次は、劉備です。この人は、自分の才能は大してないのに、自分よりもはるかに才能のある人を使いこなした凄い人です。無名の若造であった諸葛孔明を3回も訪ねた「三顧の礼」なんて有名です。「自分が孔明を得たのは、魚が水を得たようなものだ」なんて、凄い殺し文句です。負け戦の中、趙雲子竜が寝返ったと聞いときの「子竜は絶対自分を裏切らない!」という信頼の言葉なども、器の大きさを感じます。「人を信頼できる能力」とでもいうのでしょう。

あまり言いたくないですけど、弁護士の場合も「後ろからの一突き」を心配することは多々あるのです。依頼者があとから何か言ってくるのではと、心配したことのない弁護士は居ないはずです。劉備のような、相手に対する信頼感があれば、結果的にきっとうまくいくのでしょうね。見習いたいものです。

三国志の名言の中で、特に記憶に焼き付いているのは、「断頭将軍」厳顔（げん がん）の言葉です。張飛に敗れて捕虜となり、降伏する様に言われたときに「わが国には、頭を断たれる将軍はいても、降伏する将軍はいない」と言った人です。そんな厳顔に対して、張飛は怒って怒鳴りつけるんですね。しかし厳顔は、落ち着いて言い返します。「首を切るならさっさと切ればよいだろう。なぜ怒る必要がある。」

子供のころにこれを読んで、本当に感動したのです。

学校の先生にお説教をされる度に、「罰するなら罰すればいい。なぜお説教をする必要がある。」なんて生意気なことを考えていました。もちろん、厳顔みたいな根性はないので、口に出しては言いませんでしたけど。（って、イヤな子供だなあ……）

弁護士として多くの刑事事件を担当してますと、法律違反をしていても、特に「悪いこと」をしていると は感じていない人が一定数いることが分かってきます。

薬物犯罪なんてそうですよね。「欧米では認められている大麻を日本で吸って、何か悪いんだ。」と考えている人は相当数います。誰にも迷惑かけてないだろうというわけです。でもこれは法律違反ですから処罰せざるを得ないでしょう。そういう裁判でも、検察官や裁判官で、しつこくお説教する人がいるのです。被告人が、「罰するなら罰すればいい。なぜお説教をする必要がある。」と言ったら、検察官たちはどういう反応をするのだろうと、思わず考えてしまうのです。

弁護士より一言

小さいころは、「パパと結婚する」と言っていた、娘達も、中学生になってからは、だんだんとパパへの厳しい評価を言うようになります。すると、娘達の言葉を聞いていた小４の息子が、フォローしてくれたのです。「自分が女なら、パパと結婚するよ！」

あんまり感動したので、息子に、パパのどこが良いのか聞きました。

少し考えて、「ぽっちゃりしていて、髪が白いところ。あと、目つきが優しいところ！」

そ、そこですか！　もっと優しい目つきになります。

（2015年8月16日発行　第155号）

弁護士の出師の表

前回の「三国志」に続いて、今回は諸葛孔明の「出師の表」です。「これを読んで泣かないものは人に非ず」と言われた名文です。劉備が死ぬ時に、できの悪い息子の劉禅を、孔明に託します。「見どころがあるようなら助けてやってくれ。才能がないなら、君が取って代わってくれ。」とまで言うんです。そこまで言われた孔明は感激し、命がけで劉禅を盛り立てることを誓います。「白帝城」の名場面ですね！

弱国である「蜀」を任された孔明が、このままではじり貧だということで打って出ます。そのときに、国に残した劉禅に提出したのが「出師の表」です。格調高い文章です。「先帝、創業いまだ半ばならずして、中道に崩殂せり。今、天下三分し、益州は疲弊す。此れ誠に危急存亡のときなり。」なんて、私も暗記しちゃいました！

ところが、出師の表の大部分を占めているのは、主君たる劉禅に対するお説教なんです。

「臣下が頑張っているのは、先帝劉備に恩返しするためなのだから、勘違いしないように。」「自分自身を卑下するようなことを言うのは止めて下さい。」「他人のアドバイスを聞かないようなところは良くないから直さないとダメだよ。」「しっかりと頑張って、先帝劉備の期待に背かないようにしてね！」

こんな感じで、ひたすら説教が続くんです。孔明さんは、とても偉い人だと思いますが、こういうのは止めて欲しいと、私でも思っちゃいます。こんな調子で口うるさく子供を教育したら、子供がグレちゃうんじゃないかと心配になってきます!

孔明亡き後、蜀は滅ぼされ、劉禅は捕虜となります。

そこで劉禅は宴会に招待されるんですが、ニコニコしていて本当に楽しそうだったそうです。「お国が恋しくないですか?」などと聞かれて、劉禅は答えます。

「毎日が楽しくて、蜀のことなど思い出さない。」

これは、劉禅がいかに暗愚な人かを示すエピソードということになっています。確かにそうなんですが、私には劉禅の気持ちも分かるのです。早く降参したかったのに、孔明たちのせいで、お説教されながらいつまでも「皇帝」をやらされて、本当に辛かったんだろうなと思います。もちろん、孔明たち頑張った人たちからすれば、がっくり来ちゃうのもわかりますが……

しかし、こういうことは弁護士の仕事でもよくあるのです。依頼者は「もういいや。」と内心思っているのに、孔明ならぬ弁護士が、やる気十分なので、なかなか「もう止めたい」とは言い出せないという場合です。

刑事事件で、不当に「自白」させられるのを防ぐということで、何人もの弁護士が、勾留されている容疑者を毎日2回ずつ訪問した事案がありました。不当な捜査に屈しないよう励ましたんですね。ところが容疑者は「いつもいつもやって来られて、落ち着いて休むこともできない」と、知人に不満を言っていたそうです。

民事裁判をしている経営者の方から、「もう負けでもいいから早く終わらせたいんだが、弁護士の先生が本当に熱心なんで、『もう止めよう』となかなか言えないんだよね。」なんて、愚痴られたこともありました。

孔明が頑張っているから、やめようと言えなかった劉禅と同じように、弁護士が熱心だから、やめようと言えないお客様も相当数いるのではと心配になります。

依頼者のために、弁護士が死ぬ気で頑張るのは本当に大事なことです。その一方、「依頼者を置いてきぼりにしてないか？　お客様の要望を本当に理解しているのか？」と考えることも、弁護士にとって非常に大切なことだと思えるのです。

弁護士より一言

中学2年の娘が、反抗期なんでしょうか、本当に生意気です。親が注意すると、口答えしてきます。「お前は本当に恵まれているんだよ。」なんて言うと「パパとママはどれだけ恵まれて、良い子供を持っているか分かってる？　世の中には、本当にひどい中学生が山ほどいるんだから！」なんて言い返してきます。むかっ！　私も、面と向かっては言えないお説教を一杯書いた「出師の表」を残して、家出してやろうかと思ったのでした。

（２０１５年9月1日発行　第１５６号）

神の雫の遺言状

少し前に完結した、「神の雫」という、ワイン漫画があります。主人公は神咲 雫という青年です。雫君のお父さんは、世界的なワイン評論家のお金持ちなんですが、主人公はそんな父親に反発して、遠ざかっていました。そんなときに、父親は、遺言状を1通残して亡くなります。その遺言状は、「私の全てを継ぐべき者にこの文章をしたためる」なんて、カッコ良い言葉で始まっているのです。

要は、自分の求めてきた、最高のワインを見つけた者に、全ての財産を譲るというわけです。遺言の指示により、まずは十二使徒と呼ばれる、12本のワインを探さないといけません。それぞれのワインを探すにあたり、遺言状にはヒントが書かれています。例えば第一の使徒は、こんな感じです。

「私は原生林に覆われた深い森の中を彷徨っている」「不意に森が開け奇跡のように湧き出した、澄み切った小さな泉」「おお　見よ。あの絡み合う二つの菫色の蝶たちを！」なんて、感じで延々と続くのです。こんなんで、何のワインか分かる訳ないだろう！と、私なんか、思わず突っ込みを入れてしまいます。

「そして、これらの十二使徒を従えながら、超然とした孤高の光を永遠とも思われる歳月にわたり放ち続ける一本こそが、私の求める天上のワイン『神の雫』」なんだそうです。「はあ、そうですか」としか言いようが無いほど、凄い遺言状なんですね！

こういう凄い遺言状はなかなか作れないでしょう！

一方、法律関係の仕事をしていると、遺言をしっかりと作り、相続争いを避けることは、本当に大切だなと思うのです。世の中には、かえって争いを煽るような遺言もあるのです。世界を征服した、アレキサンダー大王の遺言なんて有名です。「誰を後継者にするか？」という問題に対して、「最も相応しい者に！」という「遺言」を残しました。案の定、後継者争いでもめにもめたのです。壮大な歴史ロマンです！

現代でも似たような話はあります。子供たちの仲が悪い資産家のお父さんが、周りの人からさんざん「遺言を残しとかないと、あとで相続争いが起きるよ。」と忠告されて、遺言を残したんですね。ところが父親の死後遺言状を開けてみると「みんな仲良くするように。」とだけ書いてあったそうです。その後、泥沼の相続争いが始まったことは、言うまでもないです。

私の好きな遺言状は、一休宗純のものです。「どんなに頑張っても、どうにもならなくなったら開けるように。」といって、お寺に3通の遺言状を残したそうです。その後問題が起きて、いよいよどうにもならなくなったお寺の人が、遺言状を開けたんですね。1通目には「心配するな。」2通目には「大丈夫！」3通目の遺言には「何とかなる。」と書いてあったそうです。読んだ人たちは、思わず笑ってしまったはずです。

私自身、一休さんのように、残された人が笑いながらも勇気を貰える遺言状を作りたいと思います。さらには、神の雫の遺言状のように、読んだ人があきれ返るほどバカバカしいけれど、みんなが楽しめる遺言状が作れれば最高だと思うのです。

私は、弁護士として、遺言状のお手伝いをすることが多々あります。そういう場合、やはり遺言状の一番の目的は、後々紛争を起こさないようにすることだと考えています。壮大な「歴史ロマン」はあっても、アレキサンダー大王みたいな遺言状は、間違っても作ってはいけません。紛争が生じないようにするという当たり前のことを守りつつも、神の雫みたいに、ワクワクする遺言状を作るお手伝いができる、そんな弁護士になりたいと思うのです。

弁護士より一言

「会社の人達っていいね。」と、テレビを見ていた中学生の娘に言われました。「残業するとカップラーメンとか食べられるんだって！ 私も残業したいな！」どうもテレビ番組の中で、そういう場面があったようです。「どんだけカップラーメンに憧れてるんだよ！」と呆れました。

その一方、私も夜中に妻に隠れてカップラーメンを食べたら楽しいだろうなと考えてしまいます。でも絶対、妻にバレてしまうんですね。ううう……

（2015年9月16日発行　第157号）

2058年から来た弁護士

2058年からタイムマシンでやって来た、原田さんという人が、ネット上で多くの「予言」を行っています。2013年の時点で、2020年の東京オリンピック開催を「予言」したりと、評判になっています。2058年というと、今から43年後ですよね。当然のことですが、いろいろなことが起こっています。

中国は分裂するそうです。北中国と日本は戦争になって、宮古島、石垣島、西表島、与那国島とそのほかの離島が一時的に占領され、国防軍が3500人ほど殉職者を出したそうです。日本のことはともかく（おいおい！）、とりあえず、まだ生まれていない私の孫は無事かと心配になっちゃいました！

福島の原子力発電所跡は、放射線はほとんどないけれども、無人のまま、野生王国と化してくそうです。「気候の激変に適応してくださいとしかいえません。」と原田さんはアドバイスしてくださいますが、どうやったら「適応」できるんでしょうか？

未来人原田さんによると、2016年までには今上天皇が亡くなり、平成の次の元号は「安始」だとのことです。いくら未来から来たからといって、こんな「予言」しちゃって良いのでしょうか？

このほか、社会生活や経済のことなども、ネット民の質問に回答しています。500ミリリットルのミネラルウォーターの価格は、800円くらいだそうです。大したインフレは来ないようです。お酒は社会から消えているそうです。法律を学んだ人間ですと、こんなことをすると、禁酒法時代のアメリカみたいにならないのか、心配になってしまいますね。国際的には、インドが飛躍的に躍進する反面、アメリカは力を落としていくそうです。（ちょっと信じられないのですが……）

私の関心は2058年に、弁護士はどうなっているのかということです。しかし世間の人は弁護士の未来になど興味は無いようで、誰も原田さんに質問していません。そこで、私が代わりに考えてみます。

しかし、43年後の未来を予測するのは、そんなに難しいこととは思えないのです。世の中は、「標準化」「国際化」もっといえば「アメリカ化」していくというトレンドを知っていれば、9割方当たっちゃうはずです。日本国内でも、明治維新以降、各地方が急速に「標準化」「東京化」してますよね。各地方都市の駅前なんか、みんな似たようなものになっています。

15年ほど前にアメリカに住んでいたときに、病院における日米の対応の違いに驚いたものです。しかし、今になると、治療方法なども、少しずつ「アメリカ流」に変更していってます。「ガラパゴス化」したなどと批判されていた、日本のワープロや携帯電話も、国際基準のパソコンやスマホに取って代わられていきました。現在の日本の「弁護士」というのは、まさに「ガラパゴス化」しています。そんな弁護士にとっても全く同じこと（「標準化」「国際化」）が、今後43年かけて少しずつが進展していくはずなのです。

「弁護士の人数も、欧米並みに増加していくでしょう。」「司法試験も、欧米並みに簡単に受かるようになるでしょう。」「これまでのような『人権あって顧客なし』といった弁護士は淘汰され、良くも悪くも弁護士は『サービス業』となっていくでしょう。」

　これが良いことかどうかはともかく、この動きを前提に、今後の弁護士業のあり方を考えていく必要があると思うのです。

弁護士より一言

私よりかなり年長の方から「兄が引退したら呆けてきた。」なんて話を聞きました。「やはり年取っても仕事をつづけたほうが良いのかな？」などと思いながら、お兄さんの年齢を聞いたら、90歳とのことでした。その年まで働いていたとは凄い！

　２０５８年には、私も生きていれば95歳となっています。95歳でも、現役で弁護士を続けて、「企業の常識・弁護士の非常識」49巻目を出版する覚悟です！

　２０５８年に大山という老弁護士が活躍していたか、今度原田さんに質問してみます。

（２０１５年10月1日発行　第１５８号）

恋愛の倫理・結婚の倫理

体育も音楽も、実技はダメでしたが、ペーパーテストは得意だったのです。というわけで、恋愛についても、「実技」は全然ダメでしたが（な、情けない……)、いろいろ考えるところはありました!

恋愛の場合は、相手を他の人に取られた場合でも、取った人を訴えて、損害賠償を請求するなんてしませんよね。それどころが、振られた人の方が、「男を磨いて、出直してこい!」みたいなことまで、言われちゃいそうです。ところが結婚となりますと、まったく違ってきます。結婚している人を奪うのは、不倫による不法行為であり、慰謝料を請求されても当然と思われていますよね。「振られた奴が悪いんだ。」なんて、普通の人は言いません。同じ男女間のことで、何故、恋愛と結婚でこんなにも、人の意識や法律が違うのか、私はかねがね不思議に感じていたのです。

ところが最近、ジェイン・ジェイコブズという人の書いた、「市場の倫理 統治の倫理」という、面白い本を読みました。人間の社会には、全く異なる2つの倫理体系があるというのです。

人間が、必要とするものを入手するには、他人と取引して手に入れるか、自分の縄張りから取るか、どちらかの方法しかないそうです。有史以来、人間はこのどちらかのやり方で、欲しいものを手に入れてきたのです。そこで、この2つのやり方のそれぞれで、別々の倫理体系が作られてきたというわけです。

取引でものを手に入れる場合は、多くの人と自由に取引する必要があるわけですから、「暴力を排除して、自由に競争しろ」といった倫理が必要となります。これが、「市場の倫理」というわけです。一方、自分の「縄張り」から欲しいものを取る場合は、縄張りを守ることが正義になります。そこでの倫理は、「競争を排除し、縄張りを侵すものと勇敢に戦え」というものになっていきます。「縄張り」の代表が「国」ですから、「統治の倫理」と名付けられていますが、「縄張りの倫理」の方が分かりやすそうです。

人間の社会には、このように2つの全く違った倫理体系が存在し、特に意識されることなく共存しているのだというのが、ジェイコブズの指摘です。そこで私は、この2つの倫理体系は、それぞれ「恋愛」と「結婚」に当てはまるのではと、思い至ったのです！

恋愛というのは、男女間の自由競争が行われる「市場の倫理」の世界です。異性を独占することは許されず、自由競争による「チャレンジ」が常におこります。そんな競争に勝つことで、相手の愛情を確保していくことが倫理的に正しいことになります。

一方、結婚というのは、配偶者を自分の「縄張り」にするものだと考えることができそうです。そうしますと、自分の縄張りを荒らすものとは、勇敢に戦うことが倫理的に正しくなります。不倫相手を、あらゆる手段を使って叩き潰す必要があるのですね。

もっとも、「恋愛の倫理」と「結婚の倫理」は、全世界ですべて同じではないようです。例えばアメリカでは結婚の場合でも、基本的に「市場の倫理」が適用されます。結婚しただけで、配偶者を自分の「縄張り」だと考えることに、抵抗感があるのかもしれません。

従って、不倫についても基本的に、恋愛時代と同じ「自由競争」なんです。不倫相手への損害賠償請求を禁じている法律まであります。

私も、アメリカのロースクールで、こういう法律を知ったときは、かなり違和感を覚えたのです。しかし、このような法律が、「縄張り」よりも「自由競争」を重んじるアメリカ国民の考えだとしたら、日本でも学ぶべきことは多いのではと感じています。

弁護士より一言

先日、夜中の2時過ぎに目が覚めました。「じろう！」と私を呼ぶ、父親の声がはっきりと聞こえたのです。父はもう80の半ばを過ぎてますから、「ひょっとして別れを告げに来たのでは？」と、とてもこわくなりました。（翌朝確認したら、父は普段通りでした。）

という経験を、中学生の娘に話したんですね。

娘は、「パパ、こわかったね。」と言った後に、「幽霊は怖いからいやだよね！」

こわいって、そこですか！

30数年後には、娘の前に、うんと怖く化けて出てやろうと決意したのでした。

（2015年10月16日発行　第159号）

ヒポクラテスの弁護士倫理

前回、倫理の話を書きましたので、今回は弁護士倫理について考えてみます。専門職の倫理と言いますと、なんといっても「ヒポクラテスの誓い」ですね。2500年ほど前に活躍した、名医の代名詞になっているヒポクラテス大先生が定めた、医者たるものが守るべき規範です。現代でも少し形を変えて受け継がれている、凄い教えです！

まず誓うべき内容は、医術を教えてくれた師を、実の親のように敬まえというものです。そして、師の子孫や弟子たちには、医学の知識を惜しみなく与えないといけません。その一方、それ以外の人達には、医術の知識を教えてはいけないというのです。これなんか、すごい仲間意識です。まさに、医療という領域を、自分たちの「縄張り」として考えているのでしょう。

さらに、どんな治療を行うかについても、定めがあります。まずは、たとえ患者から頼まれても、人を殺したり、堕胎させるような薬を与えてはいけないと定められています。安楽死を希望する患者さんの依頼を聞くことはできないですし、どんな理由があっても中絶の手伝いはできないというわけです。

さらに、医師としての判断で、患者にとって一番良いと思われる治療を行うことも誓いの内容になっています。患者さんがなんと言おうと、そんなことを聞く必要はないのです。あくまでも、専門家としての知識と誇りをもとに、自分が一番良いと考える治療を行う必要があるということです。お客様である患者の意思を尊重する「サービス業」とは、対極の考えでしょう。ヒポクラテス大先生は、治療の相手が男か女か、自由人か奴隷かを問わず、ベストの医術を行うことを誓わせています。医療というのはお金の対価としてなされる経済活動とは別物だという、強い自負心を感じますね。「医師はサービス業じゃない！」と明言する人は、現代でも沢山いるでしょう。

ということで、弁護士の話しです。日本の「弁護士倫理」は、「ヒポクラテスの誓い」にかなり近いように思えるんです。弁護士の仲間内では法的知識を共有することが奨励される一方、弁護士以外のものが法律業務に関係することには、強烈に反発します。司法書士や行政書士の人達を、弁護士の活動領域を侵害したという理由で刑事告発までします。法律業務は弁護士の「縄張り」かよと、突っ込みをいれたくなるのです。

仕事内容でも、顧客へのサービスなど考えずに、自分がベストと考える対応をすることが必要と思われてきました。その一方、報酬が安い国選事件でも、貧しい人に対しても、最高の対応をすべきというのが、「弁護士倫理」だったはずです。

「ヒポクラテスの誓い」自体、現在かなり批判されているようです。仲間意識による閉鎖性や、患者の希望を考慮しないところなど、批判されてもやむを得ないところもありそうです。患者を「お客様」と考えて大切にしろというのが、時代の流れに思えます。

同じことが弁護士の世界にも当てはまります。仲間意識が強くて、他の者を排除するような弁護士業界のあり方には、私自身、以前から疑問を感じていました。

お金を払ってくれる「お客様」を大切にする、「サービス業」としての自覚も、もっと必要だと思います。その一方、専門家としての知識と誇りを重視する「ヒポクラテスの誓い」は、弁護士の仕事をしていくうえで、本当に大切な「倫理」だと思うのです。

弁護士より一言

私は、様々な分野で活躍している人のところに行って、お話を聞いてくるのが趣味?なんです。成功のヒントを勉強し、事務所の若手弁護士とも共有しています。先日、やり手の経営者のお話を聞きに行きました。若くて、背が高くて、とてもカッコいい人で驚いたのですが、経営スタイル、目の付け所、不屈の根性と、どれをとっても素晴らしい！　本当に感動して、うちの妻にもその人の話をしました。いつになく真剣に聞いていた妻が、最後に一言だけ質問してきたんです。「その人って独身?」あ、あほか！　独身だったらどうするんだよ!!

（2015年11月1日発行　第160号）

ブラウン神父の弁護

ブラウン神父といえば、今から100年ほど前、シャーロック・ホームズと同時代に活躍した名探偵です。いまだに日本でも人気があり、全作品が、文庫本で簡単に手に入ります。ブラウン神父は、「丸顔小柄の、ちょっと抜けているカトリックの神父」なんですが、すごい推理能力の持ち主です。

一般的に推理小説の場合、「犯人は誰か」「トリックは何か」が関心の的です。

しかし、ブラウン神父の場合は、「動機は何か?」も大きな問題になるのです。

名将軍と言われた人が、無謀な戦闘をして、多くの部下を死なせた「事件」がありました。何故、名将軍がそんなことをしたのか、長い間謎とされていたわけです。

この謎を解くために、ブラウン神父は、「木を隠すならどこに隠す?」と問題提起します。答えはもちろん「森の中」ですね。「それなら森がないときはどうすれば良い?」と、続けて質問が来ます。恥ずかしながら、私は答えが分かりませんでした。

ブラウン神父の答えは、「森を作ればいいんだよ！」この将軍は、憎い部下を殺した後、その遺体を戦場に捨てることができるように、わざと犠牲者が沢山出る作戦を取ったというのです。（ひ、酷い話ですが……）

その他にも、大金持ちが、自分のことを羨ましく思ってくれない友人を憎んだことが動機の犯罪とか、自分のことを超能力者だと思ってもらいたいための犯罪など、ぶっ飛んだ「動機」による犯罪が沢山あります。

そんな中で、私の一番記憶に残っているのは、やり手の社会活動家が殺された事件です。この人は、人を見る目がある上に、即断即決ができる傑物で、実業家としても大成功しています。実業にとどまらず、困った人の為の福祉活動にも力を注いでいる、立派な人です。彼を頼ってきた人に対して、間髪をいれずに、一番適した職業を紹介してきました。そんな人が殺されたわけです。一体、こんな立派な人を殺す動機はなんだろうかというのが、一番の謎だったのです。

この事件の犯人は、被害者に助けてもらい、職も世話してもらった人だったんですね。ほとんど話も聞いてもらえずに、一瞬で自分の全てを評価された。ほんのわずかの時間で、自分のすべてを見透かされたような対応をとられたことを、ずっと恨みに思っていたのが、殺人事件の「動機」だったのです。

実は私自身、会社勤めをしているときから、即断即決を大切にしてきました。「問題は間違えることではない。決められないことだ。」なんて、自分にも、自分の部下にも常々言い聞かせてきました。実際問題として、いわゆる「成功者」と言われる人で、即断即決できない人はほとんどいないと信じています。それだけに、それが理由で殺されたとなりますと、私としてもショックを受けてしまうのです！

しかしながら考えてみますと、こういうことは弁護士の仕事でもあります。優秀で良心的な弁護士ほど、できるだけ早く、「法的に正しい回答」を顧客に提供しています。その過程で、顧客の話を真剣に聞かずに、「正しい解答」をする弁護士もいそうです。そんな弁護士に不満を感じているお客様が相当数いそうです。

さすがにそれが理由で弁護士が殺害されることはないでしょうが、お客様の不満に気が付かないで、信頼関係を失くすことはありそうです。最悪、お客様から、解任されることもあるかもしれません。

ブラウン神父に、突然の解任理由を推理してもらわなくてもいいように、お客様の気持ちを理解できる弁護士になりたいものです。

弁護士より一言

20年前に結婚して以来、妻が何か相談してくると、私は即座に「正しい」回答を答えるよう努めてきました。頼りになる旦那さんになりたかったのです。

しかし妻からは、「私は、正しい答えなんか求めていないの！　じっくりと話を聞いて、共感してほしいのよ。」と何度も言われてきたんです。ううう……

いいかげん、学ばないといけないですね。

（2015年11月16日発行　第161号）

タバコの害について

ロシアの文豪アントン・チェーホフに、「タバコの害について」という一人芝居があります。

恐妻家の男が、妻に命じられて、タバコの害について講演をするという劇です。

「実は妻が今日、煙草の害について講演しろと命令いたしますので、従ってそれ以上、とやかく争う余地はありません」

ところが、怖い妻が会場からいなくなると、タバコの話はそっちのけで、妻への悪口が始まります。

「妻はいつも機嫌の悪いとき、わたしのことを間抜け野郎と呼ぶんです」「わたしは実に恐ろしいんです……。妻がにらみつけると怖くてたまらない」「33年間、私をいじめ抜いた、あの低能で浅薄な、意地の悪い欲張り婆から逃げだすんです」なんてことばかり話します。

その後、妻が講演会場に戻ってくると、「ただ今わたしの申し上げました通り、煙草は恐るべき毒素を含有しておりますので、その点から出発いたしまして、いかなる場合にも喫煙を許すわけにはゆかんという、結論に達するのであります」としめるという、バカバカしいお芝居です。

「タバコの害」は、130年も昔のチェーホフの戯曲でも指摘されているんだなと、妙に感心してしまいます。それなのに、これまで日本の裁判で、ほとんど取り上げられませんでした。

先日NHKの「あさイチ」で、タバコの害について、取り上げられていました。

マンションのベランダでタバコを吸う行為が、隣人との関係で問題になっているという話しです。今からおよそ3年前の裁判で、損害賠償を認められた事例があるそうです。隣人がベランダで喫煙するのに悩んだ人が、150万円の損害賠償を求めて、裁判を起こしました。煙が隣の部屋の、タバコを吸いたくない人のところにも行くことから、ベランダでの喫煙行為は違法だと、裁判所も認定したのです。

ところが、損害の金額ですが、150万円の請求に対して、裁判所が認めたのは5万円だけでした。たった30分の1です！「タバコの害」を認めるなら、「何でこんなに低い賠償金額なんだよ！」と、私にはとても不思議に思えます。いったいどこから、この5万円という金額が出てきたのかという疑問を考えていて、ハッと気が付いたのです！

実は、タバコではないのですが、煙の害について、とても有名な判例があります。

信玄公 旗掛松（はたかけまつ）事件という、今から100年前の判例です。

武田信玄が旗を掛けたという伝説のある松が、蒸気機関車の煤煙などで枯れてしまいました。そこで、松の所有者が、鉄道に対して、当時のお金で2000円を請求して、裁判を起こしたのです。これに対して裁判所は、最終的に損害賠償を認めたのですが、金額は70円強でした。

つまり、この場合も、請求金額の30分の1程度しか、認められなかったのです。さらに言えば、その中で慰謝料にあたる部分を、現在の貨幣価値に換算すると、おおよそ5万円になるのです。

私の推理によりますと、3年前のタバコ判決の裁判官は、100年前の超有名判例を参考に、同じ「煙の害」だから、請求金額の30分の1で、5万円にしたに違い無いのです！（そんなわけあるかよ!!）

多くの弁護士達が、米国の民事裁判で、非常に高額な賠償が認められることを批判しています。私もそう思います。しかし、日本の裁判では、「煙」による損害について、現在も100年前と変わらず、請求金額の30分の1、金額だと5万円程度というわずかな金額しか認めていません。これは、米国とは逆の意味で、同じくらい大きな問題だと思えてしまうのです。

弁護士より一言

中学校の寄宿生の次女は、いろいろと話題を提供してくれます。PTA役員をしている妻が、校内でたまたま会った担任の先生から言われました。「本当にユニークなお嬢様!!　先日、遅刻したときに、『なんで遅刻したの？』って聞いたのです。そうしたら、『朝の連続テレビ小説からあさイチの最初も見てました！』って、答えましたのよ。」

あ、アホか！　そういうときは、嘘でもいいから「朝から体調がすぐれないで……」と答えるもんだろう。（おいおい）

（2015年12月1日発行　第162号）

昼の弁護士　夜の弁護士

本年最後のニュースレターです。ニュースレターも7年近く続けていると、いい加減書くことがないのです。発行日が近づくと、胃が痛くなります。

プロの作家と比べること自体おこがましいのですが、林真理子先生は、本当に凄いなと思います。毎週1回、30年以上週刊文春にエッセーを連載していますよね。適当に思いつきを書いているようで、本当に面白い！ 今回、昔のエッセーを読み返したのですが、いたる所に鋭い考察があります。

「地味な人の派手好み」なんてありました。「地味な男の人ほど、派手な女が好きなのだ」そうです。確かにそうだなと、思わず笑ってしまいます。

「いつ会っても、完璧なマニキュアをしている女とは、絶対に友達になれそうもない」なんていうのもありました。これって、男でもありますよね。いつ会っても、ビシッとした身なりをしている人とは、友達になれないだろうなと感じてしまいます。

女性は、「好きな男と嫌いな男の間に、ちょっと気になる男というエリアがある。」そうです。どっちに転んでもよいように、態勢を常に整えていて、そのあらわれの一つが「相談にのってほしい」のセリフだとのこと。ほ、本当ですか！

しかし、考えてみますと、私は依頼者以外の女性から「相談にのってほしい」と言われた記憶がない。「ちょっと気になる」レベルまで達してなかったのかぁぁぁ。ううう……。と、いろいろと面白い考察がありますが、特に感銘を受けたのが「昼と夜」というエッセーです。「結婚というのは、昼と夜がある。」なんて、読者を引き付ける書き出しから始まります！ 要は、男には「昼の男」と「夜の男」がいるという指摘です。

やさしくて、誠実で、エリート。こんな男性と結婚したら、どんなに幸せかと思うけれど、夜を一緒に過ごすのは想像できない「昼の男」。一方、魅力的で、衝動的に関係を持ってしまうが、昼間会うと、教養や話題に乏しく、どうも冴えない「夜の男」。結婚において、「昼の男」と「夜の男」のどちらを選ぶのかが、女性にとって究極の選択だといった、ばかばかしいけど面白い考察です。と、ここまでが前振り（長すぎるだろう！）で、弁護士の話しです。弁護士にも、「昼の弁護士」と「夜の弁護士」がいるのです。

数年前ですが、ある会社から、多くの仕事を頼まれました。契約書や法的スキームの検討で、「ここは問題だと思います。」なんて指摘すると、素直に聞いてくれました。ところがその会社が、後から警察沙汰になるような問題を起こしていたことが発覚しました。私は、まったく相談を受けていない案件です。損害賠償を請求されて、裁判にもなりましたが、私はその代理人も頼まれませんでした。あの会社には「昼の弁護士」と「夜の弁護士」がいて、それぞれ違った仕事をしていたのかなと、今になって思うのです。私は「昼の弁護士」ではあっても、「夜」を担当するワイルドな魅力?に欠けていたのでしょう。しかし常識的には、「夜の弁護士」になるのはまずいですよね。変な方向に行って、最後に資格を失くした弁護士の話など、本当によく聞きます。その一方、私が企業法務で勤めていたときに、「こんなこと、誰に相談すればいいのだろう?」と悩むよう問題があったことも事実なのです。

「昼の弁護士」に相談しても、「ダメだ!」と言われることが分かっているような問題です。

「夜の問題」も扱える「昼の弁護士」がいれば、凄く人気が出そうです。しかし、自分がそうなれるかというと、かなり難しいと感じているのです。

弁護士より一言

この12月から、事務所に2名の弁護士が参加して、弁護士5名体制で業務を行うことになりました。大所帯になりましたので、しっかりしなくては と、気が引き締まります。

平日は寄宿舎にいる娘も、パパを応援していると話してくれました。寮のテレビで、他の法律事務所のCMが始まると、テレビの前で手を広げて、見えないようにするとともにパパの事務所の宣伝を、その場でしてくれているそうです。本当に良い娘を持って、私は幸せ者です。(あほか!)

少し早いですが、皆様良い年をお迎えください。

(2015年12月16日発行　第163号)

都都逸弁護士の年賀

「新年早々、弁護士から法律の話しなんか聞きたくないよ!」という気持ちは良く分かります。そこで、都都逸（どどいつ）で新年の挨拶をさせて貰います。七七七五で、人情の機微を表現する、あの都都逸です。

恋に焦がれて　鳴くセミよりも
鳴かぬ蛍が　身を焦がす

なんてやつです。短歌なんかの場合、良いことを言っているんですが、大上段に振りかぶってきますよね。素晴らしいと思う一方、「本当かよ!」なんて気にもなってくることがあります。

かくすれば　かくなるものと　知りながら
止むにやまれぬ　大和魂

幕末に多くの志士を育てながら、若くして獄中で死んだ、吉田松陰大先生の御歌です。幕府権力に逆らえば、殺されるのはわかっている。それでも日本の為にやらずにいられないという、大変かっこよい歌です。

ところが、同じ内容が都都逸だとこうなります。

こうしてこうすりゃ　こうなるものを
知りつつこうして　こうなった

なんか急に話が人間臭くなってきます。「私はこれで会社を辞めました。」の世界です。発覚すれば大変なことになると知りながら、不倫相手を妊娠させたなんて人は、ほとんどこんな感じでしょうか。ところが、こういう男性に尽くす女性がいるというから、私みたいなモテない男には、驚きです。

あの人のどこがいいかと　尋ねる人に
どこが悪いと　問い返す

ここまで想って貰えるのかと、「男」として「負けた！」と思わざるを得ないのです。ううう……

好かぬお人の　真心よりも
惚れたあなたの　嘘が良い

なんて言われるように、男を磨きたいのですが、私にはとても、そんな器量はないんです。私をはじめ、多くの男性は、次の都都逸でしょう。

惚れた数から　振られた数を
引けば女房が　残るだけ

一緒になって貰えて、妻には本当に感謝しています！

昨年末に、うちの事務所に新しい弁護士が2名入りました。恥ずかしながら、法律に関しては、私に教えることなどありません。こちらが教えてもらいたいくらいです。そんな中で、私に教えることのできるのは、一つだけなんです。

丸い卵も　切り様で四角
ものも言い様で　角が立つ

法律をつかさどる正義の女神は、目隠しをしています。見かけに騙されてはいけないということです。丸でも四角でも、卵は卵というのが法律の世界です。しかし、お客様と直接対応する弁護士は、それではダメでしょうね。お客様の話しを聞くと、「法的に誤解しているな。」と思うことはよくあります。だからといって、頭ごなしに「それは間違いです！」なんて言えば、お客様の信頼を失います。お客様の立場に立って、お客様に共感してから、言うべきことを言う必要があるのです。「丸い卵も切り様で四角」と、気が付いた新人から、弁護士として一人前になっていくように思います。（偉そうに言って、私もまだまだですけど……）

弁護士稼業には、沢山の苦労があります。しかし、他の仕事同様、それを上回るやりがいもあるのできるのです。

人の知らない　苦労もあれば
人の知らない　楽しみも

本年もどうかよろしくお願いいたします！

弁護士より一言

小学４年生の息子が学校で、「自分が一番好きなとき、一番自分らしい自分を絵に描きましょう！」と課題がでたそうです。そこで息子は、寝転がってテレビを見てる絵を描いたんですね。そこで先生が「本当にそうならいいんだけど、これを貼り出されたお母さんはどう思うかな？」と言われたそうです。

先生、お気遣い有難うございます！　結局息子は、フラフープをしている絵にしました。

（２０１６年1月1日発行　第１６４号）

弁護士のマネー・ボール

「マネー・ボール」というのは、野球の世界に革命をもたらした、ノンフィクションです。日米でベストセラーになったうえ、ブラッド・ピットの主演で映画にもなりましたから、見た方も多いでしょう。

野球はスポーツではなく、金銭ゲーム（マネー・ボール）になってしまったなんていわれてます。選手に支払う年俸は凄い金額です。アメリカの球団の場合、例えばヤンキースのような金持ち球団は、選手の年俸の総額は、１５０億円にも上るそうです。一方、貧乏球団ですと、せいぜい50億円程度しか支払えません。（これでも凄い金額ですけど……。ちなみに日本の場合、巨人の年俸総額が50億円以下です。）そうしますと、金持ち球団は、お金に任せて良い選手を沢山採用する一方、貧乏球団には良い選手が集まらなくなるはずです。そんな中で、お金をかけずに、貧乏球団に良い選手を入れて、強い球団としていく話です。

それまでの常識ですと、良いバッターは、ヒットやホームランを沢山打つ人ですよね。そういう選手は、非常に高く評価されて、高い年俸が支払われます。しかし、野球の試合に勝つためにどういう選手が大切かを改めて考えてみると、必ずしもヒットを打つ必要はないわけです。フォアボールを選んで出塁しても、勝利への貢献という意味では、ヒットを打つ選手と何ら変わりません。そこで、打率は必ずしも高くないが、フォアボールでの出塁率の良い選手を探すわけです。そういう選手は一般的には高く評価されていませんから、比較的安い年俸でとることができます。

例えば新人を選択するドラフトの場で、そういう観点で選手を選んでいくわけです。

投手の場合も同じようなことが言えます。良い身体をして、剛速球を投げるピッチャーは高く評価されています。一方、打ちにくい変則的な球を投げる投手は、何故か評価が低いわけです。さらには、痩せすぎだとか、太りすぎだとかといった理由があると、実力以下にしか評価してもらえません。そういう選手を、安い年俸で引っ張ってきます。このような手法で、貧乏球団を優勝争いに絡むくらい強くしていく話です。

これは野球の話しですけど、弁護士の場合にも同じようなことがあるのではと考えたのです。日本でもアメリカでも、法律事務所は良い若手弁護士を採用しようとします。特にアメリカでは、お金のある巨大法律事務所は、相当高いお金を払って、優秀な若手弁護士を採ります。しかし、その場合の選定基準は、「若くして優秀な成績で有名ロースクールを卒業した」とか、「弁護士としての押し出しが立派である」みたいなものになっているわけです。しかしこれでは、かつて球団が選手を選んだ基準と似たようなものでしょう。

「裁判に勝つ」という目的の為に、各弁護士に要求される能力は何なのかを、マネー・ボールと同じように考えれば、これまで見逃していたような弁護士を、ずっと安い値段で発掘できるかもしれないのです。

さらに考えますと、そもそも野球の場合に、「勝つ」ことを「最終目的」にして、選手を選ぶことが本当に正しかったのか、私など疑問に思えてきます。野球は、ファンあっての人気商売でしょう。それなら、人気を出すためにはどういった能力が必要なのか、その能力を持つ選手をどうやって選定するのかを考えることも必要かもしれません。同じように弁護士事務所でも、単に裁判に勝つというだけではなく、お客様に満足してもらえるという「最終目的」に向けて、一番適した弁護士を採用していきたいと思ったのです。

弁護士より一言

小学4年生の息子は、学校で友達と下品なネタを楽しんでいるみたいです。私はテレビを見ないんですが、息子のおかげで「安心してください。はいてますよ！」なんて覚えました！

その程度ならまだいいんですが、妻から「これ、レンジでチンしといて」などと言われると、ゲラゲラ笑って、「チンなんて、ママ、エロス！」とうるさいんです。

あ、アホか！ 我が息子ながら、将来が心配になってきたのでした……

（2016年1月16日発行　第165号）

その数学が弁護を決める

「その数学が戦略を決める」という、とても面白い本があります。エール大学の法学部の先生が書いた本なんですね。統計的な知識から、機械的に導き出される判断の方が、人間が経験に基づいてする判断よりも、遥かに正確だということを説明しています。

例えば、ワインの品質をどうやって予測するかという問題があります。数年後に熟成したときに、その年のワインがどれほどすぐれているのかを、ワインを作った時点で予測するわけです。普通の人間にはそんなことできませんよね。そこで、神的な能力や舌を持つという「専門家」がそれを行ってきたわけです。

ところが、これに対して統計学の学者が異議を申し立てます。ワインの質は、その年の気温や降雨量を簡単な数式に当てはめれば、予測できるというわけです。「専門家」たちはこれに対して、非常に強く反発します。「そんな単純なことで、神秘的なワインの質が分かってたまるか！」というわけです。ところが数年たって結果が分かったところ、「専門家」の「経験」による予測よりも、統計に基づいた簡単な数式による「予測」の方がはるかに正確だったというわけです。

この本には、こういう面白い話がたくさん載っています。臨床医の行う患者の診察などの例もあります。こちらも、幾つかの統計上重要なポイントだけ確認し、そこから機械的に判断した方が、人間の医師が「経験」に基づいて診断する場合よりも、遥かに誤診が少ないという結果が出ているということです。ほ、ホントですか！　もしそうなら、お医者さんよりもコンピューターに診断してもらう方が良いことになりそうです。

さらに面白いのは、米国の最高裁における判決予想の話しです。さすが法学部の先生が書いた本です。アメリカでも、重要な法律判断などは、最高裁判所で判断されます。そこで、複数の下級審判決が、最高裁で維持されるのか、否定されるのかを予測したそうです。統計的な情報から、下級審判決がリベラル的か等、簡単な情報を数式に入れて計算したものと、専門家たちによる判断とで競いました。結果は、数式による判断の圧勝だったということです。もしそうなら、「法律専門家」なんて、要らないじゃん！

しかしこうなってくると、そもそも裁判において、人間の裁判官が判断するのが良いのかという問題が出てこざるを得ないでしょう。今までは裁判官が、知識と経験に基づいて、裁判をしています。しかし、この本で書かれていることが正しいなら、裁判自体、一定の統計的根拠から、数式によって自動的に導き出すことが可能になるはずです。その方が、人間につきものの「偏見」や「思い込み」がないだけに、より正しい判断になってくるというわけです。ワインや病気の判断ができるなら、裁判での判断ができない理由はないでしょう。ということで、ハッと気が付きました、弁護士の仕事はどうなんだよ？

弁護士のところに法律相談に行く代わりに、一定の情報をパソコンに打ち込むと、より精度の高い回答が得られる時代は、もう目の前に来ているように思えます。一定の情報から、あなたに必要な証拠はこれとこれですと、コンピューターが指示までしてくれて、証拠集めのアドバイスや、興信所の紹介までするようになったときに、弁護士の役割として何が残るのか？

全ての「知的業務」に言えることですが、弁護士としても真剣に考える時代に来ているのかもしれません。

弁護士より一言

前回の「一言」で、小学生の息子が下ネタを大好きだと書いたところ、こんなコメントを頂きました。

大山先生も、「ちょっとだけよ～、あんたも好きね～」「うんこちんちん」「かとちゃん、ぺっ！」「コマネチ！」くらいは、自由に使いこなしていたのでは……。とのご指摘です。ご、誤解です。わ、私は自由に使いこなしてなどいなかったのです。か、軽くたしなむ程度だったんです。（なんのこっちゃ……）

ちなみに、私より20歳以上若い、事務所の若手弁護士達に聞いたら、みんなこれらの言葉を知ってました。こういう下ネタは、時代を超えて強いんですね！

（２０１６年2月1日発行　第１６６号）

弁護士の「友達」

前回のニュースレターで、コンピューターによる統計的・機械的な判断が発達すれば、弁護士などいらなくなるのではと書きました。書いていて、自分でも怖くなってきたんです。そんなわけで今後、弁護士として生き残っていくにはどうすれば良いのか、真剣に考えてみることにしました。

そこで思い出したのが、かつて話を伺った、司法書士のスゴイ先生です。

私は、活躍している人の話を聞かせてもらうのが趣味なんですね。その方は、私よりもはるかに若いのですが、事務所をとても大きくして、大活躍しています。

それでいてとても腰が低くて、私などにも非常に親切に、いろいろと教えてくれました。

その先生は司法書士になる前、いろいろな仕事をしていました。新聞の勧誘員もやったそうです。何となく、新聞勧誘員って、悪いイメージがありますよね。押し売りみたいにして、無理やり契約を取るといった感じです。ところが、その人は勧誘員としてトップの成績を収めたといいます。「一体どうすれば、そんなに契約してもらえるんですか?」と質問したときの、彼の回答に感動しました。「新聞を売ろうなんて考えるからダメなんですよ。家の人のところをこまめに回って、『友達』になれば良いんです。友達にさえなれば、新聞も取ってくれるし、お隣さんにも紹介して貰えますよ。」「私が弁護士なら、経営者の方をはじめ、多くの人と『友達』になりますね。それさえできれば、仕事なんか幾らでも来るはずです。」

これを聞いて、心から感動しました! それと同時に、「こんな凄い人が同業者でなくて本当に良かったな。」と、心からホッとしたのです。(な、情けない……)

何にしましても、コンピューターの統計的判断がいくら進化しても、人間の弁護士は依頼者の「友達」となることで乗り切れるなと思ったのです!と、ここで止めとけば良い話なんですが、私の場合無駄に教養？があるのです。「友達」と言いますと、安部公房の戯曲「友達」を思い出して、妄想が止まらなくなります。

1人暮らしの男の家に、3世代の大家族が、「友達」として乗り込んでいきます。「夜の都会は糸のちぎれた首飾り」なので、あちこちに飛び散った「孤独」な人間という玉を、家族という首飾りの糸に通して、「友達」にしてあげようという、「善意」の人たちです。無理やり押しかけてくる「友達」大家族の「善意」に押しつぶされた主人公が、最後に死んでいく話です。

私が生まれた頃に作られた戯曲ですが、傑作の名に相応しく、まだまだ古びていない気がします。

弁護士でも、同じような話を聞いたことがあります。

ある被疑者が逮捕されたんですが、冤罪の疑いがあると弁護士達は考えました。そこで、弁護士会の有志たちが何人も集まって、その人が「孤独」のあまり不当な捜査に屈しないよう様に、協力して毎日面会に行きました。ところが、その被疑者はあとから、「弁護士が毎日毎日押しかけてきて、本当に迷惑した。一人で静かにして欲しかったのに。」と言っていたそうです。

ある程度おせっかいじゃないと「友達」なんてできません。その一方、無理やりやってくる「友達」に対して「何度も来られて煩いなあ。」と思う人は相当数いるはずです。腰が引けていては「友達」になんかなれないが、やりすぎると安部公房の「友達」みたいになってしまう。これからの弁護士として、是非とも友達道（なんだそりゃ？）を極めたいと思ったのでした！

弁護士より一言

年をとればとるほど、新しい「友達」をつくるのは難しくなりますよね。そこで、寮生活している中学2年の娘に、メル友になってもらいました。

「元気に出発した？ 帰ったら、カラオケ大会しようね！」「切なく出発しました。」「カラオケ、練習しとくよ。」「それじゃこっちも練習しとくよ。」「勝負だね！」「パパの歌、本当に面白いよね。」「パパの顔には負けるでしょ！」「今電車の中だから、笑わせないでよ。」「笑う華道は服を着るだよ！」「なにそれ？」

あとどれだけ娘とメル友でいられるのだろうかと、少ししんみりしているのです。

（２０１６年2月16日発行　第１６７号）

イケメン弁護士の代筆

フランスの男優が、一度は演じてみたい役は、シラノ・ド・ベルジュラックだと聞いたことがあります。

あの、「鼻」のシラノです。いまさら粗筋を書くのも気が引けますが、長々と書かせてもらいます。

舞台は17世紀のフランスです。シラノは、ガスコン青年隊に属する武将です。武勇に優れるだけではなく、詩人としても偉大な才能を持っています。人の心を動かす文章を作れます。しかし、シラノは非常に醜い鼻をしていることから、自分の容姿にコンプレックスを抱いています。

そのため、ロクサアヌという従妹に、自分の想いを伝えることができません。自分の同僚のイケメンもロクサアヌに恋していると知ったシラノは、彼の為に一肌脱ごうと決意します。このイケメンは、心を動かす恋文を作ったりするのは得意ではない。話しても、シラノのように機知のある面白い話はできないという設定になっています。なんか、イケメンに対する悪意を感じますね。そこで、シラノが恋文を代筆し、ロクサアヌとの会話も隠れてやってあげます。ロクサアヌは、イケメンなだけではなく、素晴らしい文章を書ける相手を好きになります。ただ、イケメンが自分の言葉で書いたり話したりすると、「いったい今日はどうしたのですか？」と、冷たくなるんですが……

シラノの活躍で二人は結婚しますが、その直後に、シラノもイケメンも戦場に送られてしまい、イケメンの方はそこで戦死してしまう。彼が死んだことに負い目を感じ、シラノは自分の恋は永遠に隠していこうと決意します。残されたロクサアヌは、最後に貰った恋文を宝物として、修道院に入ってしまいます。

それから15年間、週に1回の面会日にシラノは必ず訪ねてきて、ロクサアヌに1週間の出来事を面白く話をしてあげます。そんな中、正義感が強いシラノは、作らなくてもいい敵を作り、闇討ちに会います。自分の死期を悟ったシラノは、最後に修道院を訪ねると、ロクサアヌに宝物の恋文を見せてくれと頼みます。そして、かつて自分が作り、自分が代読し、一字一句覚えている恋文を口にします。この劇一番の見せ場ですね。辺りは既に真っ暗で、文字を読める状態ではない。それなのに、手紙を読むシラノを見て、その声を聴いて、ロクサアヌは全てを理解します。この、最後の場面のシラノが、またカッコ良いんです。「なぜ言ってくれなかったのですか?」と聞くロクサアヌに、「男にはもっと大切なものがある!」なんてことを言います。「それは、私の羽飾り(心意気!)」私も死ぬ前に一度は言ってみたいセリフです。と、長々と書いてきましたが、考えてみますと弁護士も、依頼者のために文章を書いて、法廷で代わりに発言する仕事です。シラノと共通点があるじゃないですか。(ほんまかいな!)

裁判では、当事者や証人の経験したことを、「陳述書」という形で、予め文書にして提出します。依頼者の話しを聞いて、言わない方が良いことは伏せておいて、余分なことは省き、説得力が出るようにして、弁護士が陳述書を代筆するのが普通です。陳述書を出した後に法廷で証人尋問が行われます。ところが、証人の中には、聞かれてもいないのに自分に不利なことをわざわざ話す人もいるのです。本当は、シラノみたいに、私が代わりに法廷で質問に答えてあげたいんですが、それは無理ですね。せめて、シラノが恋文を書いたように、依頼者の為に思いを込めて文書を代筆しようと決意したのでした。それが私の、「羽飾り」です！

弁護士より一言

先日、美容業の方から面白い話を聞きました。スタッフにイケメンを揃えると、女性客が明らかに増えるんだそうです。（ちなみに男性の場合は、美女を揃えても、長期的には来客数は変わらないそうです。）

これを聞いて、心底後悔したのです……。うちの事務所でも、イケメン弁護士を入れるべきだった！うちは現在、弁護士5名でやっていますが、イケメンと言えるのは、私一人だけなんです！（おいおい。）

次回からはイケメンを採用しますので、女性のお客様のご贔屓のほど、よろしくお願い申し上げます！

（2016年3月1日発行　第168号）

弁護士の千夜一夜

有名な千夜一夜物語を説明するのも気が引けますが、アラビアの王様の話しですね。名君だった王様が戦争から帰ると、王妃が沢山の男たちと浮気をしていることを知ります。絶望して家出した王様は、美女を引き連れた、魔人に出会います。天地を割るほどの魔人の力に王様は腰を抜かしまが、魔人が昼寝を始めると、美女は王様を誘惑し始めます。「ああ、こんなにも凄い力を持つ魔人でも、女には裏切られるんだ！」と悟った王様は、国に取って返すと王妃と男たちを皆殺しにします。その後、毎晩一夜を共にした生娘を、翌朝殺し続けるんですね。

そんな中、大臣の娘シェエラザードが志願して王のもとに行くところから、千夜一夜物語は始まります。シェエラザードは毎晩王様に、とても面白い話をします。さらには、翌日に期待を持たせるようにして話を終えるものですから、続きを知りたい王様は、シェエラザードを殺せないわけです。

千夜一夜物語には、「船乗りシンドバッドの冒険」みたいな超有名な話が沢山ありますが、それ以外にも面白い話がてんこ盛りです。例えば私の好きな話には、こんなのがあります。（記憶で書くので、少し違うかもしれませんが。）

まだ若い男たちが、何もしないでぼーっとして過ごしているところに、主人公がやってきます。主人公は、それらの男たちが、何だってぼーっとしているだけなのか疑問に思い、謎を探るうちにある館にたどり着きます。そこには31の部屋があり、各部屋には凄い美女がいて、毎晩一部屋ずつ訪れることができますが、最後の31番目の部屋にだけは、絶対に入ってはいけないと言われます。各部屋の、さまざまな美女たちと過ごすのはとても楽しいのですが、主人公は好奇心を抑えられなくなるのです。まあ、私でもきっとそうなりますね。そこで、31番目の部屋を開けると、沢山の男たちがぼーっとしている場所に飛ばされてしまうのです。主人公も、他の男たちと一緒に、ぼーっとして過ごすことになるという話しです。なかなか深い！（まあ、他人事だと思うと、「次いけよ。次！」と言いたくなりますが。）

私が7年前にニュースレターを始めたきっかけは、それまで顧問先との関係が、十分にとれていなかったと反省したことです。面白いニュースレターを送り続ければ、顧問弁護士として長く皆さまとの関係強化ができるのではと考えたのです。その意味では、王様との関係強化のために夜話を始めたシェエラザードと同じですね。

シェエラザードも、中には手を抜いたとしか思えない話があります。よくこれで殺されなかったなと思いますが、それまでの面白い話への信頼があったのでしょう。まず信頼を作れば、その後少しくらい失敗しても大丈夫というのは、弁護士としても非常に大切な教訓だと理解しました。（おいおい！）

シェエラザードは、翌日に話をつなげるのがとてもうまいのです。一つの話しが終わると、「今回の魔人の話しは、明日の3つの林檎話しに比べると、全然大したことありませんわ。」なんて言います。（それを聞いて、翌日を楽しみにする王様も、ちょっとチョロイ気がします。そんなんだから、王妃にも裏切られたのではと、余計なことを言いたくなります……）

ということで、次回4月1日号のニュースレター「弁護士のエイプリルフール」は、これまでのニュースレターより、数倍面白いんです！　お楽しみに。

弁護士より一言

本日が、私の53歳の誕生日です。46歳の誕生日に、ニュースレターを始めましたので、まるまる7年間続けてきたことになります。ようやく169号までできました。ここまで来たら、シェエラザードを見習って、1001号まで続けようと決意したのです。

1001号を出せるのは、あと35年後で、生きていれば私は88歳の米寿です。そのときには、盛大なパーティーをやりますから、こちらもお楽しみに！

（2016年3月16日発行　第169号）

弁護士のエイプリルフール

本日はエイプリルフールということで、虚実混ぜ合わせたニュースレターです。嘘だと思ったところで、「ダウト！」と叫んでください。

私は刑事事件を多数やっていますが、最近の科学的な捜査は本当に凄いと実感しています。痴漢事件の場合のDNA鑑定なんて、すさまじい威力です。手で相手の身体に触ったような場合、身体に残された組織片からDNA鑑定すれば、直ぐに犯人を特定できます。

さらに、ビデオの活用がすごいんですね。駅やデパートはもちろん、ちょっとした交差点などにもビデオが設置されています。通り魔的な犯行など、昔はなかなか証拠が集められなかったのですが、最近はビデオを確認することで、一発で犯人が分かってしまいます。

私の担当した事件で、警察が道路沿いにあるマンションのビデオに映っている犯人を割り出したこともありました。そこまでやるんだと、怖くなったのです。

ビデオではなく、特殊なガラスを使って、過去の事実を再現することも研究されているそうでそうです。ガラスに入った光が、反対側から出るまでに、例えば5年かかるガラスを作ったとします。そうしますと、そのガラスから見えるものは、5年前の景色ということになります。5年たった後に、このガラスを通して「見る」と、5年前の事実が分かるわけです。こんなのが実用化されますと、ガラスのあるところでは怖くて、犯罪なんてできませんよね。これによって、防犯効果も期待できるということでした。

しかし科学者によりますと、過去を見るのには、こんな特殊ガラスは要らないそうです。「見る」というのは、光が目に入ることです。例えば、1光年離れた星を現在見るとしたら、それは1年前の光を見ているわけです。つまり、1年前の光景を見ていることになります。そうしますと、地球から1光年離れたところに行って、地球を見た場合は、1年前の地球のありさまが、目に入ることになるということです。分かったような、分からないような……

そうしますと、1光年離れたところに瞬間的に移動できれば、1年前に地球で起こったことを、はっきりと「見る」ことができるんだそうです。将来的には、こうやって集めた証拠で、犯罪が暴かれることになるのかもしれません。（ほんとかよ！）

さすがに宇宙で瞬間的に移動できるようになるのは、どれだけ先の話しかわかりません。しかし、もっと現実的な研究も進んでいると、先日読んだ本に書いてありました。ものを見るというのは、対象物にあたって、反射してきた分の光を見るということですよね。対象物にあたった際に、光の中のある要素は、その対象物に吸収されて、残りが反射されます。反射される光の部分は、物によって違いますから、それぞれのものは違った色に見えます。それによって人間は、物事を認識することができるわけです。そうだとすると、それぞれの対象物の中には、吸収された光の要素が入っていることになります。それらを取り出して、光全体の要素から引き算すると、反射した分の光が分かります。それを再現すれば、そこで何が起こったのかが「見える」ようになるんだそうです。

こんなことが本当に実現したら、弁護士が「無罪」を争うなんて、ほとんど不可能になってしまいそうです。弁護士として、科学の進歩についていくだけでも大変だなあと感じています。（情けない……）

弁護士より一言

子供達に算数の勉強を教えました。1枚の紙を2つに折ります。

さらにそれを2つに折ってと、折り続けていきます。そうすると、43回ほど折り続ければ、紙の厚さが月まで届くという有名な話しです。

ところがうちの子供達は、私がいつも適当な嘘でからかうものですから、「またまた、パパったら、月まで届くわけないじゃん。」なんて言います。「月まで絶対に届く！」と私も大人げなくムキになってしまったのです。「そんなに熱くなっちゃって。パパって、どんだけ月が好きなの？」こ、こいつらぁ……

（2016年4月1日　第170号）

弁護士の9マイル

「九マイルは遠すぎる」というのは、今から70年ほど前に作られた、推理小説の古典です。

いまだに、文庫本で読むことができる、名作です。ふと漏れ聞いた、道行く人の会話から、殺人事件を解決する話です。

「9マイルも歩くのは大変だ。雨の中ならなおさらだ。」というのが、漏れ聞いた言葉です。「こんな言葉から、一体何をどう推理するんだよ？」と思いますよね。私もそう思いました。でも、推理できちゃうのです！

「9マイル」というのは、14キロほどです。常識的には、歩く距離ではないでしょう。タクシーや、電車やバスを使う距離です。それなのに、雨の日にわざわざ歩かないといけない。これはおかしいだろうと、推理していきます。

交通機関が使えない時間帯（真夜中から朝早い時間帯でしょう）に、雨の中、何が何でもいく必要のある用事がある人の言葉に違いないということです。

次に、「9」マイルというところにも着目します。通常は、正確な距離など、気にしない方が普通ですよね。そうであれば、「9」マイルと言わずに、丸い数字で「10」マイルと言うはずだと推理が続きます。うーん、そんな気もしないでもない。「9」マイルというからには、明確に距離を調べたはずだとのことです。そして、このように距離を明確にするのは、市役所や駅といった公共の場所に、どこかから行く場合だと推理します。公共の場所から、誰かの自宅などに行く場合には、そんなに明確な距離は考えないだろうということです。うーん。ホンマかいな……

こんな風に推理を続けて、朝早い時間に、駅に電車が到着するが、その駅からちょうど9マイル離れたところにホテルがあると判明します。そのホテルに宿泊している人が、誰にも気付かれずに、歩いて行ったに違いないと、さらに推理が続くのです。

そこで調べると、その電車内で、殺人事件が起こったと判明します。おいおい、これは「推理」じゃなくて「妄想」だろうと、突っ込みを入れたくもなります。でも、面白い！

弁護士というのは、「言葉」で勝負する仕事です。ちょっとした言葉をとらえて、依頼者の為に何か使えないかと、常に考えることが大切です。そんなわけで、私も街行く人の言葉に耳を澄ませるようにしています。

少し前に、制服の女子高生達とすれ違ったときに、「本当に嫌だよ。デブなだけでなくて、ハゲだよ。」という言葉が聞こえました。思わず「私のことか？」と心配しちゃいましたが、たぶん違います。（と、思いたいです……）推理しようかなと思いましたが、あんまり良さそうな話でないのでやめました。

スーツを着た二人連れの男性の言葉を漏れ聞いたこともあります。「やはりカレーか。キーマカレーなら味付けは？」これは悩みました。「カ、カレーに毒を入れて、殺人事件をたくらんでいるのでは？」と、警察に通報しようか3日ほど悩んだのです！　あんまりアホなことばかり書くと、顧問先の皆様に見捨てられそうなので、このくらいにします。

ただ、弁護士の仕事では、相手方が不用意に漏らした言葉から推理することは、大切なことです。和解の席などで、相手方がどの程度まで譲歩するつもりがあるのかなど、大切な情報をつかむことができたりします。

その一方、私もそうですが、多くの弁護士が、事件のことを話しながら歩くことなどよくあります。ついつい夢中になってしまい、「9マイル歩くのは大変だ」みたいな重要情報を垂れ流しにしているかもしれないのです。お客様の為に、本当に小さなことにも神経を張り巡らせる弁護士になりたいものです。

弁護士より一言

中学生の娘からの質問です。「角度のマイナスって、どういう意味か分からない。」とのことでした。そこで、「こうやってお辞儀するのが30度だろ。」と、実演したんです。「お辞儀するどころか、こうやってふんぞり返ると、マイナス5度になるじゃないか！」

すると娘が言いました。「そうか！　マイナスって、パパがいつもすることなんだね。」そ、そうじゃないだろう！　でも、娘にそう思われていたなんて、反省します。

（2016年4月16日発行　第171号）

親鸞のマーケティング

宗教って、本当に凄いなと、以前から感心していたのです。新興宗教なんて、世間的には怪しく思われますよね。そんな怪しげな「信仰」を、多くの人に売り込んでいくわけです。なんでこんなのに、信者達はお金出すんだよ!と呆れかえる一方、謙虚に学ばないといけないなとも思ったのです。

今から9年前に、顧客が一人もいない中で独立開業したときに、「キリストも親鸞聖人も、始めたときは信者なんか一人もいなかったんだから、自分も頑張らねば!」と思ったものです。親鸞といえば、ただひたすら「南無阿弥陀仏」と唱えればよいと教えた、大宗教家・大思想家です。

私も、「親鸞は日本の思想界で5本の指に入るスゴイ人だ!」と信じています。特権階級御用達の仏教を、文字も読めない人たちに広めた偉人です。

そんな親鸞の、一番有名な言葉がこれです。

「善人なおもて往生をとぐ。いわんや悪人をや。」

善人でも極楽に行けるのだから、まして悪人なら極楽往生間違いなしという意味です。有名でもある一方、議論を巻き起こした言葉です。

「悪人の方が往生できるなんておかしいだろう。」「それなら、もっともっと悪いことした方が得だよな!」なんて、沢山の人に言われてきたのです。

それに対して、多くの学者や宗教家がこの言葉の「真実」の深い意味を解説しています。私もそれら解説をかなり読みましたが、正直言いまして、一つとして納得できるものはありませんでした。私の意見では、これは「宣伝用」「マーケティング用」の言葉なんです。だから、逆説的で、キャッチーです。「何だこれは?」と、思わず目を引かれます。

マーケティングでは、「あなたのお客さんはどういう人ですか?」「そういう人たちに売れる商品は何ですか?」を考えるのが基本だそうです。親鸞聖人の言葉は、「自分は悪人だから、救われる価値なんかない。」と、真剣に悩んでいる人達にあてたメッセージです。

自信たっぷりに、「私は絶対の善人だから、極楽行きは確実です!」なんて思っている人は、親鸞の「お客さん」になるわけないです。自分を悪人だと思ってる人に、「大丈夫!」「あなた達こそ極楽に行けるよ。」という「商品」を販売したのが、親鸞の言葉だと信じています。

この言葉に、変に深い意味を持たせようというのは、例えば建築業者の「家は買わないでください。」というキャッチーな宣伝文句に、哲学的意味を持たせるくらい滑稽なことに思えます。

「あの言葉は親鸞のキャッチコピーだ。」と誰も言いだせなかったのは、宗教家をはじめ多くの人の心に広告やマーケティングで何かを売り込むのは、恥ずしいことだという気持ちがあるからだと思うのです。

「親鸞聖人がそんな卑しいことをされるはずがない!」というわけです。でもそれっておかしいでしょう。自分の「思想」や「商品」を、本当良いものだと信じているなら、それを多くの人に使って貰うためにに、できる限りのことをするのは、当たり前のことだと思います。

弁護士の世界でも、まったく同じようなことがあります。広告宣伝や、マーケティングに力を入れている弁護士を、一段低く見るような風潮です。「自分は良心的な弁護士だから、顧客が来なくとも宣伝などできない!」と、公言している弁護士先生は相当数いるのです。

しかし私は、自分が弁護士として提供するサービスを、本当に良いものだと確信しています。自分のサービスを多くのお客様に知って貰うために、できる限りのことをしたいのです!

「親鸞、なおもてマーケティングする。いわんや弁護士をや。」

弁護士より一言

4月から高校生になった長女が、小学5年生の息子の算数を見てくれています。ところが、娘の方も分からなくなって、「パパ、教えてあげてよ。」なんて言ってきました。
「しょうがないな。小学生の算数が分からないのかよ。」なんて言いながら、やってみたんですが、ちっともわからない。だ、誰だよ？　こんな難しい問題を小学生に出す奴は！
「今度、塾の先生に聞いたら、パパにも教えてあげるね。」と息子に言われました。ううう……

（２０１６年５月１日発行　第１７２号）

弁護士のキャッチコピー

前号で、親鸞聖人のお言葉（善人なおもて往生をとぐ。いわんや悪人をや。）はキャッチコピーだという話を書きました。キャッチコピーの場合、理詰めで内容を追及されると、おかしなところが出てきます。しかし、自分の一番伝えたいポイントを、一番伝えたい人に届けることができるんです！

例えば、山本常朝大先生の「葉隠」の、この言葉です。

「武士道と云ふは、死ぬ事と見つけたり。」

理詰めで考えれば、確かに変な言葉です。「すぐに諦めて、自殺するのが武士かよ？」「犬死にするが武士かよ！」なんて批判されることになります。しかし、３００年前の武士達も、現代の私達も、９割の多数派は、なんだかんだ理屈を述べて、頑張るべきときに頑張らない人達なんです。

そういう多数派の人達に向けて、「いつやるの？今でしょう！」「今、死ぬつもりでやってみろよ！」と突き付けたのが、常朝の言葉のはずです。（と、分かっていても私なんか、何だかんだ理屈をつけて、さぼってばかりですけど……）

考えてみますと、本の題名なんか、まさにキャッチコピーです。一冊の本には、様々な内容が入っています。それを、「正確」に表現する題名をつけようなんてしてはダメです。当たり障りのない、詰まらない題名になってしまいます。その本を読んで貰いたい読者に向けて、一番心に残る内容を「題名」とするわけです。

10年程前に、「負け犬の遠吠え」なんて本がベストセラーになりましたよね。高齢未婚女性の生活を面白おかしく書いた本です。この本について、内容を「正確に」反映させた題名にしようなんて考えると、こんな感じになります。

「都市部における高学歴・高収入・高齢未婚女性の生活と意見」

こ、これじゃ、学術論文みたいです。ベストセラーにはなりませんね！　しかし、弁護士の場合、「正確」が大好きな人が多数派です。理詰めで突っ込まれるような文章は、間違っても書きたくないという人達なんです。確かに、裁判所などに提出する文章なら、それも一理あるでしょう。しかし、世間の人に訴えるべき文章も、「正確」にするために、長々と説明したうえ、それでも足りずに「脚注」までつけちゃう人が沢山います。「誰」に向けて「何」を伝えたいのかという、目的意識がそもそもないとしか思えないんです。

私は、15年程サラリーマンをしてから、弁護士になりました。それだけに、弁護士という人たちが、世間の常識から外れているように思えたのです。そんな私が、独立開業以来、座右の銘とし、若手弁護士にも勧めている、自作？のキャッチコピーがこれです。

「弁護士と云ふは、サービス業と見つけたり！」

これに対して、「弁護士の社会的な意義を分かっていない！」なんて批判されても困るんです。お客様からお金を頂いているのに、お客様に対してまだまだ配慮が足りない9割の弁護士（私も含めて）に対しては、とても役に立つキャッチコピーだと信じています！

このニュースレターの題名を「企業の常識　弁護士の非常識」としたのも、同じような問題意識からです。会社勤務のときに学んだ「企業の常識」と比べて、多くの弁護士達の考えは「非常識」としか思えませんでした。「企業の常識」の立場から、「弁護士の非常識」は正しかった！　そうは言いましても、現実のニュースレターの内容はそんな凄いものじゃなくて、弁護士生活について、当たり障りなく書いてるだけです。これじゃ、題名を変えた方が良さそうですね。

「負け犬弁護士の遠吠え」なんてどうでしょうか?

弁護士より一言

先日、中学三年生の娘から、いきなり聞かれました。「パパは生きていて、何が楽しいの?」い、いきなりそんな質問ですか。ううう……。考えてみたところ私の正直な回答は、「仕事が早く終わったときに、『世間の人はまだ働いているな!』と思いながら、ビールを飲むこと!」だと、思い至ったのです。

しかし娘には「事件がうまく解決して、お客様の笑顔を見ることだよ。」と答えておきました。

(2016年5月16日　第173号)

弁護士の99・9

最近、弁護士を主人公にしたドラマやアニメが沢山あると、子供たちが教えてくれました。私も、ちょっと見てみましたが、なかなか面白いのです。

「グッドパートナー」というドラマは、竹ノ内豊が演じる弁護士が、元妻の同僚と張り合いながら事件を解決していくストーリーです。主人公は、結構えげつないやり方で、「勝利」していくんですね。例えば相手方がタイムチャージの高い一流法律事務所を使用しているときには、わざと争点を拡大し、裁判を引き延ばして、相手方が弁護士費用の負担に耐えられなくなるのを待って、和解で解決するのです。(う、うちの事務所の弁護士費用は合理的お値段ですよ!)

そんなことをしていると、「弁護士のくせに!」と批判されたりします。すると、おもむろに弁護士バッジをはずして、「では、弁護士ではなく、一人の人間として言わせていただきます。」と開き直ります。これって、私もやってみたいんです。弁護士費用を請求するときなんかに使うといいですね。「では、弁護士としてではなく、ひとりの人間として請求させてもらいます！」（あ、あほか……）

逆転裁判というアニメも、子供がよく見ています。裁判の途中で弁護士が、何度も威勢よく「異議あり！」と叫ぶんです。子供たちに「パパも裁判のときには、『異議あり!!』って叫ぶんだよね。カッコいいな。」なんて言われちゃいました。私の場合、刑事の裁判は、相当数やっていますが、まだ一度しか「異議あり！」なんて叫んだことないんです。ううう……

そして、松本潤主演の、「99・9―刑事専門弁護士―」です。日本の刑事裁判では、ひとたび起訴されると、99・9％の確率で有罪とされるわけです。そんな中で、残りの0・1％の無罪の可能性を追求する弁護士達の話です。このドラマの弁護士達は、本当に凄いんです。依頼者の無罪を証明するために、日本中を飛び回り、沢山の人達から直接話を聞きます。私みたいな零細事務所の経営者ですと、「そんなことしていたら、とてもじゃないけど経営が成り立たないだろうと！」と心配になってしまいます。ということは、どうでもいいのです。（だったら長々と書くなよ！）

本日私が指摘したかったのは、日本の刑事裁判で、起訴されると99・9％有罪となることの「意味」です。これについて多くの弁護士達が、「日本の裁判官は人権意識が低くて、国家権力の方に味方しているからだ。」なんて言っています。でも、それっておかしいだろうと、私は前々から思っていました。常識としてもおかしいし、私の弁護士としての経験から考えてもおかしいのです。常識で考えた場合、例えば受験生のうち99・9％が有名大学に合格する高校があったとしますよね。

その理由として、試験官がその高校をひいきしていると考える人はまずいないでしょう。常識的な回答は、「その高校では、99・9％合格確実な生徒しか、有名大学への受験を許さないからだ。」と推理するはずです。刑事裁判で有罪率が99・9%だというのも、基本的には同じ理由なんです。確実に有罪だと思える事件しか、日本の検察は起訴しないのです。私は刑事弁護を沢山やっていますから、これまでに相当数、「え、この事件を起訴しないの?」と驚いた記憶があります。弁護士としては、ある意味嬉しいことです。

しかし、「ひとりの人間」としてみた場合、「絶対に有罪の自信がなければ起訴しない!」という現状が本当に良いのか、疑問に思えてくるのでした。

弁護士より一言

小学校5年生の息子は、下ネタが大好きだと、少し前に書きました。先日、息子のお友達が沢山遊びに来ました。

「運賃」「沈没」「うんちく」なんて言葉で直ぐに反応します。大人は気づかないところで、みんなでゲラゲラ笑うんです。妻が、「みんな、ウンとチンが本当に大好きね!」と言ったところ「異議なし!」とみんな本当に楽しそうです。

「異議あり!」と、よっぽど叫んでやろうと思ったのでした……

(2016年6月1日発行　第174号)

弁護士の三楽

メーテルリンクに「青い鳥」ってありますよね。幸福の青い鳥を探して、チルチルとミチルの兄妹が旅をする話です。幸福を見つけるのに、どこを探すのかが問題になりますが、2人がまず訪問したのは「思い出の国」です。さすがいいとこついてます。

思い出の国には、死んだ祖父母など、懐かしい人達がいました。後ろ向きかもしれませんが、確かに幸福は、思い出の中にあるような気もします。ところが、思い出の国で捕まえた青い鳥は、この国を出たら死んでしまう。なんかすごく深い話です!　私が一番印象に残ったのは、ずばり「幸福の国」での

「青い鳥」探しです。幸福の国では、でっぷりと太った気のいい人たちが沢山住んでいて、チルチルとミチルに沢山の「幸福」について教えます。たとえば、「お腹が一杯なのに食べる幸福」とか「欲しくもないものを買う幸福」みたいなものです。思わず笑ってしまう一方、あまりに自分の事を言われているようで、怖くなったのでした。ううう……

幸福と言いますと、孟子大先生の「三楽」が有名です。君子には、3つの楽しみがあるそうですが、何か分かりますか?「飲む・打つ・買う」じゃないだろうし、「お腹が一杯なのに食べること」でもないだろうなと推理はできます。(あ、あほか!)

1つ目は、両親と兄弟が元気でいることだそうです。なぜ、妻子じゃなくて、両親と兄弟なのかはわかりませんが、家族が健康で、仲良く暮らすのは、何よりの幸せですね。文句のつけようがありません。

2つ目は、天にも人にも恥じるような行いをしないことだそうです。漫画を買った費用や、家族で「ホテル三日月」に遊びに行った費用を、政治資金から出しちゃいけないんですね。なんて、他人のことをあげつらう前に、わ、私も身を慎みます。

そして3つ目の楽しみですが、「才能ある若者を集めて、教育すること」だそうです。子供の頃、これを読んだときは、正直なんのことかよく分かりませんでした。しかし、50歳をいくつも超えた今になると、とてもよく分かります。優秀な若者に自分の知識や経験を教えて、砂に水が染み込むように成長する姿を見るのは、本当に楽しいことです!

孟子先生は、「君子の三楽」についてとても良いことを言っていますが、楽しみを言うたびに、「しかして天下に王たるは、与り存せぬなり」と何度も繰り返します。王様になるのは、君子の楽しみではないと、しつこいんです。本当は孟子先生、天下の王に成りたくてしょうがなかったのではなんて批判されています。

ということで、「弁護士の三楽」です。

まずは、妻子を始め、家族みんなが元気で楽しく暮らしていくのが一楽です！ 特に異論はないでしょう。

2番目の楽しみは、お客様がうちの事務所を信頼して事件を依頼し、その結果、安心し満足してくれることです。まさに、弁護士冥利に尽きる楽しみです。

そして、3番目の楽しみですが、もちろん「お腹が一杯なのに食べること」ではありません。優秀な若手弁護士を育てることです！ もっとも最近の若手は、法律家としてはとても優秀で、私に教えられることはないんです。（な、情けない。）ただ一つのことだけを、若手に教え続けています。「お客様の立場にたって、お客様の為に活動する弁護士になって下さい！」

最後に孟子大先生に倣って、カッコよく言わせてもらいましょう。

「弁護士に三楽あり。しかして、お腹が一杯なのに食べることは与り存せぬなり！」

弁護士より一言

小学5年生の息子が、泊まりがけで学校の遠足に行くんだと、はしゃいでいました。夕食はバイキングだそうで、「元祖！ 手作り唐揚げ」「大人気♪屋台風！ 鉄板塩焼きそば」といった魅力的なメニューが沢山あるんだと、メニュー表を見せてくれました。あれ、こんなこと前にもあったなと思い、去年の今頃のニュースレターを見てみたら、やはり泊まりがけの遠足で、全く同じように息子がはしゃいでいたことが書いてありました。砂に水が染み込むように成長する姿を見たいのに、1年たって何も変わっていない！ 少し残念なような、それでいてホッとしたような……

（2016年6月16日発行　第175号）

6人の怒れる裁判員（1）

「12人の怒れる男」は、60年ほど前の米国映画です。

アメリカの陪審裁判を扱った映画で、12人の陪審員達が、1つの部屋の中で話し合うだけの内容です。しかし、今でも多くの人に見られています。アメリカでは、一般市民から選ばれた12人の陪審員が、裁判で大きな役割を果たします。陪審員が無罪と言ったら、その事件は無罪となるのです。

この映画では、悪名高い不良少年が、自分の父親を殺したということで、裁判になります。多くの証拠（殺人が起こる前に不良少年が、父親に向かって「殺してやる！」と叫んでいたという多数の証言等）から、少年の有罪は間違いないだろうという状況です。多くの陪審員は、こんなこと早く終わらせて、ナイターを見に行きたいなんて思っているんです。確かにその気持ちも、分かります……

そんな中、名優ヘンリー・フォンダ演じる陪審員が、「人の一生を左右するのに、そんなに適当に考えてはダメだろう！」と、問題提起をします。安易に「空気」を読まずに、自分が正しいと思うことをしっかりと主張します。（わ、私も見習います！）　最初は皆うんざりしていますが、ヘンリー・フォンダの熱意に動かされて、少しずつ、事件を本気に考えようという雰囲気になっていきます。真剣に考えてみると、不良少年が父親を殺したという決定的な証拠は、隣のアパートから事件を目撃したという、お婆さんの証言しかないことに気が付きます。そのお婆さんの証言自体、よく考えてみれば、かなり曖昧なものだったのです。そんなわけで、陪審員は少年を無罪にします。一人の陪審員の熱意で、無実の少年を救った、アメリカの陪審制の宣伝みたいな、すごい映画なんです！

子供のころにこの映画を見て、私も本当に感動しました。その一方、何かおかしな気がしたのも事実です。この映画では「不良少年」の映像が出るんですが、それが子供っぽい、弱弱しい感じの子で、とても不良少年に見えないんです。映画を見た後知りました。アメリカの裁判で無実を主張する被告人の場合、大人びた顔の人に比べて、童顔の人の場合、2倍以上高い確率で無罪となるそうです。そんなこと聞いちゃうと、ヘンリー・フォンダの映画の場合も、被告人の外見が凶悪だったら、みんなそれほど肩入れしなかったかもしれないな、なんて考えてしまいました……

ということで、数年前に導入された、日本の裁判員制度の話です。一般市民から選ばれますけれど、アメリカの陪審員と違って、6名です。米国では陪審員だけで評議しますが、日本の裁判員は、3名の裁判官と一緒になって、事件の有罪無罪、有罪の場合にはどの程度の刑罰が妥当かなどを、決めていきます。裁判員制度が導入されたとき、私は軽い気持ちでいました。本当は、「別に何も変わらないだろう。」と思っていただけに、本当にびっくりしました。

例えば、性犯罪です。強姦だとか、強制わいせつをして、女性にケガをさせたような事件ですね。刑事事件を沢山やってきている私の実感では、刑罰が1.5倍は重くなったと感じています。以前は執行猶予がついて、刑務所に行かないで済んだ事件でも、裁判員たちは刑務所に入れちゃうんですね。これって、マスコミなどでも報道されてませんけど、本当の話です。

一方、性犯罪の裁判で、裁判員に感動したこともあります。裁判の中で被告人に、今後性犯罪を起こさないためにどうするかなんて質問します。「運動します」とか、「人の気持ちが分かる人間になります」なんて被告人も答えるわけです。ところが、ある裁判員が質問したんです。「風俗に行こうとは思わないんですか?」ええー、そこを聞きますか? プロの法曹は、思っていても、遠慮して中々聞けません。「裁判員恐るべし!」次回に続きます。

弁護士より一言

くだらないニュースレターですが、月2回書くのに、無い知恵絞って、本当に苦しんでいます。そんな私を見て、中学3年生の娘が言いました。

「何が大変なの? パパのニュースレターなんて、

書くの簡単でしょう。」「何でもいいから適当に書いて、その中に『ううう……』『あ、あほか!』と入れさえすれば、パパのニュースレターになるじゃん!」あ、あほか!

実の娘に、こんなこと言われるなんて。ううう……

（2016年7月1日発行　第176号）

6人の怒れる裁判員（2）

「普通の人達である裁判員に、ちゃんとした裁判なんかできるはずがない。」なんて言う弁護士は沢山います。正直私も、疑問に思っていました。

アメリカのミュージカルに「オクラホマ」ってありますよね。軽快な音楽は、みんな知っているはずです。両想いの恋人がいる女性に横恋慕し、ストーカーとなった男の話です。その男ともみ合う中で、恋人は男を殺してしまいます。しかし、その場で「陪審裁判」が行われ、満場一致で恋人は無罪となり、そのまま新婚旅行にでかけるという、凄い話です!さすがにこれを見て私も、「こんなに簡単に陪審裁判で無罪にしちゃって良いんかいな?」と心配になった一方、一般市民の意思が、ストレートに反映される制度というのは、魅力的にも思えました。

民衆による裁判ということで、一番有名なのは、「ソクラテスの弁明」ですね。戦争に負けて、人心が荒んでいるアテネが舞台です。若者を堕落させたという罪で、ソクラテスが裁判にかけられます。500人の一般市民によって裁かれるわけです。その裁判でのソクラテスの弁明を、弟子のプラトンが感動的に記録しています。ソクラテスの時代にも、弁護を担当するプロがいて、そういう人達は、市民の同情をひくようにしなさいなんて、ソクラテスに助言をします。これって、現代の弁護士も、というより、私自身よくやります。裁判になると、とりあえず被告人に「最近結婚したとか、子供が生まれたとか、祖父母が病気で先がないとか、そんな事情があったら教えてください!」なんてお願いするのです。（おいおい……）

しかしソクラテス大先生は、こんな御涙頂戴式の弁護を潔しとせず、弁護のプロに依頼することなく、真正面から自分についての弁明を行います。「弁明」の中でソクラテスは、アテネを「惰眠を貪る馬」に、自分自身を「アブ」にたとえます。自分はうるさいかもしれないが、馬を起こすアブのようなものだというわけです。アブを受け入れて目を覚ますよりも、アブを殺してしまうことを選んではいけないということですね。こんなこと言われたら、アテネの市民は面白くないでしょう。（わ、私も「今の弁護士会は既得権益を守るだけの、惰眠をむさぼる馬だ。」なんて批判していますから、十分気を付けないと……）

もっとも、ソクラテス大先生の場合、最初から有罪を目指して「弁明」していたようにも思えちゃいます。少なくとも私には、アテネの「裁判員」たちが、それほどひどい判断をしたとは、思えないのです。

日本でも、裁判員の制度をぼろくそに言う人がかなりいるようです。裁判員になると、昼間に何日も時間を拘束されるので、「そんなの引き受けるのは、仕事もしていないような人たちだけだ。」みたいに言う人もいました。こういうこと言うの、弁護士に多いのです。しかし、私は10件近く裁判員裁判をやりましたが、基本的には皆さん常識的な社会人だなというのが実感です。皆さん真剣に、事件に向き合っているなと感じました。

確かに、前回も書きましたが、裁判員制度が始まって、特に性犯罪など、刑がとても重くなりました。自分の依頼者が、裁判員によって、それまでよりもはるかに重く処分されるのは、非常につらいものがあります。それでも、一般の人達の「常識」が、裁判に入ってきている事実は、重く受け止めたいと思うのです。

私は、刑事裁判に限らず、日本の司法には、裁判官、検察官、弁護士といった「プロ」の間だけで通用する「常識」が沢山あると思っています。それらについて、一般市民はほとんど何も知らされていません。刑事裁判以外にも多数ある、それら「常識」は、一般市民にとって、本当に「常識」といえるのか？

ということで、もう1回続きます。

弁護士より一言

富士山に登るということを、皆に宣伝してきました。子供たちにも、富士登山の危険など、さんざん話したところ、とても心配されました。

「ぱぱ、やばくない？ 生きて帰れるの？」

あまり心配させるといけないので、「大丈夫。5合目まではバスで行くから。」と正直に伝えたところ、

「なんだ、パパもゆとりだね！」

こ、こいつらぁ。でも、子供たちでお金を出し合って、酸素ボンベを買ってくれたのでした。

（2016年7月16日発行　第177号）

6人の怒れる裁判員（3）

「司法の常識」と「市民の常識」は、かなり違うのではないかという話です。裁判員が司法に参加したことで、常識の違いが明らかになってきました。

以前書きましたが、性犯罪では、量刑が1.5倍くらい重くなったのではと実感しています。逆に言えば、それまでの司法の基準が、一般市民には受け入れられないほど軽すぎたのでしょう。

その一方、裁判員制度になってから、無罪判決がたくさん出るような犯罪もあります。覚せい剤などの薬物を、国内に輸入したような事案ですね。「人に頼まれたから、何かわからず運んであげただけ。」などと説明する人はたくさんいます。私なんか、そんなアホなことあるかよ！と思います。これがかつての「司法の常識」だったはずです。ところが、こういう事件に対して、続けざまに無罪判決が出たのです。

要は、「そんな風に騙される、少々抜けた世間知ら

ずが本当に居るのか」という点についての判断です。

　これまでの「司法の常識」では、「そんな人、居ないだろう。絶対、薬物だと知っていたに決まっている。」だったのですが、「いやいや、そういう人がいても不思議ではない。」というのが「市民の常識」だったのでしょう。だから、多くの無罪判決が出たのです。正直、これなんかどっちが正しいのか考えてしまいます。それでも、市民の常識を採用すること自体は、絶対に正しいことだと思うのです。

　こんな風に、刑事裁判には少しずつ、「市民の常識」が入ってきています。しかし、裁判になる前の、例えば逮捕勾留の段階で、本当にこれでよいのか、一般市民の考えを聞いてみたいことはたくさんあるのです。事件によっては、ほぼ容疑が固まり、容疑者の家に家宅捜索にはいって証拠も確保してから、1年ほどほっておいた後に、逮捕勾留するケースがあります。

　「逃げる恐れ、証拠を隠す恐れがあるから」というのが、司法による説明です。でも私には、こんな説明常識外れにしか思えません。逃げるのなら、1年の間に逃げるでしょう。証拠だって、その間にいくらでも隠せます。「何をいまさら!」という気持ちを抑えられないのです。この辺のところを「市民の常識」ではどう考えるのか、聞いてみたいところです。

　民事訴訟の場合にも、あまりに常識外れと思うところがたくさんあります。例えば、名誉毀損などの損害賠償の金額が、あまりに安すぎないかと思っています。日本の場合、名誉毀損などの不法行為は、特にマスコミによる場合、「やったもの勝ち」と言われています。あることないこと書いて、人の名誉を傷つけて、雑誌の売り上げを大きく伸ばします。後から訴えられた場合、どんなに高くても何百万円か支払えば終わりです。こういう事件にも、裁判員が加わったら、どういう判断がなされるのか興味があります。

　そういえば少し前に、線路に入ってしまった認知症の老人が列車にはねられて、ダイヤが大幅に遅れたなんて事件がありました。この老人の責任が裁判で争われて、多額の賠償金が遺族に請求されたということです。これだけ見ると、別に変なことはありません。

しかし、現代の日本では、認知症の老人が幹線道路に迷い込んで、車に轢かれた場合には、遺族は損害賠償を請求されるどころか、保険から3000万円近くを受け取れます。車と列車とで、なぜこんなに違うのか、私は心底不思議なのですが、この点が問題だと主張している法律家を知りません。私なんか実務家として、認知症の老人を持つ家族に対して、「鉄道の側から引っ越して、幹線道路の近く住むといいよ。」とアドバイスしたくなります。（おいおい！）

「司法の常識」を「市民の常識」で批判し、修正する余地は、まだまだあると感じているのです。

弁護士より一言

「私の話を真剣に聞いて！」と妻からよく怒られます。私が法律相談でお客様と話しているのを見た妻から言われました。「本気出せば、あんなに親身に話を聞いて、相談に乗れるんじゃない。」「これからは私も相談料払うね！」この話を先日、若手弁護士の結婚式のスピーチでして、奥さんの話を真剣に聞いて、夫婦円満に！との言葉を贈りました。まずは自分が実行しないと。うぅう……

（2016年8月1日発行　第178号）

弁護士の勘違い

毎日暑い！さらにもうすぐお盆休みです。小難しい法律の話なんか、誰も読みたくないでしょう。ということで、いつも以上に、どうでもよいお話です。

私くらいの年代の人だと、松任谷由実の曲を知らない人のほうが珍しいと思います。私も、いくつものフレーズ、自然に頭の中にわいてきます。

「海を見ていた午後」なんて好きでした。山手の静かなレストランで、ソーダ水の中を通る貨物船を見ながら、別れた彼を思い出す歌ですね。別れるときに、言葉を出すと泣いてしまいそうなので、代わりにメッセージを書きます。

しかし、テーブルの上には、紙ナプキンしかない。「♪紙ナプキンには　インクが滲むから忘れないでってやっと書いた　遠いあの日♪」青春の1ページですね。思い起こせば、私にもこんな甘酸っぱい思い出が、全然なかった。(ないんだったら、わざわざ書くなよ！)

そもそも私の場合、このメッセージの部分を、長いこと誤解していました。「別れるときに何で、紙ナプキンに字を書く場合の注意事項をアドバイスしたのだろう?」と、心底不思議だったのです。つい最近になって、紙ナプキンに書かれた言葉は、単に「忘れないで。」だけだったと理解できちゃいました。あ、あほか！ こうしてみると、私が全く女性にもてなかったのには、やはり理由があったのだなと、今にして思い至ったのです。ううう……

でも、こういう勘違いは、私だけではないようです。昔読んだ本に、「土壌改良」の必要性を訴え続けてきた大学教授に話がありました。各地で何回も説明会を行ってきたんですね。ところがある日、参加者から質問されたそうです。「先生のお話はとてもよく理解できました。ところで、先生の話されていたドジョウは、どこに行けばとれるんでしょう?」この教授も、まさか「土壌」と「ドジョウ」の違いから説明するなんて、思いもよらなかったでしょうね。

弁護士の場合も同じようなことがあるのです。こちらは専門家で、そればかりやっていますから、自分が知っていることは、普通の人も当然知っているだろうと、何となく思い込んじゃいます。刑事事件で「実刑」って言葉ありますよね。執行猶予が付かないで、現実に刑務所に入る刑罰です。ところが、相談に来たお客様から、「少し前に、実刑になりました。」なんて言われて、それを前提に話していたら、「前回の実刑では、何とか執行猶予が付いて助かりました。」この勘違い、何人もの相談者の方から聞いたことがあります。

児童買春事件の相談もよく受けます。児童買春では、被疑者が相手の女性について、18歳未満と知っていたかどうかが、重要なポイントになります。「知らなかった。」と主張しても、相手の女性の見た目が明らかに幼いときには、捜査機関に信じてもらえないことがあります。そこで、相談者の方に、「相手の女性、見た感じはどうでしたか?」と質問したんです。すると回答が、「かなりブスでしたね。エラが張っていて。」そ、そこじゃないだろう!

「勘違いする人の方が悪い!」なんて考えたら、弁護士失格です。基礎の基礎から丁寧に、しっかり説明しないといけません。これからはお客様に、「契約書にはインクがにじむから忘れないで!」と、しっかりアドバイスして参ります!

弁護士より一言

ユーミンに、有名な「ルージュの伝言」って有りますよね。浮気した彼に対して、女の子がバスルームにルージュで伝言を書きます。

「♪浮気な恋を早く諦めない限り、うちには帰らない♪」と歌は続きます。私は長いこと、口紅で書いた伝言とは、このセリフだと思っていたのです。浴室の、恐らく鏡に書いたのだろうけど、よくもまあこんなに長いセリフを書けるなと感心していました。

先日その話を妻にしたら、「理屈っぽいこと考えるの、本当に好きね。きっと、『バイバイ』とか『じゃあね』って書いたんでしょ。」と呆れられました。ほ、ホントですか?

この8月で、結婚20年になりました。「バイバイ」なんて伝言残されないよう、これからも仲良くしていきます!

（2016年8月16日発行第179号）

弁護士において美とはなにか

「言語において美とはなにか」は、全共闘世代のカリスマ、吉本隆明大先生の御本ですね。「言語」の「美」について、理論と具体例を通して、検討しているそうですが、読み終わっても、なんのこったかさっぱり分かりませんでした。しかし、言語」における「美」は分からなくても「弁護」における「美」なら、私にも分かるんです。(だ、ダジャレかよ!)

弁護士に限らず、人の行為には、美しいものも、醜いものもあります。「良い」行為が「美」であるのは当然です。しかし、たとえ「悪」であっても「美」と感じる行為があるのも事実だと思うのです。

例えば、田中角栄は、私の大好きな政治家です。本当に偉大な人だと思っています。しかし、田中角栄を批判する人たちが指摘することも、おそらく真実だと思うんですね。国の開発予定地を、関連会社を通じて予め購入して莫大な利益を得たというのも、ロッキード社から、5億円のワイロを受けていたのも、おそらくその通りだと思います。これらの行為は、間違いなく「悪」です。それでも、社会の役に立つ良いことも沢山しており、非常に魅力的な政治家です。私の感覚では、「悪」も含め、疑いなく「美」の人です!

それに対して、既に散々叩かれている人の事をあまり言いたくないんですが、前東京都知事の舛添さんの場合は、「悪」というより「セコイ」んですね。「クレヨンしんちゃん」の購入代金や、家族で「ホテル三日月」に泊まった代金を、政治資金として出させるなんて、あまりにセコ過ぎます。

舛添さんは、私が大学生のときに、フランス留学から鳴り物入りで帰ってきました。当時から、本当に優秀な人だと有名でしたし、今でも非常に優れた人だと思います。そんな凄い人でも、「セコイ」というだけで、すべてぶち壊しです。

「悪」は、場合によって、「美」になりますが、「セコサ」は絶対に「美」にはならないと思い至ったのです。

弁護士の場合も、全く同じことが言えます。反社会的勢力から、何千万円も貰って悪事に加担した、「悪い」弁護士など相当数います。そういう弁護士は、確かに問題ですが、詳しい話を聞くとある意味「凄い人だなあ!」と感動することもあるのです。(おいおい!)その一方、セコイ弁護士もいます。税金をごまかすために、お客さんにあれこれ言って領収書を出さない弁護士なんているんですね。

国選の刑事事件の場合、逮捕・勾留されている被疑者に会いに行く毎にお金が貰えます。だから用がなくても、とりあえず会いに行く一方、会いに行ってもお金が貰えなくなると、どんなに必要があっても会いに行かない弁護士が相当数いるのです。

もっとひどいのは、会いに行った回数をごまかして、1回ごとに1万円程度の小遣い稼ぎをしていた弁護士です。これはさすがに、刑事事件にまでなりました。せ、セコ過ぎるだろう!

ただ、「セコイ」弁護士でも、「美」と言える場合もあるのです。かなり前の事ですが、相手の弁護士が和解の席で、相当細かいことまでゴネてきました。当方としては、早く終わらせるために、細かいところは受け入れて、和解がほぼ成立したんですね。ところが、最後の最後になって、相手方弁護士は、ほんの少しのところですが、さらに譲歩を要求してきたのです。「どれだけセコク、交渉するんだよ!」と呆れる一方、「依頼者の利益のためにここまでやるのか!」と感動したのでした。

「セコイ」弁護士は「美」ではない。しかし、たとえセコクとも、お客様のために活動する弁護士は「美」となるのだと、思い知ったのです!

弁護士より一言

テレビに出る弁護士は沢山います。行列のできる法律相談所なんか有名ですね。たまに私も見るんですが、皆さん本当に弁が立つ。私なら、あんな気の利いたコメント、絶対に言えない。

といったことを、先日家族に話したんです。

すると、中学3年生の娘が、慰めてくれました。「私は、ああいう弁護士には頼みたくないわ。弁護士として、格を落としている！」テレビに出ることは、必ずしも弁護士にとって美ではないようです。（ま、負け惜しみだろう！）

（2016年9月1日発行　第180号）

金持ち弁護士　貧乏弁護士

「金持ち父さん貧乏父さん」は、ロバート・キヨサキの世界的ベストセラーです。高学歴で高級官僚をしていた実の父親（貧乏父さん）と、高卒で自営業をしていた親友の父親（金持ち父さん）から学んだことを書いた本ですね。

2人の「父さん」は著者に、お金や人生について、正反対のことを教えてくれました。著者がまだ子供ころ、金持ち父さんのところでアルバイトをする話があります。金持ち父さんは、アルバイトにお金を払いません。その代わり、この機会に多くの事を学ぶようにと教えてくれます。それに対して貧乏父さんは、労働の正当な対価を得られないとは何事かと怒ります。多くの弁護士が、このような話を聞けば、貧乏父さんと同じ反応をするはずです。しかし、金持ち父さんの教えは違います。「金持ちは、お金のために働かない。」「お金のためではなく、学ぶために働く。」私も、これが正しいと思います！

少し前までは、弁護士の数は非常に制限されていました。そんなわけで、弁護士になりさえすれば、みんな当然に「金持ち」になれたのです。ところが、弁護士の数が増えてきたことで、就職さえもできない「貧乏弁護士」が相当数生じてきました。このような事態に直面して、多くの弁護士たちが、弁護士の数を減らすことを求めています。「弁護士に成りさえすれば、どんな人でも当然に就職でき、それなりに金持ちになれるようにしろ！」ということです。でも、そんなふざけた主張、世間に認められるはずないでしょう！　同業者の悪口は言いたくないのですが、弁護士という人たちには、世間知らずの甘ったれが多い気がします。

先日、話を聞きに行った、やり手の司法書士の方なんか凄かったです。27歳で司法書士試験に合格した後、頂上の仕事を覚えるために、日本一大きな司法書士事務所に就職活動しました。そこで、「仕事を覚えたいので、給料はいくらでも結構です。一生懸命働くので、使ってください！」と頼み込んだということです。

「そこまで言うなら。」ということで、年俸３００万円、残業代なしで雇ってもらえました。本当にその金額だけで、早朝から深夜まで死ぬ気で2年間働いて、仕事や顧客対応を覚えていったそうです。この方は現在大成功していますが、まさに「金持ち父さん」となるだけの資質があったのだと思います。

この話にあまりに感動したので、うちの事務所に応募してきた修習生たちにも話してあげました。「うちでは、このくらい前向きな人と一緒にやっていきたい。もっとも、うちはそれなりの報酬は払うけどね。」私としては、「正解」を教えてあげたつもりでした。ところが、誰一人、「報酬はいいので、修行させてください。」と、言ってこなかった。中には、自宅で就職浪人しているなんて人もいたのです。家でぶらぶらしているくらいなら、たとえ無償でも、弁護士としての経験を積むべきだとの発想はなかったようです。

就職もできない、「貧乏弁護士」が増えているのは問題だと思います。しかしこれは、弁護士の人数を減して解決する問題ではないでしょう。私はいつも、「たった一人のボス弁護士に自分を売り込めない人が、多くのお客様に自分を売り込めるはずがない！」と若手に話しています。世間の常識を持った、「金持ち弁護士」になれるよう、手助けできればと思っています。

弁護士より一言

小学5年の息子が塾に通い始めました。そこの塾長はとても魅力的な人です。アクの強い「塾長語録」

で、子供の心をすぐに掴んでしまいました。「いま勉強するのは、将来お金持ちになるためです！」「お金持ちになると、奥さんとも仲良し、人には親切と良いことずくめです。」なんて教えてくれるそうです。

「塾長はポルシェに乗っていて、すごくカッコいいんだよ。僕も大きくなったら、絶対ポルシェに乗る！」なんて興奮しています。

「塾長に教えてもらったんだけど、お金持ちになるには、お医者さんになって、美容整形するのが一番だって！」

あ、あほか！　もっとも、あながち間違いとも言えない気も。（おいおい）

（2016年9月16日発行　第181号）

弁護士の「約束」

五代将軍、徳川綱吉に、「生類憐みの令」ってありますよね。「お犬様」を人間よりも大事にした、天下の悪法として有名です。綱吉自身も、この法律の評判が悪いことは知っていたので、死ぬ前に、養子である次期将軍家宣（いえのぶ）に約束させたそうです。「将軍の代が変わっても、絶対に生類憐みの令は継続する。」という約束です。

綱吉の死後、幕府では、この約束を守るべきかどうか、大問題になりました。現代では、政治家が選挙のときに行う約束、「公約」にも、同じような問題があります。政治家が「公約」を破ることは、一国民として面白くありません。

もっとも、第2次世界大戦を終わらせた、鈴木貫太郎首相だって、選挙のときは「戦争に絶対勝ちます！」なんて約束していたはずです。当選から数か月で「全面降伏」だなんて、完全な公約違反ですけど、それを非難する人がいるとは、聞いたことありません。

弁護士の場合、こういった天下国家についての「約束」とは無関係ですが、仕事柄多くの「約束」に係わっています。約束を破ることが、法的に認められている場合も一杯あります。

高利で消費者金融からお金を借りた場合は、返済の「約束」を破ってもよいことになっています。しかし、こういうのは例外でしょうね。一般的には、「約束」を破ることは、非常に問題です。しかし困ったことに、弁護士の関与する約束も、相当数が破られちゃうのです。

犯罪を起こした人は、弁護士を通して、被害者と示談します。示談できれば、罪が軽くなりますから、弁護士としても必死です。犯人に示談金があればいいのですが、お金がない人も沢山います。そういう場合には、後で支払うという約束で、示談することになります。

しかし、刑事裁判が終わると、そんな約束を平気で破る人は沢山います。弁護士としても、「この人、約束を本当に守れるのかな?」なんて思っても、示談を進めるしかありません。まさか相手に、「自分の依頼者は多分約束を守らないですよ。」なんて言えないのです! 犯人のために裁判で、親や奥さんは情状証人になります。「しっかりと監督して、二度とこのようことはさせません!」なんて、裁判の場で約束して貰うわけです。

しかし中には「そんな約束できません。」と言って、弁護士を困らせる方もいます。例えば、犯人のご両親から、「うちの息子は、親の言うことなんか聞きません。監督するなんて安請け合いしても、守れる自信はありません。」「いい加減に約束して、守れなければ、今度は私が罰せられるんでしょう?」なんて言われちゃいます。

もちろんそんなことないですよ。犯人自身にも、裁判の場で、「もう二度としません」と約束してもらいます。しかしこれができない人がいます。

「将来の自分がどうなるかは、自分でも分からない。そんな不誠実な約束はできない!」なんて言うんです。「犯罪なんて不誠実なことやっといて、いまさらなんだよ!」と、思わず突っ込みたくなります。

「裁判官は、あなたの未来予測を知りたいんじゃないの。あなたの、現在の強い決意を知りたいの!」なんて説得します。考えてみますと、裁判官だって、本人や親族の約束を、本気で信じているわけじゃなさそうです。世間の人の方が、裁判関係者よりも「約束」を真剣にとらえているように思えてきたのでした。

弁護士より一言

私も子供たちと、軽い気持ちで多くの「約束」をして来ました。「どこかに連れて行ってあげる」みたいな約束です。でも、いろいろと都合がつかなくて、約束を破ることもよくありました。最近は子供たちも、親の約束は話半分に聞いてくれますけど、小さい頃は、約束を本当に楽しみにしていたようです。

「絶対に大丈夫?」なんて何度も聞かれました。そこで、「大丈夫。インディアン嘘つかない!」なんて適当に返答してたんです。

「パパって、インディアンなの?」と、真剣な顔で子供に聞かれたときに、心から反省しました。軽い気持ちで「約束」するのは、仕事の上だけにしようと誓ったのでした。(おいおい!)

(2016年10月1日発行　第182号)

タイガーマスクの反則

今から50年近く昔ですが、子供のころ「タイガーマスク」が大好きでした。

「虎の穴」で鍛えられた、ルール無用の悪党レスラータイガーマスクが、フェアープレーで戦う正義のレスラーに生まれ変わって、大活躍する話です。(み、皆さん、知ってますよね……)

タイガーマスクの中で、今でも記憶に残っている言葉があります。正義のレスラーに生まれ変わろうとしても、どうしても反則をしてしまうと悩んでいたタイガーマスクに向けて言った、ジャイアント馬場(しつこいようですけど、皆さんご存知ですよね……)の言葉です。「反則だって、プロレスのルールの中に規定されている。だから、一定の反則は、ルール内のものと考えてもいいじゃないか!」子供心に、とても深い教えのように感じたのを覚えています。

大学生になって、法律の勉強を始めたときに、有名な法哲学の大先生も同じようなことを言っていたと知りました。

「法は一定の行為を禁じるとともに、それに違反した場合の効果も定めている。つまり、禁止された行為も、法秩序全体の中では、認められているのだ。」みたいなことだったはずです。ジャイアント馬場の教えと、基本的に同じですよね。

「ルール違反」がお客様の為になるなら、そんなルール違反は、法秩序全体から考えて、許されるべきとも思えるのです。例えば、契約違反の問題があります。「契約」は当事者間で決めたルールです。そうである以上、当然守らなければいけません。その一方、「ルール無用」で「反則」した方が、得になる場合も相当数あるのです。

ある品物を1個50円で販売する契約を結んだとします。ところが、それを1個100円で買う人が出てきました。この場合は、前の契約を破棄して、新しい人に販売したほうが得になるんですね。勿論、そんな目先の利益よりも、商人は「信用」の方が何倍も大切です。それでも、場合によっては、ルールを破る方が良いのも、間違いないところなのです。

さらに、弁護士稼業を続けていると、悩ましい事態に遭遇します。悪質賃借人に悩まされている大家さんから相談を受けた弁護士の話を聞いたことがあります。1年近く家賃を滞納したうえ、荷物を置いたまま、夜逃げした賃借人についての相談です。部屋に残された、布団や机といった家財道具を、勝手に処分してよいのかという質問です。

その弁護士は、「勝手に処分するのは法律違反です。相手に訴訟を提起し、勝訴判決を得てから、強制執行手続きを取って処分しないといけません。」と回答したそうです。「法律」という「ルール」を守って、「フェアープレー」で対応するなら、全くもって正しいアドバイスです。

その一方、1年も家賃を踏み倒された上に、さらにお金と費用をかけてそこまでやらないとなったら、大家さんが気の毒すぎるでしょう！　私なら、「法律的には、その弁護士の言う通りです。しかし、本件の場合は、『ゴミ』を残していったんだと考えて、処分してしまって良いと思います。それで、現実的にはほとんどリスクはないはずです。」と、ルール無用のアドバイスしたいところです。（こ、根性ないから、本当にできるんかいな……）

野球の場合、審判の判定は絶対と言われていますす。監督といえども、それに従うのがルールです。しかし、時には監督が、退場覚悟で審判に抗議することで、選手やファンの信頼を勝ち得ることができます。弁護士として、「ルール無用」がダメなのは当然です。それでも、お客様ために、ときにはルールを破ることも必要だと考えているのです。

弁護士より一言

8年も続けていると、ニュースレターのネタもいい加減切れてきます。毎回毎回、書くことがなくて、どうしようかと苦しんでいるのです。

そんな話を中学生の娘にしたところ、「だったら、もう本文は書かないで、「**弁護士より一言**」だけにすればいいじゃん。私だって、『一言』しか読まないよ！」

し、失礼な！　そこまで言われたら、意地でもニュースレターを続けてやろうと、決意を新たにしたのでした。励ましのコメント、楽しみにしております！

（２０１６年10月16日発行　第１８３号）

ふたりの弁護士（１）

「ふたりのロッテ」は、児童文学の傑作ですね。ロッテとルイーゼという、一卵性双生児の女の子の物語です。２人は、親元を離れたキャンプ場で出会います。一卵性双生児だから当たり前ですが、外見は瓜二つです。話していくうちに、２人は姉妹であることが分かります。それぞれ一人ずつを連れて、父母が離婚したんですね。壊れた家族を元に戻すため、ロッテはルイーゼとして、ルイーゼはロッテとして、2人はそれぞれ違う家に戻ることにするのです。

そうこうしているうちに、お父さんに再婚の話が出てきます。この再婚相手が、家柄教養ともに申し分ない若い美人で、敵役として申し分ないのです。強力な「敵」を相手に、「ふたりのロッテ」が活躍する、とても面白いお話なんですが、そんなことはどうでもいいのです。(だ、だったら、長々と書くな!!)

問題は、ロッテとルイーゼが、一卵性双生児なのに、性格が全く違うところなんですね。1人は非常に外向的で元気がいいのですが、もう一人は、内気でおとなしい子です。一卵性双生児というのは、遺伝的、DNA的には、「全く同じ人間」ですよね。それなのに、こんなに性質が違うなんて、何か変だなと、この本を読んだ子供のころに感じたものです。

大学に入り、刑法を勉強するようになると、罪を犯す人について、多くの議論がなされていることを知ったのです。つまり、罪を犯すのは、遺伝によるものなのか、環境によるものなのかという論争です。常識的に考えると、「両方でしょう!」と言いたくなりますが、それではなかなか納得できないのです! そこで、この問題の解決に役立つと思われているのが、「一卵性双生児の研究」です。

先ほども書きましたが、一卵性双生児は、遺伝的、DNA的には全く同じ人間です。そのような全く同じ人間が「ふたりのロッテ」のように、幼児のころに別れて暮らすことは現実にあります。そんな二人が、同じなのか違うのかを調べることで、「遺伝」と「環境」について研究しようというわけです。学者というのは、本当にすごいことを考えつくものだと、心底感心したのです。全く同じ遺伝子を持つ二人ですから、離れて暮らしていても、似たような人間に育っていたという実例も沢山あります。

たとえば、別の家に養子に出された、神経質な双子の話です。「何故、そんな性質になったのかと思いますか？」と質問したところ、一人の回答は、「親が細かい人なので、自分もそうなったのです。」

ところがもう一人の回答は、「親がいい加減なので、そうなってはいけないと思い、自分は神経質になりました。」こうなってきますと、「遺伝」の力を感じないわけにはいきません！

ところが、一卵性双生児でも、一人は普通なのに、もう一人はホモセクシャルになっていたという実例もあります。そうなると、「環境」の力も無視することはできないでしょう。

弁護士の場合、同じように法学教育や司法修習を受けてきても、一人は「人権弁護士」になり、もう一人は「商人弁護士」（わ、私のことです。）になるなんて、よくあることです。「ふたりの弁護士」の違いについて、次回もう少し考えてみたいと思ったのでした。

弁護士より一言

中学3年の娘が、卒業研究というのをやっています。テーマを決めて、レポート用紙60枚ほどの「成果」を発表するのです。「みんな、どんなことを調べているの？」と娘に聞いたところ、多くの生徒は父親の職業に関連した研究をしているそうです。税理士のお父さんを持つ子供は税金の研究、コーヒー用ミルクの会社の子供は、コーヒーの研究といった感じです。け、健気じゃないですか！　心底感動しちゃいました。

そこで、うちの娘にも研究内容を聞いたんです。弁護士の娘ですから「日本の裁判制度」とか、「冤罪の研究」みたいなのを期待していたのですが、娘のは「駅弁の研究」でした。選んだ理由は、研究のついでに、駅弁を食べられそうだからだそうです。あ、アホか！　食いしん坊は遺伝なのか、家庭環境なのか、考えてしまったのでした。ううう……

（2016年11月1日発行第184号）

ふたりの弁護士（2）

一言で「弁護士」と言いましても、いろいろな考えの人がいるんです。少し前に日弁連が、死刑廃止の決議をしました。多くの弁護士がそれに賛成しています。人権を守り、死刑といった刑罰に反対するのは、弁護士の遺伝子とさえ思えてきます。ところが、ある有名な弁護士は、かつては死刑廃止を主張していたんですが、自分の家族を犯罪で殺されてから、死刑賛成派に転向したのです。これなんか、厳しい「環境」の中では、遺伝子に変化が生じるのではと思えてきます。

遺伝によるのか環境によるのかわかりませんが、弁護士は、「人権弁護士」と「商人弁護士」に分けられると、私は勝手に考えています。

人権弁護士は、弁護士の仕事とは、人権を守る非常に有意義なものであり、他の仕事とは違う特別なものだと信じています。少し前までは、このような弁護士が主流だったはずです。

一方、商人弁護士は、自分たちの仕事をお客様へのサービス業だと考えているんですね。最近は、商人弁護士も相当増えてきているというのが実感です。それなら、どちらが良い弁護士なのかというと、なかなか難しい問題がありそうです。

それに関して、ふたりの壁塗り職人の話というのを思い出しました。教会の壁を作っているふたりの職人さんが、「あなたは何をしているのですか？」と質問を受ける話です。一人の職人は「壁を塗って、金を稼いでいるのです」と回答します。ところがもう一人の職人は「神様の家という、本当に素晴らしいものを作っているのです！」と答えたそうです。これは、意識の持ち方で、自分の仕事の持つ意味を違って捉えることができるという話です。松下幸之助が、嫌々電球を磨いている職人に、「あんたが磨いているのは電球やない。その電球に照らされた、家族の笑顔を作っているんや！」と教えたのも、同じ問題意識でしょう。これはとても良い話に思えちゃいます。

弁護士だって、「何をしているのか?」と聞かれて、「刑事弁護をして、お金を儲けています。」なんて答える人は嫌です。(わ、私も気をつけます……)「国民の人権を守り、国家権力の暴走を牽制する、本当に大切な仕事をしています!」と心から答える人に、私だって弁護をお願いしたいのです。ところが、この壁塗り職人の話に対して、大経営学者のピーター・ドラッカーが、面白い解釈をしていました。ドラッカー大先生によりますと、「何をしているのか?」と聞かれて、「壁を塗っている。」と答える職人は、プロとして自分の仕事を理解している、良い職人ということになるそうです。

一方、「神の家という、非常に素晴らしいものを作っている!」と答える職人の方は、問題が大きいというんですね。そういう考えの職人さんは、納期や予算を無視しても、本当に良いものを追求する傾向があります。

しかし、そもそも教会の依頼主は、そんな凄い「壁」を望んでいない可能性も十分にあるわけです。「取りあえず囲いを作って貰えばいいや。」とお願いしたところ、「本当に素晴らしい神の家」を目指されても困ってしまうわけです。依頼者の要望を超えた使命感を持たれると、依頼者としては迷惑に感じてしまうんですね。

弁護士の場合も、「冤罪で納得いかないが、これ以上争わないで、罰金支払ってとっとと終わらせよう。」なんて依頼者は相当数います。それに対して、「お客様の要望に従おう」と考えるべきか、「人権のためにあくまで戦おう」と考えるべきか。難しい問題です。

弁護士より一言

中学3年の娘は、全てにおいて豪快です。書道のクラスでは、お手本を見て、作品を書きます。他の生徒さんの作品に対しては、先生が赤い墨汁で、「止め」「はね」を直してくれるんですね。

しかし、うちの娘の半紙からはみ出る雑な作品は、あまりに豪快過ぎて、どう直せばよいのか先生も困ったのでしょう。

何も直さずに、ただ「ごりっぱ！」とだけ書いてくれました。「大山さんは、お手本は見ないで書いていいよ。」

せ、先生、見捨てないでください……。美術も同様のようで、親として少し心配になったのでした。

念のため言いますが本当に雑なんですよ!!


（2016年11月16日発行　第185号）

弁護士の真田太平記

NHKの大河ドラマで、今年は「真田丸」をやっています。三谷幸喜の脚本で、これはこれで面白いと思います。

しかし、私の年代の人にとって「真田」と言いますと、池波正太郎先生の「真田太平記」なんです！　真田太平記の背景は、戦国時代から徳川家康による天下統一の時代です。弱小城主のもとに生まれた、ふたりの兄弟の話です。

兄の信幸は、頭も良く、武芸にも秀でた人で、形勢判断もしっかりとできます。秀吉亡き後は、徳川の天下だとしっかりと読み切り、家康に忠義を尽くします。二代将軍秀忠にいじめられたりしても、決して逆らったりしないで、最後まで家を守り切り、93歳という長寿を全うするのです。それに対して、次男の真田幸村は、「内臓をまき散らしながら馬で走り抜ける」といった夢を見る、ぶっ飛んだ男です。有り余る才能を持て余し、命を燃焼させるようなことを求めていきます。関が原や、大坂冬の陣、夏の陣で、徳川が勝つと分かっていても、豊臣のためにひと暴れしないと気が済まないのです。世の中には、「勝つ」ことより大切なことがあると信じているんでしょう。まさに正反対の兄弟です。

ところで、私も50歳をいくつも越えて、最近ようやく、「勝つ」ためにはどうすればよいのか分かってきました。

それほど難しくないんです！　2つのことをしっ

かり守ればいいのです。

まずは、戦わないこと。そして、勝ち馬に乗る！ことです。「戦略的勝利」なんて言われるものは、この2つを守っているのだと確信しています。まさに、兄の真田信幸が実践したのがこの戦略的な勝利です。下手に戦ったりしないで、勝ち馬である徳川にしっかりと従うということです。

もっとも真田太平記には、そんな長男・信幸に対して、父親（謀将・真田昌幸です！）が、「あいつは面白くない！」とばっさり切って捨てる場面がありました。思わず笑ってしまいます。「戦略的に勝つ」というのは、それほど面白いことじゃないんですね。

弁護士をしていると、お客様にも信幸タイプの方と、幸村タイプの方がいるなと感じています。市民として生活をしたり、企業の経営をしていると、「国や大企業の仕打ちがおかしい！」と感じることはよくあります。そういうときでも、世渡り上手な信幸みたいな人は、決して戦おうなんてしません。「ご無理ごもっとも」ということで、強い方についていくことで、結果的にはうまくいっている感じがします。これに対して、負けると分かっていても、華々しく一戦交えないと気が済まないような人も、一定数います。まさに、幸村タイプの人です。「今の法律や判例はこうですから、裁判になったら絶対に負けますよ。」なんて、私も必死で説得するんですが、「それでもやる！」と一歩も退かないのです。「負けてもいいから、灰になるまで戦う！」なんてお客様に言われたことは、一生忘れられません。

考えてみますと、真田幸村に、「大坂夏の陣は絶対に負けますよ。」なんて説得しても、無駄です。そんなの100も承知なんです！　しかし、そういう無茶な戦いをするお客様は、魅力的な人が多い気がします。

私は弁護士として、信幸のように、「勝馬に乗る」ことをお客さんには勧めています。その方が絶対に得だと信じています。それでも、いいから断固戦う！」という、幸村のようなお客さんが来たときには、真田十勇士になったつもりで、サポートしたいと思うのでした！

弁護士より一言

先日、中村橋之助の「芝翫」襲名公演に行ってきました。そこでの演目の一つが、真田幸村だったのです。幸村の影武者の首実検を、家康の御前でするときに、幸村の息子が切腹するところが見せ場です。

「本物の父が死んだからこそ、その後を追って息子も死んだのだ」と、家康を騙すために、命を捨てたわけです。

でもその子供は、小学5年生の私の息子よりも小さいのです。昔の考えを今の価値基準で裁くことはできませんが、生意気を言ってもうちの子は、元気で長生きして欲しいと、親として思ったのでした。

（2016年12月1日発行　第186号）

その問題、法律学で解決できます？

法律学と経済学とは、ライバルみたいなもんですね。ところが、最近は経済学の方が、法律学よりもはるかに元気がいいようです。「その問題、経済学で解決できます。」なんて言いきった、自信たっぷりのタイトルの本まで出ているんです。

最近の経済学で、一番重要な考えは、「インセンティブ」ですね。人に対して、「これをすればこれだけの利益または罰（インセンティブ）を与える」ということで、人を自由に動かすことができるという考えです。悪い言い方をすれば、札束で釣れば、人は思う通りに動くという考えですね。ただ、話はそんなに簡単ではありません。

この本では、誰に対してどんなインセンティブを与えれば、人を正しく動かすことができるのかを、実験を通して明らかにしていきます。

例えば、保育園に子供を迎えに行くのに、遅刻する親が多発します。この問題を、インセンティブの理論を使って解決しようとするんですね。遅刻した場合は、いくらかの罰金を取るようにしました。ところが、こうしたことでかえって、遅刻する人が増えたということです。この程度の金額を支払えば、遅刻しても良いんだなと、みんな理解したということです。

でも、これなんか罰金の額をガーンと上げれば済む話に思えますね。どのくらいまで罰金額を上げれば、皆が遅刻しなくなるのか等、非常に興味があります。

その他にも、面白いインセンティブの話が沢山あります。子供に勉強させるには、どんなインセンティブを、どんな風に与えればよいのかなど、大真面目で実験していきます。うちの子にも、是非試してみたくなります！

寄付金を集めるには、「利益」のインセンティブよりも、「名誉」や「見栄」のインセンティブの方がはるかに役に立つなどといった、とても実践的な内容がつまっています。

弁護士の場合、インセンティブで人を動かすという考えに反発する人が多いように思います。法律の考えですと、「何が正しいのか」がまず来ますから、「利益で人を動かして、結果オーライならOK」といった考えには納得いかないのでしょう。

しかし、現実社会では、弁護士自身インセンティブ理論の正しさを立証してきています。

例えば、国選弁護人の問題があります。弁護人は、逮捕された被疑者に会いに行かないといけないのですが、そんなことはしたくないという人が沢山いたのです。しかし、1回行くごとにお金が出るように制度を変えたとたんに、用もないのにせっせと通う弁護士が大勢出てきました。は、恥ずかしい。

「その問題、経済学で解決できます。」と言い切る、経済学の自信は、自分たちの理論を実験で試して、その有用性を検証しようという姿勢にあるのだと思います。理屈じゃなくて、現実に試してみようということですね。これは本当に素晴らしいことだと思います。

ところが法律の世界では、「これは正しいからこうすべきなんだ」という理屈が、いまだにまかり通っている気がします。結果がどうなるかなど調べないで、「正しいこと」をすればよいという考えです。しかし、そんな法律の考えでは、一般の人たちの共感を得ることは難しくなるのではと思うのです。

だからこそ、法律学に比べて経済学の方が、はるかに元気がいいのでしょう。このままでは、法律の世界、さらには法律を扱う弁護士の仕事は、刑罰や損害賠償という、負のインセンティブを扱う、経済学の一分野になってしまうのではないかとさえ思えているのです。

弁護士より一言

少し前までは、「ママと結婚する。」と言っていた息子も、小学5年生の現在では、そんなこと言っていたことすら忘れているみたいです。

しかし、妻の方は諦めがつかないようで、息子に対して、「ママと結婚してくれるんでしょう?」なんて聞きます。

「悪いけど、僕はそんな『熟女好き』じゃないんだよね!」そ、そんな言葉、どこで覚えてくるんだよ。1年1年、子供は大きくなる中、親は取り残されていくように感じているのです……

（2016年12月16日発行　第187号）

弁護士の「悪魔の辞典」

またまた、新しい年がやってきました。引き続きよろしくお願いいたします。新年早々ですから、いつもより更にバカバカしいニュースレターです。

「悪魔の辞典」というのは、今から100年以上前にアメリカで作られた辞典ですね。思わずニヤリとさせられる、言葉の定義が並んでいます。例えば、こんな感じです。「幸福」とは、「他人の不幸を見ているうちに沸き起こる快い感情」だそうです。た、確かに。で、でも私は違いますよ!(ほんとかよ。)

「友情(フレンドシップ)」とは、「凪の時は二人で乗れるが、嵐が来れば一人しか乗れない船(シップ)」ちょっと反発も覚えますが、逆境で壊れる「友情」がたくさんあることも事実なんですね。

「恋愛」とは、「一時的精神異常。結婚により治癒する」だそうです。「け、結婚は恋愛の墓場ですか?」と言いたくなる一方、「本当にそうかも」と、思わず笑ってしまいます。現実にも、結婚できない不倫の関係の方が、「恋愛」が長く続くようです。

それなら、「結婚」の定義はと言いますと、「男主人1名、女主人1名、奴隷2名からなる、それでいて合計2名の共同体」だそうです。う、うちの夫婦は違いますよ。とまあ、なかなか面白い定義が満載です。こういうのを読んでいると、自分でも一言いいたくなってきます。

例えば、悪魔の辞典の「運」の定義は、「愚か者の、失敗の言い訳」です。しかしこれは、「他人の成功の理由。または、私の失敗の理由」の方が良いのではないかとか、くだらないことを考えてしまうのです。(ほ、本当にどうでもいいやん。)

ということで、悪魔の辞典のなかで、法律関係の言葉を探してみました。

まずは「弁護士」です。「法の抜け道を見つけ出す達人」か、買い被りじゃないですか? わ、私は抜け道なんて見つけられません。ううう……ちなみに「嘘つき」の定義は、「弁護士またはマスコミ」でした。なんで「政治家」が入っていないんだよと、思わず憤慨したのです。(憤慨するところは、そこかよ!)

「訴訟」の定義は、「豚として入ると、ソーセージとして出てくる機械」だそうです。そこまで言うのかよ!という気もしますが、多くの場合訴訟などしない方がましなのも事実です。私も、できる限り裁判はやめるようにお客様を説得しているのです。

裁判の場合、「判例」が重要な役割を演じますね。以前、似たような裁判でなされた先例のことです。悪魔の辞典の定義では、こうなっています。「裁判官が、自分の好みの先例を選択し、嫌いな先例を無視すること」こ、これは裁判官だけの話じゃないです。弁護士は、もっと露骨に、自分に都合の悪い先例は無視しちゃいます。お、お恥ずかしい。

刑事事件の弁護をしていると、皆さん心から「反省しました。」と言います。もちろん、心から反省し、二度と罪を犯さない生活を送る方も沢山います。しかし中には、裁判が終わるまでは「反省」していても、その後はすぐに忘れてしまう方がいるのも事実です。

悪魔の辞典による「反省」の定義は、「罰に付き従う従者。再び罪を犯すこととは矛盾しない。」だそうです。残念ながら、これは一面の真実をついてますね。人間は、処罰される事態に直面していないと、「反省」できない生き物なのかもしれません。心からの反省を促すことのできる弁護士になりたいものです！

弁護士より一言

今年の4月で、開業10周年を迎えます。少し盛大な集まりを考えておりますので、ご期待ください！

事務所も拡張して、打ち合わせ用の個室を設けました。ゴーギャンの版画を飾り、1枚板のテーブルを用意するなど、妻が気合いを入れてコーディネートしてくれたのです。弁護士数も、さらに増加させていくことになっています。

悪魔の辞典によりますと、「1年」というのは、「365回の失望から成る一定の期間」だそうですが、うちの事務所では、「お客様に365回喜んでもらえる期間」となるように、頑張ってまいります。本年も、よろしくお願い申しあげます。

（2017年1月1日発行　第188号）

弁護士の七部集

無人島に本を一冊だけ持っていけるなら、何をもっていくかなんて質問がありますよね。私の場合、間違っても法律書なんか持っていきません！　たぶん、「芭蕉七部集」を持っていくと思うのです。芭蕉大先生が選んだ、「俳句」と「連歌」を載せた御本です。

俳句の方は、知らない人はいないでしょう。五七五の短い言葉で、心象や物象を切り取って見せます。

「暮淋し花の後ろの鬼瓦」なんて感じです。夕暮れどきの寂しさの中、一瞬華やかな「花」を出し、最後に「鬼瓦」をとり合わせるなんて、本当にうまいなあと感動しちゃいます。今の時代に生きていれば、映像作家などでも、一流になれるんでしょうね。

一方「連歌」については、知らない人の方が多いかもしれません。最初の人が、五七五の句を作りますと、次の人が、七七と付けていきます。その七七に対して、また五七五と付けてる。これを繰り返していくんです。

例えばこんな感じですね。

「春めくや人さまざまの伊勢まいり」と、まずは五七五で始まります。江戸庶民の、一生に一度の楽しみが「伊勢参り」だったそうです。暖かい陽気の中、それぞれが伊勢参りを楽しんでいるんですね。

こういう句が出ると、現代人は「ふん。旅行会社の陰謀だ！」みたいに言いたくなりますが、それじゃダメなんです。連歌の場合、前の人の句を否定せずに、付けていきます。

「桜ちる中馬ながく連」といった感じです。伊勢参りに行くお金持ちでしょうか？　馬を何頭も引き連れてのお伊勢参りです。その背景に、桜まで散らして、前の句を引き立たせてあげます。

次に、この七七に対して、五七五を付けます。

「山かすむ月一時に館立て」

ぽかぽか陽気のお伊勢参りの風景から、月の光の中でお嫁入りをする行列みたいに、場面が一気に転換されるわけです。連歌には、色々と難しいルールはありますが、基本は「前の句を否定しない」「前の句に付けることで、新しい世界を作り出す」「以前の状況に戻ることなく、前に前にと進んでいく」というのが、ポイントです。これって、あらゆる場面で大切だと思うのです。

私はサラリーマン時代が長かったんですが、会社での「会議」は評判悪いですよね。「会議」の定義は、「keepminutes, lose hours」だそうです。（か、隠そう隠そうとしても、英語の実力が……）

そんな中で、有意義な会議というのは、主催者が「連歌」方式で進めていたなと思うのです。前の人の発言を否定せずに、それに付ける形で、自分の考える世界を提示させるわけです。さらに、話を後ろ向きにしないで、前に前にと進めていく采配が大切です。

この「連歌」の考えは、弁護士の仕事でもとても重要に思えます。弁護士同士の交渉でも、お互いが相手の主張を否定せずに、それに付ける形で自分の考えを提示すると、とても良い解決ができるのです。

民事裁判の場合など、裁判官によって、和解できるかどうかがまるで違ってくるんですね。下手な裁判官ですと、当事者間で正反対の主張を繰り返すだけになります。ところが、実力のある裁判官が中に入りますと、一方の言い分に対して、否定ではなくて、付けさせるんです。前に前にと進んでいくうちに、お互いそれなりに満足のいく和解案が出てくるのです。

弁護士より一言

高校生の娘が自由研究ということで、大人たちに、「なんで今の仕事に就いたんですか？」と質問したそうです。美術の先生にきいたところ、「芸術家になりたかったけど、美術好きだけど、才能ないから……」

旅行の添乗員さんに聞いたら、「たまたまここが採ってくれたから。でも、旅行会社に入っちゃだめよ！」

おいおい。嘘でもいいから、前向きなことを娘に教えてよ！

こういうのを聞くと、芭蕉のように好きなことをして食べていけた人は、本当にすごいなと思うのです。「パパはどうして弁護士になったの？」と聞かれたときに、自信をもって前向きな回答ができるよう、今から準備しておこうと思ったのでした！

（2017年1月16日発行　第189号）

弁護士の随想録

随想録（エセー）といえば、もちろんモンテーニュ大先生のご本です。500年ほど前に書かれたものですが、今でも愛読者は沢山います。良く生き、そして良く死ぬためのヒントが詰まっている本ですね。私も、30年以上前に最初に読んだのですが、いまでも目を通します。面白い話がたくさんあるからです。

同じ行為をしても、それによる結果は正反対のことがあるなんて、モンテーニュは指摘しています。例えば戦争のときの話ですね。ある人の場合は、勇気を持った行動をしたことにより、相手が感心して、命を助けられました。ところが、別の場面で別の人が、やはり勇気を持った行動をとったときには、かえって相手を怒らせて、残酷な殺され方をしたなんていう話です。こういうことって、確かにあるんですね。自殺しようとして人を、思いとどまらせようとした人の話を読んだことがあります。「本気で死ぬというなら、すぐに死んでみろ！」と言ったところ、ある自殺志願者は、思いとどまったそうです。ところが違う人に対して、同じように言ったところ、本当にすぐに自殺してしまったということです。こうなってきますと、モンテーニュならずとも、どうしていいかわからなくなりそうです。

弁護士の仕事でも、相手方と交渉する場合、強く出た方がうまくいくのか、弱く丁寧に対応した方がうまくいくのか、本当のところはやってみないとわからないんですね。（も、もちろん、自信たっぷりに「これがベストの対応です！」と言うんですけど……）

モンテーニュは、もともと裁判官をしていましたから、法律についてもいろいろと考察しています。たとえば、慣習の方が法律に優先するのだなんて議論をするんですが、そこで挙げられているエピソードがめちゃくちゃなんです。

ある男が、自分の父親を虐待し、殴ったり、引きずりまわしたりしてました。それは法律違反だと問題視されたときに、男は言ったんです。「父親も、祖父を同じように殴ってきた。私の子供もいずれ私を同じように殴るだろう。これが慣習となっているのだ！」父親の方も、おとなしく殴られていたのですが、一定のところまで来ると「私も自分の父をこれ以上は殴らなかった。これでもうやめるんだ。」と威厳？をもって言ったそうです。

こういう話って、モンテーニュ大先生、どこまで真面目に書いているのか、ユーモアのつもりで書いているのか、どうにも分からなくなってきます。

モンテーニュは多くの格言を残しています。例えば、「法律が信用されているのは、それが公正であるからではなく、それが法だからである。」なんて、現在でもそのまま使えそうです。「医者に直ぐかかる人ほど、病気になり易く、治るのも遅い。」なんて言うものあります。お医者様には怒られそうですが、一面の真実がありそうです。「すぐに弁護士に相談する人ほど、かえって争いごとに巻き込まれることになる。」なんて言われそうな気もしちゃいます。ううう……

「肉の味を決めるのは値段である」なんて指摘には、思わず笑ってしまいます。私も、例えばワインについて、通ぶっていろいろ講釈しますけど、本当は値段を見て評価しているだけなのです。（おいおい。）

しかしこれって、弁護士についてもいえそうです。弁護士費用が高い人ほど、優秀な弁護士だと思ってもらえるのかもしれません。合理的な費用で、とても優秀と言って貰える弁護士を目指します！

弁護士より一言

モンテーニュ先生を見習って、私も子供たちにユーモアをもって接しようと頑張ってきたんです。でも、中高生の娘たちには、ぼろくそに言われたんです。

「パパの話って、面白くないのよね。」「東大出のお笑い芸人の話がすごくつまらなかったけど、パパのもそれと似ているよね！」こ、こいつら。でも、小学生の息子だけが、パパの話を面白いと言ってくれました。

「この間も、『子供用運賃』って言ってたよ。子供の『ウン』と『チン』が入ってるんだ。」そ、そこですか！もっとユーモア道？に研鑽いたします。

（２０１７年２月１日発行　第１９１号）

コーデリア弁護士の正直

コーデリアというのは、シェイクスピアの「リア王」の娘です。三人姉妹の末娘ですね。父親のリア王は、それまで治めていた自分の国を、３人の娘たちに譲ろうと考えます。そこで、各娘たちに、父である自分を、いかに愛しているのかを話させます。その内容に応じて、何を与えるのかを決めようというわけです。上の娘たちが、「お父様以外は一切愛せません。」といったおべんちゃらを長々と言い、それを喜んだリア王は、二人に沢山の領土を上げます。

ところが、リア王が一番かわいがっていた、末娘のコーデリアは、姉たちのように嘘はつけないということで、正直な気持ちを話すのです。「お父様のことは心から愛していますが、いずれ結婚したら、夫のことも同じように愛します。」

これを聞いて激怒したリア王は、コーデリアに何一つやらずに、放り出してしまいます。その後リア王は、口のうまかった姉二人の下で暮らしますが、すでに権力も財産も娘に渡しています。娘二人にひどい仕打ちを受けて、住んでいた城を追い出され、荒野をさすらいます。それを知ったコーデリアが、愛する父親を助けに行ったが……。という悲劇ですね。長々書いて済みません。

この話について通常は、娘たちの本当の気持ちを見抜けなかった、愚かなリア王の悲劇ということで理解されています。リア王は、正直な気持ちを話したコーデリアの、真心を見ることができなかったんですね。これはまあ、その通りだと思います。

その一方、なんだってコーデリアは、「正直」に話したんだろう、という疑問も禁じ得ないのです。自分をかわいがってくれている父親の気を悪くすることを、正直に話す必要なんてないじゃないですか。「言葉というのは、現在の真実を述べるものではない。将来を良くするためのものである。」なんてことを、かつて読んだことがあります。コーデリアは、父親に対する自分の言葉で、将来がこうなるか考えていたのだろうか、という疑問です。

どんなにうでが良くても、患者の生きる力を奪うのは「ヤブ医者」だと思います。余命1年だと思っていても、「正直」にそんなこと言われたら、がっかりして半年で死んじゃいそうです。嘘でもいいから、「全然大したことありません！」と言ってもらえたら、元気が出て1年半は生きるかもしれないじゃないですか。「絶対に正直なことしか言えない。」みたいな人は、弁護士にもいるんです。例えば、示談交渉の場面です。

自分の依頼者絶対に相手は受けないだろうという要求をしてくることはよくあります。そういう場合、私なんかは、「嘘」にならない範囲で、手加減して相手に伝えます。「正直」に伝えたら、さらに争いが大きくなってしまうからです。ところが、「正直」に全てを相手方に伝える弁護士も、相当数いるのです。弁護士が入らないほうが、紛争が早期に解決したなんて、本当にありうるのです。

「正直」に言わないということは、「嘘」をつけということとは違います。コーデリアの場合では、「嘘」をつかずに、ただ泣けばよかったのです。「お父様が大好きです！」と言って。男性用の、小のトイレを綺麗に使ってもらうには、どんな表示をすれば良いかという、問題があります。正解は、「綺麗に使っていただき有難うございます！」なんです。これで、嘘が本当になるそうです。言葉は、こういう風に使うべきです。一方、最悪なのは、「一歩前に。貴男のはそんなに大きくない！」

真実なだけに、私なら意地でも一歩下がります！

弁護士より一言

中学生の娘は、学校で古典の暗記をしています。「奥の細道」とか「平家物語」とか、いろいろありますよね。娘が頑張って覚えていたので、よせばいいのに、全部言って見せました。「パパ、すごい！」という、娘の声を期待していたのです。

ところが現実には、「パパ、ヤバッ！　そんなに沢山暗記していた、パパの青春って何なの？」コ、コーデリアだって、リア王にこんな酷いことは言わなかったぞと、大いに憤慨したのでした。

（2017年2月16日発行　第191号）

エディプスの事実調査

エディプスというのは、今から2500年も前に書かれた、ギリシャ悲劇の主人公です。ギリシャの王様の子供です。フロイトが、この悲劇をもとに「エディプスコンプレクス」なんて言葉を作ったことで、一躍有名になった人です。

エディプスが生まれたときに、当時最高の預言者が、預言をしました。この子はいずれ、自分の父親を殺して、母親と結婚すると。王様はこれを聞いて心配になり、我が子を殺そうとします、かわいそうに思った人が、エディプスを逃がします。よその国に行き、そこの王子として育てられたのです。

青年になったエディプスが旅に出たところ、非常に傲慢な老人と争いになります。怒ったエディプスは、その老人を殺してしまいます。（いうまでもなく、この老人がエディプスの父親です。）

旅を続けるエディプスは、ある国に着きます。そこでは、旅に出ていた王様がかえって来ない間に、スフィンクスという化け物が、自分の出した「なぞなぞ」に答えられない人たちを殺していました。「朝は4本足、昼は2本足、夜は3本足の動物は何か?」という、現代でも有名な、なぞなぞです。答えは、人間ですね。赤ちゃんのときは、ハイハイするので4本足、大きくなると普通に歩いて二本足、老人になると杖をつくので3本足というわけです。エディプスになぞなぞを解かれたスフィンクスは、恥ずかしさのあまり死んでしまったそうです。

この辺の、恥を知る潔さ?は見習いたいものです！　スフィンクスの謎を解いたエディプスは、その国に残されていた王妃と結婚し、その国を治めることになります。言うまでもなく、この王妃が、エディプスの母親ですね。

その後しばらくすると、国に疫病が流行りだします。そこで原因を占ってもらうと、国の中に父を殺し、母と結婚した者が居るために、疫病が生じているということが分かります。エディプスは、そのような不届き者を絶対に見つけてやると、息巻きます。話を聞いたエディプスの妻（母親でもあります）は、思い当たることがあり、そのような調査は絶対にやめるように強く言うんですが、エディプスは断固として、調査の手をゆるめません。そして、自分と妻と国を破滅させる、悲劇に向かって突き進んでいくわけです。

弁護士の仕事では、ギリシャ悲劇ほどのドラマはなかなか起こりません。ただ、似たような悩みは生じるのです。弁護士の仕事でとても難しいところは、一方当事者である依頼者からの情報だけで、何が事実かを判断し、行動せざるを得ないところなんです。意図的かどうかは別にして、自分にとって都合の悪い情報を隠す人は相当数います。しかし、お客様を露骨に疑うわけにはいきません。

そもそも、弁護士としても、知らないほうが良いことは、当然あるのです。

明らかに嘘をついているなと分かる場合でなければ、事件を引き受けます。その後、どうにも怪しい気もするけれど、はっきりしないという場合も出てくるんですね。こういった場合、どこまで事実を追及するのかは、弁護士によって違うでしょう。エディプスのようにとことん依頼者を問い詰めて、全てを明らかにしないと気が済まない弁護士もいそうです。相手を陥れているような場合は、当然そこまですべきです。

その一方、隠そうとしているプライバシーがらみのことにまで、どこまで切り込んでいくべきなのか、弁護士としてかなり悩ましいところなのです。

弁護士より一言

前回、軽い下ネタを書いたところ、多くの方（男性だけですけど……）から、「思わず笑ってしまいました！」と、応援のお言葉を頂きました。そこで、今回も懲りずにばかばかしい話を。

エディプスに対して、スフィンクスは、もう一つなぞなぞを用意していたそうです。「朝は4本足、昼は3本足、夜は2本足の動物は何か？」分かりますか？

答えは、「男」だそうです。

「いい加減に下ネタはやめろ！」と怒られても嫌だし、「お前は昼から2本足だろう。」と悪口言われるのも嫌です。顧問先が減るといけないので、解説はやめておこうと思ったのでした。

（2017年3月1日発行　第192号）

弁護士の王子さま

「星の王子さま」は、いうまでもなく、サンテグジュペリの傑作ですね。世界中で、2億冊近く売れた、大ベストセラーです。

人が一人住めるくらい小さな星に、王子さまはバラの花と住んでいたんですね。王子さまはキレイなバラの花が大好きで、色々と世話をするんですが、バラの花の方は、王子さまの気を引いたり、冷たくしたり、我儘を言ったりと好き勝手をします。そんなバラの花との関係に疲れて、王子さまが旅に出ることころから、話が始まります。様々の星を旅してから、地球にやってきた王子さまは、砂漠で遭難していたサンテグジュペリに出会うんです。

星の王子さまには、本当にたくさんの、考えさせる話しが載っています。例えば、バラの棘の話なんて有名ですね。自分の星に残してきたバラを忘れられない王子さまが質問します。「何だってバラは、棘を使って、人を痛くするんだろう？　本気で相手が向かってきたら、棘なんて何の役にも立たないのに。」みたいな質問ですね。この質問に対して、イライラしていたサンテグジュペリは、そっけなく答えます。「理由なんかないさ。バラの花は意地悪なんだよ。」

若い頃にこれを読んだ私は、「サンテグジュペリ、正しいじゃん!!」なんて思ってしまいましたね。こういう反応をするのが、もてない男の特徴だと、今にして思い至ったのです。ううう……

これに対して、もてる男は、星の王子さまのように考えるのです。「違うよ。バラの花は無邪気なだけなんだ。自分のちょっとした棘を、たいそうな武器だと思っているんだ。」

弁護士業をしていると、本当につまらない嘘をつく人や、ハッタリのようなことを言ってくる人が沢山います。そういう人たちに対して「ただ無邪気なだけなんだ。」と、温かい目で見たいのですが、まだまだ修行が足りないのです。

王子さまが、知恵者のキツネに教えてもらった話も有名です。友達になりたいという王子さまに、キツネは「それなら毎日決まった時間に自分のところに来て、一緒に過ごそう。」と、教えました。「今の自分は、何万匹もいるキツネの中の一匹に過ぎない。でも、君が僕のところに来て時間を使えば、自分は特別な一匹のキツネになるんだ。」ということでした。恥ずかしながら、これってすごい教えなんだと分かったのは、つい最近のことです。

10年前に独立開業するにあたって、「戦略」と「戦術」の勉強をしました。何処で、誰と一緒に、どういう資源で戦うかを決めるのが「戦略」ですね。それに対して、戦略を前提に、その中でどう戦うかが「戦術」です。だからこそ、「戦略の失敗は、戦術ではカバーできない」と言われるのです。それは確かに真実でしょう。「人を雇うなら、初めから優秀な人を雇うべき。ダメな人を雇えば、その後どんなに頑張っても、何も期待できない。」なんて話を読んだことがあります。良い人を選ぶのが戦略的勝利ということでしょう。

しかし、今にして私は、「ご縁」というのが、本当に大事だと思えてきたのです。王子さまが、キツネと友達になったのは、「優れたキツネ」だったからじゃないんですね。ご縁で会うことができ、お互い時間を共有したからです。

私も、うちの事務所に「ご縁」で来てくれたお客様に、せめて自分たちの時間をできる限り使いたいのです。何万人もいる弁護士の中で、ただ一人の弁護士になれたらと考えています!

弁護士より一言

小学生の息子が、自分の姓と同じ「偉人」を調べるようにと、課題を出されました。「大山なんて、誰もいないじゃん。」と、とんでもないことを言います。

「日露戦争の大山巌とか、将棋名人の大山康晴とか、空手バカ一代の大山倍達とか知らないの?」と確認しましたが、本当に知らないんですね。私があきれ返っていると、息子がすかさず言いました。

「あ、一人知っていた。とても偉い人。大山滋郎!」

「ほ、本当に口だけ達者になって……」と言いながらも、思わず顔がほころんでしまったのでした。

(2017年3月16日発行　第193号)

弁護士のすることに間違いなし

ニュースレターも、本日から9年目に入りました。相変わらずバカバカしい内容ですが、よろしくお願いいたします。

本日は、アンデルセン童話です。アンデルセンは、子供のころからあまり好きじゃなかったんです。マッチ売りの少女とか人魚姫など、感動の押し売りみたいな感じが嫌でしたね。（ひ、捻くれてるなあ……）

そんな中、ただ一つ好きだったアンデルセン童話が、「おじいさんのすることに間違いなし」です。おじいさんが馬を売りに行く話です。売ったお金で、何か良いものを買ってくるように、おばあさんから頼まれているんですね。おじいさんは、馬を次々に別のものに交換していきます。馬から牛、牛から羊、羊からガチョウ、ガチョウからメンドリ、メンドリから腐ったリンゴへと交換して、家に戻っていくのです。そのことを聞いた人から、「それじゃあ奥さん怒るでしょう？」と心配されても、「うちの妻はいつでも『おじいさんのすることに間違いなし』といってくれるよ！」と自信たっぷりです。そこで、本当にそんなことがあるのか、確かめることになります。

奥さんは、おじいさんが新しいものに交換する話をするたびに、本当に良いことをしたとほめてくれるんですね。牛に交換したと聞いたら、「ミルクが飲めるよ！」、メンドリに交換したと聞けば、「卵が食べられる！」みたいな感じです。最後に、腐ったリンゴに交換したと聞いたときも、（いま一つ理屈は分からなかったんですけど）、「本当に、おじいさんのすることに間違いはないねえ！」と喜んでくれたというお話です。この夫婦、オレオレ詐欺にでも引っかかるんじゃないかと心配になりますね。

その一方、自分がしたことを常に肯定してもらえるおじいさんは、とても幸せ者だと感じのです。

弁護士の場合も、お客様に満足してもらえるかどうか、いつもヒヤヒヤしているところはあります。裁判でも交渉でも、本当に自分のやり方でよかったのか、結構悩むんですね。

そんなときに依頼者から、「弁護士のすることに間違いなし」と言ってもらえると、本当に嬉しいですし、もっともっと頑張らねばと思えてくるのです。

そもそも、お客様の満足度と、弁護士の仕事の成果とは、あまり相関関係がないことに気づいてきたのです。刑事弁護で、結果的に刑務所に入ることになっても、「本当に有難うございました。お陰様で、安心して裁判に臨めました。」と感謝されることはよくあります。その一方、かなり良い条件で和解できたときも、「もっと良い結果になったのではないか?」みたいに言われることもあるのです。

こちらも人間ができていませんから、頑張ってやったことに対して色々と言われますと、「やる気」が急速にしぼんでいくのです。（おいおい！）「おじいさんのすることに間違いなし」と言ってくれるお客様の方が、長い目で見たときに絶対に得をしているように思えます。

しかし考えてみますと、これって逆の立場でも言えそうです。顧問先の方達から、「こういうビジネスを考えているが、法的に問題ないだろうか?」みたいな質問を受けることはよくあります。法律を勉強している人は、後ろ向きな人が多いですから（わ、私も人のこと言えません。）リスクの方にどうしても目が行き、否定的なことを言ってしまいます。でも、私が依頼者なら、否定的なことばかり言う人とは、一緒に仕事したくないです。大きなリスクの指摘は必要としても、「お客様のすることに間違いなし！」といえる弁護士になろうと思うのでした。

弁護士より一言

4月から高校生になる次女に、「おじいさんのすることに間違いなし」の話をしました。「これさえできれば、とってもいい人と結婚できるし、結婚生活も上手くいくよ。」と、親心で教えてあげたのです。すると「夫が銀行強盗したり、覚せい剤使ったり、ギャンブルでお金を使っちゃったりしたら『間違いなし』なんて言えないでしょ。」なんて反論します。「そもそも、そんなのとなんで結婚するんだよ!!」とむきになって言い返すと、娘に言われちゃいました。

「分かってる（笑）パパのいうことに間違いなしね！」なんとなく言い負かされた気がしたのでした。

（2017年4月1日　第194号）

パンドラ弁護士の希望

「パンドラの箱」は、ギリシャ神話の中の有名な話です。

人間がどんどん力をつけてきたのを見て、ギリシャの神様は不安に思います。このままでは自分たちの存在が脅かされると感じたわけです。そこで神様は、パンドラという名の女性に、あらゆる厄災が詰まった箱を持たせて、人間界に行かせます。

そのときに、「この箱は絶対に開けてはいけない。」なんて、わざわざパンドラに言うわけです。こんなことを言われたら、誰だって気になりますよね。人間界に行ったパンドラは、箱を開けてしまいます。すると箱の中からは、病気、戦争、裏切りといった、あらゆる厄災が出てきてしまいました。このままでは人間は滅びてしまうんですね。そこで、慌ててパンドラが箱を閉めると、箱の底に「希望」だけが残されていたという話です。残された「希望」によって、人間は滅びずに済んだという神話です。

以上が一般的な「パンドラの箱」の話なんですが、この話はおかしいだろうという、有力な批判があります。そもそも、厄災を詰めた箱の中に、「希望」だなんて前向きなものが入っていたこと自体がおかしい。さらに、希望があるなら、それこそ箱から出すべきなのに、箱に封印したままにしておいて、それで人類が救われたというのは理屈に合わないというわけです。

ギリシャ語の「希望」という単語には、「先を見通す力」みたいな意味があるそうです。パンドラの箱の中に残り、人類に広まらなかったのは、この能力ではないかというのが、有力な反対説です。

私には、こちらの説の方が、もっともに思えるのですね。変に先を見通す力があると、悲観的なことばかり見えてくるのが人間です。

そもそも、何十年後かには必ず死ぬんだなんて本当に理解してしまえば、ほとんどの人は怖くて、満足に生きられないそうです。私をはじめ多くの人は、先を見通す力が与えられなかったおかげで、なんとなくそういう深刻なことは忘れて、毎日前向きに、楽しく生きているんですね。ギリシャの神様が放った多くの厄災も、気が付かず、気に病みさえしなければ、大して怖くないのでしょう。

先を見通す力は、弁護士の仕事においても非常に重要です。この力が劣っている弁護士だと、無駄な仕事をバタバタするだけで、お客様にも相手方にも迷惑をかけてしまいます。その一方、人一倍先を見通せる弁護士が良いかというと、そうとも言えないのです。先が読めすぎる弁護士は、得てして悲観的になる傾向が強いと思います。戦う前から、これはもうダメだと諦めてしまうし、依頼者にもそんな風に悲観的な話をしてしまいます。ある意味良心的と言えるのでしょうが、私はかなり問題だと思うのです。

そもそもお客様は、自分のために誠心誠意頑張って、戦ってくれる弁護士を探しているはずです。少なくとも私が依頼者なら、そういう人を探します。

ベテラン弁護士に「これは難しいです」なんて言われた事件を引き受けた新人弁護士が、結果的にはダメだったにしろ、「本当によくやってくれて有難うございました！」と感謝されるような話は、弁護士業界にはよくあるのです。（もっとも、こういうことはどの業界にもありそうですね。）そもそも、諦めずに真剣に活動すれば、最初に目指した目的地には着かなくても、思いもよらない良い結果を得ることだってあります。

錬金術はダメでしたが、真剣にやったおかげで、化学が進歩したのです。過剰に悲観的にならずに、全力で対応する！　そこに「希望」が見えてくると思うのでした。

弁護士より一言

妻がギリシャ神話の話を聞きたいというので、寝るときに何回も話してあげたのです。妻もギリシャ神話が好きなんだなと、信じて疑いませんでした。ところが先日、夜眠れなかったと言ってきた高校生の娘に、妻がアドバイスしていました。「それなら、寝るときにパパにギリシャ神話の話をしてもらうといいよ。あれを聞くと、すぐに眠くなるから！」し、失礼な。しかしこんなことには挫けずに、いずれ孫にもギリシャ神話の話をしてやろうと誓ったのです！

（2017年4月16日　第195号）

高慢弁護士の偏見

ゴールデンウィークで皆さんお休みなのに、ニュースレター書くなんて……。そこで私も、好きな小説の話で、お茶を濁すことにします。（おいおい。）

「高慢と偏見」は、今から200年も前に書かれた、ジェーン・オースティンの小説ですね。「完全な小説家の、完璧な小説」と言われている、凄い作品です。その一方、書かれている内容は何かといいますと、当時の「婚活」です。何人もの女性やその親たちが、お金持ちの男性と結婚しようとする小説です。

「小説の始まりはこう書くべきだ」なんて昔から名高い冒頭部分は、こんな風に始まります。「独身で金がある、と聞けば、あとは嫁さんを探しているに違いないというのが、世間の公認真理といってよい。」そんなわけで、娘だけが5人もいる家の近所に、お金持ちの若い独身男性が越してくるところから、小説が始まります。親たちも娘たちも、何とかお金持ちと結婚しようと、あの手この手を使っていくわけです。小説の中で、男性が出てくるごとに、その収入までしっかりと記載されているところが清々しい！　最初に越してきたビングリーさんが、今のお金で年収3000万円、その次に登場するお友達のダーシーさんが年収1億円といった感じです。ただ、年収といっても、自分で働いて稼ぐようなのはダメです。評価されるのは、領地からの地代収入といった、不労所得なんです。これは、代々長男に引き継がれていきます。

次男や三男はどうするかと言いますと、牧師、医者、法律家のいずれかになるのが原則です。この辺は、現代日本のお金持ちの生活とも重なりますね。事業で稼いだお金を、不動産や株式の投資に充てて、十分な不労所得が入ってくるようにする。頭の良い子供は医学部に入れて、医者にする。こんな風にして富を残しているお金持ちは沢山います。200年前の英国のやり方は、いまだに有効なんですね！ということは、どうでも良いのです。（だったら長々と書くなよ!!）

この小説は、年収1億でハンサムなダーシーさんと、主人公のエリザベスが結婚するまでの話です。ダーシーさんは、当然のことながら、自分に自信があるので、人を見下す、「高慢」なところがあります。その一方、誠実で情に厚い、良い点もたくさんあります。エリザベスの方は、当初はダーシーさんの高慢なところばかり目について、非常に強い「偏見」をもって彼を見るわけです。そんな二人が、それぞれ自分の欠点を自覚し、それらを直していく中で、お互いに惹かれあっていくという、ハッピーエンドの楽しい小説です。

というところで、今回も強引に、弁護士の仕事に結びつけます！　最近はかなり良くなってきているとはいえ、日本の弁護士は、かなり「高慢」なところがあると思っています。難しい試験に合格し、「人権保護」という大切な仕事をしているのだという自負心が、一般の人を見下すような言動になっているように思えるのです。例えば裁判員裁判に関して、「一般大衆に何が分かるんだ！」といった高慢な意見を述べる弁護士が相当数いるのは、残念ながら事実なんですね。そんな弁護士の「高慢」に対応するように、一般の人たちの中には、弁護士に対する「偏見」があることも感じるのです。「お金のために、悪人に味方する悪徳弁護士」みたいに言われることは、よくあります。弁護士と市民が、お互いに尊敬しあえる世の中になって欲しいと、強く願っているのです。

弁護士より一言

20年以上前に妻と結婚したときには、私は会社員でした。当然のことですが、ビングリーさんやダーシーさんのようなお金持ちではありません。

先日、妻が大切に保存していた子供たちの手紙や絵をいろいろ見せてくれました。

10年近く前の、娘からパパへの手紙には、「いつもおしごとありがとう。パパはママとけっこんできてしあわせだね。いいな。ママみたいなかわいい人いないよ。ままにはないしょ。しぃーまたあそんでね。パパだ～いすき！」妻と結婚できたことを感謝し、今後、娘に腹が立つときは、この手紙を思い出そうと思ったのでした。

（2017年5月1日　第196号）

ただの弁護士じゃねえか，こんなもん

連続テレビ小説で、「ひよっこ」ってやってますよね。私が生まれた50数年前に、集団就職で東京に出てきた女性たちの話です。主題歌をサザンの桑田佳祐が歌っているんですが、それに対するNHK会長のコメントを読みました。簡単に言うと、メロディーはいいし、何となく雰囲気的に素晴らしいが、歌詞は何を言っているのかわからないそうです。

「愛の言葉をリル熱い吐息をもう一度恋はベルベットいかしたシルエット」なんて、なんのこったか、私も分からない。でも、とっても魅力的です！　そもそも桑田佳祐の歌詞は、40年前から何を言ってるか分からなかった。それでも多くの人を引き付けたのです。「愛に舞う裸の報道は情事すべき我が身に重要で終わりなき夜に咲く」なんて歌詞、どんなに頑

張って、理詰めで考えても、分かるわけない。「ハイデッガー哲学の翻訳かよ!」と言いたくなりますが、何かとてもいい感じに聞こえるんです。

考えてみますと、こういう理詰めで考えると、そもそも何を言っているかよく分からないが、とてもよく思えるってこと、弁護士の仕事でもあるんです。お客様でも、理屈は良く分かるし、言うことはもっともだと思うけれども、今一つ共感できない人はいます。(す、すみません……)その一方、文章に起こすとメチャクチャな内容になりますが、「ライブ」で聞いていると、とても心を動かされる人もいます。これは弁護士としても同じことが言えます。法的にはかなりメチャクチャな内容でも、お客様に強く訴えかけることができる弁護士はいるのです。

「ただの歌詞じゃねえか、こんなもん」は、言うまでもなく、桑田佳祐の本ですね。この中で桑田大先生は、歌謡曲の魅力について語っています。「歌謡曲の何が好きって、あれは水商売っぽくてうさん臭そうだったじゃない。」だそうです。本の中では、ジャイアント馬場の「脳天カラテチョップ」が例に出されてましたが、プロレスの「必殺技」にもあるような「うさん臭さ」が魅力的です。「うさん臭さ」がなくなるとともに、歌謡曲が詰まらなくなってきているというのが、桑田佳祐の主張です。私も共感できます!

「うさん臭い職業」といえば、ほんの数十年前までは、新聞記者や弁護士が代表だったはずです。新聞記者なんて、大衆の嫉妬心に迎合して、人のプライバシーを暴く「うさん臭い」仕事の代表だったのに、いつの間にか「正義の味方」みたいになってますよね。新聞についても、「うさん臭さ」がなくなるとともに、「魅力」も減ってきたように思えます。弁護士も、似たようなものです。もともと弁護士は「代言人」といわれてました。「嘘八百の三百代言」なんて言葉もありましたが、弁護士の仕事は、依頼者のために口先一つで、相手を言いくるめるような「うさん臭い」仕事だったはずです。それがいつの間にか、理詰めで勝負する、「エリート」の仕事になってきたのです。

もっとも、今でもこういう、良くも悪くも「うさん臭い」弁護士は存在してます。元検事で、暴力団のために働いている弁護士なんています。「あの先生なら、どんな事件を起こしても、すぐに釈放してもらえる」なんて、「うさん臭い」評判を聞いたことがあります。なんか訳の分からない神通力をもっているような評判を勝ち取っている弁護士もいますよね。私みたいに、基本的に理詰めで考える弁護士からすると、どうしても批判的な目で見てしまいます。しかし、そういう弁護士たちがある意味「魅力的」なのも間違いないと思うのです。「何言っているか理詰めでは分からなくても、魅力的な弁護士はいるんだ。」「うさん臭さというのも、人を引き付ける魅力なんだ。」ということは、忘れないでいたいのです。

弁護士より一言

高校生になった娘に、「一緒に映画見に行こう！」と誘いました。少し前までは、喜んでついてきたんですが、「えー、パパとぉ……」なんて、とてもテンションが低い。そこで、「ポップコーン食べながら映画を観よう！」といったら、急に行く気になったんです。

ぽ、ポップコーンで釣られるなよ！　一緒に「名探偵コナン」を見たんですが、「パパはポップコーンいっぱい食べて、あとはずっと寝てただけじゃん！」と言われちゃいました。ううう……

（2017年5月16日発行　第197号）

シャーロッキアンの憲法解釈

シャーロッキアンというのは、名探偵シャーロック・ホームズは実在したと信じている人たちです。コナン・ドイルが書いた小説の主人公ではなく、親友のワトスン博士が記録を残した本物の名探偵というわけです。ホームズの探偵小説は全部で9冊（「聖典」と呼ばれてます！）あるんですが、その中には必ずしも良く分からない箇所があります。常識的には、作者のコナン・ドイルがうっかり間違えたんだろうと考えざるを得ない箇所ですね。しかし、そんな風に考えるようでは、シャーロッキアン失格です。聖典の中に、一見矛盾するような箇所があっても、そこには必ず意味があると信じて、「正しい」解釈を考えていきます。

例えば、ワトスン博士の名前の問題なんか有名です。博士の名前は、ジョン・ワトスンですが、小説の中で奥さんが博士を「ジェームス」と呼ぶ場面があります。シャーロッキアンではない普通の人なら、「コナン・ドイル、うっかり間違えちゃったんだな。出版社も、もっと注意してあげればよいのに。」なんて考えて終わりですよね。誤植なんだから、気が付いたら訂正すれば良いだろうなんて言う人もいそうです。

しかし、シャーロッキアンは、「聖典」に間違いがあるなんてことは認めません。こういった問題について、納得のいく解釈を作り出していくのです！

私の見解では、弁護士その他法律家は、「シャーロッキアン」なんです！　矛盾していたり、つじつまが合わない法律に関しても、間違いだなんて認めずに、合理的な解釈を見つけていきます。民法なんか、130年も前に作られた法律ですから、現代の取引状況と合わなくなってくるのも当然です。それでも、法律は極力変えないで、「解釈」で乗り切っていくわけです。「よくもまあ、こんな解釈考えつくな。本当に頭いいなあ。」と感心する一方、シャーロッキアンに対するのと同じ感想を持ちます。「これって、遊びだろう！」憲法なんてもっと凄いんです。9条の戦争放棄条項なんて、特に有名ですね。日本は戦争を放棄すると規定する一方で、そこにわざわざ「国際紛争を解決する手段としては」と限定をつけています。それなら、「自衛」のための戦争は良いのかなと思ってしまいそうですが、一方憲法は「戦力」

をすべて禁じています。「戦力なしで、どうやって自衛するんだよ?」と、普通の人には非常に分かりにくい規定なのです。

これなんかも、憲法を作る過程で、多くの人の思惑が入り乱れて、今ある文言になったのだというのが、常識的な見解です。でも、日本の法律家の多数派は「シャーロッキアン」ですから、そんな「コナン・ドイルの都合で……」なんてことは認めないんです。憲法という「聖典」の隠された深い意図を解釈していきます。

9条だけでなくて、憲法にはこういう常識的にはおかしい条文って、いくつも有ります。たとえば、私立学校への補助の問題も有名です。条文を普通に読めば、明らかに憲法で禁止されているんですが、本当に禁止しちゃったら、非常識な結果になります。だからといって「聖典」が間違っていましたと認めることは、「シャーロッキアン」としては許しがたい。そこで、常識的には憲法違反としか読めない私学補助が、何故憲法上許されているのかについて、頭の良い学者先生達がこぞって、いろいろな解釈を考えています。

これは本当に意味のある事なのか、「シャーロッキアン」でない私は、疑問を感じざるを得ないのです。

弁護士より一言

私自身、せっかちで書き間違えや誤植が非常に多いのです。ニュースレターでも、恥ずかしながら何回も指摘を受けています。さらに、レターを小冊子にまとめるときには、横書きを縦書きにすることもあり、自分でも驚くほど多くの誤植が出てきちゃうんですね。

おおざっぱすぎる次女にまで、「パパこれ酷すぎない?」なんて言われました。私のニュースレターの誤植も、間違いではなくて、深い意味が隠されているのでは?と皆さんに信じて貰えるように、頑張ってまいります。（頑張るところが違うような

……）

（2017年6月1日発行　第198号）

消極弁護士の熱情

高校生の娘たちから、英語の勉強について質問を受けます。どれも凄く難しいのです……「理屈じゃなく、覚えろ！」なんて言ってしまうのです。考えてみますと、私が学生のころにも、理解できないことはありました。passive（受身な、消極的な）とpassion（熱情）の関係なんか、すごく不思議でした。同じ系列の単語なのに、正反対の意味です。暗記するのに苦労したのです。その後、2つの単語は実は同じものを現しているのだと知りました。実体は同じで、それに対する評価だけが違うのです。私は会社員生活が長かったんですが、人間関係って難しいですよね。普段は我慢していても「やってられるか！　もう辞めてやる。」なんて感情的になることもあります。しかし、理性的に考えると、会社を辞めて家族とどうやって食べて行くのか？　子供の学校はどうするのか？　そんなことを考えて、普通はぐっと我慢します。しかし最終的に我慢できず、辞表を出したとします。これを肯定的にとらえると、「やっと、今までの偽りの生活を捨てることができた。熱情（passion）をもって、本来の自分に戻れたんだ！」となります。一方、同じことを否定的にとらえると、「一時の怒りの感情に、身を任せて（passive）しまった。自分をコントロールできずに恥ずかしい。」ということになるのです。どちらが「正しい」ということもないでしょう。私もそうですし、ほとんどの人が、この2つの気持ちの間で、揺れ動いていると思います。「こらえて生きるも男なら売られた喧嘩を買うのも男」なのです！（ふ、古いなあ。何のことか分かりますか？）

弁護士をしていますと、お客様のこういった、「理性で考えた損得勘定」と、「これは絶対に認められないという感情」に向き合うことが多々あるのです。刑事事件のお客様で「自分は絶対にやっていない！」

という方は相当数いらっしゃいます。電車の中の痴漢事件など多いですね。弁護士としてはどうしても、理性に基づく損得勘定で話してしまいます。「本気で争えば何年もかかります。勝てるかどうかも分からない。たとえ勝てても、それまでに、家庭も崩壊してしまうのが普通です。腹も立つでしょうが、示談して穏便に終わらせる方が絶対に得ですよ。」問題社員を首にしたら、逆に訴えられたなんて経営者の方も沢山います。「とんでもない奴だ！ たとえ負けても、最高裁まで戦ってやる！」なんて言われたことは、何度もあります。その度に、「怒りに支配されてはダメですよ。冷静に、他の従業員や家族のことを考えて下さい。」なんて言ってきました。今考えると、本人の気持ちを無視した発言に思えるのも事実です。私自身、損得なんか考えずに、熱情の赴くまま行動して、たとえ損しても、「ああ、すっきりした！」と思ったことは何回もありますから。うう う……。そうは言いましても、やはり弁護士としては、まず損得を考えて、「感情に支配されてはダメですよ。」とアドバイスするのが筋のように思います。それで思いとどまる人は、最初からその程度の「熱情」だったのでしょう。行動してしまえば、絶対に後から悔やむはずです。私がいくら止めても、「これだけは絶対に許せません！」というお客様は、たとえ損したとしても、本気で何とかしようとしている人だと思います。そんなお客様には、私も「熱情」を持ってついていく。そんな弁護士になりたいものです。

弁護士より一言

高校生の娘は、英語の勉強のため、留学したいと言っていました。ところが先日、「もう英語分かったから留学しなくてもいいかも」なんて言います。

娘によると、海外のレストランで注文できるくらいの英語力を身につけるため、留学したかったそうです。ところが、メニューを適当に指さして、「This one, please.」と言えばよいことが分かったとのこと。

あ、あほか！　もっとも私も、アメリカに住んでいたとき、レストランで同じように注文していたのでした。

（2017年6月16日発行　第199号）

弁護士の新約聖書

キリスト教徒ではないけれど、聖書はかなり好きです。「悪魔も好き勝手に聖書を引用する。」そうですから、私も好きな言葉をあげていきます。一番好きなのは、神に対する祈りの言葉です。キリストは、「私たちを誘惑にあわせないで下さい」と祈るように教えたのです。「誘惑に勝てるように」ではなくて、「誘惑にあわせないで」と、祈るわけです。私は、「人が誘惑に勝てる！」と考えること自体、思い上がりだと信じています。

弁護士をしていると、様々な問題を起こした方と話すことがあります。会社のお金を横領したとか、不倫で家庭を壊したような人たちですね。まあ、これはあんまりだ、欠陥人間じゃないかと思う人も、中にはいます。その一方、「こんな誘惑にあったら、自分でも道を踏み外したかもしれないな。」と思う場合がとても多いのも事実です。

「盗人にも三分の理」なんて言葉がありますが、横領事件の場合、会社の管理体制に非常に大きな問題がある場合がほとんどだと感じています。常識的には信じられないのですが、取ってくれと言わんばかりに、お金や物が放置されているんですね。

人間は弱いものですから、初めは「ちょっとだけ借りておこう……」なんて自分に言い訳して、わずかな額を横領します。それがバレないと、だんだんと横領の金額も大きくなり、最後には警察のお世話になるのです。本人が悪いのはその通りですが、会社の方もそんな「誘惑」に社員をさらさないでくれたら、犯罪者を作らないで済んだのではないかとの気持ちも、抑えられないのです。私の場合、子供のころから「誘惑にあわせないでください。」と祈って

ました
おかげさまで、横領はもちろん、不倫の誘惑も全くなかったのです。少し祈りすぎたかもしれないと、寂しい気も。（おいおい！）。

聖書の言葉に戻ります。罪を犯した女に石を投げて攻撃する人たちを止めた、キリストの言葉も好きですね。「あなた方のうち、罪を犯したことのないものが、まず石を投げなさい。」これを聞いた人たちは、誰一人として石を投げなかったそうです。ご立派！

裁判員裁判が始まってから、非常に刑が重くなってきたように思えます。これまでが軽すぎたのであり、やむを得ない面があることも理解しています。それでも私は、裁判員の人たちに向かって、「あなた方のうちで、罪を絶対に犯さないといえる人だけ、被告人に石を投げてください！」と言いたくなるのです。

最後にもう一つ。「あなた方が私を選ぶのではない。私があなた方を選ぶのだ。」というキリストの言葉もとても好きでした。散々悪いことをしておきながら、「主よ、主よ！」と泣きついてくるような人を、キリストは相手にしないということです。正しい行いをした人を、キリストの方で選ぶのだという言葉です。

20年ほど前には、弁護士は人数も少なく、仕事は幾らでもありました。まさに弁護士の方で、お客様を選り好みしていたのです。「何と言って依頼を断るかを考えていた。」なんていう弁護士も沢山いました。時代が変わり、弁護士の人数も増えてきました。いまや、「弁護士が顧客を選ぶのではない。顧客が弁護士を選ぶのだ。」という時代です。これは、多くのお客様にとって、とても良いことだと思っています。その一方、仕事がない中で、怪しい顧客の不正な仕事に手を出す弁護士も増えています。今こそ弁護士も、以前とは違う意味で、「お客様が弁護士を選ぶのではない。弁護士がお客様を選ぶのだ。不正な仕事は断じて受けない！」という矜持を持つべきと思うのです。

弁護士より一言

「もう、死にたい。」と、高校生の娘に言われました。大変なことだと思い、詳しい話を聞いてみたんです。娘によると、「3日だけ死にたい。」そうです。キリストかよ！　3日過ぎると、試験が終わるとのことでした。あ、あほか。試験が終わって、生き返った後どうするんだよ。

そういえば、中学生になったころ娘は、早く3年生になりたいと言ってました。風邪で、3年生だけ学級閉鎖になっていたのが、羨ましかったそうです。親として恥ずかしくて、3日だけ死にたい。

（2017年7月1日発行　第200号）

三酔人人権問答

中江兆民といえば、明治時代の大思想家ですね。ルソーの社会契約論を日本に紹介したことで有名な人です。一方、兆民大先生は、奇人変人としても有名です。子供に名前を付けるのに、丑（うし）年生まれの息子に丑吉、申（さる）年生まれの娘に猿吉と命名するような人です。酒癖も悪くて、輿入れしてきたばかりの奥さんともすぐに破談になったなんて話もあります。女性にとって、結婚と売春は同じものだという理論を展開したのも、兆民先生のはずです。結婚は独占的な長期契約、売春は非独占的な短期契約という違いがあるだけで、本質的には同じものなんだそうです。

そんな中江兆民の代表作といえば、なんといっても「三酔人経綸問答」ですね。酒好きの大思想家、南海先生のもとに、民主主義を信奉する「洋学紳士君」と、国粋主義者の「豪傑君」が訪ねてきて、3人でお酒を飲みながら、政治や軍事について問答をするという、とても面白い話です。

今から130年前に書かれた本ですが、日本の国防問題など、この本の内容から一歩も進展していないといわれているのです。

洋学紳士君は、軍備撤廃・完全非武装の理想論をぶち上げます。これに対して、豪傑君は厳しく批判するんですすね。つまり、軍備をなくすというのは、そういう考えに感心したアメリカなどの国が、支援してくれると期待しているだけじゃないのかという批判です。この辺のやりとりは、三酔人経綸問答から60年後にできた日本国憲法のもとでも、まったく同じ応酬がなされています。豪傑君は、洋学紳士君の軍備撤廃論をさらに攻撃します。狂暴な国（将軍様？）が、我が国の非武装に乗じて、攻め入ってきたらどうするのかという質問です。

そんなときに、国民を守るための秘策が何かあるのかと、追求します。これに対する洋学紳士の回答が凄いんです。「そのときは銃弾を受けて死ぬのみ。別に秘策無し。」これを読んだときに、「えー、死んじゃうの、それって無責任では……」と思ったことも事実です。その一方、この回答に清々しさを感じたのも間違いないところです。あまり言いたくないんですが、現代日本の非武装論者がインチキ臭いのは、豪傑君の問題提起に対して、言葉を飾ってごまかすだけで、洋学紳士の誠実さがないためだと思います。

話は変わって、現代の人権問題についてです。犯罪者を取り締まらないと、国民は安心して暮らせませんよね。その一方、刑事事件では、被疑者や被告人の人権を守ることも大切です。どの程度疑わしい人を逮捕したり、有罪とするかというのは、とても難しい問題なわけです。少しでも疑わしい人は逮捕して有罪にしろなんて考えは論外です。その一方、ほんの少しでも疑問があれば、みんな無罪にして釈放してしまえというのも、かなり怖い考えですよね。実際問題、「無罪」とされた犯人が、また殺人事件を犯したなんてケースはいくつもあります。「悪人を野放しにして、国民を危険にさらすのが人権保護かよ！」なんて批判する人がいるのも当然のことでしょう。「9人の真犯人を無罪としても、1人の冤罪者を出さないようにしないといけない。」というのが、多くの弁護士の見解です。でもこれって、10人釈放したら、そのうちの9人は犯罪者で、再び殺人などの罪を犯す可能性があるということですよね。豪傑君から、「釈放された犯罪者がまた人を殺そうとしたときに何か秘策があるのか?」と問い詰められたときに、洋学紳士と同じ回答ができるのか?「人権! 人権!」と安易に口にする「人権弁護士」の、誠実さが問われていると思うのです。

弁護士より一言

小学校6年生の息子が修学旅行に行きます。妻が新しいパジャマを買おうと提案しましたが結局、手持ちのジャージとTシャツを持って出かけました。少し前までは、仮面ライダーや戦隊ものがついたパジャマをあんなに欲しがってたのに! なんだか少し寂しい気持ちになったのでした。近いうちに、パパとおそろいで買った「おさるのジョージ」のTシャツも着なくなるのではと心配しています。子供は親離れしていくが、親の子離れはなかなか難しいようです。

(2017年7月16日発行　第201号)

AIの弁護士

本を1冊読む間に、マンガを10冊読んでます。毎日暑くてやる気が出ないので、好きなマンガを紹介しましょう。「AI(アイ)の遺電子」という、人間よりはるかに優れた人工知能(AI)が、人間たちをコントロールしている世界の話ですね。この世界には、人間の他に、ヒューマノイドとロボットがいます。ヒューマノイドは、人間の脳を模したAIを有しており、能力的に人間と同じです。だからこそ、人間と同じ権利を認められているんです。それに対してロボットは、人間よりはるかに優れた人工知能(AI)を装備してます。そんなロボットには、何の権利もなく、単なる「道具」として扱われているんですね。わ、私だって、自分よりはるかに優れた人工知能を持つものがいたら、面白くないです……

そんな世界ですが、人間は現代と同じように生活しています。本当は人間が会社で働く必要なんてありません。優秀なAIがやった方が、よほどうまくいきます。そんな中でも人間は、どちらが優秀かと競争しながら生きています。同じ「人間」として、悲しくなります。そもそも、生きるために働く必要もないのです。「特区」での生活を申請すれば、働かなくても生きていけます。ただ、そうなってくると、自分の生存価値、つまり自分は何のために生きているのかという問題に直面してしまうんです。つ、辛そうです。そんな世界で、みんな悩みながら生きています。あらゆる領域で、AIの方が優れているんですから。

マンガの中では、様々な実例が取り上げられます。将棋や囲碁では、既にAIに抜き去られていますよね。人間のトップは、AIに100回対局すれば100回負けるのが現状です。そんな中で、棋士の存在価値は何なのか？　人間よりもよほど正確に診察できて、手術などの対応もはるかに優れたAIの医師がいる世界で、お医者さんの価値は何なのか？　これは、弁護士にとっても、本当に深刻な問題に思えてきます。

弁護士といいますか、法律家の仕事は、様々な証拠から事実を認定するとともに、その事実を法律に当てはめて結論を出します。しかし、こういう作業において、人間の弁護士がAIに勝てるとはとてもじゃないけど思えないのです。弁護士の「経験知」など、あっという間にAIに取り込まれそうですね。それなら、弁護士のお客様対応はどうかと考えてみました。確かに、安心してもらい、信頼してもらうのは、弁護士の大きな仕事です。しかしこれも、「人はどういうときに相手を信頼し、安心するのか？」という命題を解いていけば、AIの方がはるかに優れた結果を残せそうです。マンガの中では、夫婦などパートナーとしても、人間たちよりよほど優秀なロボットが出てきていました。いつも妻から、「私が話しているのに、どうして本から目を離さないの！」なんて怒られている私より、AIのロボットは100倍優秀でしょう。

せめて私の場合、このニュースレターでは、自分の存在価値を示したいと思ったのです。しかし、「AIの遺電子」の世界では、「芸術」においても、AIの方が人間よりはるかに優れています。小説家が、自分の作風で小説を書くようにAIに依頼すると、とても面白い小説があっという間に出来上がってきます。それを読んだ人間たちは、「あなたらしさの出た、とても良い作品を書きましたね！」なんて誉めてくれるんです。このニュースレターもAIに依頼すると、「あ、アホか！」「ううう……」なんて使いながら、さらに面白いものになるんでしょうね。ううう……

弁護士より一言

高校生の娘が言いました。「どうして子供の頃から、ピアノだとか勉強だとか、厳しくやらせてこなかったの？　パパとママが優しすぎるから、こんなにのんきな家族になっちゃったんだよ！」

妻が、「これまでさんざんママ言ってきたでしょう?!」と反論すると、「それじゃ、全然足りないよ。」と言い返します。

あ、アホか。「もう嫌だ。高性能AIを備えた、できの良い娘が欲しい！」と、心底思ったのでした。ううう……

（2017年8月1日発行　第202号）

注文の多い弁護士

雨ニモマケズ風ニモマケズ夏ノ暑サニモマケズに頑張っています！というわけで、今回は宮沢賢治大先生の、「注文の多い料理店」です。今更紹介するのも恥ずかしいんですが、道に迷って、「山猫軒」というレストランに入ったお客さんの話ですね。入ってみると、「当軒は注文の多い料理店ですからどうかそこはご承知ください」という注意書きがあるんです。「はやっている料理だから、注文が多いんだな。」なんて、考えてしまいます。ところが店の中を進んでいくと、「髪をとかして、履き物の泥を落とすこと」、「金属製のものを全て外すこと」なんて、へんな「注文」が続きます。最後に、「からだ中に、壷の中の塩をたくさんよくもみ込んでください」なんて注文が来るに及んで、お客さんの方もさすがにこれはおかしいと気が付きます。山猫軒は、お客さんの方を食べてしまうレストランだったという話です。

私もこれまで生きていて、「注文」の多いお店って、本当にあるなと感じています。街を歩いていたら、良さそうなレストランがありました。そこで近づいてみると、入り口からたくさんの「注文」が書いてあるんです。店の前に駐車している車のところには、「これはレストランの車です。触らないでください」さらに、「子供は入店できません。連れてこないで下さい。」とあり、もう一つ「食べない人は入らないでください。」という「注文」を見て、「ケンカを売ってるんか!」という気になって、そのまま帰ったのです。ネットでの販売でも、こういう「注文」はありますね。ヤフオクとかメルカリといった、ネットで出品できるシステムあるじゃないんですか。これらを見てたら、売主側から、沢山の「注文」がありました。「返品はお受けできません。」「お返事の遅い方には売れません。」「梱包は完全でないのでご納得いただく方のみ注文ください。あとからの苦情は受け付けません。」それぞれの注文はもっともかもしれませんが、そんなに「注文」の多い人からは買う気がしませんね。

弁護士の場合も「注文」の多い人はいます。「着手金は、契約後3日以内にお支払い願います。」「当職が依頼した事項は、早急にご対応願います。」なんて、まだいい方です。「常に連絡がつくようにお願いします。」となると、「お客さんは子供かよ!」と言いたくなります。（でも、そこまで言いたくなるお客様がいることも事実なんです……）

それにしても、あまりに「注文」ばかり付けていると、お客様も嫌になってしまいますよね。わ、私も気を付けます……

もっとも、世の中には、多くの「注文」を付けてくるお客様も沢山います。レストランでも、「肉の焼き方が悪い。」なんて言ってる人を何回も見ました。弁護士をしていると建築関係で、「このドアの閉まり方がおかしい。」「壁の色が思っていたのと違う。」といった「注文」も、よく聞きます。中にはもっともだと思うものもありますが、多くの場合「そこまで注文するのかよ！」と感じてしまうのも事実です。こういう「注文」は、お客様との信頼関係が出来ていない場合に起こるように感じています。これは、恥ずかしながら弁護士の場合も同じです。弁護士の活動の一つ一つに、「こうして欲しい。ああして欲しかった。」と注文が付くんですね。弁護士として、信頼を勝ち得ないといけないなと思う一方、あまり注文が多いと、「それなら自分でやればいいじゃん！」と感じてしまいます。（おいおい。）私自身プロの人に依頼するときに、うるさい「注文」を付けないように、十分注意します。

弁護士より一言

親というのは、どうしても子供に「注文」を付けたくなるようです。うちでも、「もう宿題は終わったの？」「お部屋の片づけはできたの？」と、毎日注文を付けてます。お客様には、「注文を付けるかわりに信頼して欲しい」なんて思っているのに、本当にわがままです。来年1年間、ニュージーランドに留学することになった次女と、お盆休みに2人で泊まり込みの断食に来ています。お互い隠れて食べたりしないと約束して、信頼しながら頑張っているのです！

（2017年8月16日発行　第203号）

ホトトギスの労働問題

弁護士のニュースレターらしく、たまには法律問題を扱います。うちで力を入れている労働問題です。

問題社員を何とかしたいというのは、企業にとって深刻な問題ですね。こういうことは、戦国時代の昔からあったようです。役に立たない部下をどうするかについて、信長、秀吉、家康の有名な話がありますね。

鳴かぬなら　殺してしまえ　ホトトギス

これはもちろん、織田信長です。こういう人に仕えるとなると、私なんかビクビクしてしまいます。

鳴かぬなら　鳴かしてみせよう　ホトトギス

こちらは、人使いの名人、豊臣秀吉です。どんな暴れ馬でも乗りこなして見せるという自信を感じます。新興企業のヤリ手社長にいそうな気がします。

鳴かぬなら　鳴くまで待とう　ホトトギス

これなんか、高度経済成長期の大企業の考えのように思えます。少々役に立たない人間でも抱えておけば、そのうち仕えるかもしれないという、大企業の自信です。さすが、江戸幕府を作った家康です。戦後の高度経済成長期で活躍した松下幸之助が、

鳴かぬなら　それもまたよし　ホトトギス

と詠んだのも、家康と同じような自信があったからでしょう。どこかしらで、この人も役に立つことができるはずだ、自分ならそれができるという自信です。

うちの事務所は、多くの労働事件を扱っています。うちに来る労働事件を見ていると、多くの中小企業で、問題社員の扱いに困っているのがよく分かります。問題社員と言われている人の中には、会社から「何もしないほうが良いので、給料だけ支払うから、会社に来ないでくれ。」とまでいわれていても、本人には自覚がなく、「自分は会社の役に立っている、悪いのは他人だ!」と、心から信じているみたいです。こういう社員に対して、アメリカの法律

では、基本的に、バッサリと首をはねることができます。

鳴かぬなら　お前はクビだ　ホトトギス

これは、日本企業から見れば、うらやましいことかもしれません。しかし、アメリカの場合、労働契約で、それぞれの従業員の職務範囲が決められています。つまり、「鳴くこと」が職務範囲に入っているからこそ、それができない場合には、解雇できます。それに対して日本の場合、特に「何が職務だ」と決めずに採用するのが一般的です。こういう事情も相まって、日本の裁判所は余程のことがないと解雇を認めません。

鳴かぬのは　会社が悪い　ホトトギス

というのが、日本の裁判所の基本的な考えです。具体的に裁判所が会社に求めるのは、次の2点です。

鳴くように　教育しなさい　ホトトギス
鳴く場所に　移せばいいでしょ　ホトトギス

大企業ならこれも可能かもしれませんが、「中小企業にここまで要求するの?」という不満は消せません。この不満をあるとき労働裁判の裁判官にぶつけたら、すまなそうに、「まあ、法律ですから……」と言われました。法律は、「悪」の資本家から従業員を守るという建前で作られています。世の中には、「ブラック企業」としか言えない会社が存在するのも事実です。しかし、多くの中小企業は、苦しい資金繰りの中、従業員のために頑張っているのです。サボってばかりいるくせに、「仕事をしろ!」と怒られると、「パワハラだ。」なんて騒ぎ立てる従業員を何とかしたいものです。

鳴けですか　それはパワハラ　ホトトギス

弁護士より一言

弁護士には、それぞれ得手不得手があります。法律知識にたけている弁護士は、見通しが良いだけに、お客様が何を言っても冷静に「それはこうなります。」と返答します。お客様にとっては、それが冷たく感じられるんですね。見通しが悪い弁護士の場合、お客様の問題提起をうけて、本気で悩み、真剣に考えます。その態度が、信頼につながっていくことも、よくあることです。

鳴けぬこと　それが強みだ　ホトトギス

仕事がらみだと、こういう風に考えられるのに、子供のことになると「世間並みに鳴いて欲しい。」と思ってしまう。あ、アホか！と自分に言いたいです。ううう……

（２０１７年９月１日発行　第２０４号）

ガラスの家の弁護士

英語のことわざには、面白いものが沢山あります。読んでると、ドキッとしたり、思わず笑ってしまいます。

「今日考えて、明日話せ。Think today and speak tomorrow.」なんて耳が痛いです。弁護士稼業は、まず話して、後から考えるのが普通ですから。ううう。

「この親にしてこの子あり。Like father, like son.」は、自分の子供のことを考えると頭が痛い。これって事務所のボスと、勤務弁護士の関係でも真実です。ボスの弁護士がダメな事務所は、まともな勤務弁護士は辞めていき、残るのはボスと同じ問題弁護士だということはよくあります。う、うちは大丈夫です……

亀の甲より年の功。The older, the wiser.」なんていいですね。若手より自分の方が優れているのだと、根拠のない自信を持てます。

と、いろいろとことわざはありますが、私が一番好きな英語のことわざはこれですね。「ガラスの家に住む者は、石を投げてはいけない。People who live in glass houses should not throw stones.」他人に石を投げると、相手も投げ返してきますよね。自分の家がガラスで出来ていれば、相手の投げた石によって壊れてしまいます。だから、スネに傷持つものは、他人を攻撃しちゃいけないという、とても有難いアドバイスです。でも、これって守れない人が多いんですね。

政治家の場合なんか、本当にたくさんあります。自分が野党のときは与党の「強行採決」を強く非難しておきながら、自分が与党になると、同じことして批判されるんですね。政治家の不倫問題なんて、凄く世間を騒がせます。別に私生活のことなんだから、政治家としての能力とは関係ないじゃんと、私なんか思います。しかし、他の政治家が不倫問題を起こしたときには、鬼の首をとったかのように攻撃していた人が、自分も不倫していたなんてことになれば、やはり非難されてもやむを得ないと思います。なんだってガラスの家に住んでたのに、他人に平気で石を投げてたんだろうと、呆れかえるのです。

しかし考えてみますと、弁護士なんてまさに、他人に石を投げることばかりしている商売なんです。例えば刑事事件の場合、多くの弁護士が被告人の人権を守るために、様々な主張をしますよね。場合によっては、被害者側に問題があったくらいのことを言います。被告人を罰しようとする検察官を、非難さえします。ところが最近、被害者側に弁護士を付ける制度ができたんです。そうすると、被害者側の弁護士は、被告人を厳しく攻撃しはじめました。私の実感ですと、被害者についた弁護士は、検察官の1.7倍くらい、被告人に厳しい主張をします。や、止めてください。

私だって他人のことは言えません。労働裁判などで、うちの事務所では企業側を代理することが多いんですが、そういうときには会社の立場で労働者側の不当性を攻撃します。ところが、労働者側をもって裁判するときには、似たような問題でも、会社に問題があるって主張しちゃいます。（おいおい！）まあ、こういうことは、依頼者のためにベストを尽くす弁護士としての職業上の問題ですから、ある意味やむを得ないのかもしれません。

その一方、弁護士として本当に恥ずかしい話もあるんです。不倫した政治家や財界人を強く非難していた弁護士が、自分もしていたなんてことはよくあります。大企業や業界の既得権益に反対し、我こそは正義の味方みたいな主張している弁護士も沢山います。ところが、弁護士の既得権益が剥奪されそうになると、そういう人ほど目を三角にして反対します。わ、私は大丈夫ですよ。

弁護士より一言

寄宿舎生活をしている高校1年の娘が、週末家に戻ってきたときに言いました。「政治家の不倫の話、ニュースになってたでしょう。相手が弁護士だって聞いて、パパじゃないかって、心配になっちゃった！」

し、失礼な。「なんで弁護士というだけで疑うんだよ？」と、娘を非難したんです。

「ただの弁護士じゃなくて、『イケメンのヤリ手弁護士』ってテレビで言ってたからだよ!!」ほ、ホントかよ。うーん。ゆ、許す！

（2017年9月16日発行　第205号）

趙盾の刑事責任

少し前に、電通の新人女性が、過労のあまり自殺した事件がありました。とても痛ましい事件です。世間もマスコミも、電通を強く非難していました。当然です。その後、電通の社長が、違法な残業をさせていたということで、刑事裁判を受け、罰金刑の判決を受けたというニュースがありました。電通のような大企業の社長としては、顔も名前も知らないであろう新入社員の自殺を契機に、処罰されたわけです。

こういう風に、会社のトップが刑事事件で裁かれるのは、今回の電通のケースが初めてというわけではありません。これまでにもいくつもありました。火事で宿泊客に犠牲者を出したホテルの社長とか、電車脱線で人身事故を起こした鉄道会社の社長なんかの例ですね。こういう裁判の場合、社長によっては、自分には責任がないとして争う人もいます。私も法律家としては、「いくら何でも、社長に法的責任を問うのは難しいのでは?」なんて思ってしまいます。

法律上の責任、特に刑事責任となると、認められるために厳格な要件があります。具体的にどういう法的義務があり、それにどういう形で違反し、その違反と因果関係の認められるどのような結果が発生したのかなど、厳しく確認されます。こういう観点からすると、「社長の刑事罰など安易に認められない。」という見解はもっともなことです。これで、前科者になるのかと思えば、社長としても争いたくなるでしょう。それでも私は、トップというのは、組織に起こったことはすべて自分の責任と考えて、責任を受ける方がカッコいい気がします。

こういうニュースを聞くと、私は中国の趙盾(ちょうとん)の話を思い出すのです。今から2600年以上前に活躍した、一国の総理大臣です。暗愚な国王を補佐して頑張っていたのですが、かえって国王に殺されそうになります。やむなく亡命しよう逃げたところで反乱がおこり、国王は殺されます。この事件について、国の歴史家は、「趙盾が主君を殺した。」と、歴史書に記載したんです。さすがにこれは勘弁してくれと苦情を述べた趙盾に対して、その歴史家が言います。その言い分は、必ずしもよく分からないんですが、要は「あなたは国のトップにいたのだから、そこで起こったことに対する責任はあなたにある。」ということです。これに対して趙盾は、「ふざけんな! お前はクビだ。」なんて言わないで、この記載を受け入れたのです。

趙盾は、国の歴史書には、主君を殺したと書かれている一方、非常に偉大な人だとして語り継がれています。たとえ、「○○社長電車の乗客を殺す」などと判決に書かれても、「責任を甘んじて受けた、偉大な社長だった。」と語り継がれることはあるはずです。

弁護士をしていると、多くの経営者の方と知り合いになります。自分の会社に起こったことは、全て自分の責任だと考える人の会社が、伸びていると思います。会社の従業員による横領事件など、多くの会社で起こるんですね。あとから話を聞くと、本当にずさんな経理処理をしている会社も多いですね。こういう事件が起こると、経営者の器量が試されるように思います。

「取ったやつが悪い!」というのはその通りなんですが、それと同時に「自分の会社の経理処理がいい加減だったせいで、出来心を起こさせてしまったのは自分の責任だ。今後に生かしていこう。」と考える経営者も多数いるんです。

私も、うちの事務所で起こったことは、全て自分が責任をとることを、お約束します!

弁護士より一言

昔から娘は、分からない言葉があると質問してきました。数年前に、「パパ、『成人向け』ってどういうこと?」って、聞かれたのです。とっさに、「人間じゃなくて、バルタン星人向けって意味だよ!」と回答しました。娘は、何となく冷たい目で見てきます。すると、2人の会話を聞いていた息子が、「バルタン星人、カッコいいじゃん!」と言ってくれました。いずれ息子に、「パパのせいで、『成人向け』の意味を間違って覚えて、恥をかいた!」と言われたら、親としての責任を甘んじて受けたいと思ったのでした。

(2017年10月1日発行　第206号)

弁護士殺し　金の地獄

「女殺油地獄（おんなごろしあぶらのじごく）」は、近松門左衛門の代表作です。子供の頃にこの題名を見て、「一体どんな凄い話なんだろう？」と感動したのを、今でもよく覚えています。甘やかされて育った油屋の若旦那が、放蕩の末、勘当されます。その後、親切にしてくれていた、別の油屋のおかみさんを、遊ぶ金欲しさに殺すという話なんです。お金が人を狂わせるということですが、これは現代でも同じでしょう。さらにお金は、人を狂わせるだけでなく、法制度や道徳までも狂わせていると思うのです。

うちの事務所では刑事事件を多数扱っていますが、お金のおかげで刑罰を受けずに済む事案なんて、本当に沢山あるんです。しっかりとした弁護士を付けるかどうかで、刑罰が変わってくることはよくあります。もちろん、弁護士には相当の費用が掛かります。（す、済みません……。でも、お金貰わないと、活動できないんです。）

性犯罪なんて、最近刑罰がとても重くなってきています。そういう中で、被害者に相当のお金を支払い、許して貰えば刑罰を受けずに済むことが多々あります。同じような犯罪をしても、お金があるか否かで、本当に大きな違いがあるんです。

もっとも、こういう形でお金が司法に影響を及ぼしていることについて、多くの方は否定的にとらえているでしょう。その一方、お金による影響について、法律家も一般の人も、当然認められていると考えていることもあります。電車で、お年寄りや身体の不自由な人に席を譲るというのが、日本で認められている道徳ですよね。しかし、指定席の場合には、席を譲らなくてもよいというのもまた、一般的な道徳観念です。これなんかも私には不思議に思えます。今後、一般の電車でも、席に座る場合は数百円の別料金を支払うなんて制度になったら、「電車でお年寄りに席を譲る」なんて道徳は、消滅してしまうんでしょうか……

結婚している男性が、妻以外の女性と性的関係をもつと、不貞行為ということで、損害賠償責任が生じますね。このとき、相手の女性に対しても、損害賠償が認められるというのが、日本の法制度です。浮気した夫だけでなく、浮気相手の女性からも、賠償金をとれるのです。ところが、この原則には例外があるんです。相手の女性が、風俗関係の、お金でやり取りするプロの女性の場合には、責任を問われないことになっています。これは、六法にも、法律書にも書いてないことなんですけど、なぜか当然のこととして受け止められています。なぜそうなるのか、疑問に思う法律家は、私くらいかもしれません。そもそも一般の人も、裁判所と同じ考えのようです。特殊浴場の女性が、不貞行為の責任を追及されたなんて、聞いたことがないです。お金が絡むと、責任免除になるんです。

その一方、特殊浴場の女性が避妊せずに客の子供を産んでも、客の子供として認知されなかったはずです。以前はＤＮＡの技術など発達してなかったこともありますが、それだけではないように思います。家族法のどこにもそんな記載はありませんが、お金を介する性的関係の場合は、家族法も事実上適用外だという共通認識があるように思えます。ＤＮＡ鑑定技術が進歩し、子供の人権が強く主張されている現代で、こういった常識がいつまで認められるのか、気になりますね。風俗のプロが客を騙して子供を作った場合、その子供にも客の相続権が認められるかもしれません。いずれにしても、お金は法制度に影響を与えます。法律の世界も、「金が仇の世の中」なのです！

弁護士より一言

息子が声変わりして、しばらくの間は、低い声で話しかけられると、「ど、どちら様でしょう？」なんて一瞬とまどってしまいました。しかし、話の内容は本当の子供っぽいのです。「今日のご飯なに？」と毎日聞いてきて、食べ始めると、「めちゃウマ。うまうま警報発令中！」なんて、喜んで声を上げてます。いずれ近いうちに、話の内容も、大人のようになるのかなと思うと、少し残念に感じるのです。

（２０１７年10月16日発行　第２０７号）

代言人はなぜ弁護士に進化したのか

「恐竜はなぜ鳥に進化したのか」という、生物の進化についての本があります。今から5億４０００万年ほど前のカンブリア紀に、多種多様な生き物が発生しましたよね。いわゆる「カンブリア大爆発」です。その後、沢山の生物が死滅し、新たな生物が生まれてきます。なぜ、こんな風に生物の入れ替わりが起こったのかについて、これまでにも様々な仮説が立てられています。そんな中この本では、空気中の酸素の濃度によって、生物の進化が起こるといった仮説が提示されます。昔の地層を調べていくと、各年代の酸素濃度が分かります。現在の酸素濃度は20％程度ですよね。しかし、カンブリア紀以降、酸素濃度は35％から1％の幅で大きく変動しているそうです。そして、酸素濃度が大きく変わるときに、それまでの生物の絶滅、新たな生物の発生が生じているというわけです。生物というのは、生存に必要な酸素を処理する呼吸器官に適合して、変化していくのではないかという、大変面白い話です。考えてみますと、何か変化が起こるときには、それぞれの「酸素濃度」みたいなものがありそうです。

話は変わりますが、子供の中学受験に関連して、学校の難易度をみたりします。そうすると、以前はあまり評判の良くなかった学校が、難易度の高い学校に「進化」している例が数多くあるようです。「進化」の理由として、男子校を共学に変更するというのがあります。それに加えて、昔は「○○○商業学校」みたいな名称だったのを「○○○学院」なんて名称に変更している例も多くあります。学校が「進化」するかどうかにあたり、「名称」が「酸素濃度」の役割をしていそうです。

というわけで、日本の弁護士の話です。弁護士は、明治以降に西洋から輸入された制度ですよね。最初は「代言人」と呼ばれていたんですが、このときは、ろくな職業じゃないと思われてました。「三百代言」なんて言葉もあります。口先だけでいろいろ言って、人を言いくるめる職業というわけです。ところが、名称が「弁護士」に代わってから、「困っている人を助けて、人権を守る」、とっても素晴らしい職業のように思われてきたのです。

弁護士は英語で、法律上の代理人（Attorney at law）といいます。大体どの国でも似たようなものですから、「代理人」や「代言人」の方が、国際的には正しい名称です。ところが、名称が「弁護士」に「進化」したおかげで、とても得をしているように思えます。アメリカなどでは、弁護士（Attorney at law）についての批判が強いですよね。困っている人を食い物にするなんていうイメージもあります。弁護士について、「救急車を追いかける人（ambulance chaser）」と呼ぶ悪口は有名です。救急車の後をついていき、被害者を見つけると「損害賠償しましょう！」と話を持ち掛けるわけです。ただ、これなんか私は、ケガなどして困っている人を法的に助ける行為なので、非難だけするのはおかしいと思っています。しかし、アメリカでも日本でも、世間の目は厳しいようです。

ところが日本には、弁護士会が始めた、当番弁護という制度があります。これは、逮捕後に警察などで勾留されている被疑者のところに弁護士が訪問する制度なんです。身体拘束されている被疑者の人権を守るための制度ではあるんですが、これって見方を変えると、究極の「救急車の追いかけ」ですよね。困っている人のところに弁護士が行って、法的サービスを堂々と売り込める制度ですから！

うちの事務所はかなり刑事弁護をしてますが、家族から依頼された事件を、当番弁護士の人に切り替えられたことは何度もあります。客観的に見れば「救急車の追いかけ」なのに、これが素晴らしいことのよういえる日本の弁護士。

「代言人」から「進化」した「弁護士」という名称に

相応しい活動をしていきたいと思ったのです。

弁護士より一言

小学6年生の息子は、受験生だというのに、どうにも頼りないのです。「今日の試験できたよ!」なんて報告してきます。「それは良かった!」と喜んでいると、息子は元気に「平均点は超えたな!」なんて教えてくれます。そ、それって出来たのかよ! 息子の成績が一気に「進化」する「酸素濃度」が何かないか、親として知りたいと思うのでした……

(2017年11月1日発行　第208号)

弁護士のハムレット

私は、劇を見るのが趣味なんです。少し前に、内野聖陽主演の蜷川ハムレットを見てきましたが、この劇は本当に「名言」の宝庫ですね。今更あらすじを書くのもなんですが、国王が不審な死を遂げた直後に、王妃が亡き国王の弟と結婚するわけです。国王である父を心から愛しているように見えた母が、あっという間に叔父と結婚したことを受けて、ハムレットは女性に対して強い不信感を持ちます。女には強い意志などなく、言い寄られるとすぐにナビクのだと言って、この名言が出てくるんです。

「弱きもの、汝の名は女。」

まあそうは言いましても、男も女も弱いものですから、あまり人のことは言えません。私なんか減量を決意して、何度くじけていることか。刑事事件を起こした人で、薬物や万引きを止められない人も沢山いるんです。「弱きもの。汝の名は人間。」です。

女性不信のハムレットですから、恋人にも冷たく当たります。「私はどうすればいいのでしょう」と恋人に聞かれたときの「名言」がこれです。「尼寺に行け!」

瀬戸内寂聴かよ!と、思わず突っ込みを入れたくなります。確かに尼寺に行けば、心変わりや不倫の心配はないけど、そういうもんじゃないでしょう。ただ、刑事事件でも同じようなことがあるんです。罪を犯した人を弁護するときに、絶対に更生させますなんて主張するんです。痴漢を止められない人に、心療内科やカウンセリングを紹介して、立ち直りを助けるのも弁護士の仕事です。そういう努力を、検察官や裁判官に評価してもらい、少しでも軽い処分をお願いするわけです。でも、基本的に検察官は冷たいんですね。私が「こういう風に立ち直りの努力をしていますので、是非ご配慮をお願いします。」と検察官に言ったところ、「そういう人を直すところが刑務所です。」と言い返されちゃいました。け、「刑務所へ行け!」ですか。検事さん、あんまりだ。ううう……

女性不信のハムレットは、自分の母親にもお説教をします。「美徳を身につけていないのなら、せめてそのフリをしなさい。」 貞節でなくとも、せめて見た目だけはそうしろと言うんです。い、嫌な息子だなあ。

でも、私も裁判の準備のときに、刑事事件の被告人に同じようなことを言うんです。大多数の被告人は、心から反省していますが、中には全く反省していない人が相当数います。自分は運が悪かったとか、本当に悪いのは被害者側だなんて思っているんですね。こんなこと、裁判で言われたらぶち壊しです。そこで私もハムレットに倣ってアドバイスしちゃいます。「反省していないのなら、せめてそのフリをして下さい。」

このほかにも、ハムレットには本当に沢山の「名言」が出てきます。「金の貸し借りをしてはならない。金を貸せば金も友も失う。」なんて、現代日本でも普通に使われてますよね。「簡潔さがウイットの本質」なんていうのも、よく使われる名言です。ハムレットの中でこの名言を言う人が、自分自身では長々と退屈な話をするところがまた面白いんです。私も、若手弁護士には「もっと簡潔に!」なんて言いますが、自分は長々とした文章を書いちゃいます……。「人が粗削りをすると、神が仕上げをしてくれる。」なんて名言も好きですね。うちの事務所でも、私がざっくりと「こうやろう!」と決めると、後は若手弁護士が細部までちゃんとやってくれるのです。おいおい。

劇の最後で、ハムレットも、叔父の国王も王妃も、みんな死んでしまいます。ハムレットの最後の名言が、またカッコいいんです。「あとは、沈黙。」

弁護士より一言

子供が大きくなって、この「一言」に書くことも無くなってきました。そこで娘に相談したんです。「これからは、見た芝居について書こうと思うんだけどどう? 内野聖陽の「ハムレット」の他にも生田斗真・菅田将暉の、「ローゼンクランツとギルデンスターンは死んだ」も見ましたって。」　娘は、「自慢? メチャクチャ嫌味じゃん! 一言だけ読んでるファンは本物じゃないよ。本文頑張って!」　もうすぐ娘は留学しちゃいます。心細くなってきたのでした。

(2017年11月16日発行　第209号)

伯母殺しの弁護

前回のハムレットの続きです。一般的にハムレットは、悲劇の主人公と考えられていますよね。父親を殺して母親と結婚した叔父に、自分の命を懸けて復讐した話ということでしょう。その一方、ハムレットに対しては、批判的な見解が沢山あるのです。そもそも、叔父さんが父親を殺したという根拠がかなり薄いのです。ハムレットは、自分の企画したお芝居(弟が、王である兄を殺すという、ベタな芝居です。)を叔父さんに見せます。それを見て動揺したということだけが、叔父さんが父親を殺した証拠です。そんな嫌味なお芝居を見せられたら、誰だって動揺するだろう! 検察官がこんな証拠しか持っていないんなら、私でも全ての事件で無罪判決をとる自信があるのです。

さらにハムレットは、復讐のためとはいえ、やっていることがかなり酷いんです。仇の叔父さんと間違えて、恋人の父親を殺してしまう。それによって、狂ってしまった恋人も死にます。さらには、叔父さんからハムレットを見張るように頼まれた、かつての親友二人を殺してしまうんですね。親友を殺しておきながら、「強い者たちの争いに、雑魚がしゃしゃり出てきたのだから、当然のことだ。」なんて言います。ひ、酷すぎると思うのは、私だけではないはずです。そんなこともあって、殺された二人の親友を主人公とした「ローゼンクランツとギルデンスターンは死んだ」なんて劇まで出来ています。翻訳劇ですが、私は20年前に見て、少し前にまた見に行きました。何度も上演されています。それほど、「ハムレットおかしいよ！」という意見があるということでしょうね。

話は変わりますが、「伯母殺し」という推理小説があります。今から80年以上前の作品です。伯母さんと暮らしている主人公が、自分を不当に抑圧する伯母さんに耐えかねて、「伯母殺し」を計画実行する話です。主人公の立場から見た伯母さんの酷さが、これでもかと書かれているんですね。殺人はもちろん悪いことだが、これならやむを得ないこともあるなと思ってしまいます。殺人は未遂に終わりますが、仮にこの事件が発覚して、私が主人公の弁護人になったら、色々と言ってやろうと思っちゃいました。

ところが、この推理小説の最後で、伯母さんの立場から、この事件が語られるんです。伯母さん側からみた話は、主人公の話とは全く違います。甘やかされて育った、身勝手な主人公が、お金欲しさに犯罪に手を染めて、その過程で多くの人を巻き込んで不幸にしていたということが明らかになっていくんですね。この推理小説を初めて読んだときは、そのどんでん返しに、「えー！」と感動したことを覚えています。

考えてみますと、弁護士の仕事には、こういうことが本当に沢山あるんです。刑事事件で、被告人の話を聞いたときには、「警察・検察・国家権力許せず!」なんて思ってしまうことがあります。被告人が、不当に虐げられた悲劇の主人公のように思えて、「自分が何とかしてあげないと!」と思ってしまいます。ところが、検察側の証拠を見てみると、事件の様相は一変します。被告人の身勝手さ、気の毒な被害者の様相が明らかになってくるのです。依頼者の話を信じ、共感して、親身に対応することは、弁護士として絶対に必要なことです。それなくしては、依頼者の信頼を得ることはできません。その一方、依頼者の言うことを盲信せず、裏から見る冷静さも忘れない。それができないと、弁護士として半人前でしょう。まだまだ道は遠いですが、精進していきたいと思ったのでした。

弁護士より一言

小学校6年生の息子が、友達と一緒に、親のランキングを付けたそうです。「ママが、優しいお母さんNO1になったよ!」「カッコいいお父さんは、○○君のお父さんだった!」　大人気ないとは思いましたが、「なんでパパじゃないんだよ?」と息子に聞いたんです。

息子は困ったように少し考えてから言いました。「○○君のお父さんは、ハゲてないからカッコいいんだよ。」な、なんだそれは!「パパだって、白髪だけどハゲてはいないんだ!」と心の中で憤慨したのでした……

（2017年12月1日発行　第210号）

良寛弁護士の好まぬもの

良寛といえば、江戸時代の高僧ですね。相当変わった人で、多くのエピソードを残しています。鼻クソを丸めて丸薬を作るのが好きでしたが、人に見られていて捨てられなくなり、「丸薬」をまた鼻の中に戻したなんて話があります。お茶の席で、回し飲みしないといけないのに、全部飲んでしまった。そこで慌てて、口から吐いてお茶を湯のみに戻したそうです。き、汚いじゃないですか。私が次の人でなくて良かった……

でも、良寛みたいな人って、子供には人気がありますね。良寛も子供と遊ぶのが大好きだったそうです。

「この里に　手鞠つきつつ　子供らと　遊ぶ春日は暮れずともよし」なんて、良寛さんの有名な歌です。大らかで良い歌だと思います。良寛は、俳句も有名です。

「散る桜　残る桜も　散る桜」

「裏を見せ　表を見せて　散るもみじ」

なんて、良い句ですね。こういうのを読むと、いずれ散ることにも気づかぬまま、「表」しか見せないで暮らしている自分の生き方を、深く反省しちゃいます。

良寛さんは、「表」の人間というだけではなく、嫌いなものを嫌いという、「裏」も見せて生活していました。良寛には、「好まぬものが三つある」んだそうです。何かわかりますか？　歌詠みの歌と書家の書と料理人の料理だそうです。こういう専門家の作るものは、受け手である一般人を置き去りにしているということなんでしょう。確かにそういうこともあるかもしれません。料理人の料理はともかく、食べ物についてうるさいことを言う、「グルメ」の人は、私も好みません。人が機嫌よく蕎麦を食べていると、「香りが飛ぶから、蕎麦をそんなにツユに入れちゃダメ！」なんて、うるさいことを言うんです。そんなに香りが好きなら、ビニール袋に蕎麦粉を入れて、スースー吸っていろと言いたくなります。（おいおい……）

せっかくなので、私の「好まぬもの」を続けちゃいます。「歴史家の歴史」なんてあります。鎌倉幕府の成立は、「良い国作ろう鎌倉幕府」と私が学生の頃は暗記したものです。子供に教えて貰ったんですが、今の教科書では、「良い国（1192年）」ではなく「良い箱（1185年）」なんだそうです。「パパ、そんなことも知らないの?」と、子供に言われて恥をかきました。ひ、酷すぎる。親の子供に対する面目を考えれば、「いくら正しくても年号を勝手に変えちゃダメでしょう。」と、怒りを禁じえないのです。（あ、あほか！）

しかし、何と言っても私の極めつけの「好まぬもの」は、「法律家の法律」です！ 法律は一般国民のためにあるはずなんですが、専門家が独占しているのと勘違いしている法律家は沢山いるように思います。「素人が口出すな！」くらい言いそうな勢いなんですね。

数年前に、危険な運転の結果交通事故を起こした者を、非常に重く罰する法律ができました。これは、法律家とは無関係に、議員立法でできたはずです。議論はあるものの、多くの国民に非常に強く支持されている立法です。これに対しても、多くの法律家は反対するだけで、国民の求めるものを提供しようという意欲を、いまひとつ感じられませんでした。

専門家の端くれとして、残念に思うのです。その他「憲法学者の憲法」等、私の好まぬものは沢山あるんです。あまり人の悪口ばかり言っていると、「弁護士の弁護」の方が、もっとずっと「好まぬもの」だと言われそうです。専門家として、恥ずかしくない仕事をして参ります。

弁護士より一言

高校生の娘から、問題を出されました。「水が満杯に入ったコップを、水をこぼさずに移動するには、どうすればよいのか?」という質問です。道具は使っちゃだめだそうです。この問題を聞いて、これは「良寛さんの応用問題だ！」と気が付いたんですね。「そんなの簡単じゃん。まず、コップの水をズズと口ですすって、コップを移動してから、水を口からコップに戻す！」 娘は当然、感心すると思ったのに、「パパってホントに……」と呆れられちゃいました。

良寛さん直伝の技なのに、あんまりだ。ううう。

本年最後のレターです。皆さま、良いお年を。

（2017年12月16日発行　第211号）

弁護士のいろはカルタ

新年おめでとうございます。年明けに相応しく、軽いニュースレターにします。「いろはカルタ」です。

いろはカルタには、色々な種類があるんですね。薩摩藩中興の祖、島津忠良公が、5年もの歳月をかけて作られた、いろはカルタなんて凄いです。

いにしへの　道を聞きても　唱へても
わが行いに　せずばかひなし

なんて調子の、ありがたい教訓が並んでいくんです。み、耳が痛いと思う一方、お正月からこんなお説教を読むのは嫌なんです。ううう……

というわけで、子供用のいろはカルタです。「犬も歩けば　棒にあたる」みたいな感じです。もともとの意味は、犬もむやみに出歩くと棒で殴られるから、おとなしく家にいるようにということだそうです。しかし今では一般的には、外に出ると良いことがあるかもしれないから、家に閉じこもっているなという意味で使われています。こういう、「緩い」ところも、いろはかるたの魅力のように思えてしまうんです。子供用のいろはカルタにも、いくつものバージョンがあるんですね。同じ「い」でも、「一寸先は闇」とか「一を聞いて十を知る」とかあるみたいです。大阪バージョンのいろはカルタですと、「下戸の建てた蔵はない」なんて面白いものもあります。さすが商人の町だなと感心します。お金は使わないと入らないんですね。このへん、弁護士でも良く理解していない人が沢山いそうです。そんなわけで、本日は私の好きないろはカルタを紹介していきます。私の一番好きなのは、「子は三界の首枷（くびっかせ）」ですね。「三界」は輪廻転生を繰り返す、全ての世界を意味するそうです。いつになっても、親は子供の面倒を見ないといけないので、本当に大変です。子供の犯した刑事事件の後始末を、何度も何度もするご両親など、うちの事務所でも対応したことがあります。

「論より証拠」なんて、弁護士向きのカルタです。裁判でも交渉でも、証拠が必要なんですけど、そんなに簡単に用意できないのが通常です。証拠は弱くても、依頼者から「自分の言う通りで絶対間違いないんだから、しっかり主張してくれ。」なんて言われると、なかなか断りがたいところもあるのです。私なんかも、「証拠より論」みたいな活動をよくしてしまいます。

「仏の顔も三度」なんてありますが、考えてみますと、3回までは許してもらえるんですね。電車内での痴漢事件なんか、少し昔はかなり処罰も軽かったですね。3回くらい罰金刑になったなんて人もいました。それに比べると、いまは相当厳しくなっています。1回目で罰金刑。2回目で正式裁判になり、執行猶予付きの判決。3回目で刑務所に行くことになるのが普通です。時代に合わせていろはカルタも、「仏の顔も二度」に変更したほうが良いのかもしれません。(あ、アホか!)

「骨折り損の　くたびれ儲け」というのは、どんな仕事でもいえることなんでしょうね。弁護士の仕事でも、沢山の事例を調査して、多くの資料を集めて、実際に使うのはほんの一部です。骨折りを惜しむ人には、ろくな仕事ができないと、自分に言い聞かせます。

「閻魔の色事」なんて、面白いですね。閻魔大王のように謹厳実直そうな人でも、男女の関係は別物ということでしょう。こちらも、時代の流れにあわせて、「政治家の色事」とか「弁護士の不倫」みたいな形に変わっていくのかもしれません。(そんな馬鹿な……)

今年の正月は、久しぶりに子供といろはカルタで遊びたいと思います。本年もよろしくお願い致します!

弁護士より一言

新年早々、高校生の娘が、1年間の海外留学に出発します。行く前から、すっかり外国かぶれになってます。先日、食事のときに笑って吹き出してしまったんですね。すると、すかさず娘が、「パパ、汚い！　日本ならともかく、外国なら許されないよ。」なんて生意気なことを言います。外国ならどうなるのかと聞いたところ、「パパは、ダーティージローって呼ばれちゃうんだよ！」とのことでした。おまえは、ルー大柴か！　娘が戻るのを待つあいだ、クリーンジローと呼ばれるように頑張っていきたいと思うのでした。

（2018年1月1日発行　第212号）

弁護士のさしすせそ

料理の世界には、「さしすせそ」がありますね。「砂糖」「塩」「酢」「醤油（せうゆ。ちょっと苦しいけど。）」「みそ」を言うそうです。

一方、女性が男性を落とすときに使う「さしすせそ」もあるそうです。男性相手にこれを言えば、絶対にうまくいく魔法の言葉なんですね。「さすが！」「知らなかったわ。」「凄い！」「センスいいのね。」「そうなんだ！」　確かにこれは効きそうです。私は言われた記憶がないけど。ううう……

しかし、こういう「さしすせそ」は、別に現代日本だけの話じゃないんですね。「風と共に去りぬ」は、いまから200年近く前の、アメリカの南北戦争を舞台にした小説です。主人公のスカーレットは、当時16歳ですが、狙った男は必ず自分に夢中にさせたんだそうです。スカーレットによると、男の人の関心を引くにはコツがあるんです。まずは、相手の男自身のことを話題にしないといけない。そして、男性が良い気分になって話をすると、「あなたはなんて素晴らしいの！」「どうしてそんなことが分かるの？　私には全く気が付かなかったわ！」みたいに言えば良いそうです。うーん、お見事！　これってまさに「さしすせそ」ですね。

こういう「さしすせそ」は、とても良いんですね。私は、法曹界の人たちと一緒に、プロの将棋の先生から指導を受けてるんですが、先生、とても誉め上手なんです。「さすがですね。これはいい手です。」「これは私も気が付かなかった。凄い着想ですね。」みたいに、指導対局中に褒めてくれます。冷静に考えればお世辞だと分かるんですが、「自分もなかなかのものかな。」なんて、とても良い気分になるのです。(おいおい!)

と、これほど重要な「さしすせそ」なんですが、弁護士は意外と理解していないように感じるのです。少し前に、若い弁護士から、うちの事務所への応募がありました。送られてきた履歴書や自己PRを読んだんですが、応募者本人のことしか書いてないいんですね。自分は良い成績で合格したとか、自分は弁護士の仕事に対してこんな思いを持っているとか、自分にはこういう長所があるとか、そういうことばかり沢山書いてあるんです。こんな履歴書、「風と共に去りぬ」のスカーレットに見せたら、呆れ返りますよ!スカーレットなら間違いなく、応募先の事務所のことを話題にしたはずです。そして褒めますね。「貴事務所の、お客様と真剣に向き合う取組には、心から本当に感激しました。」みたいな感じです。私は常々若手弁護士にアドバイスしています。「事務所のボス一人を気持ちよくさせることが出来ないなら、独立したときに、様々なお客様を満足させられないよ。」

こういう「さしすせそ」について、多くの弁護士は否定的だと思います。「依頼者におべんちゃらを言ってる暇があれば、弁護士として力を付けろ!」なんて考えの弁護士の方が、多数派かもしれません。確かにそれも一理あることです。私だって、太鼓持ちみたいな弁護士が良いと考えているわけではないのです。

「さしすせそ」で大切なのは、相手に対する関心と思いやりを持つことなんですね。先ほどの将棋の先生も、私が明らかに悪手を指したときには褒めたりしません。自分でも、「これはなかなか良い手かな。」なんて考えるときに、しっかりと誉めてくれるのです。私の指し手を誠実に見てくれているからこそ、そういうことが出来るんですね。

弁護士の場合も同じです。こっちは専門家ですから、総合的に法律の力があるのは当然です。それでも、お客様から学ぶことは沢山あります。ちょっとしたことでも、お客様の言動に関心を持ち、「さしすせそ」することは、とても大切なことだと思うのです。

弁護士より一言

「さしすせそ」の話を、高校二年の長女にしたところ、男性の方には「かきくけこ」があると教えてくれました。女性に対する、「可愛いね」「奇麗だね」みたいな言葉だそうです。なんやそれは！「敵に偽撃転殺の計あれば、我に虚誘掩殺の計あり。」みたいな世界ですね。思わず長女に、「そんな事研究してないで、学校の勉強しなさい。」と言っちゃいました。娘はすかさず、「さすがパパ！」あ、あほか……

（2018年1月16日発行　第213号）

弁護士の実証的精神

「実証的精神論」は、オーギュスト・コント大先生が、いまから200年位前に書いた本ですね。有名だけど、ほとんど誰も読まない本の一冊です。コントは、当時の神学や哲学を厳しく批判したわけです。現実を観察して、本当に役立っているかを調べることなく、理屈だけをこねまわしている神学や哲学は、何の役にも立たない学問だ、くらいの勢いで攻撃しているのです。それに比べて、現実を観察する実証的精神は、非常に優れているとのことです。確かに一理ある主張であることは、間違いないと思います。

コントが批判したのは、神学と哲学ですが、中世ヨーロッパから伝わる神聖な学問は、あと二つあるんですね。医学と法学です。医学の方は、コントが出てくるさらに200年近く前から、実証的な学問でないと批判されていたはずです。モリエールの戯曲に出てくる医者たちは、古代の名医ヒポクラテスの学説を信奉するだけで、患者の様態など見てないんですね。モリエールの風刺では、こんな感じです。「具合はどうだね？」「大変具合よく、死にました。」「そんなはずがあるものか。」「あるかどうかは存じませんが、それが事実だってことは存じております。」「死ぬはずがない、と言っているんだ。」なんだか、死んだという事実の方が間違っているみたいです。もっとも、現代の医学界も、「手術は大成功で、ガンは取りきりましたが、患者は死にました。」なんてことがまかり通っていると批判されていたはずです。手術と、それによってどれだけ寿命が延びたのかについて、実証的な検証がないというわけです。確かにそんな気もしますが、あまり医師の悪口みたいなことを書いてると、病気になったときに困ります。人のことはいいので、法律の「実証的精神」について考えてみます。

ただ困ったことに法律は、もともと「何が正義か」「何が正しいか」を考えるものですから、それが実証的にどんな役に立つかは、あまり気にしないんです。刑法の教科書には、天災で国が亡びるときに、絶対にしなくてはいけないことが書いてあったはずです。逃げ出す前に、死刑囚の死刑を執行しないといけないそうです。「そんなことしたって、今更どうにもならんだろう。早く逃げろよ！」なんていう、「実証的精神」を寄せ付けない、凄さがあるのです。なんのこっちゃ。

そうは言いましても、日本の多くの弁護士は、あまりに「実証的精神」に欠けているなというのが私の実感です。数年前から、弁護士になるための試験が比較的簡単になり、多くの弁護士が誕生しました。これを受けて多くの弁護士達が、弁護士をこんなに増やすと、日本の司法制度は壊滅するみたいに騒いでいたんですね。しかし、アメリカ始め、弁護士が沢山いる国でも、特に司法制度は壊滅せずにやっています。日本よりよほど優れている制度だという人さえいるんです。お客様対応についても、弁護士側の思い込みで行っており、「実証的精神」が足りないのではと感じることがあります。弁護士としては、どうしても法的結果を重視しますし、依頼者もそれを望んでいると考えてしまいます。もちろん、これ自体間違ってはいないはずです。その一方、結果は良かったはずなのに、お客様が不満に思っている場合や、逆に結果は思わしくないのに、お客様に感謝される場合など、本当によくあるのです。何が本当に求められているのか、お客様に対しても、「実証的精神」で臨みたいものです。

弁護士より一言

何年か前に、現在高校生の次女に、「鉄1キロと綿1キロと、どちらが重い?」という、有名な質問をしたんですね。娘は考え込んでしまったので、「答えは、同じ重さだよ!」と教えてあげたのです。それでも娘は、さらに考えて言いました。「納得いかないなぁ。パパ、自分で本当に試してみたの??」あ、アホか! 試してみなくても、分かるだろ。ここでは実証的精神なんていらないんだよ! そんな娘も海外留学に出発し、毎日頑張っているようです。年末に娘が帰国したら、あれは実証的精神だったのか、パパをからかっただけなのか、聞いてみたいと思っているのです。

（2018年2月1日発行　第214号）

弁護士も名を正さん

「必ずや名を正さん」というのは、論語に出てくる孔子の言葉です。「政治を任されたら、先生はまず何をしますか?」という質問に対する、孔子の回答です。

子供の頃、この孔子の答えを読んで、なんか納得いかなかったのを覚えています。実質的な制度を変えないで、「名前」だけ正しくしても、あまり意味ないのではと思ったんですね。しかし、最近になってようやく、「名を正す」ことの重要性が分かってきたのです！

「国民総背番号制」ってありましたよね。個人に番号を割り振って、管理しようというものです。これに対して、本当に多くの人たちが反対しましたね。国民に背番号を付けて国家権力による統制をするなど、国民の人権侵害だなんていって、多くの弁護士も大反対していたはずです。ところが、「国民総背番号制」が「マイナンバー」だなんて訳の分からない名前になると、大した反対もなしに、あれよあれよという間に制度化されてしまいました。特に国民の人権が弾圧されたという話も聞きません。こうなりますと、反対していた人たちというのは、ただ「名前」に反応していただけであり、「名を正し」たら問題解決したとしか思えないのです。政治の世界では、本当に「名前」が大切だなと感じます。医療費の負担問題でも、「後期高齢者」なんて「名前」を付けたために、凄くもめました。「どういう属性の人たちに、どれだけの自己負担を求めるか？」という問題なんですが、名前に拒絶反応を示して、ほとんど議論もできなくなったと記憶しています。たとえば、「甲種医療費負担」みたいな、訳の分からない名称にしておけば、ここまで反発されなかったのではと思うのです。この他にも「名を正」したほうが良いなと思うことは沢山あります。弁護士の場合、国の責任を追及するのが好きなんですね。悪の国家権力から賠償金をとってやったという感じです。でも、「国」のお金というのは「税金」のことです。要は、国民の税金を、どのように分配するかという問題なんですね。「国」という名前を「税金」という名前に正したなら、国家賠償に対する国民の意識も違ってくるように思うのです。

ということで、法律の話です。法律の世界でも、名前を正した方が良いことが沢山あると思うのです。以前から一番気になっていたので、民事訴訟での「原告」「被告」という言葉ですね。「被告」というのは、原告に訴えられた人というだけの意味なんですが、かなりの人が「犯罪者のように扱われた！」ということで、大変怒るのです。「被告」だなんて言われた以上、絶対に和解はできないなんて意地になる人もいるんですね。間違った名前によって、もめなくてもいいところでもめているような気がします。そこで「名を正」して、訴えた方を「甲方」、訴えられた方を「乙方」みたいに呼ぶようにすれば、大いに紛争解決に役立つと思うのです！

さらに、余計なお世話かもしれませんが、「検察官」という名前は、どうにも今一つのように感じていました。犯罪者を適切に処罰して、国民の安全を守るのが仕事のわけですから、「護民官」みたいに名前を正せば、もっと人気の出る職業になりそうです。

以前も書きましたが、「弁護士」という名前は、実態を無視した、かなり変な名前だと思います。弁護士の仕事の9割以上は、個人間の紛争で、一方当事者のために働くものです。「名を正」して、「紛争代理人」とか「民事代理人」とすれば、少なくとも今のように、「弁護士は人権擁護の偉い職業だから、特別扱いしてもらって当然！」と勘違いする「弁護士」も、少しは減少していくのではと期待しているのです。

弁護士より一言

久しぶりに風邪をひいて、一週間も寝込んでしまいました。モウロウとした意識の中で、かつて娘が風邪をひいて、寝込んでいたときを思い出したのです。普段は食いしん坊の娘が、ぐったりして苦しそうでした。妻が枕もとで、「何か食べたいものある？何でも言ってね。」と伝えました。すると娘は、とぎれとぎれに言ったんです。「か、からあげ。ポテト、アイス……」まだまだ、余裕じゃん！と安心したのを覚えています。今回娘の「からあげ」の声がよみがえってきて、私の風邪も快方に向かったのでした。

（2018年2月16日発行　第215号）

弁護士のマネタイズ

私は、他人のブログを読むのが好きです。特に過激な内容が面白いですね。何年か前に炎上したアキさんという人のブログがあります。「社会の底辺の人と関わってはいけません」なんて露骨なことが書いてありました。社会の底辺にいるフリーターや水商売の人などとは、「口きいちゃダメです。仕事一緒にするとか結婚するなんて絶対ダメ。」だそうです。「こんにちは」も言っちゃダメとのことで、そこまで言うか！と感動すら覚えます。その理由は、そういう人たちは、頭が悪く貧乏だからという、身も蓋もないものなんです。当然のことながら、ネットで非常に厳しい批判にさらされていました。ただ、考えてみますと、もし私の娘が「底辺の人」と結婚すると言ってきたら、やはり一言言いたくなりそうです。このブログは、若い女性への、親身な実戦的アドバイスだと考えれば、納得いく気がします。実際このブログには、「男にもてる女は、すぐにやらせてくれそうな女のことです」みたいな、思わず笑ってしまうアドバイスがいっぱい載っているんですね。

そんな中で、私が一番感銘を受けたのは、「マネタイズは難しい」という記事です。「女性は若くてかわいい時代にちやほやされ、のちに誰からも相手にされなくなる生き物です。」なんて刺激的な指摘から始まり、若い美女でも、それをお金に換える（マネタイズ）するのは、非常に難しいということを説明してくれます。若さもかわいさもスタイルの良さも、それだけなら無料で消費されるだけだっていうんです。お金に換えるには、金持ちと結婚するか、芸能人になるか、あとは風俗関係に行くしかないとのことです。確かにそうかもしれない。そんな中で若い美人が勘違いしてしまうのは、男性にもてて、ちやほやされて、デート代、旅行代などを払ってもらえる「恋愛強者」だからだそうです。しかし、その程度ではマネタイズとはいえないんですね。美人を生かすには、例えば医者の資格を取って、「美人女医」みたいになればいいと、とても親身なアドバイスがあります。そんなわけで、私も真似して、「弁護士のマネタイズ」について、アドバイスしちゃいます。

世の中には、この能力をマスターすれば、それだけでお金になるというものがありますよね。野球やテニスといったスポーツの世界なんかそうです。将棋や碁の世界でも、ただ強くなりさえすれば、確実にお金はついてきます。教育制度も、明治の昔はこんな感じでした。大学を出る人がほんのわずかしかいない時代には、大学をでたというだけで、当然のようにマネタイズできていたんです。「学士様なら嫁にやろう。」の世界です。ところが、大学が増えて、誰も彼も大学に行くようになると、大卒というだけではマネタイズが難しくなります。一流と言われる大学を出るか、大卒に加えて何か特殊技能を持たないと、大卒という資格をマネタイズできなくなってきたのです。ということで、弁護士の話です。少し前まで弁護士は、明治のころの「学士様」と同じ立場だったんです。弁護士になるには、メチャクチャ難しい司法試験に合格しないといけません。必然的に、弁護士の数はほんのわずかです。弁護士の仕事は独占業務ですから、弁護士になりさえすれば、仕事はいくらでもあったのです。どうやって客を断るか考えるような状況ですから、マネタイズなど考える必要はありませんでした。

ところが最近、弁護士の数が急激に増えました。大学を出ただけの学士と同じように、弁護士というだけでは、お金にならないのです。「美人の女医」と同じように「何々が得意な弁護士」みたいに弁護士資格をマネタイズする工夫が必要です。これからの弁護士にとって、真剣に考えるときが来ていると思うのです。

弁護士より一言

妻は若いころ母親から、「美人じゃないほうが幸せになれるのよ〜」と言われたそうです。でも妻は、「もし美人だったら、違う人生が送れたかも。」なんていまだに言ってます。そこで私が、「たとえ美人でも、これ以上の旦那さんと結婚なんてできなかったよ！」と教えてあげたんですね。それでも妻は、「そうかなあ。」と納得いかない様子です。

し、失礼な！　もっとも、私ももっとイケメンに生まれさえすればと、ついつい考えてしまうのです……

（2018年3月1日発行　第216号）

弁護士の弟子

今回は、「魔法使いの弟子」かなと思った方、ハズレです。（なんだそりゃ……）中島敦の「弟子」です。

孔子と、その弟子の子路を書いた小説です。孔子は言うまでもなく「論語」の大先生ですね。苦労人で、人情の機微を知る、本当に偉い人です。例えば論語には、

「お金持ちになっても威張らないのは難しくない。貧しいのに卑屈にならないのは難しい。」なんて言葉があります。私自身の経験から考えても、これって本当に真実だと思うんですね。人はどうしてもお金が無くなると、卑屈になってしまうのです。

そんな孔子先生が、弟子の子路を評して言います。「ぼろぼろの服を着て、お金持ちの隣にいて堂々としていられる男だ！」私も、こんな風に褒めてもらえたら感動しちゃいます。「弟子」に出てくる子路は、とても男気のある魅力的な人なんです。はじめは、世間的に評判の良い孔子の正体を暴いてやるということで、孔子のもとにやって来ます。ところが、話してみて、孔子が本当にすごい人間だと分かり、すぐに弟子入りします。子路の見る孔子は、高い理想を持ちながら、人情の機微もわかり、さらに子路が自信を持っている武芸でも、子路より優れているスーパーマンなんです。

孔子のもとに集まる弟子の多くは、弟子になれば士官等、何かいいことがあるから来ているわけです。ところが子路の場合は、孔子に心底惚れ込んで、損得抜きに一生付いていくんです。孔子の悪口

を聞くと、言ってる人を睨みつけます。「子路が弟子になってから、自分の悪口を聞かなくなった。」なんて、孔子が慨嘆するんです。これなんて本当にうらやましい。私は、これまでにも正しいと信じる発言をして、ネット等でさんざん叩かれてきました。子路みたいな弟子がうちの事務所にも居たらと思っちゃいます。（おいおい！）

ところが、そんな子路でも、ここだけは孔子について納得できないというところがあります。孔子は達人といいましょうか、全てについてあっさりしているんです。反乱が起きたようなときには、孔子は一言諫めに行きます。当然反乱者は孔子の言う事など聞きません。それに対して孔子は「駄目だと分かっていたが、立場上諫めざるを得なかった。」なんて言うわけです。これに対して子路は、「もっと死ぬ気で止めないのか！」と不満を覚えます。一方孔子は、そんな子路の生き方を、危ういものとみて心配するんです。

小説の最後で、当時子路が仕えていた国で反乱が起きます。他の者は逃げ出す中、最後まで筋を通そうとした子路は殺されてしまいます。反乱が起きたという知らせを受けただけで、「子路は戻らないだろう。」と言って、年老いた孔子が泣く場面が、この小説のクライマックスです。私も、本当に感動したものです。

私の場合も、依頼者であるお客様に対して、どこまで強く意見するかについては、本当に悩みます。たとえば、訴訟になるかどうかのぎりぎりの交渉案件の場合です。「この事案ならこの辺で和解したほうが絶対に良い。」なんてことはよくあるのです。ところがお客様は、なかなか納得してくれません。このままいけば、十中八九悪い方に行きそうという場面です。私は、無駄かと思っても一度は依頼者に意見しますが、容れられない場合はお客様の考えを尊重します。「孔子方式」というわけです。しかし、それで結果的にうまくいかなかったときなど、後から「子路のように、もっと強く反対すべきだったか？」なんて悩みます。

それはそれで、お客様の考えを無視することになりますし、難しい問題と感じているのです。

弁護士より一言

うちの息子はとても臆病です。親と一緒でも、知らない道や繁華街のような道を歩くのを嫌がります。殺人鬼がやって来るくらいに思っていそうですね。先日も、息子と二人で街を歩いていて、細い路地の方に行くと、本気で止めてきました。「パパ、僕がいなかったら、今頃死んでるよ!」なんて言います。パパは、お前が生まれる40年以上前から元気に生きているんだよと、心の中で思ったのでした。

（2018年3月16日発行　第217号）

口腹弁護士の意気

私は漢詩が好きなんですね。漢詩には、思わず口ずさみたくなる、格好良いフレーズが沢山あります。

「人生意気に感ず　功名誰かまた論ぜん」

なんて、有名です。今から1400年も前の魏徴（ぎちょう）の詩の一部です。魏徴は、皇帝に対して、ズバズバと諫言をしたことで有名な人です。中国で名君といわれるような皇帝は、魏徴のように諫言してくれる臣下を持つように努力したんです。若手弁護士に意見されると、直ぐにへこんでしまう私とは大違いなんですね。ううう……。魏徴の言葉は、「お金でも名誉でもなく、意気に感じて行動するんだ!」と、とてもカッコいいです。私も一度は言ってみたい言葉です。

魏徴も凄い人ですが、ジンギスカンに仕えた耶律楚材（やりつそざい）も凄い人です。ジンギスカン（騎馬軍団で世界を席巻した、あの「成吉思汗」です。）に滅ぼされた国の王族の出ですが、非常に優秀な人で、ジンギスカンの世界制覇の補佐をしながら、漢民族のためにも尽くしました。ジンギスカンが死ぬとき子供たちに、「この人は天が我が国に使わしてくれた人だから、大切にするように。」と伝えたなんて話も残っている偉人です。ところが、このメチャクチャ凄い耶律楚材の詩のフレーズは、魏徴の正反対なんです。

「人生ただ口腹のみ　何ぞ妨げん流砂を過ぐるを」

人生なんて、美味しいものを食べるためのものだ、そのためなら砂漠だって超えてみせるという、まさにグルメの鑑みたいな文句なんです。「人生なんて、お金儲けして、楽しく暮らしたもの勝ちだ！」といった感じの詩です。魏徴と耶律楚材と、どちらも正しいのだと思います。「世の中金だ！」というのが真実なら、「世の中金じゃない！」というのも同じく真実です。弁護士の場合も、「意気」と「口腹」の関係は、問題となります。「意気に感」じて行動する弁護士は以前から相当数いました。「人権擁護」や「憲法9条を守る」ために、損得抜き、手弁当で活動する人達です。オウム真理教の麻原彰晃の弁護とか、戦争法案反対みたいな活動をしている弁護士達です。光市の母子殺害事件の弁護をした弁護士なんか、特に有名です。「ドラえもんが何とかしてくれると思っていた。」などという被告人の主張に沿った弁護を大真面目にして、世間からかなり攻撃されていました。私は、こういった弁護士の活動が正しいとは思えないんですね。しかし、こういう弁護士に対して「売名行為のためにやっているんだ！」なんて言う人は、明らかに間違っていると思うのです。あんな活動しても、特に良いことなど何もないのです。まさに、「人生意気に感ず」でやっていることなんですね。その意味では、立派です！

その一方、「人権弁護士」達は、必ずしも同業者の評判が良くないのも事実なんです。「人権」や「平和」活動はお金にならない中、「口腹」も満足させるとなりますと、どこからか資金を調達しないといけませんね。そういうわけで、「意気弁護士」の事務所ほど、「ブラック事務所」だなんて、言われます。事務員さんや勤務弁護士の労働条件が悪いのは当然という「人権弁護士事務所」の話はよく聞きます。さらには、普通の弁護士が避けるような筋の悪い事件を受けたり、お金のある人からは高額の報酬をとったりする人もいます。「意気」に感じながら、「口腹」も満たそうとすれば、こうなるのかもしれません。「口腹弁護士」の私（おいおい……）が言うのはなんですが、本当に残念なことです。せめて私は、依頼者のために真剣に活動することで「意気」を示したいと思ったのでした。

弁護士より一言

ニュースレターも10年目に入ります。その間、残念ながら多くの知人が亡くなりました。先輩に関しては、ある意味仕方ないのですが、同年代や、若い人が亡くなる話を聞くと、とてもショックです。「人生」についての漢詩といえば、井伏鱒二訳の、このフレーズが一番有名ですね。「花に嵐のたとえもあるぞ　さよならだけが人生だ」何時「さよなら」しても悔いを残さぬよう、ニュースレターをしっかりと書いていきます。本年度もよろしくお願い致します。

（2018年4月1日　第218号）

Aーなんか怖くない

「バージニア・ウルフなんか怖くない」は、私が生まれたころに作られた、アメリカのお芝居です。映画にもなってますから、見た人も多いと思います。田舎町の大学教授夫妻が主人公です。夫婦仲は冷え切っていて、子供もいないこともあり人生にも退屈している二人ですが、2つだけ共通の「趣味」があるんです。1つは、現実にはいない子供が、現在寄宿舎に入っているというウソの話を、二人で共有することです。二人はこのウソを、自分たち自身、半分信じて生活しているんですね。もう1つは、大学に赴任してくる若い教員から色々な話を聞きだして、それをもとに彼らをいたぶるという、とても趣味の悪い遊びです。そんな中、新婚の教員夫婦がやってきたので、早速話を聞き出します。若い奥さんは思い込みの激しい人で、いまの夫と付き合っているときに、想像妊娠してしまう。夫の方は、それが原因で、イヤイヤ結婚したなんていう「事実」を聞き出しては、若い夫婦をいたぶります。

そうこうしているうちに教授夫妻は、自分たちも喧嘩を始めます。妻をギャフンと言わせようとして、夫である教授は、寄宿舎に入っている想像上の息子が死んだという連絡が来たという話を作り上げます。それを受けて、かつて想像妊娠までした、思い込みの激しい教員の若奥さんが、「自分もその連絡を聞いた。」と言い出す。第三者に認められることで、「息子の死」さらには「息子の不存在」は、逃れられない事実として、教授夫妻に襲い掛かってきます。普段は「バージニア・ウルフなんか怖くない」（狼なんか怖くないの駄洒落です。）と口ずさんでいる教授夫人が、「事実」を前に耐え切れず、「怖いわ、怖いわ……」と怯える中、お芝居は終わります。「芝居とはこういう風に作るものなのか!」と、感心したのを覚えています。

ここのところ、AI（人工知能）の話題をよく聞きます。多くの仕事が、AIに取られてしまうなんて話ですね。言語の翻訳も、AIが完璧に行える日は、そんなに遠くないそうです。会社の経理業務なども、AIに任せた方がよほど正確な情報が、より素早く出てきますね。弁護士の仕事も例外ではないのです。アメリカで契約書の審査について、一流の弁護士数名がAIと勝負したら、AIの方が早くて正確だったそうです。こうなってくると、とてもじゃないですが、「AIなんか怖くない」なんて強がりは言えないのです。「怖いわ、怖いわ……」と、私も怯えてしまうのです。

その一方、受け手の人間の側は本当に、AIが提供する「事実」を欲しがっているのか、疑問に感じています。お芝居の中の、若い教員夫妻は、想像妊娠の結果、嫌々結婚したんだなどという「事実」を突き付けられたくなかったはずです。教授夫妻も自分たちが、現実には子供などいないという「事実」など、知りたくなかったでしょう。しかし、AIに分析させたら、こういう「事実」は容赦なく暴かれそうです。会社の経理業務をAIに任せないのは、それにより、どの部門が会社の足を引っぱっているのかという「事実」が明確になり、それが社内の調和を乱すからだと聞いたことがあります。弁護士の場合でも、残酷な「事実」を突きつけるだけではなく、依頼者の気持ちに寄り添い、今後どうしていくのか、一緒に未来を創っていくことが、大切だと感じています。AIが、単に客観的な「事実」だけを提供する間は、もうしばらく「AIなんか怖くない！」と、強がっていようと思うのです。

弁護士より一言

留学している高校生の娘から、定期的にメールが来ます。日本語は使わないと決めたそうで、英語のメールなんです。おかしな文法ですが、頑張っているんだからそんな「事実」は指摘しないでおこう、と思っていたのです。電話も時々あり、妻と楽しそうに話しています。電話でも、果敢に英語で話しています。ところが私も電話に加わり、話し始めると娘に英語で厳しい「事実」を言われました。「パパノ発音ハ、アマリ良クナイノデ、理解ガ難シイデス。アイム　ソーリー、ジロー！」　し、失礼な！

次回は、AIに発音してもらおうと思ったのでした。

（2018年4月16日　第219号）

アーサー王宮廷の弁護士

GWで誰もいないでしょうから、自由気ままに、好きな本をもとに、くだらない話を書いてきます。「アーサー王宮廷のヤンキー」は、マーク・トウェイン（あの、「トム・ソーヤの冒険」や「王子と乞食」の作者ですね。）が今から200年位前に書いた本です。今から1500年も前の、アーサー王の時代にタイムスリップした、当時のアメリカ人（ヤンキー）が、最新の科学知識を使って大活躍する話です。「いま流行りの異世界もののライトノベルかよ！」と、思わず突っ込みを入れたくなる設定ですが、とても面白い本です。アーサー王は、6世紀に活躍したとされる、イングランドの伝説の王です。聖剣エクスカリバーを岩から抜いて王となり、魔術師マーリーン、湖畔の騎士ランスロット達と、理想の国キャメロットを作ろうとした、「王の中の王」です。その王を助けたヤンキーは、1300年ほど未来からやって来たんですが、ちゃんとした教育を受けた人ではないんですね。鍛冶屋の父親のもとで修業したのち、兵器工場で銃などを作っていた人です。ところがこのヤンキー、ありとあらゆる知識を有しているんです。

異世界であるアーサーのもとにやって来てすぐに、日蝕が訪れることを予言して、皆の度肝を抜きます。ど、どうしたらそんなこと分かるんだよ！　もともと工場で銃を作っていたので、アーサー王のもとでも銃を作ったのは、まあ良しとしましょう。しかし、さらに電気を作り、道路を整備し、新聞も発行し、郵便や学校の制度まで作り上げるんです。現代日本のライトノベル並みのご都合主義で、感動さえしちゃいます。さらに私が感心したのは、ヤンキーの行う経済政策なんです。緊縮、縮小の経済政策と言いましょうか、賃金も下がるが、物価も下がる経済を良しとするんですね。ところがアーサー王の時代の人達は、賃金が上がらないと言って文句を言う。これに対してヤンキーは、「文明の知識がない人達は、経済の初歩が分からず困ったものだ。」と考えるんです。

でも、ヤンキーの目指した、賃金も物価も上がるどころか下がっていくというのは、まさにここ20年ほどの日本の経済です。マーク・トウェインの頃の常識では、それが良かったのでしょうか？　そうしますと、あと200年も経つと、今の経済状況が日本経済のピークだったなんて言われているかもしれません。

ということで本題です。もし、アーサー王宮殿に行ったのが、現代日本の弁護士だったら、何が出来たのを考えてみます。まず、弁護士本来の仕事は、当然のことですができません。アーサー王のところには、整備された法律も裁判制度もありませんから。大体裁判なんて、弁護士一人じゃどうにもなりません。ある町に弁護士が一人しかいないときには、暇でしょうがなかったが、弁護士がもう一人来たら、裁判ができるようになって忙しくなったなんて笑い話もあります。

ということで、本来の業務以外に何ができるかを考えないといけませんが、科学系は何もできませんね。日蝕の予言なんて絶対できませんし、銃も電気も作れません。それなら社会制度を作ることが出来るかというと、これも非常に心もとない。そもそも、日本の弁護士は、自分たちで制度を作ろうという気はほとんどないんですね。今ある制度を前提にして、その「改悪」に反対するというのが、現代日本の弁護士の「お家芸」なんです。その他に、弁護士が出来そうなことと言えば、「人権活動」でしょうか。しかし、「騎士道」の国で、「人権。人権。」と言っても、浮いてしまいそうです。最後に残るのは、憲法9条ですね！　日本国憲法の精神を広めて、キャメロットを非武装国家にしようなんて言ったら、騎士たちもびっくりしそうです。異世界に行っても通用する技能を持ちたいものです。

弁護士より一言

アーサー王宮廷では、誰も肥満で悩んでいないんですね。肥満は本当に現代病です。実は友人が通販で「やせ過ぎますので、取り扱いに注意してください。」なんて飲料を買っていたんです。「そんな変なもの飲んで、身体を壊さない？」と私が心配すると、「もう何本も飲んでるから大丈夫！」とのことでした。

な、何だよ。効き目ないじゃん！

でも、私も少し飲ませてもらおうと思ったのでした。

（2018年5月1日　第220号）

弁護士伝授手習鑑

私は、歌舞伎がかなり好きなんですね。荒唐無稽な話でも、役者さんがカッコいいと、もっともらしく見えるから不思議です。歌舞伎の主人公には、悪人も多いんですが、これがまた魅力的なんです。お嬢吉三なんて、大金を強奪したうえ、被害者を川に叩き落とすなんて無茶苦茶なことをしておいて、濡れ手に粟で大金が入ったことを喜んで、「こいつは春から縁起が良いわえ。」なんて見えを切ります。「強盗殺人じゃないか！」と思う一方、ここまで悪い奴だと、かえってスカッとしちゃいます。（おいおい……）その一方、歌舞伎の中には、どうしても好きになれない話もあるのです。

菅原伝授手習鑑（すがわらでんじゅてならいかがみ）は、とても人気のある出し物です。政争に負けた、学問の神様菅原道真の話です。弟子の一人は、道真の子どもを連れて身を隠し、村で寺子屋を開いて、近くの子供達に教えています。そのことを知った道真の敵は、子供を殺してくるように、追っ手を差し向けます。ところがこの追っ手は、かつて道真から恩を受けていたことから悩むんですね。一方、道真の子供をかくまっている弟子は、道真の子を助けるために、自分が教えている寺子屋の子供を、身代わりにしようと考えます。（こんなひどい先生、居て良いのかよ！）　ところが、生徒である村の子供達はいかにもやぼったいので、これでは身代わりとして差し出しても、敵を騙せないと考えます。ここで、「いずれを見ても山家育ち。」なんて、有名だけど、ふざけたセリフが出てくるんです。そこに、洗練された子供がやってきたので、これ幸いと殺して、道真の子供の身代わりにします。この殺された子供というのが、そうなることを予想して、追っ手が送り出した自分の子供だったというわけです。

自分の子供が死んだことを知った追っ手が、家に帰って妻に言うセリフが、これまた有名ですが、本当に酷い。「女房喜べ。息子がお役に立ったぞ！」私の感覚では、「いずれを見ても鬼畜の所業」としか思えないんです。しかし、忠義のために自分の子供を犠牲にするという芝居は、非常に観客受けするんですね。このモチーフの熊谷陣屋（くまがいじんや）なんかも、何度も何度も上演されている当たり狂言です。どうも、子供は親の所有物だから、自由にしていいんだという意識が、一般人の中にもあるように思えるのです。

数年前に裁判員裁判が始まったことで、法律専門家と一般の人との、刑の重さに関する意識の違いが明確になりました。性犯罪など、裁判員になってから、5割増しで刑が重くなっている気がします。その一方、親が子供を殺すような事件の場合、裁判員の元でもそれほど刑が重くなっていないように感じるのです。

もともと日本の法律では、子供が親を殺した場合は非常に重く罰せられた一方、親が子供を殺した場合には、本当に軽い刑だったんですね。少し前までは、無理心中で子供を殺した親の事件その他、多くの裁判で、当然のように執行猶予が付いてました。

6年前の目黒の事件は、子供にゴミ袋をかぶせて窒息死させたんですが、これでも親には執行猶予がついています。大阪で起こった、二人の幼児を閉じ込めて餓死させた事件では、親は懲役30年とされ、非常に重い刑だと報道されていました。でもこれ、他人の子供に同じことしていたら、「当然、死刑、最低でも無期懲役だろう！」とマスコミも世論も言ったはずです。

「女房喜べ。息子は生きているぞ。」こんな当然の言葉が名セリフと言われるように、国民の意識が変わっていけば良いなと、歌舞伎ファンとして思うのでした。

弁護士より一言

先日、外で落としたお菓子を、「3秒以内に拾えば大丈夫！」と言って、食べてしまったんですね。見ていた息子が妻に、「ママ、パパが拾って食べちゃったよ？　いいの？」なんて聞きました。

すると妻が、平然と言ったのです。「パパは山家育ちだから大丈夫。」 失礼な！ パパだって、洗練された都会の教養を身に着けているんだぞ、と言いたかったのですが、説得力がないので止めました。

親の気持ちとしては、息子は「山家育ち」で良いので、元気に育って欲しいものです。

（2018年5月16日　第221号）

弁護士のマルクス主義

マルクス主義だなんて、最近はほとんど忘れられた存在です。しかし私が子供の頃までは、「マルクスを知らずば人にあらず。」みたいな感じでした。深遠なマルクスの学問を理解できないことに絶望して、自殺した人まで出たそうです。経済学の世界でも、「マルクス主義経済学」なんて、とてももてはやされてましたよね。いまでは「マル経」なんて言えば、嘲笑の対象でしょう。経済どころか、少し前までは、「マルクス主義法学」までありました。法律の世界でもマルクスは大まじめで取り上げられていたのです。今の時代では、「法律の専攻は何ですか？」と聞かれて、「マルクス主義法学です。」なんて人がいるとは、とてもじゃないけど想像できません。ことほど左様にマルクスの評判は悪化したのですが、私個人としては、マルクス大先生は、メチャクチャ凄い人だと思っています。

「マルクス主義法学」は、確かに、実務では何の役にも立たないでしょう。しかし、近代市民社会以降の、法律の基本構造を理解するという点では、私はマルクス先生に教えて貰いました。現代の法律は、大きく分けて3つの分野に分かれるんですね。1つ目は、憲法のような国の基本を決める法律です。次は、民法といった、一般市民の間の、主に経済的な問題について定める法律。そして最後に、刑法のような、違法行為をしたものを処罰する法律です。こういう毛色の違う3種類の法律があることは、法律を勉強した人は誰でも知っています。しかし、この3種類の法律の意味と言いましょうか、位置づけを教えてくれたのはマルクス先生だけでした。現在の法律は、近代資本主義社会が成立し、新たに力を付けてきた、資本家・資産家階級が作ったものなんですね。そんな資産家たちが、旧権力者の支配する「国家」に対して、自分たちの自由を保障しろと突き付けたのが「憲法」です。資産を持っている、自分たち同士の争いを解決するためのルールとして作ったのが「民法」です。そして、資産を持たない、無産階級を規律するために作ったのが「刑法」ということだそうです。この説明を聞いたときに、「なるほどそう考えればすっきりするな！」と、腹に落ちた気がしたのでした。（こう理解したからといって、個々の法律問題の解決には役立ちませんが……）

マルクス主義の一番のポイントは、世の中の事象を、経済状況である「下部構造」と、思想・芸術や政治制度などの「上部構造」に分けて考えることです。そして、上部構造は下部構造によって決まってくるのだと喝破したのです。初めてこの考えを知ったときには、なるほどマルクスは天才だなと感動しました！

その一方、「人間の気持ちなんて、経済状況によって変わってくるものだ。あとからもっともらしい理屈をつけても、根本原因は経済状況にあるんだ。」ということは、ごく一般の人も理解しているように思えます。娘の結婚相手について「どんなに今好きでも、経済力の無い相手だと、いずれはうまくいかなくなるよ。」とアドバイスする親の方が多数派でしょう。女性の非婚率と離婚率の増加は、女性の収入の増加に比例して起こっていることも、はっきり口に出さなくても、皆さん気が付いているはずです。

弁護士の場合は、職務上、離婚の相談などよく受けることがあります。離婚したい理由はそれぞれ納得のいくものがあります。それ自体に嘘はないと確信しています。しかし、離婚する家庭の資産状況、親の資産状況、それぞれの職業と収入が、離婚しようという気持ちに及ぼす影響は、無視できないのです。

弁護士より一言

マルクスの未亡人が「遺産としては、資本論より資本を残して欲しかった。」と愚痴を言ったという笑い話があります。なるほどという気もしちゃいます！

少し前に、妻が息子に、「ママは若いころは凄くモテたのよ。」なんて、下らない自慢をしてました。それに対して息子が、「ママの嘘を見破ってやったぞ。」みたいな得意顔で言い返したんです。「それなら、なんでパパと結婚したの？」

あ、あんまりな言い草だろ！　パパは、マルクスほどの偉人にはなれなくても、マルクスより資本を残すぞと決意したのでした。

（2018年6月1日　第222号）

弁護士の小言

「みんな大好きだけど、大嫌いなものは何？」というナゾナゾがあるそうです。分かりますか？　正解は「小言」だそうです。私も小言を言われるのは大嫌いですが、他人には喜んで言っちゃいます。（おいおい……）飲み屋さんに行くと、「親父の小言」というのを額に入れて飾っている店がよくあります。小言を聞くのは嫌いなので、今までは読みませんでした。しかし、「小言を言うときの参考になるか！」と思いつき、先日初めて目を通してみたのです。（さ、最低じゃん。）でも、とても良いことが書いてあったのです。

「大飯は食うな。」なんて、いつも調子乗って食べ過ぎている私には耳が痛い。気を付けますです……。「子の言うことは八九聞くな。」という「小言」もありました。子供の頃は、この小言の良さが分からなかったでしょうが、今になると本当によく分かります。

息子から「アイフォンを買ってよ。クラスの中で持ってないのは、私だけ」なんて言われて、フラフラと買い与えていた、昔の自分に教えてやりたいです。

「判事はきつく断れ。」というのもありました。「裁判官にはなるな。弁護士の方が良いよ。」という意味かと思ったら違いました。（あ、あほか！）　裁判沙汰になるようなことは決してするなということで、具体的には、「保証人にはなるな！」ということだそうです。これって、確かにとても大切な教訓なんですね。私も子供達には、しっかりと伝えようと思います。もっとも、うちの依頼者が債権を持っている場合には、「債務者から、何が何でも保証人を取りましょう。」なんて、アドバイスしています。す、済みません。

この他にも、本当に良い「小言」が沢山あるんですね。

「小商いは値切るな。」は、とても好きな「小言」です。もっとも、蚤の市などで値切るのが大好きな妻に、この「小言」を教えたら、「この交渉が楽しいんだよ！　分かってないねぇ。」と言われてしまいました。

というわけで、「弁護士の小言」です。私も、事務所の若手弁護士達に、ついつい小言を言ってしまいます。冷静に考えれば、若手弁護士達は、同じ位の年齢のときの私より、2―3割は優れています。それでも、年長者として「小言」をいうのも義務だと思うのです。新人弁護士に対して必ず言う小言はこんな感じです。

「仕事は60点の出来で良いから、早くすること。」

仕事が遅い人は、内容的にも大したことないと信じています。特に新人の頃は、どうせ大したもの出てこないんですから、せめてはやく出すようにと指導しちゃいます。「納期は絶対に守ること。」なんて小言も、いつも言っていますね。大体弁護士は、裁判所に提出する書類でも、納期を守らないで平気な人が沢山います。また、それでも通用しちゃう業界の体質があるんです。

しかし、「そんなことは世間じゃ通用しないよ」と、かなり厳しく小言を言うことにしています。大体、納期というのは、試験の制限時間と一緒です。

弁護士になるまでに、さんざん試験を受けてきた中で、制限時間を過ぎてから答案を出したことなんかないでしょう。仕事も同じことです！ さらに、私の一番よく言う「小言」はこれです。「用件がなければ、何か用件を作ってでも、依頼者に頻繁に連絡すること。」どんな事件でもそうですが、特に刑事事件の場合など、依頼者の方はとても心配されているんですね。でも、なんとなく弁護士に対して遠慮があって、「現状どうなっているか教えて下さい。」とは言い辛いのです。大した用件は無くても、こまめに連絡して安心してもらう、それも弁護士の大切な仕事だと思うのです。

弁護士より一言

「親父の小言」の中に、「女房は早く持て。」というのがありました。この小言の意味がずっと分からなかったんです。ところで私は、今でも母からいろいろとお小言を貰います。さらに母は、妻に向かって、「滋郎はなにか忠告すると短気ですぐ怒るけど、懲りないでしっかり注意してやってね。」と、引き継ぎ？までしたそうです。そんなこと、引き継がないでいいよ！

なるほど、小言の継承のために女房を早く持たせるのだなと、思ったのでした。

（２０１８年６月18日　第２２３号）

弁護士の貞観政要

貞観政要（じょうがんせいよう）は、今から１４００年位前に書かれた本ですね。大唐帝国を事実上作った太宗皇帝が、臣下達と政治について語った内容をまとめたものです。昔から、中国はもとより日本でも、帝王学の教科書とされてきました。とても良い話が、沢山あります。帝王の業で、創業と守成のどちらが困難と考えるか？なんて議論がされています。当たり前のことですが、どちらも大変ですよね。しかし現代でも、会社を創業し、一時はとてもうまくいったけれども、最後には潰してしまったなんて、よくある話です。貞観政要の中で太宗も、「これからは守成をしっかりやろう」と言ってました。確かに、既に創業してしまった人へのアドバイスとしては、「創業は易く　守成は難し」になります。わ、私も、弱小法律事務所ですが、創業した以上、しっかりと守成もしていきます！

太宗が、自分の得意だと思っていた弓矢について語る話も有名です。太宗は弓を得意として、馬上天下を取りました。しかし天下を取った後、自分の弓術を名人に見せたところ、欠点だらけだと分かったそうです。偉大な太宗はそこから、「得意だと思っていた弓でさえそうなら、何も知らない政治については、もっと謙虚に学ばないといけない。」と反省したというエピソードです。法律事務所を開いただけで、なんとなく経営できていたつもりの私など、言葉もないのです。

そんなに凄い太宗ですが、しようもない質問を臣下にするときもあります。「自分の政治についてどう思うか？」なんて聞いたんです。この質問は、現代社会の、「私って、何歳に見える？」というのと同じ質問ですね。答える方は、地雷を踏むのではと緊張しながら、思った年齢から10歳引いて回答しちゃいます。太宗の場合も、臣下達はみんなベタ褒めしたんですが、一人だけ注文を付けた人がいます。「陛下は、正直に進言するように言っておきながら、厳しい進言をしてくる人がいると、その進言の小さな欠点まで問い詰める。それでは誰も進言などしなくなります！」

「部下と張り合う人は管理職失格」なんて、現代の会社でも言われていますね。この忠告を聞いて、太宗は深く反省したとのことです。「パパは注意すると機嫌が悪くなるから、何も言えなくなる。」と、妻と娘に言われ続けている私とは、大違いです。ううう……

そんな中、太宗に「部下が本気で忠告しているのか、自分の出世のために忠告しているのか、試す方法があります」なんて進言してきた人の話が、貞観政要にありました。忠告を聞いたら、先ず怒った振りをするんだそうです。それでも忠告をする人が、本当の忠臣だということです。こういうアドバイス、たしかマキャベリの「君主論」にもありました。マキャベリの場合は、とても良いやり方として推薦していたのですが、太宗の見解は違います。「ある意味もっともな見解だと思う。しかし、臣下に誠実な対応を求めるのならば、まずは君主が誠実でなければならない。嘘をついて臣下を試すようなことはできない。」とのことでした。その一方、この進言をした人には、良い進言に対する褒美ということで、金銭を与えて、帰したそうです。

さすがの器量と、感心せざるを得ないのです！

私は何も、太宗の高みまで登ろうとは思いません。しかし、せめて家族や、事務所の若手弁護士に注意されたら、素直に反省できるところまでは、帝王学を極めたいと思ったのでした。（で、できるかな……）

弁護士より一言

普段はジャンクフードを買ってくれない妻が、義母たちと一泊旅行に行きました。そこで中学1年の息子の希望で、新発売のペヤング「超超超大盛GIGAMAX」というのを一緒に食べたのです。総カロリー2142kcalで、「1日1食までにしてください。カロリー摂取基準を上回る恐れがあります。」なんて煽るような注意書きが付いている、凄いカップ焼きそばなんです。「こういうのを食べるのは、男のロマンだね。」と息子は大喜びでした。こんなジャンクフードを食べたことが、いずれは妻にもばれるでしょうけど、君主の度量で怒らないで欲しいと思ったのでした……

（2018年7月2日　第224号）

弁護士のパーキンソンの法則

「パーキンソンの法則」というのは、今から60年前に、イギリスの歴史学者のパーキンソンさんという人が発見した法則なんですね。半分冗談のような「法則」ですが、今に至るまで人間の真理をついたものとして、高く評価されています。全部で3つの法則があるんですが、第1法則はこんな感じです。

「仕事の量は、完成のために与えられた時間をすべて満たすまで膨らみ続ける。」パーキンソン先生は、引退した老人が、簡単な手紙を書いて出す場合を例に挙げています。忙しい人なら、手紙なんか3分で書いて、ついでのときにポストに放り込んで終わりですよね。ところが、他にすることの無い老人の場合は、同じ仕事をするのに、まるまる1日かけるというんです。確かにこういうことありそうです。日本のホワイトカラーの働き方は非効率だなんて、ここの所厳しく批判されていますね。私も会社員生活が長かったんですが、残業時間を含めて、常に持ち時間を目一杯使用しないと気が済まない人は確かに居ました。いつも「忙しい忙しい。少しでも休んだら、絶対に仕事が終わらない！」なんて言っているんです。ところが、そういう中に突発的な案件が入ってくると、何故かそれも含めて、同じ時間内で何とかなってしまうのです。弁護士の仕事でもこういうことよくあります。裁判所に提出する書類の納期について、多くの弁護士がもっと時間が欲しいなどと注文を付けます。ただ、時間を延ばしても、結局は納期近くにならないと本気を出してやらないなんて人、とても多いのです。少し前に、労働審判という制度ができました。労働問題について、原則3か月以内に裁判所が一定の判断をする必要がある制度なんですね。この制度が出来たときには、「全く時間が足りない」などと文句を言う弁護士が沢山いましたが、いざ始まってみると、3か月程度で特に問題なくできています。私の意見を言わせてもらえば、民事裁判も同じように、必ず3か月で裁判所が判断するように、法律変えちゃえば良いと思うんです。

パーキンソンの第2法則は、「支出の額は、収入の額に達するまで膨張する。」というものです。役所の予算なんか特にそうです。予算で割り当てられた金額は、何故か全て使い切られます。一般家庭の収支も同じようなものです。収入が増えると何故か、それだけ支出も増えていきます。「収入が減ったらとても生活出来ないだろう?」なんて心配していても、現実にそうなると、それはそれで何とかなっちゃうんです。

パーキンソンの第3法則は、「重大かどうかではなく、人は自分の理解できることについて議論したがる」というものです。例えば、マンションの管理組合の議論でも、1億円の大修繕をどうするかなどは、あまり議論されないで決まってしまう一方、駐輪場のペンキの色をどうするかについては、白熱した議論が延々と続いたりします。国会の議論も似たようなものですね。財政問題をどうするかなんて難しい議論より、簡単に理解できる賄賂問題の方が白熱しちゃいます。もっとも私も人のことは言えません。政策論は読まないくせに、政治家の不倫のニュースには、ついつい目を通しちゃうのです。うーう……。弁護士は、出来るだけ話し合いで紛争を解決しようと努力します。ところが、重大な点では合意できるのに、どうでもいいところで議論が起こったりします。裁判の場合でも、こういうことはよくあります。法的判断に影響を与えない周辺事実・関連事実について議論が白熱し、「裁判が前に進まない」と、弁護士が裁判官に怒られたりするのです。

弁護士より一言

娘も私も柿ピーが好きで、あればあるだけ食べてしまうという、パーキンソンの法則みたいなことになっています。娘が「柿の種とピーナッツって本当に最強コンビだよね！　パパの事務所も、お客様のパートナーになりたいっていうんなら、お茶菓子にも柿ピーを出せばいいのに。わたしは将来、何かの事務所やるなら柿ピー事務所って名前にする！」とアドバイスしてくれました。うーん、どんだけ柿ピーが好きなんだよ！　でも、さすがにそれは、嫌です……

（2018年7月17日　第225号）

人道弁護士の占い

「一流の人は占いを信じないが、超一流の人は占いを尊重する」と聞いたことがあります。私なんか、どうしても「占い」と聞くと、胡散臭いものを感じてしまいます。その一方、超一流の企業家や政治家が、いざというときに占いを頼るという話をよく聞きます。レーガン大統領が占星術によって重大な政治的な判断を行っていたというのは有名な話ですよね。嘘か本当か、安倍総理も、占いを愛用していると読んだことがあります。そうしますと、占いには何かあるのではないかという気にもなって来ちゃうのです。夢占いなんて、洋の東西を問わず、昔からあります。旧約聖書のヨゼフの話なんて有名です。（「この暑いのに、またウンチクかよ。」と言われそうですけど。ううう……）

エジプトの宰相として活躍するヨゼフが、7年後に飢饉が来ることを夢占いで知る話ですね。占いを信じた王様の対応で、飢饉を逃れることが出来ます。夢占いは、その後フロイトの研究などで、心理学の一部にもなりました。そう考えると、バカにできないものがあります。中国の古典には、占いについての面白い話がたくさん載っています。古代中国では、戦や政治の重要局面では、占いに頼りました。そんな中で、占いの結果を無視したために、戦争に負けたような話が記載されています。占いというのは、無視してはいけないものという認識があったのでしょう。その一方、占いを信じなかった、大政治家の話も同じように、古代中国の歴史書には載っています。今から2500年以上昔の、子産という宰相の話です。有名な占い師が、「国宝の盃を壊さなければ大火事が起こる」と占ったというんですね。宰相の子産は、そんな占いは無視したところ、本当に大火事が起こり、沢山の人が死にました。

その翌年も、また占い師が同じ占いをしたそうです。周りの人たちは、「人の命の方が大切だから、国宝を壊そう。」と進言したんですが、子産は聞かない。そのときの子産の有名な決め台詞がこれです。「天道は遠く、人道は近し。及ぶところ非ざるなり。」天の働きは深遠だが、人智の及ぶ範囲はごく狭い。人である占い師に、天の働きを知ることなど出来るものではない、ということです。結果的に、二度目の火災は起きなかったと歴史書には記載されています。占いなど信じなかった、合理主義者の子産は、一流の政治家として、当時の歴史書でも褒め称えられています。私も、子産はとても偉い人だと思います。その一方で、なんか頑なな人だなという気もしちゃうのです。みんな不安に思っているんだから、国宝くらい壊したって良いじゃないかということです。中国史に出てくる超一流の政治家だったら、最初の占いを聞いたときに、それに従ったのではないか、そうしたら、本当に最初の大火事も起きなかったのではないかという気がするのです。この辺が、子産は一流の政治家だけど、超一流とは言えない気がする理由です。もっと言えば、子産の言葉からは、「政治のことは俺たち専門家がやるんだから、素人の占い師など出る幕がない！」といった気持ちも感じちゃいます！　弁護士は法律の専門家ですから、法的な問題に対しては、素人の意見など、まともに聞けないと考えてしまいがちです。もちろん、弁護士が占い任せで仕事をしたら問題です。しかし、「占いなどまるで信じない。」という態度は、自分の専門分野の知識体系からはずれたものについては、受け付けないという態度に通じるようにも思えます。様々な意見を謙虚に聞くことのできる、超一流の弁護士になりたいものです。

弁護士より一言

妻は中学1年の息子にとても甘いです。そんな妻でも、息子を本気で叱ることもあります。同じ程度の怒りが私に向けられたときには、しばらく怒りが持続するのに対して「ママ、なんか手伝いするよ！」

なんて息子に言われると、妻は息子を怒ったことさえ本当に忘れてしまいます。先日も息子に怒っていたので、「占いによると、その怒りは数時間後には消えるよ」と教えてあげました。妻は、「そんなことない!」と言っていたんですが、結局私の占い通りになっちゃいました。(それって占いとは関係ない気も……)

(2018年8月1日　第226号)

観賞用弁護士

先日、デパートのフルーツ売場に行ったら、四角いスイカを売っていました。値段が1万円以上するのにも驚きましたが、スイカの脇に置かれた注意書きには感動したのです。「四角いスイカは観賞用です。」

食べられないスイカが、食用スイカの数倍の価格で売られているんですね。これを見たとき、世の中の仕組みについて、一気に悟りを開きました。つまり、実用性が低いものの方が、値段が高いんです。食用の魚は、いくら高くてもたかが知れています。その一方、観賞用の鯉や金魚は、1000万円ものなどざらにあるようです。腕時計なんかもそうです。正確な時間を教えてくれる、実用性の高い電波時計などは数千円で買えます。それに対して、故障ばかりしている機械式の高級時計は、数千万円もするんです。我家の昭和2年製柱時計なんて、1日に10分も狂うのに、妻は一番大切にしています。「時間をしっかり教えてくれる、電波式時計の方を大切にしよう。」と、妻に進言したんですが、却下されました。一瞬、評価されなくても愚直に働いている電波時計が自分と重なり、不覚にも涙が頬を伝わったのです。ううう……。(あ、アホか。)

実用より鑑賞用の価値が高いのは、人間も同じかもしれません。「美人」好きの男性はよくいますよね。「家事なんか出来なくても、金使いが荒くても良いから、美人と結婚したい!」って感じです。若いころはお金がなかったから、取り敢えず「実用性」

の高い女性と結婚したが、その後お金が出来たので、「観賞用」の美人と結婚しなおすなんて、実にうらや、じゃなくて、とんでもない男性もいます。英語には「トロフィー　ワイフ」なんて言葉まであるんですね。事務所を開業した直後に、顧問弁護士の依頼がありました。「おもにどんな法律問題があるんでしょうか？」と確認したところ、特に依頼することはないとの返事でした。それならどうして顧問契約を結ぼうと思ったのか聞いてみたんです。「事業もうまくいきだして、金もできたから、そろそろ弁護士でも雇おうかなと思ったんだよ。」　ト、トロフィー弁護士ですか？　あまりに正直な回答に、思わず言葉を失いました……

しかし考えてみますと、顧問税理士の場合は、日常的な業務が必ずありますよね。一方、顧問弁護士は必ずしも日常業務をしなくても、税理士よりも高額な顧問料を貰うのが通常です。まさに、「観賞用」だからこそ、高価格なんだと言われてしまいそうです。

同じ弁護士の中にも、実用性の高い人と、観賞用の人がいるようです。私は会社員生活が長かったんですが、会社や役所でも、こういうことはよく聞きます。「現実に仕事をするのは、若手社員。役職者は座っているだけなのに、高い給料を貰っている。」なんて批判されています。うちの事務所でも実務は若手弁護士が中心になって対応していますが、ここ一番の打ち合わせのときなど、若手に頼まれます。「同席して貰えますか？　ただ、座っているだけで良いですから。」

こ、これって完全に「観賞用」の弁護士ではないかと、我ながら複雑な気持ちになるのです。と、ここまで検討した結果、事務所経営について、素晴らしいことを思いつきました！　観賞用のスイカを見習い、「当事務所の弁護士は観賞用です。」と注意書きを付けます。「観賞用」ということで、高い弁護士費用を請求するというアイデアなのです！　しかし現在、うちの事務所には鑑賞に堪える弁護士は、私を除くと（ホントかよ……）いないのです。今後は、観賞用のイケメン弁護士を採用していこうと、心に誓ったのでした。

弁護士より一言

中学生になり、英語を始めたばかりの息子に聞かれました。「パパ、『イフ』って意味知っている?」「質問に隠された意味は何だろう?」と深読みしながら、恐る恐る答えたんです。「『もしも』って意味じゃない?」 すると息子は、心から感心した顔で言いました。「凄いねパパ! 知ってるんだ。さすがは弁護士!!」「お前のパパは、観賞用じゃなくて、実力派弁護士なんだから、その程度知ってるんだよ!」と、言ってやりたかったんですが、息子の無邪気な尊敬の眼差しに、何も言えなくなったのでした。

(2018年8月16日　第227号)

合板弁護士の一枚板

少し前に自宅を大修繕しました。そのとき、木材について勉強したんです。本物の一枚板は、合板にはない風格があることから、愛用する人も多いんですが、反りや歪みなどが生じやすいという欠点があります。一方、様々な木を接着剤で合成した合板は、丈夫で狂いもなく、さらに値段も安いというメリットがあります。

その一方、どうしても安っぽい感じになりますね。そんなわけで、こういう作り物の合板を批判する人達が、相当数いることも事実です。こういう合成して作るのって、肉の場合も有名です。普通は食べないような内臓部分の「クズ肉」を集めて、防腐剤や着色剤などで繋ぎ合わせると、立派なステーキの肉が出来ちゃうんです。私なんか、それなりに美味しく食べてしまいますね。しかし、「これは本当の肉ではない」と否定する人も一杯いるようです。

ただ、現代社会は、純粋な「一枚板」ではなくて、色々なものを混ぜて作る「合板」化に向かっているように思うのです。それにはやはり、合板の方が安くて丈夫で狂いが少ないといった、合理的な理由があるからでしょう。ワインなんか、様々なワインを混ぜ合わせて作るのが常識です。それによって安いワインでも、とても美味しく飲めるんです。実際、混ぜ合わせたワインを、高級ビンテージワインとして販売しても、ワインの専門家が誰も気が付かなかったなんてこともありました。アイドルだって、昭和の時代は松田聖子や山口百恵みたいな「一枚板」でしたけど、平成に入ると、モーニング娘。やＡＫＢ48みたいな「合板」アイドルになっているのです。（ほんまかいな……）

ということで、弁護士の話です。日本の場合、弁護士一人で業務をしている「一人事務所」が非常に多いのです。弁護士の人数も増え、業務の合理化効率化が進む中、一人事務所はだんだん少なくなってきているようですが、それでもまだ6割以上が一人事務所なんですね。そんな中、日本の弁護士では「一人で何でもできて一人前」みたいな風潮は強いように思います。昔ながらの「一枚板」弁護士が、弁護士を何百人も有する大手事務所を批判するなんてよくあります。そんな事務所に入れば、部分的な仕事しかできないということです。「合板」の一部じゃだめだろう、ということでしょう。弁護士について、それはそれでもっともな意見だと思います。確かに、無垢材の「一枚板」のような、非常に優れた仕事をしている弁護士がいることも事実です。その一方、経年劣化によって、反りや歪みが酷い、「一枚板」が相当数いることも間違いないんです。お客様からの預かり金を横領したなどと言う弁護士も、一人で長くやっていた人が多いと聞きます。私が直接経験した、酷い弁護士もそうです。強制わいせつ事件などの弁護では、起訴する前に示談して、起訴を防ぐのが一番大事なんです。ひとたび起訴されてしまうと、後でいくら示談しても、前科が付いてしまいます。ところが、「起訴されたら、被害者情報も入手できるから、それから示談する。あわてないで。」なんて言ってた弁護士が、本当にいました。「今までお願いしていた弁護士が信頼できない。」ということで、うちの事務所で事件を引き継いだ事件があります。そこで、これまでの弁護士にその旨うちから連絡したんですね。そうしたら、その弁護士から、うちの事務所に内容証明郵便が届きました。「お客をとってけしからん。損害賠償や懲戒請求をするので覚悟しろ!」という内容でした。さすがに呆れかえったのです。いずれも、一人で長くやっている「一枚板」弁護士の話です。うちは現在6人の弁護士による「合板」法律事務所ということで、反りや歪みが出ないように協議しながらやっています。「一枚板」でも活躍できるだけの実力を付けた弁護士が集まって、互いに助け合い「合板」として仕事を行う。そんな事務所になりたいものです。

弁護士より一言

ある方から、家の改築祝いということで、ビンテージワインを頂きました。1993年のシャトー・マルゴーという、とても凄い「一枚板」ワインなんです。普段は、一本2000~3000円の「合板」ワインで満足している私たち夫婦は、いつ開けて飲めばよいのか、緊張してしまいます。この夏に、結婚23年目を迎える記念に、思い切って飲んでみようと思うのです。

(2018年9月3日　第228号)

弁護士もそうしてます

様々な国の人を説得して、川に飛び込ませるにはどうしたらよいかという笑い話があります。アメリカ人には、「飛び込めばヒーローになれるぞ!」、イギリス人には「紳士は飛び込むものだ。」、イタリア人には、「飛び込めば、女性にもてるよ。」と言えば良いそうです。日本人の場合はどうかというと、「他の人も、皆さん飛び込んでます。」と言えば良いんですね。ことほど左様に、日本人は他人に影響され易いそうですが、これって、別に日本人だけの特徴じゃないんです。アメリカの心理学の本に、人の意見を変えさせるにはどうすれば良いのか書いてありました。「どんな状況下で、あなたは自分の意見を変えますか?」といった抽象的な質問をすると、多くのアメリカ人は、「納得のいく理由を説明してもらったとき。」と回答します。ところが、現実にどういう場合に意見を変えたかを分析すると、理論によって説得されることはほとんどないそうです。「皆がそうしている」場合に、大多数の人は自分の意見も変えたのです。物を売る人達は、こういうことをよく分かっていますから、宣伝の文句に、「何百万人が使っています。」とか、「全米興行収益NO．1」みたいな言葉を使うんです。みんな使っているから間違いないということです。弁護士の場合も、「皆さんそうしています」というのは、とても大切なんです。私は、20年ほど昔に、アメリカのロースクールに留学していました。アメリカは判例法の国ですから、多くの裁判例が蓄積されています。それだけに、頑張れば頑張るほど「皆さんこうしています」といえる裁判例が見つかるんです。自分の主張を有利にするために、似たような裁判例を集める方法を学びました。最近は日本でも、過去の裁判例が整備されてきています。そうなると、紛争が生じるとすぐに、依頼者にとって有利な裁判例を沢山見つけようとするんです。「皆さんそうしています」というのが事実上、裁判官に対しても、一番効力があると信じているからです。

裁判官だけでなく、検察官にも「皆さんそうしています」は活用出来ちゃいます。多くの犯罪では、被害者と示談することがとても重要です。しかし、被害者の情報は、検察官を通してお願いし、本人の了解がないと教えて貰えません。そんな中、検察官からどういう風に伝えて貰えば、被害者様が会ってくれるのかが一番大切な問題です。うちの事務所では、検察官に次のように被害者に伝えるようお願いしています。「示談するかどうかは別にして、皆さん弁護士に会うだけ会って話を聞いていますよ。」こう伝えて貰えると、会って貰える確率が高くなるのです！　刑事事件で、起訴するか否かについて、検察官には非常に広い裁量権があります。同じような事件でも、検察官によって、起訴か不起訴か分かれることはよくあるのです。うちの事務所では、依頼者を不起訴にするために、検察官を何とか説得するよう全力で当たります。しかし説得にあたり、どんなに理屈で攻めても駄目なんですね。「はいはい。ご意見はお伺いいたしました。」なんて感じで対応されちゃいます。そこで、うちの事務所では類似事案について、他の検察官がどういう処分をしたかの一覧表を作成しています。それを持参して、「この検察官も、この検察官も、似たような事件で不起訴にしてますよ。」というと、「皆そうしているならまあいいか。」と、不起訴にしてもらえる場合がとても多いのです。もっとも、先日これをしたところ、相手の検事さんも、自分で沢山の先例を調べて、「多くの検察官が起訴しています！」と言われちゃいました。

け、検事さん、止めてください。皆さんがどうとかではなく、り、理屈で考えてください。ううう……

弁護士より一言

うちの子供たちが、親に対して何かおねだりするときの決まり文句が、「他の子もみんな持っているよ！」なんですね。「みんなって、誰だよ！」なんて言いながらも、本当にみんなが持っているなら、ついつい買ってしまいます。考えてみますと、私も自分の親におねだりするときは、同じように言ってました。この親にしてこの子ありなんですね。

（2018年9月18日　第229号）

弁護士のお気に召すまま

私はお芝居を観るのが趣味なんです。先日、シェイクスピアの「お気に召すまま」を見ました。お互い一目惚れをした男女ですが、二人とも追放されてしまいます。女は男に変装して逃げますが、逃亡先で恋人の男に会うんです。男装の女性は、恋人に「貴方の恋する女性を演じるから、恋の練習をしてみて下さい」ということで、男の振りをしながら自分自身を演じるという、かなり複雑な劇です。話も面白いですが、劇の中のセリフの一つ一つに思わず笑ってしまいます。「阿呆は自分を賢いと思うが、賢者は自分が阿呆だと知っている。」なんて言葉がありました。大きな声では言えませんが、私は自分のこと、そ、それなりに賢いと思っていたんです。「恋ゆえにやらかしてしまった愚行を、一つでも思い出せないなら、恋をしたとは言えない。」なんて、なかなか良いでしょう。恋愛中は相手に夢中でも、結婚するころには覚めているなんてことは、いつの時代にもあるようです。「男なんて、口説くときは4月でも　結婚するときは12月」だそうです。わ、私はそんなことなかったですよ……

シェイクスピアは、男にも厳しいけど、女性にはもっと厳しいような気がします。女性は貞淑なことが大切だなどと言っておきながら、「ブスに貞淑さを与えるのは、上等な肉を汚い皿に盛りつけるようなもの。」だそうです。め、メチャクチャや！　このセリフ、シェイクスピア大先生でなければ、大問題になってそうです。男の求婚を断る女性に対する言葉もあります。「親切心でこっそり教えてやるが、売れるときに売っておけ。君はどこでも売れる代物じゃない。」　余計なお世話だと、女性に怒られそうです。「自分の失敗を夫のせいにできない女には、子育てを任せられない。馬鹿な子供に育ててしまうから。」なんてセリフもありました。シェイクスピアによりますと、女性はそもそも、自分の過ちを認めないための知恵を持っているそうです。例えば、隣家の男と不倫して、隣家のベットにいるところを見つかった奥さんは、平然と「こちらに夫が来ているかと、探しに来ました。」と答えるそうです。ほ、本当ですか……。争いを止める魔法の言葉の話もあります。それは、「もしも」という言葉なんだそうです。シェイクスピア大先生によると、7人の裁判官でも止められない喧嘩を鎮めることが出来るそうですが、大先生は相変わらず言葉足らずで、意図するところはいま一つ分かりません。ただ、私が示談交渉する場合も、「絶対に示談はしない。お金の問題ではない！」という人に、「もしも、1000万円出すと言ったら、それを誠意と認めてもらえないでしょうか？」と言って、話を纏めたことがありました。「お気に召すまま」で一番有名なセリフは、これでしょう。「この世は全て舞台　男も女もみな役者に過ぎない。」人は誰でも「舞台」に出て、様々な役を演じているというんですね。例えば、裁判官の役の場合は、「偉そうにして、ちょいと賢い格言と、月並みな判例を並べておけば勤まる。」そうです。裁判官でそれなら、弁護士なんか、もっと簡単に演じられそうです。日本では、法律改正を知らなくても、依頼者の役に立てなくても、「人権を守ります。」「国家権力と闘います。」という二つの言葉だけで、誰でも弁護士を演じることが出来ちゃうのです。もっとも、私も人のことは言えません。カッコいい弁護士を演じたいと、いつも考えていますが、どうすれば良いのかについて、なかなか自信を持てません。しかし、弁護士が自信なさげだと、お客様は不安になりますよね。私も、本当は不安に押しつぶされそうなときにも、出来る限り自信を持った弁護士を演じているのです。

弁護士より一言

妻によると、私はお芝居を見に行くと必ず寝るそうです。夢と現（うつつ）が交じり合う中で芝居を楽しむのが、一番の贅沢なんです！　ところが、先日の芝居では、妻も寝てたんです。妻に指摘したところ、「寝てたパパが、私が寝てる夢を見たんでしょう！」と、自分の非は絶対に認めません。うちの子たちの教育は大丈夫だと安心したのでした。ううう……

（2018年10月1日　第230号）

弁護士における理屈と人情

法律を勉強した人なら、今回は我妻栄先生だなと思ったはずです。50年ほど前に亡くなった、日本の民法界を代表する大学者です。この大先生が、一般人向けに書いたのが「法律における理屈と人情」です。「法律家は、とかく、理屈っぽいとか、融通がきかないとか、杓子定規だとかいわれます。そのとおりだと思います。」なんて、砕けた文章で始まります。我妻大先生は、「法律家は人情を理解しない」「法律の筋さえ通ればよいと思っている」と批判されていると指摘します。その例として、建築物の高さ制限の規定を上げます。ある人が建物を建てようとしたら、法の規定より少しだけ高いから認められなかったというんですね。その人は、「その位は融通をきかせるべきじゃないか。法律は全く杓子定規だ。」と怒っているんです。これに対して我妻先生からは、凄い「決め台詞」が出てきます。「杓子定規は法律の生命」というものです！　学生の頃この言葉を知り、本当に感動しました。建物の高さ規制の場合、杓子定規を止めるには、担当の役人に裁量権を認めるしかありません。しかし、役人が裁量権を持てば、そこに付け入ろうと、それこそ賄賂等の働きかけがなされます。杓子定規というのは、どんな人でもその条件さえ満たせば認められるものなのだから、一般の人、力の弱い人を守ってくれる、そこに「法律の生命」があるということでした。最近でも、医科大学での不正入試の事件がありましたよね。有力官僚の子息は、「杓子定規」なテスト結果と無関係に、「人情」的な配慮で入学できました。一方、女性受験生の場合は、テストの点という杓子定規の基準では合格できた人も、不合格になっています。大学当局が、「人情」のある合格判断をしたので、弱い立場の女性がはじかれたのです。こう考えますと、「杓子定規」はまさに法律の生命だと思えてきます。我妻先生は、「杓子定規」が大切な事例として、検察官が刑事事件を起訴するかどうか判断する場合を挙げています。これって確かに、私が沢山の刑事事件を扱う中で、強く感じることです。痴漢や盗撮などの比較的軽い犯罪の場合、現場の検察官に相当広い裁量が認められています。つまり、同じような罪を犯しても、起訴されるかどうかは、検察官次第ということになるのです。これは、やはりおかしい気がします。(もっとも、緩い検察官にあたると、素直に喜んじゃいますけど……)というわけで、我妻大先生は、理屈と杓子定規の大切さを説明するんですが、その一方、法律家も「人情」を忘れてはいけないとアドバイスされます。杓子定規な解決では、どうしても個々の事案では、常識と人情に反する、おかしな結論になる場合もあります。だからといって、「常識をただ常識として、人情をただ人情として通す。それでは法律論ではない。」と、我妻先生は手厳しい。「常識と人情が法律論の一般確実性を崩さずに通るようにすること、それが法律家の任務であります。」と締め括っています。法律の生命は杓子定規だが、人情を入れて「杓子定規」の内容を改善していくのが法律家の使命だということでしょう。こういう文章を読むと、法律家の端くれとして、本当に恥ずかしくなります。弁護士の場合、自分の依頼者のために全力で当たります。「杓子定規」な解決よりも、依頼者を少しでも有利にするように頑張ることになるわけです。しかし、それが単なる「特別扱いの要求」に過ぎないなら、法律家失格でしょう。自分を信頼して依頼してきたお客様と共に、「法は人情と常識を無視している」と怒り、本気で解決策を考える。しかしその一方、法律家としての「杓子定規」の大切さを忘れない。そんな弁護士になりたいものです。

弁護士より一言

「お腹が痛い。」と言っていた中学1年生の息子が、トイレから出てきたんです。本当に軽い気持ちで、「ウンチでた?」なんて聞いたら、「そういう下品な下ネタは本当にやめて!」と言われちゃいました。ついこの前まで、私が「運賃」と言うだけで喜んでいたのに。「パパ、僕はもう中学生だよ。いつまでもそんなことで喜ぶわけないじゃないか。」だそうです。り、理屈はそうでも、人情が。ううう……

（２０１８年10月16日　第２３１号）

弁護士の旧約聖書

旧約聖書は、ユダヤの民が、神様とした契約についての書物です。この契約は、「ユダヤの民が神様を崇める代わりに、神様はユダヤをヒイキする。」という内容なんです。あまり言いたくないですが、旧約聖書に出てくる神様は、かなりメチャクチャです。

エジプトで奴隷にされていたユダヤ人たちを、神がモーゼに命じて救う話なんて有名です。救うのはいいんですけど、その過程で神様とモーゼは、他民族を騙し討ちにしたり、虐殺したりしながら無邪気に喜んでいます。ところが神様は、お気に入りのモーゼに対しても、「岩を打て。」と命じたのに、岩を２回打ったということで、大変怒ります。私がモーゼなら、「クリックして。」と言われたとき、ついダブルクリックしたところ、めちゃくちゃ怒られたような理不尽さを感じます。パソコン教室だったら、辞めちゃいます……

というわけで、色々と問題の多い神や人間達が出てくるのが旧約聖書です。それだけに、登場する人達は、現代の、我々の直ぐ側にいるような人間とそっくりなのです。ダビデ王の話なんかとても好きです。

当時、サウル王という王様が治めていたユダヤの国は、他の国に攻撃されていました。そこに、羊飼いをしていたダビデ少年が現れ、大活躍してユダヤの国を助けます。ダビデは教育も教養もないんですが、能力と男気がある、非常に魅力的な人物です。ダビデの周りには、多くの有能な部下たちが集まってきます。

ダビデは、サウル王の娘を妻に貰い、事実上の後継者になります。ところが娘さんは、粗野で無教養なダビデを軽蔑するんです。部下たちとお酒を飲んで、酔っぱらって寝ているダビデに、「私のお父様はそんな恥ずかしい真似はしませんわ。」みたいなことを言います。ムカッときたダビデは、奥さんと別居してしまいます。こんな話、現代の日本でもありそうです。古くから続いているがパッとしない会社に現れたヤリ手営業マンが、社長の娘と結婚したみたいな話ですね。一方、ダビデ王は英雄ですが、女好きでメチャクチャな人です。人妻に横恋慕して、その夫が邪魔になったということで、夫をとても危険な戦場に送って殺してしまうなんて、非情なことをします。しかしダビデの凄いところは、こういうときに、諫めてくれる部下が出てくるところなんです。部下に見捨てられないのです。そして、ダビデ自身、部下に諫められると素直に反省するという、懐の深さがあります。

ダビデは晩年には、自分の息子に裏切られて、国を追われます。それでも、忠実な部下たちが付いてきてくれるのです。戦いの中で息子が戦死すると、ダビデは「自分が死ねば良かった。」なんて嘆くんですが、「そんなことを言ったら、あなたのために戦った人たちがどう思うのか?」なんて、諫めてくれる部下もいるんです。私自身、お客様を見ていると、かなり無茶苦茶な社長でも、男気があって、良い部下を持っている人は、どんどん伸びている気がします。逆に、イエスマンしか周りにいない人は、遅かれ早かれダメになるようです。ダビデ王の場合は、さらに年を取りボケていきます。諫めてくれる部下の代わりに「寒さしのぎに若い美女を探しましょう。」なんて、しようもない進言をしてくれる部下が出てきます。国一番の美女が用意されてすぐにダビデは死んでしまいますが、息子たちが、その美女をめぐって殺し合いを始めるのです。

こういう話を読むと、私自身とても怖くなります。私は、メールの誤字や、お客様との話し方など、若手弁護士に注意されることが多々あります。正直、うるさく思うこともありますけれど、注意されるうちが華なのだと思い、素直に反省したいと思うのです。

弁護士より一言

多くの人達を見てきますと、夫婦仲よく家庭がうまくいっている人が、死ぬ時まで幸福に生きられる率が高いように思えます。ダビデ王も、奥さんとケンカしないで、折り合いながら暮らせたら、もっと良い晩年を送れたはずです。だらしない私とでも仲良くしてくれる妻を、大事にしていこうと思ったのでした……

（2018年11月1日　第232号）

弁護士育成の大誤解

「子育ての大誤解」という、とても面白い本があります。「重要なのは親じゃない」という副題が、本の内容を全て表しています。「子育て」における、親の果たす役割なんか、本当に小さいものだということを書いた本なんです。それなら、子育てにおいて何が重要かというと、兄弟や友達といった、同年代の人達の影響なんだそうです。そう言われてみると確かに、私自身子供の頃は、親の言うことはうるさく感じる一方、同年代の先輩たちの言うことには敬意を払ってきたように覚えています。

著者によると、人間というのは大昔から相当長い間、親にではなく同年代の先輩たちに育てられてきそうです。昔は、親は子供を産むだけで手いっぱいで、とてもじゃないけど「育てる」余裕なんかないというんですね。何十万年も続いた狩猟時代には、確かに子供を教育するだけの余裕を持った親などいなかったはずですね。人間というのは、そういう風に育つように長い間に作られてきたので、子供というのは、友達や先輩の言うことなら聞くけど、親の言うことなど聞かないように出来ているそうです。「なるほど！」と、思わず唸ってしまうような説明です。

弁護士の場合も、若手をどのように育てるかは、問題になります。もともと弁護士は非常に恵まれています。司法試験に受かった後、国の費用で1年間の研修を受けさせて貰えるんです。裁判官や検察官になる人達と、一緒に行う研修です。この研修は、授業料がタダというだけで凄いんですが、さらに生活費まで出して貰えます。ここで、弁護士としての実務についての基礎を教えて貰うんですね。研修が終わって正式に弁護士になりますと、通常はどこかの法律事務所に入って、勤務しながら仕事その他を覚えていくことになります。このときに、どんな事務所に入るかによって、新人がどんな弁護士になるかが決まるなんて、よく言われてるんです。ボス弁護士が横柄な先生だと、新人も同じように横柄になるという話はよく聞きます。研修では、お客様対応などは教えてくれませんから、初めて体験する事務所での対応が、当たり前だと思って真似してしまうんだそうです。仕事に対する取り組みについても、同じことが言えそうです。弁護士によっては、自分が納得するまで、こだわりにこだわる人が相当数います。ある意味良いことなんですが、お客様を置いてきぼりにして、自己満足を追求しているような気もします。その一方、お客様の方ばかり見て仕事をしていると、段々とプロのとしての技能が衰えていくかもしれません。その辺の兼ね合いも、新人弁護士は最初に入って事務所でボス弁護士のもと、学んでいくんだそうです。

というわけで、私もこれまで新人弁護士の教育において、責任重大だと考えていたんです。しかし、「子育ての大誤解」を読んで、気が付いたのです！　新人弁護士の教育に、ボスの影響なんてほとんどないと。

うちの事務所は、現在6名の弁護士がおりますが、新人は何かあると、私じゃなくて先輩に質問するんですね。聞かれた先輩たちも、私よりよほど親身に回答してあげているようです。うちで新人が良く育っていたとしたら、私の功績ではなく、先輩弁護士の功績だなと、素直に思います。もっとも、「子育ての大誤解」を読んでいて、子育てに友達や先輩が重要なら、「孟母三遷の教え」じゃないけど、良い友達や先輩のいるところで子供が育つようにするのは親の功績でしょう。良い先輩のいる事務所を作った私は、やっぱり凄い弁護士だと、自画自賛することにしたのです。

弁護士より一言

現在中学1年生の息子は、妻の言うことはちっとも聞かないのに、お姉ちゃん達には素直にしたがいます。先日、妻が息子に、「うちの子たちは大器晩成型だから将来は大物になるかもよ！」なんて言ったんですね。すると息子が、「そんなこと言うなら、銀行強盗して大物になるかもよ！」なんてふざけたことを言います。妻はあきれてたんですが、その場にいた高校生の娘が冷静にコメントしました。

「そんな度胸ないから大丈夫よ！」

なるほど、親より兄弟姉妹の方が、子供のことを良く分かっているなと、感心したのでした。（おいおい……）

（2018年11月16日　第233号）

弁護士の明朗会計

高級な寿司屋では、値段がついていないところがありますよね。値段がないと気になる人は来てはいけないのだと、聞いたこともあります。実際、お客によって、値段が違ってくるなんて、まことしやかに言われています。明朗会計とは無関係な商売なんでしょう。

弁護士の場合も、20年ほど前までは同じようなことと言われてました。有名な先生が、弁護士の対価は「お布施」みたいなものだなんて、公言してたんですね。予め対価を決めないんです。事件が終わり、対価を支払うときには、「お布施」ですから、びっくりするほど高額の費用を持ってくる人もいたし、低額なお金しか包んでこない人もいたそうです。これは特殊な弁護士の話ですけど、少し前まで弁護士費用が不明瞭であり、いったいいくら支払えばよいのか終わってみないと分からない状況だったのは、間違いないところだと思います。さすがに今は、ほとんど全ての弁護士が、費用の見積もりを予め出しているはずです。

費用の総額については良いんですが、弁護士の場合、いったいどういう理由で、この金額になったのかという費用の内訳となると、ほとんどのお客さんが分からないんですね。ただ、費用の内訳までしっかりと開示する「明朗会計」は、どの業種でも難しいようです。

ブランドものバックや宝飾品など、「明朗会計」で価格に占める費用の内訳を書くと、「広告宣伝費」負担分が7割になるそうです。聞くところによりますと、風俗店の価格の内訳は、演技料が3割、慰謝料が5割なんだそうです。さらに言いますと、結婚の費用内訳も、似たようなものだそうです。ほ、本当ですか。ううう……。ことほど左様に、「明朗会計」は、夢を奪うようですが、ここまで来た以上、弁護士費用の「明朗会計」についても、検討しちゃいます。

ブランド商品とは比べようもないですが、弁護士の場合も、ある程度の広告宣伝費は掛けるようになっています。うちの事務所だって、グーグルやヤフーのネット広告に、かなりの金額を使っているんですね。この辺の金額も、弁護士費用には当然含まれています。

うちの事務所では、私選の刑事弁護を多数行っています。私選の場合、国選の費用に比べて、相当高額になります。そもそも国選の刑事事件の弁護士報酬が低すぎるということはあるんですが、それだけが理由ではないのです。刑事事件の場合、本人はもちろん、家族の方も非常に心配されます。弁護士にも、何度でも質問してきます。依頼者やご家族に安心してもらうために掛ける時間というのは、弁護活動そのものにかける時間と比べても、遜色ないというのが実感です。以前うちに来た依頼者の方が、他の弁護士のことで、大変憤慨されていました。事件について説明して欲しいと何度もお願いしていたら、「貴方に説明しても、結果に影響ないですから。」と言って、断られたというんです。これは確かに酷いなと思う一方、その弁護士の気持ちもある程度理解できるのです。私も、以前国選弁護をしていたとき、心配しているご家族が休日に電話で質問してきたときは、「そこまでの報酬貰っていないのに……」なんて、ケチなことを思わず考えてしまったのです。「明朗会計」で、弁護士費用の中に「お客様対応代」を明記しておけば、弁護士も当然のように対応しますし、依頼者側も弁護士に、遠慮なく質問などできるようになりそうです。もっとも、うちの事務所に、「無料ですか？」「無料なら質問します」なんて言いながら、電話してくる人もいるんです。そういう人にも、ある程度は親身に話を聞いてアドバイスします。しかし、そのための時間も、依頼者の費用の一部が使われていると考えると、複雑な気になります。

弁護士より一言

海外留学中の娘に先日、留学してどんな良いことが有ったのか聞いてみたんですね。娘によると英語が少しできるようになったこと、うちのごはんが美味しいこと、なにより家がとても良いところだと理解できたそうです。「高額な留学費用の明朗な対価がそれで良いのか。海外に行かないと家の良さが分からないのかよ！」と思わず言ってしまいたくなりましたが、我慢したのでした。ううう……

（２０１８年12月3日　第２３４号）

誠実な美人弁護士

「不実な美女か貞淑な醜女（ブス）か」は、ロシア語通訳の米原万里のエッセー集です。通訳にまつわるとても面白い話を、軽い筆致で書いています。例えば、英語の通訳を通してスピーチをした人の話がありました。その人は、最後に一言、「ワン　プリーズ！」と英語で話したそうです。それはどういう意味ですかと聞かれて「そんなことも分からないのか。『一つ宜しく』という意味だ。」と答えたなんて言う愉快な話が沢山載っています。タイトルの、「不実な美女か貞淑な醜女か」について言いますと、原文に忠実かどうかで貞淑か不実かが決まり、訳文として分かり易くこなれているどうかで、美人かブスかが決まってくるということだそうです。「貞淑な美女」が望ましいのですが、得てして美女（日本語として読みやすい翻訳）の場合、不実（原文から離れてしまう）なんてことがあります。もっとも、不実でブスも相当います。そういう話を、実例を挙げながら、楽しく教えてくれます。

米原先生の指摘のとおり、どこまで訳すのが良いのかは、難しい問題に感じます。英語のグッドモーニングを、「良い朝！」と訳す人はまずいませんよね。「お早うございます。」と訳します。だからといってこの訳が、「不実」とは思えないんです。明治の文豪、二葉亭四迷に、翻訳についての逸話があります。小説の中で、男性にアイラブユーと言われた女性が、同じ言葉を返したんですが、これをそのまま訳してはダメだということで、二葉亭大先生は悩みに悩んだ。そこでひねり出した訳が、「死んでもいいわ。」だったというんです。さ、さすがにこれは「不実」な訳では……

夏目漱石にも、英語の小説に出てきた、アイラブユーを訳した話があります。生徒が、「愛していいます。」なんて訳したら、それじゃ日本語の訳じゃないとお怒りで、お手本を見せてくれたという話です。これまた有名な、「月が奇麗ですね。」という訳だそうです。あまりに「不実」過ぎて、そもそも「美女」なのか「ブス」なのか、私ごときでは判断が付きかねるのです……

同じく漱石の小説に、「Pity is akin to love.」をどう訳すかという話があります。機械的に訳せば、「哀れみは愛と似ている。」みたいな感じでしょうか？　でも、こんな訳では漱石先生に怒られそうです。小説の中での有名な訳が、「可哀想だた惚れたってことよ。」なんです。確かにこの訳は一見、「貞淑」で、凄い「美人」に思えますが、本当にそうなのか、疑問が残ります。何故なら、原文を「ただ同情しただけ。愛してなんかいない。」という風に、漱石大先生とは真逆に訳すことも出来るからです。こうなってきますと、翻訳の問題は、解釈の問題になってきます。

解釈といいますと、法律や契約書の解釈など、弁護士の仕事です。例えば、規則に「犬の同伴は認めない」と書いてあるとします。これを、「犬は吠えるからダメだが、猫は吠えないからＯＫ」と解釈するのか、「犬も猫も、動物は全て不潔だからダメ」と解釈するのか、可能性としてはどちらもあり得るんです。契約書など、かなり気を付けて作っても、後からこういう争いが起きてくるものです。当事者間でお互いに、自分の「翻訳」の方が「誠実」だと主張することになります。

民事訴訟などで、依頼者の主張を、相手方や裁判所にどう伝えるのかも、弁護士の悩むところです。依頼者が感情的になっているときなど、そのまま伝えると、さらに紛争が拡大しちゃいます。そういうときには、少しくらい「不実」であっても、適切な言葉を選んで、主張を「美人」にして見せることもよくあります。

ということで、１年間のご愛読ありがとうございました。来年も、ワンプリーズお願い致します。

弁護士より一言

次女が英語を始めたときに、「この英文は絶対におかしい。」なんて言い出しました。「ホットドッグを何本食べますか？」と母親に聞かれて、「８本食べます。」と答える英文です。「うちじゃ、せいぜい１本しか貰えないのに。どんだけ甘い母親なんだよ！」と怒ってました。う、うちだって、子供達にはメチャクチャ甘い親なんですが……。そんな娘も、１年間の留学を終えて、先週無事に帰ってきました。

（２０１８年12月16日　第２３５号）

二種類の弁護士

新年おめでとうございます。本年も宜しくお願い致します。ということで、まずはどうでもいい話から始めさせてもらいます。「世の中には二種類の人間がいる」なんて言い方、皆さん聞いたことありますよね。単純化しているだけに、よい所を突いていたりします。

「世の中には二種類の人間がいる。できない理由を探しだす人間と、できる方法を見つける人間だ。」なんて、有名です。正月早々、み、耳が痛いです。

「常に前を見ている人間か、常に後ろを見ている人間かだ。」というのもありました。弁護士の場合は、過去の紛争を、法律を用いて解決するのが主な仕事ですから、どうしても後ろを見てしまうことになりがちです。もっと未来を見ないといけないと、自分でも思います。もっともこれと似た教訓に、「世の中には二種類の人間がいる。明日を見つめている人間と、明後日の方向を見ている人間だ。」なんて言うのもあったのです。私は、未来を見ようとして、明後日の方向を見ているのではと心配になったのでした。な、情けない。結婚について、こんな言葉がありました。「世の中には二種類の男がいる。結婚を後悔している男と、結婚していない男だ。」ほ、本当ですか？ 私は結婚に満足しているから、どちらにも入りません！ さらには、こんなのもあったのです。「世の中には二種類の男がいる。浮気をする男と、浮気したくても女性に相手にされない男だ。」そ、そうだったんか。私の場合、相手にされないだけだったんだなと、正月早々厳しい事実を突きつけられて、気分も沈みます。もっとも、男性だけではなく、女性についても厳しい指摘があります。「女性には二種類いる。友達が痩せたときに気がつく人と、友達が太ったときに気がつく人だ。」でも、これって女性だけの話じゃないですよね。私の場合も、事務所の若手弁護士がうまい対応をしたときはスルーするくせに、失敗した時にはどうにも気になって、一言言ってしまうんです。（最低じゃん

……）

職業についても、二種類に分けることは出来そうです。「世の中には二種類の新聞がある。事実を伝える新聞と、何かを応援するだけの新聞だ」なんてどうでしょう。スポーツ新聞なんて、そもそも「応援」新聞ですよね。報知新聞は巨人を応援する新聞ですから、見出しを見ただけですと、常に巨人が勝っているように読めちゃいます。「巨人8回の裏に、メッタ打ちの大攻勢」なんて見出しにあるから、当然巨人が勝ったのかと思うと、大負けしてたりします。もっとも、これはスポーツ新聞に限りません。前回の自民党総裁選のときの見出しで、「地方の反乱うなだれる安倍陣営」なんてありました。一瞬、え、安倍さん負けたのなんて思ってしまったら、本当は圧勝じゃないですか。こういうときには、「自民総裁選　安倍首相の圧勝」と見出しを作るのが、正しい新聞の在り方だと思っちゃいます。まあ、スポーツ新聞も一般の新聞も同じようなものだと思えば腹も立ちませんけど……

法律家にも、二種類います。「世の中には二種類の裁判官がいる。自分が支配者だと思っている裁判官と、サービス提供者だと思っている裁判官だ。」なんてどうでしょう。なんか勘違いしているとしか思えない裁判官が一定数いるというのは、弁護士共通の認識です。この辺は、裁判官だけでなく、検察官でも同じことです。弁護士については、「世の中には二種類の弁護士がいる。人権を一番に考える弁護士と、依頼者を一番に考える弁護士である」なんでどうでしょう?

少し前までは、依頼者のことなんて二の次という弁護士が沢山いたように思います。最近は良くも悪くも、依頼者にサービスを提供するというスタンスの弁護士が増えています。人権を守ることを忘れずに、お客様のために戦う弁護士になりたいものです。

弁護士より一言

優しい人間には二種類いる。強いから優しくなれる人と、弱いから優しくならざるを得ない人だ。」なんていうのもありました。新年にあたりこれまでを振り返ると、私の「優しさ」はかなり怪しいものだったなと反省しました。お客様のために、強い弁護士を目指します！

（2019年1月1日　第236号）

あなたに似た弁護士

「あなたに似た人」は、英国の作家、ロアルド・ダールの短編集です。「奇妙な味」の小説で、例えばこんな感じです。海辺のホテルで、ある人が賭けをもちかけるんです。ライターで10回連続火をつけることが出来たら、自分の高級車を渡す。しかし、1回でも火が付かなかったら、指を1本貰うというんですね。相手の青年は悩みますが、高級車が欲しくて、その賭けを受けてしまいます。男は、青年の指を即座に切断できるようにして、賭けが始まろうというときに、男の奥さんが止めに入ります。「この人には財産などありません。私が全部賭けで取り上げたから。高級車も私のものです！」そういう奥さんの手を見ると、指が2本しか残っていなかったなんて、怖い話です。賭けを持ち掛ける男も、欲に駆られてそれを受けようとした青年もおかしな人です。指をなくしてまで、夫の財産を取り上げた奥さんには、狂気を感じます。そんな人達が、「あなたに似た人」だと言われても、納得できない気がします。しかし、人は誰しも「自分のことは自分が一番よく知っている。」と思いますが、心理学の本によると、実は他人の方がよほど正確に理解しているそうです。一般生活の中でも例えば、周りの人達が「あの二人はすぐに別れるな。」なんて思っているカップルいますよね。もちろん当人たちは、そんなこと絶対にないと思っています。でも、こういう場合、90％以上の確率で、周りの人の意見が正しいものです。だいたい、他人から「将来後悔するよ。」と忠告されているのに、「絶対に後悔しない。」と主張する場合も、他人の意見がまず正しいですね。私だって、減量中についつい美味しそうなものを「後悔はしない。」と食べてしまいますが、あとから必ず悔やむのです。刑事事件でも、こういうことはよくあります。被告人は、「もう二度とやりません。」と言いますが、かなり怪しい人もいます。判決のときに、執行猶予を付けた裁判官から、「あなた、またやりそうで本当に心配です。十分注意してください。」なんて言われた人がいました。本人は憤慨していましたが、実は私も裁判官と同じ意見だったんです。残念ながらその人は、また同じ罪を犯して、今度は刑務所に行ってしまいました。心理学の本によると、他人の方が、本人について正しく理解できるのには理由があるんだそうです。本人は、「自分の今の気持ち」はよく分かるけど、自分の「行動」は見えません。一方、他人からは、本人の気持ちはどうあれ、その行動はよく見えます。つまり、その人の今までの行動から判断した方が、その人がどういう人で、次にどういう行動をするのか、正しく判断できるというんです。アメリカで生活を始めたとき、クレジットカードを作るのに苦労しました。クレジットヒストリーといって、それまで長期間真面目に支払っていたという実績を示さないと、カードの審査に通らないのです。「カードがないのに、どうやって実績を示すんだよ！」と憤慨しましたが、コツコツ真面目に払い続けるという行動から、その人がどういう人か知ろうとすること自体は、間違っていないと思うのです。刑事事件の話に戻りますと、痴漢や万引きなどの行為をやめられない人は一定数います。そういう人には、弁護の一環として、心療内科などの専門医院に通うようにアドバイスするんです。そうしたときに、キチンキチンと愚直に通い続ける人で、再び犯罪をした人はいませんね。「しばらく通ったけど、内容がバカバカしいので止めました。あんなの行っても、何の意味もないですよ。」なんて言う人は、高い確率でまた同じ犯罪をします。他人のことはよく見えます。罪を犯した人も、「私に似た人」なんだと、少しは自分を省みたいと思ったのでした。

弁護士より一言

面白い判例があったので、若手弁護士に紹介したところ、呆れたように言われました。「この判例、半年前に勉強会でやりましたよね。」す、すっかり忘れていたのです。ここまで物忘れが酷くなったのかと、心配になり、妻に相談したんです。「そんなの気にしないで大丈夫。パパは若いときからそうなんだから。」な、なんだよ、それは。「やっぱり私を知るのは妻だ。」とは、素直に思えなかったのでした……

（2019年1月16日　第237号）

幸福弁護士の赤血球

何年か前に、青森・A男さんという人の、愚痴みたいな人生相談が話題になりました。「人間・男・50代。ただ、ただ、毎日が面倒くさい。」というタイトルです。「口から出る言葉は、嫌だ、面倒くさい、疲れる。」なんだそうです。同じ50代男性として、思わず共感してしまいます。（おいおい……）　生きてるだけでも辛い中、「自分で死ぬのは苦しいだろう。それに、そうする力もなく、ただ、それすら、面倒くさい、」そうです。さ、さすがに私は、そこまでは言いません。

「地球に、自分の体に大隕石でも落ちて、すべてが終わりになればよいと、考えながら眠りに就く毎日。」とのことですが、や、止めてください。迷惑です。

「何を相談しているのかもわからない。死ぬこともできず、ただ、ただ、やり過ごす毎日。」と締めくくっていますが、この人、メチャクチャ文章がうまいです。私のニュースレターの文章は、死ぬ気で考えて、何度も何度も推敲して、このレベルです。この人は、「面倒くさい」ので、ぶっつけ本番で書いて、特に修正もしていないんでしょう。凄い才能です！

こういう凄い人の「相談」に対する回答はどんなものかと期待して読んでみると、「精神論」でした。要は、「自分に合った生きがいを開発すればよい」というものです。「そんなこと出来るなら、そもそもこんな相談してこないだろう！」と、思わず突っ込みを入れちゃいました。そこで、余計なお世話ではありますが、同じ50代として、私がアドバイスしてあげましょう。わ、私はインテリですから、人生経験は少ないけど、本の知識はあります。それを使ってのアドバイスです。かつて読んだ「ガリバー旅行記」に、ガリバーが馬の国に行ったときの話がありました。その国では、人間は「ヤフー」と呼ばれて、馬に支配されています。馬によると、「ヤフー」はたまに、とても無気力で、何もしたくないといった状態になるというんです。そのときの解決方法ですが、殴ってでも無理やり仕事をさせると治るそうです。ガリバーも、これは怠け病・贅沢病だから、もっともな治療方法だと納得していました。た、確かに良い治療法かもしれませんが、私は、同年代のおじさんを殴るのは嫌です……。そんなわけで他の本を探すと、フランスの哲学者アランの「幸福論」に、とても良いヒントがありました。この本には、「幸福のマリーと不幸のマリー」という話があるんです。マリーは、何を見ても幸福を感じるときと、不幸しか感じないときを繰り返します。そこで精密検査をしてみると、マリーが幸福を感じるときには、血液中の赤血球の量が多いことが分かったという話です。もっとも、アラン大先生は、ここから「精神論」を展開します。人間の幸不幸が、単に「赤血球」に左右されると知ることで、自分の「不幸」など大したことないと理解できるだろうというわけです。でも、こんな結論、納得できません。私ならマリーに、「赤血球を輸血しよう！」とアドバイスしますね。青森・A男さんも、赤血球を入れれば、毎日愉快に過ごせるかもしれないじゃないですか！ということで、弁護士の話です。

弁護士のところには、「誰かに酷い目にあわされたから、法の力でギャフンと言わせてやりたい。」なんて依頼も来ます。こういうとき、多くの弁護士が「精神論」でアドバイスします。「仕返しのようなことは忘れて、自分が楽しく生きるのが一番ですよ。」みたいな感じですね。私も、基本的には同じようなアドバイスをしちゃいます。しかし、「赤血球」を入れれば幸福になれるのと同じように、「仕返し」をしてこそ幸福になれるのも人間の真実でしょう。弁護士として、どこまでサポートすべきか、本当に悩ましい問題なのです。

弁護士より一言

「若いころと違って、最近は何もやる気がしないのよね。」と、高校3年の長女に言われました。「50過ぎのおじさんみたいなこと言って、お前何歳だよ！　いま受験生だろ。」と憤慨したのです。

親が子供に言ってはいけない二つの言葉というのが、「早くしなさい。」と「勉強しなさい。」だそうです。で、でも、言わざるを得ないんです。ううう……

（2019年2月1日　第238号）

弁護士の五重塔

「五重塔」は、明治の文豪、幸田露伴の小説です。お寺の五重塔の建築をめぐる、二人の大工の話なんです。寺の上人は、人望厚い棟梁の源太に任せようと思っていたところ、大工の十兵衛が自分にやらせてほしいと言ってくる。十兵衛は、大工としての腕はピカ一ですが、偏屈で、人と一緒に仕事ができない人です。上人は迷うんですが、最後は源太が譲る形で、十兵衛が建立を請け負います。十兵衛は建築にあたり多くの人とぶつかるんですが、そのたびに源太がとりなして、無事に五重塔が完成するんですね。最後に上人が、五重塔に「十兵衛これを作り、源太これを成す」と揮毫したという話です。小説は知らなくても、この「誰それこれを作り、誰それこれを成す」という名文句を聞いたことのある人も、沢山いると思います。

　私は会社勤めが長かったんですが、会社の中でも技術者なんかには、十兵衛みたいな人いますよね。能力的には優れているんですけど、周りの人とはうまくいかないというタイプです。こういう人は、物の分かった源太みたいな先輩や上司がいると、凄い力を発揮します。こういうのは、弁護士にもいます。職人気質で、凄い能力はあるんですが、周りの人とはうまくやっていけない弁護士です。裁判官や、依頼者まで怒らせちゃうんですね。今まではこういう人も、自分一人の事務所で何とかやってきたんですが、競争が厳しくなってきた今後の弁護士業界では大変だと思います。

　上人の名文句に戻りますと、双方に花を持たせたのは素晴らしいんですが、法律的に考えると、変な気がするのも確かなんですね。もともと近代法というのは、黒か白か、どちらか明確にする判断するものなんです。「五重塔を作ったのは、詰まるところ誰なのか明確にしろ！」というのが法律です。もっとも、明治以前の日本では、そんなに白黒はっきりした権利があったわけではないそうです。土地の権利にしても、みんながそれぞれの立場で利用していた。ところが、明治になって西洋法が入ってくると、絶対的な権利である「所有権」は誰にあるのかを、明確にしなければいけなくなったというわけです。こういった、白か黒か、明確にするというシステムが、本当に日本人に合っているのか、私としては疑問も感じているのです。さきほど、会社の技術部門の話をしましたが、そこで生じる特許権などに関して、面白い話があります。特許の申請には、誰が「発明者」か明記しないといけません。しかし、かつて日本の会社では、開発自体には直接かかわらなかった上司などの名前も、共同開発者として載せるなんて、よくありました。まさに、五重塔の建築家として、十兵衛の他に、源太も加えるような感じです。ただ、開発はしなくても、予算をとってきたり、人間関係を調整したりした人が、その特許発明を「なす」と言われても、それほどおかしくない気もします。ところがこういう慣行が、米国で大問題になりました。発明者の情報を偽った場合は、特許自体が無効になるということで、多くの日本企業が戦々恐々としたのです。何年か前に、耳の聞こえない作曲家として有名な、佐村河内守氏の作品が、実は他人に作曲して貰っていたなんて事件がありました。それまでは佐村氏を「現代のベートーベン」なんて持ち上げていたマスコミが、一斉に手のひら返しをしたのを覚えています。確かにウソは良くないですが、ほとんど売れない現代クラシック音楽を、佐村氏のマーケット力で広めたわけです。「作曲家これを作り、佐村これを成す」くらい言ってあげても良いのでは。おいおい……

弁護士より一言

20数年前に結婚したとき、私は会社勤めでした。その後、弁護士になり独立して今に至ります。先日母が、「滋郎が弁護士になってやっていけてるのは、あなたのお陰よねぇ。」と妻に言うと、妻が、「とんでもない。お母さんがしっかり育ててくれたからですよ。」なんて楽しそうに二人で盛り上がっていました。私を作り、私を成したと称え合うのは自由ですが、言わせて下さい。わ、私も頑張ったんです。ううう……

（2019年2月16日　第239号）

弁護士の二つ名

「二つ名」ってカッコ良いなと、子供の頃から憧れていました。私が最初に知った二つ名は、アーサー王に仕えた「湖畔の騎士」ことランスロットです。何が「湖畔」なのか分からないんですが、とてもカッコ良いということだけは理解できたのです。

中国の歴史では、後漢の光武帝に仕えた大将軍馮異（ふうい）の話なんか、とても好きでした。他の将軍たちが、自分の手柄を声高に言い募るなか、馮異将軍だけはただ一人、大きな樹の下で悠然としていたというんですね。そこでついた二つ名が、「大樹将軍」。私が同じことをすれば、「昼寝将軍」とか「サボリ将軍」と言われそうですけど……

　将軍といった戦争関係の人には、とても良い二つ名が多い気がします。「砂漠のキツネ」といえば、ロンメル将軍。「疾風ウォルフ」といえば、ミッターマイヤー提督です。一言でその人の業績や特徴を言いあらわす「二つ名」は、本当に面白いなと思います。

　日本でも、戦国時代など、二つ名が多いでしょう。織田信長の「第六天魔王」なんて有名です。何が「第六」なのか、よく分からないんですけど、理屈抜きで殺されそうな迫力がありますね。「甲斐の虎・武田信玄」と「越後の龍・上杉謙信」みたいに、セットでカッコいいのもあります。美濃の蝮・斉藤道三とか、独眼竜・伊達政宗とか、有名どころは沢山あります。私も子供の頃、頑張って暗記したものです。二つ名がある方が、多くの人に覚えて貰い易くなるんです。そんな訳で、カッコ良い実例を参考に、うちの事務所の「二つ名」を考えてみたいのです！

　私の研究結果？では、「色」を付けると二つ名はカッコ良くなると判明しています。私と同年代の人なら、ガンダム知ってますよね？「赤い彗星」みたいな二つ名、本当にカッコ良かったんです。子供の頃に読んだ、ロビンフットの物語に出てくる、主人公のライバル「白い手のギルバート」は、意味は分かりませんでしたが、（いまだにわかりません。）なんとなくタダモノではない感じがしました。水滸伝に出てくる「黒旋風の李逵（こくせんぷうのりき）」なんていうのも、迫力がありました。「色」を付けるだけで、二つ名が3割増しでカッコ良くなる。そこで、うちの事務所ですが、「黒い横浜」なんてどうでしょう？「黒いオルフェ」みたいで良いのでは？あ、アホか……

　「白の魔術師事務所」なんて言うのも考えました。冤罪の人を無罪（白）にするということなんですが、伝わりますでしょうか。「黒を白にする事務所」なんて言われそうで心配です。「赤い彗星」みたいな二つ名が欲しいんですけど、「赤いウソの大山」とか言われたらどうしようと、心配ばかりしてしまいます。

二つ名に、動物の名前を入れるのもよくあります。先ほど挙げた、「砂漠のキツネ」みたいな感じです。「リチャード獅子心王」なんて、本当にカッコ良い。中国にも、動物を入れた二つ名には、良いものがあります。諸葛亮孔明の、眠れる龍ということで「臥龍」なんて有名ですね。ひとたび目覚めれば、雲に乗り空を駆け巡るイメージがあります。もっとも、うちの事務所の二つ名が、「臥龍」でしたら、「起きてからお願いします！」と、依頼者に言われてしまいそうです。そもそも、動物の二つ名でも、良いものだけではないのです。生類憐みの令を出した、徳川五代将軍の「犬公方」なんて、恥ずかしいものです。うちの事務所も、強い方に尾をふる「犬事務所」とか、依頼者の言う通りにただ繰り返す「オウム弁護士」などと言われないように気を付けます。

私の一番好きな二つ名は、明治の元勲・木戸孝允の「逃げの小五郎」です。不利なときにはまず逃げる！依頼者にも、闘うべきところと逃げるところを適切にアドバイスするのも、弁護士の役割だと信じています。うちの事務所も「逃げの横浜パートナー」と二つ名が付くように頑張ります……

弁護士より一言

妻が、うちの事務所のホームページを見た知人から言われたそうです。「お父様、まだお元気に働いているんですね！」　私の写真を見て、妻の父親だと勘違いしたんです。し、失礼な！「永遠の美少年弁護士」みたいな、カッコ良い？二つ名を付けられるようになって、見返してやるぞと心に誓ったのでした。

（2019年3月1日　第240号）

大往生したけりゃ弁護士とかかわるな

「大往生したけりゃ医療とかかわるな」は、何年か前のベストセラーです。自然死のすすめという副題がついているとおり、医療とかかわらずに大往生を遂げることを勧めています。著者によると、間違って医療に頼ってしまうと、死にたくても死なせて貰えないそうです。身体中に管を付けられて、食べることも動くこともできない中、苦しみながら生き続けるんですね。憎い相手に、「楽に死ねると思うなよ！」なんていうことがありますが、日本の医療にかかわると、死ねずに最後の最後まで拷問にあうように苦しむことになるぞと、本の中で忠告してくれてます。「かなり一方的な意見では？」と思う一方、確かにこういう問題があることも事実なんだろうなと思ったのです。

もっとも考えてみると、かかわるとろくなことがないという点では、医療も弁護士も同じような気がしてきました。「弁護士に係わった結果かえって大問題に発展した」なんて、結構よくある話です。少し前に、他人と喧嘩して、大怪我をさせた人の話を聞きました。当然のことですが、怪我をした方は大変怒りまして、相場よりはかなり高い賠償金を請求してきたんです。これだけ払えば、警察には言わないからということです。私が加害者から相談されていたら、「気持ちよく払った方が良いよ。」とアドバイスしてましたね。その人も、払っちゃおうと思ったんですが、つい魔が差して、弁護士に相談してしまったんです。その弁護士は張り切ってしまい、相手方と交渉して、相当値切ろうとしたんですね。憤慨した相手が警察に告訴して、加害者の人は逮捕されてしまいました。ちなみにその弁護士は、加害者から苦情をいわれて、「私は刑事事件とは無関係ですから。」と言ったという落ちまでついていました。もっともこれなんかは、たまたまその弁護士の大局観が欠けていた話でしょう。しかし、多くの弁護士が当然のように行っている業務にも、本当にそれが依頼者のためになっているのか感じるものはありません。会社がどうにもいかなくなると、破産手続きをとることになりますね。これなど会社のお葬式のようなものです。それに対して、「どうにかなるかもしれない」という場合は、会社を再生させる手続きをとる場合があります。民事再生とか会社更生という手続きです。ただこれは、本来は元気な会社だが、何か一つ大きな問題（トップの使い込みみたいな）があって潰れそうになっているときには役に立ちます。これはあたかも、現代の医療が、「この問題を治せば、後は自力で復活できる。」という場合に、その部分を治すために威力を発揮できるのと同じなんです。それなのに、老いや生活習慣からくる病気に対しても、同じような「治療」を行ってしまうから、死ぬに死ねずに拷問を受けるようなことになってしまう。破産企業の再生も、根本的にダメな会社を再生させようとすると、ちっともうまくいかずに、関係者がみんな苦しむことになります。弁護士に頼まずに、会社を終わらせておいた方が、みんな幸せだったと思える場合がかなりありそうです。個人労働事件などでも、弁護士と関わらない方が良いのではと感じることはよくありますね。「不当な扱いを受けた」ということで、従業員に勧めて、裁判など起こさせる弁護士は相当数います。誰が見ても不当な扱いで、そこさえ対処できれば自力で回復出来る人ならそれで良いと思います。しかし、多くの場合はそうは思えないんです。自分自身の力を向上させる機会を逃し、わずかなお金と引き換えに、人としての信用を無くすのに、弁護士が加担しているように感じる場合もあります。かかわって良かったと言われる弁護士になれるように頑張ります！

弁護士より一言

このニュースレターも、毎月2回発行で、丸々10年続けて参りました。発行当時3歳だった息子も、今では中学生になったと、感無量です。これだけ続けてこられたのも、励ましのコメントを送ってくれた、多くの方々のお陰と、心から感謝しております。ここまで来たので、あとは行けるところまで行ってみようとの気持ちでいます。今後とも、末永くお願い申し上げます。

（2019年3月16日　第241号）

結びの言葉

ニュースレターを発行するにあたり、多くの方に親しみを持ってもらおうと考え、各号の最後に「弁護士からの一言」を載せることにしました。書くことが無くなり、途中からはほとんど、子供や妻のネタを載せることになってしまいました。嫌がっていた子供たちも「もう書くことがないんだよ……」と泣き落とすと、「パパ、私のこと書いていいよ！」なんて言ってくれたものです。

読者の皆さんからも、「本文は難しいけど、一言だけは読んでいるよ。」なんて、嬉しいような嬉しくないようなお言葉を頂きました。「娘さん元気にしている？」なんて、聞いてくれた方も沢山います。

10年間の育児日記を本にまとめることが出来て、本当に嬉しく思っています。

大山滋郎（おおやま じろう）

神奈川県川崎市生まれ
神奈川県立厚木高校卒業
東京大学法学部卒業
Washington University in St. Louis ロースクール LL.M. 卒業
メーカーの法務部門に長期間勤務。その間に米国のロースクールに留学し、ニューヨーク州弁護士の資格取得。その後、勤務のかたわら司法試験に合格。司法修習終了後弁護士として会社に戻り、会社の法律問題を扱う。外資系大手弁護士事務所に移り、１年と少し勤務。企業法務という、一番経験のある分野で自分の力を発揮すべく、2007 年４月１日より独立開業。

企業の常識　弁護士の非常識

2019年３月28日発行

著　者　大山滋郎
発行所　ブックウェイ
〒670-0933　姫路市平野町62
TEL.079（222）5372　FAX.079（244）1482
https://bookway.jp
印刷所　共同印刷株式会社

ISBN978-4-86584-391-0